Rodas *da* Vida

Anodea Judith, Ph.D.

Rodas *da* Vida
Um GUIA para você entender o Sistema de Chacras

Tradução
Alice Xavier

7ª edição

CIP-BRASIL. CATALOGAÇÃO-NA-FONTE
SINDICATO NACIONAL DOS EDITORES DE LIVROS, RJ

J85r

Judith, Anodea, 1952-
Rodas da vida: um guia para você entender o Sistema de Chacras / Anodea
7ª ed. Judith; tradução de Alice Xavier. – 7ª ed. – Rio de Janeiro: Nova Era, 2022.

Tradução de: Wheels of life
Contém glossário
Inclui bibliografia
ISBN 978-85-7701-244-2

1. Chacras. I. Título.

CDD: 131
CDU: 13

09-5755

Texto revisado segundo o novo Acordo Ortográfico da Língua Portuguesa.

Título original norte-americano:
WHEELS OF LIFE

Copyright da tradução © 2007 by EDITORA BEST SELLER LTDA
Copyright © 1987 and 1999 by Anodea Judith

Publicado por Llewellyn Publications.
Woodbury, MN 55125 USA
www.llewellyn.com

Capa: Mello e Mayer
Ilustrações: Mary Ann Zapalac
Diagramação: editorîàrte

"The Wheel of Life" by Paul Edwin Zimmer, 1981.
The Chakras by C.W. Leadbeater. Quest Books, Wheaton, IL, 1972.
The Black Pagoda by Robert Eversole. University Presses of Florida, Gainsville, FL, 1957.
Kundalini Yoga for the West by Swami Sivananda Radha. Timeless Books, Porthill, ID, 1981.
Color plates of "Chakra Set" are available from Timeless Books.
Sexual Secrets by Nick Douglas and Penny Slinger. Destiny Books, Rochester, VT, 1979.

Todos os direitos reservados. Proibida a reprodução,
no todo ou em parte, sem autorização prévia por escrito da editora,
sejam quais forem os meios empregados, com exceção das resenhas literárias,
que podem reproduzir algumas passagens do livro, desde que citada a fonte.

Direitos exclusivos de publicação em língua portuguesa para o Brasil adquiridos pela
Editora Nova Era um selo da Editora Best Seller Ltda.
Rua Argentina 171 — Rio de Janeiro, RJ — 20921-380 — Tel.: 2585-2000
que se reserva a propriedade literária desta tradução

Impresso no Brasil

ISBN 978-85-7701-244-2

Seja um leitor preferencial Record
Cadastre-se e receba informações sobre nossos lançamentos e nossas promoções

Atendimento e venda direta ao leitor
sac@record.com.br

Para meu filho Alex

AGRADECIMENTOS

Nos muitos anos em que trabalhei com os chacras, um grande número de pessoas, memoráveis, cruzaram meu caminho e compartilharam sua sabedoria. No topo da lista estão os estudantes e clientes que empreenderam a ousada tarefa da cura e do crescimento pessoal.

As lutas e os triunfos, as perguntas e os comentários de vocês foram uma força que inspirou meu trabalho. Espero que, em retribuição, os estudos deste livro possam inspirar vocês.

Além disso, as presenças permanentes de minha vida pessoal que acreditaram em mim, trabalharam comigo e me apoiaram de muitas maneiras. Em primeiro lugar, está meu marido, Richard Ely, por me dar amor e estímulo, por me editar e me ajudar a ter rigor científico. Gostaria de agradecer a meu filho, Alex Wayne, que contribui com a computação gráfica e que me faz rir. E gostaria de agradecer à minha amiga de longa data e colega de ensino, Selene Vega, a primeira a me inspirar a escrever um livro sobre os chacras. Ela ajudou a desenvolver o material que compartilhamos em nossas oficinas e foi coautora de meu segundo livro, *The Sevenfold Journey*.

Gostaria de agradecer a Carl Weschcke, por ter sido o primeiro a publicar este livro, antes que os chacras se tornassem populares, e às diversas e excelentes pessoas da Llewellyn Publications que fizeram parte desta re-Visão: Jim Garrison, Christine Snow, Kimberley Nightingale e Lynne Menturweck. Também gostaria de agradecer a Mary Ann Zapalac pelas ilustrações, e a Carlisle Holland, médico osteopata, Robert Lamb, médico quiroprático, e Michael Gandy, acupunturista licenciado, por partilharem seu conhecimento profissional.

Acima de tudo, sou grata ao espírito indelével que nos mantém vivos e ao próprio Sistema de Chacras, por serem uma magnífica porta de entrada aos mistérios da vida.

É uma grande honra estar a serviço de todos vocês.

SUMÁRIO

Prefácio à segunda edição 11

Prefácio 17

PRIMEIRA PARTE
CONHEÇA O SISTEMA

1 E a roda gira 25

SEGUNDA PARTE
VIAGEM PELOS CHACRAS

2 Chacra um: terra 77

3 Chacra dois: água 129

4 Chacra três: fogo 173

5 Chacra quatro: amor 217

6 Chacra cinco:som 263

7 Chacra seis: luz 309

8 Chacra sete: pensamento 351

10 • Rodas da vida

TERCEIRA PARTE
REUNINDO OS ELEMENTOS

9 A viagem de volta 385

10 Como os chacras interagem....................................... 395

11 Chacras e relacionamentos 407

12 Uma perspectiva da evolução 417

13 Como fomentar chacras saudáveis nas crianças......................... 439

Glossário 453

Bibliografia 461

PREFÁCIO À SEGUNDA EDIÇÃO*

JÁ FAZ 25 ANOS DESDE que descobri a palavra *chacra*. Naquela época, raramente se via essa palavra em índices ou em fichas catalográficas; hoje, dispomos de numerosas referências sobre o assunto, grande quantidade de livros da Nova Era, bem como diapasões, velas coloridas, incensos, camisetas e o arsenal habitual que enfeita qualquer despertar de temas arquetípicos no inconsciente coletivo. Embora devidamente lisonjeada por aqueles que creditam papel fundamental à primeira edição deste livro, creio que, em vez disso, ele seja parte de uma sede cultural mais ampla por modelos de integração e integridade. Em resumo, chegou a vez do Sistema de Chacras.

Agora que se inicia o terceiro milênio da era atual, estamos enfrentando uma fase sem paralelo no desenvolvimento humano. Os livros de história vêm mostrando que os sistemas usados para organizar nossa vida exercem um efeito enorme sobre a consciência coletiva. Essa informação torna imperativa a inovação dos sistemas que nos servem inteligentemente. Enquanto atravessamos esse ápice da história, devemos construir pontes entre o passado e o futuro, não só criando modelos adequados à nova realidade, mas atualizando cons-

---

*Relativo à segunda edição do original americano. (*N. do E.*)

tantemente os antigos modelos para mantê-los válidos numa cultura em rápida mutação. Para continuar significativo no século XXI, o Sistema de Chacras deve refletir o tecido subjacente que sempre existiu, ao mesmo tempo em que ainda mantém a flexibilidade para ser relevante diante das exigências da vida moderna. Os antigos criaram um sistema penetrante, cuja sabedoria podemos agora aliar ao conhecimento moderno sobre o mundo natural, o corpo e a psique para criar um ainda mais eficiente.

Quando comecei a incluir na teoria dos chacras ideias como *aterramento*, ou propus uma corrente descendente da consciência, alguns reagiram com ceticismo. A maioria das interpretações dos chacras privilegiava o transcender a realidade física, retratada como inferior ou degenerada. A vida é sofrimento, nos dizem, e os planos transcendentes são o antídoto à dor. Se a vida é sofrimento e a transcendência é o antídoto, a lógica implica que a transcendência é contrária à vida em si — visão que questiono profundamente neste livro.

Não acredito que para progredir espiritualmente seja preciso sacrificar nossa fruição da vida. Tampouco vejo a espiritualidade como a antítese da existência mundana, ou que o crescimento espiritual vá exigir intenso controle de nossa natureza biológica inata, e, por conseguinte, da vida em si. Acredito que isso era parte de um paradigma de controle, apropriado a uma época anterior, mas inadequado aos desafios de nosso tempo. Esses desafios exigem modelos de integração, e não de dominação.

Desde o começo dos anos 1980, quando comecei a escrever este livro, o consenso mudou consideravelmente. A ênfase no resgate do corpo e no reconhecimento do caráter sagrado da Terra cresceu exponencialmente, junto com a aceitação de que a matéria tem um valor espiritual inato. Aprendemos que a repressão das forças naturais cria efeitos colaterais desagradáveis e energias da sombra. Ignorar o corpo gera doenças. Desvalorizar a Terra gera crise ecológica. A sexualidade reprimida pode explodir em estupro e incesto.

Chegou o momento de resgatar o que perdemos e integrá-lo com novas fronteiras. Torna-se um imperativo pessoal e cultural tecer novamente os conceitos díspares de Oriente e Ocidente, espírito e matéria, mente e corpo. Como afirma Marion Woodman, "matéria sem espírito é cadáver" e "espírito sem matéria é fantasma".* *Ambos descrevem algo que está morto.*

A filosofia tântrica, da qual emergem os chacras, é a filosofia da arte de tecer. Os numerosos fios vão tecendo uma tapeçaria de realidade, que é complexa e elegante. O tantra é uma filosofia favorável à vida e ao espírito. Ela junta na mesma trama o espírito com a matéria para lhes restaurar o todo original, que continua, porém, a impulsionar ao longo da espiral evolutiva.

É a essa altura que finalmente temos o privilégio de tecer o conhecimento da civilização antiga com o da moderna para formar o refinado mapa da viagem evolutiva da consciência. Este livro representa o mapa daquela viagem. Você pode considerá-lo o guia do usuário dos chacras. Desconfio de que no futuro serão publicadas muitas outras obras, de vários autores, mas esta é a versão atualizada da minha perspectiva.

Ora, o que está diferente nesta minha segunda edição? Ela contém mais referências aos ensinamentos tântricos, uma vez que dispus de mais tempo para estudá-los, embora ainda tentasse manter meu discurso tão ocidental e não esotérico quanto possível. Também revisei e resumi um pouco, pois muitos se confessaram intimidados pelo tamanho da edição anterior. Foi eliminada a incessante retórica política, tão importante para mim aos 20 anos — agora, aos 40 e ainda fiel a minha política espiritual, prefiro deixar o sistema falar por si. Parte do conteúdo científico também foi atualizada, pois até nossos modelos da matéria estão mudando rapidamente.

---

*Palestra proferida no congresso "Fabric of Future" [O tecido do futuro], em 7 de novembro de 1998, em Palo Alto, Califórnia.

Tentei reter o sabor original metafísico deste livro, e mantê-lo distinto de meus livros que vieram depois. *Jornadas de cura: o desenvolvimento da mente, do corpo e do espírito através dos chacras* é o manual de exercícios que contém a "prática" para a "teoria" deste livro. Ele traz os exercícios diários, tanto mentais quanto físicos, que apoiam o progresso pessoal por meio do Sistema de Chacras. Meu terceiro livro, *Eastern Body Western Mind: Psychology and the Chacra System as a Path to the Self*, é o exame da psicologia dos chacras, sua progressão de desenvolvimento, os traumas e os abusos que nos atingem em cada chacra, e como lidar com eles. Ele reúne num tecido a psicologia e as terapias somáticas ocidentais com o sistema oriental dos chacras.

O livro que você tem em mãos neste momento descreve a teoria metafísica subjacente ao Sistema de Chacras. Mais que uma reunião de centros energéticos situados no corpo, os chacras revelam um complexo mapeamento de princípios universais, aninhados uns nos outros de forma inextricável, como planos progressivamente transcendentes da realidade. Os níveis de consciência que os chacras representam são portais que conduzem a esses diversos planos. Como estão encaixados uns nos outros, não se pode eliminar nenhum deles do sistema e ainda conseguir mantê-lo coeso teórica ou experimentalmente. Não creio que um sistema de sete chacras nos seria dado para que jogássemos fora os três níveis de baixo.

Este livro examina realidades externas e internas. Analisa o Sistema de Chacras como um penetrante sistema de crescimento espiritual, e também como um diagrama da arquitetura sagrada no qual ele se encontra embutido — a estrutura mais ampla que nos contém. Se de fato tivermos sido "feitos à imagem e à semelhança de Deus", acredito que a sagrada arquitetura encontrada na natureza seja igualmente a planta baixa de nossas estruturas internas, tanto do corpo quanto do psiquismo. Quando se estabelece uma ponte entre nossos mundos interno e externo, eles se tornam um mesmo e inseparável sistema, e o crescimento interno já não é mais a antítese do trabalho externo no mundo.

Portanto, este livro usa muitos modelos de natureza científica, como forma de ilustrar a sabedoria ancestral com metáforas modernas.

Estudiosos do tantra e gurus da Kundalini frequentemente estabelecem uma distinção entre os chacras conforme testemunhados por meio de experiências de Kundalini e o modelo ocidentalizado dos chacras como um "sistema de crescimento pessoal". Alguns alegam que essa distinção é tão vasta que não há relação significativa entre os dois, usando um para negar a validade do outro. Existe, sem dúvida, uma diferença marcante, por exemplo, entre uma intuição ou visão (associação do sexto chacra) e a experiência avassaladora da luminescência interior associada ao despertar da Kundalini. No entanto, não vejo essas experiências como desvinculadas, mas sim como existentes num contínuo.

Acredito firmemente que desobstruir os chacras por meio da compreensão de sua natureza, da prática de exercícios relacionados e do uso de visualização em meditação prepara o terreno para uma abertura espiritual passível de ser menos tumultuada do que ocorre com frequência no despertar da Kundalini. Acredito que essa ocidentalização seja um passo importante para falar à mente ocidental numa harmonia com nossas circunstâncias de vida, e não numa antítese a ela, o que nos dá o contexto em que essas experiências possam ocorrer.

Da mesma forma, muitos afirmam que os chacras, como vórtices do corpo sutil, nada têm a ver com o corpo físico ou os gânglios nervosos centrais que emanam da coluna vertebral, e que um despertar espiritual não é uma experiência somática. O fato de uma experiência não ser *inteiramente* somática não acarreta a negação de seu aspecto somático. Quem tiver testemunhado ou vivenciado as sensações físicas e os movimentos espontâneos (*kryias*) típicos de um despertar da Kundalini não pode negar que haja um componente somático. Acredito que tal opinião só torna flagrante o divórcio entre espírito e corpo, que considero a principal ilusão da qual nos compete despertar.

Um indiano participou de uma das minhas oficinas e afirmou que tinha precisado vir da Índia aos Estados Unidos para aprender sobre os chacras, porque em seu país o assunto era tão esotérico que constituía "conhecimento secreto", proibido a qualquer pessoa que tivesse família e emprego. Vejo o "aterramento" dos chacras como um recurso para permitir que esse material seja mais acessível a um número maior de pessoas. Apesar da advertência dos gurus orientais de que isso pode ser perigoso, descobri, graças a meus 25 anos de trabalho com o sistema, que essa abordagem de senso comum permite a muitos transformar sua vida sem sofrer os sintomas perigosos e desprovidos de aterramento tão frequentemente associados à Kundalini. Em vez de diluir a base espiritual na qual os chacras estão enraizados, essa abordagem vem ampliá-la.

Reserve bastante tempo para a leitura deste livro. Há muito material para reflexão. Permita que os chacras se convertam numa lente por meio da qual você possa examinar sua vida e o mundo. É uma viagem esplêndida e colorida. Deixe que a Ponte do Arco-Íris da alma se desdobre à sua frente, enquanto você percorre o próprio caminho.

— Dezembro de 1998

PREFÁCIO

Certa vez, quando estava sentada no meu tapete, em profunda meditação, passei por uma estranha experiência. Eu estava contando minhas respirações, silenciosa e conscientemente, quando de repente me vi fora de meu corpo — olhando para o outro eu que estava sentado ali, em posição de lótus.

Quando reconheci quem eu estava olhando (embora ela parecesse um pouco mais velha), vi um livro lhe cair no colo. Quando o livro pousou, fui lançada de volta para dentro de meu corpo, num sobressalto. Olhando para baixo, li a capa: *O Sistema de Chacras*, por A. Judith Mull (meu nome, na época).

Isso aconteceu em 1975. Eu havia lido recentemente a palavra "chacra" pela primeira vez, mas obviamente ela ficara registrada com alguma relevância. Saí da meditação lentamente e fui procurar o trecho — um singelo parágrafo num livro escrito por Ram Dass* — e, no entanto, eu o encontrei logo de imediato. Li o trecho várias vezes e senti um turbilhonar imediato de energia em meu corpo — um intenso rodamoinho interno —, como a sensação que um detetive pode ter quando encontra uma pista importante. Foi

---

*Ram Dass, *The Only Dance There Is*.

um sentimento de concepção, de algo novo começando a crescer. Eu soube então que em algum momento escreveria este livro.

Passaram-se muitos anos antes que a palavra chacra começasse a aparecer em índices de livros e catálogos de bibliotecas. Diante da escassez de informação, fui obrigada (por sorte) a criar minhas próprias teorias pela via da experimentação pessoal e do escrutínio de outros a quem ensinei ioga e administrei trabalho corporal. Em breve, tudo que eu via me dava a impressão de se enquadrar neste exato modelo de sete elementos: cores, acontecimentos, comportamentos, dias — e, no entanto, era pouca a informação concreta que eu conseguia encontrar para relacionar com minhas teorias.

Desisti, fui viver no interior e comecei um dedicado estudo sobre o ritual mágico — trabalhando principalmente com os elementos: terra, água, fogo e ar. Minhas meditações prosseguiram, minhas teorias cresceram, e eu também cresci. Não encontrei as palavras que queria, então, em vez de escrever sobre os chacras, comecei a pintá-los. O processo de visualização me ajudou a desenvolver meu pensamento de forma não linear.

Dois anos depois, forçada a voltar à civilização, descobri que se havia intensificado o uso da palavra *chacra*. Tornei-me parte de um grupo de pesquisa da consciência e voltei à universidade. Retornei à minha prática de trabalho corporal. Passei por treinamento em clarividência e descobri que outros haviam começado a ver uma parte dos mesmos padrões. Eu estava apta, e voltei a este trabalho com minha recém-descoberta visão clarividente. Durante os dez últimos anos, eu tinha desenvolvido minhas teorias com base em centenas de clientes que atendi em trabalho corporal, leituras mediúnicas, terapia e ensino. Mergulhei na literatura em sânscrito, na física quântica, na teosofia, na magia, na fisiologia, na psicologia e na experiência pessoal para ir montando um sistema coerente que fizesse a ponte entre o antigo e o novo. Minha obra e eu passamos por muitas mudanças. Hoje, 11 anos mais tarde, finalmente desisti de permanecer gestante. Plenamente formado ou não, este bebê decidiu nascer. Sinto-me como quem está tendo sétuplos — muito esforço, um longo trabalho de parto e, no entanto, é impossível parar depois de ter começado.

Cada um dos sete bebês, chamados chacras, merece se transformar num livro independente. Eu lhes dei nomes em minha própria língua — sobrevivência, sexo, poder, amor, comunicação, clarividência e sabedoria — , mas eles são chamados por muitos nomes e, com mais frequência, por números. Nesta obra, entretanto, eles estão representados como uma família, uma unidade integral, trabalhando e crescendo juntos. Os capítulos não poderiam dar conta de abordar tudo que há para se dizer sobre sexo, poder, ou qualquer um dos dois — só o que for relevante para seguir os ramos dessa árvore genealógica, com as raízes na terra e as folhas no céu.

Este livro é um guia prático para um assunto que normalmente é considerado bastante espiritual. Uma vez que "temas espirituais" são quase sempre tidos como pouco práticos ou inacessíveis, este livro tenta reexaminar as esferas espirituais mostrando o quanto elas estão embutidas em todo e qualquer aspecto de nossa vida diária. Estou convencida de que as pessoas só irão entender e valorizar as próprias naturezas espirituais quando isso se tornar prático. Quando é nosso desejo fazer determinada coisa, obtemos mais resultados do que quando consideramos nosso dever fazê-la.

Numa época em que bilhões de pessoas enfrentam a possibilidade do desastre nuclear, em que homens e mulheres têm medo de andar nas ruas à noite, em que a alienação e a desorientação atingem um nível nunca antes visto, a espiritualidade se torna muito prática. A procura de fatores de unificação em nossa existência diária, a procura de compreensão e direção e a inevitável atração pela consciência nos levam a uma avaliação crítica de nossa natureza espiritual. Excessivamente pragmáticos e científicos para aceitar os fatos com base na fé, os povos ocidentais perderam o contato com o mundo do espírito e com o senso de unidade que ele pode trazer. Antigos sistemas, ensinados em idiomas e culturas tão diversas das nossas, são quase sempre alienantes demais para a mentalidade ocidental.

Este livro procura validar as necessidades com que nos defrontamos hoje, física, mental e espiritualmente. Ele traz teorias para o intelectual, imagens para o visual, meditações para o etéreo e exercícios para o corpo. Esperamos que forneça algo para cada leitor, oferecendo praticidade sem sufocar a essência subjacente, que é o mais importante.

Para satisfazer a mentalidade ocidental (e a minha própria), incluí algumas teorias científicas — mesmo minha formação não sendo científica —, e constato que, no fundo, pouca gente realmente pensa por esse modelo, em sua vida pessoal. Para mim, a descoberta dos chacras veio, primeiro, de um sentido intuitivo, para só depois crescer e se unir ao racional. Eu gostaria de apresentá-la também na mesma ordem ao leitor.

O texto escrito costuma ser linear e racional, ao passo que os estados induzidos pelos chacras exigem outro modo de consciência. Por conseguinte, exponho a informação de maneiras variadas. Para satisfazer a mente racional, apresentei essas teorias com metáforas científicas concretas, paradigmas populares dos campos da pesquisa da consciência e das modernas técnicas terapêuticas. Esta é a parte intelectual, que visa transmitir informação e estimular o processo de reflexão.

Para apelar ao outro lado do cérebro, incluí meditações dirigidas, exercícios, ilustrações e histórias triviais, na esperança de dar uma visão mais nítida dos chacras. Esta é a parte divertida, que tem o propósito de mostrar a experiência de estar intuitivamente conectado com a informação disponível.

O roteiro das meditações foi escrito para ser lido vagarosa e poeticamente. Omiti uma fase de relaxamento profundo antes de cada meditação por ser um texto de leitura enfadonha, que iria amortecer o impacto literário. Entretanto, se você planeja usar as meditações consigo mesmo, ou para uma experiência de grupo, recomendo firmemente que reserve algum tempo para relaxar o corpo e se preparar para entrar devagar no estado meditativo. O exercício de relaxamento profundo ou o de meditação de aterramento, ambos descritos no Capítulo 2, podem ser usados como preparação; ou talvez você deseje usar a própria técnica.

Os exercícios físicos apresentam graus variados de dificuldade. A maioria deles pode ser feita por leigos. Enfatiza-se que qualquer exercício físico indicado neste livro seja feito sem pressa e com cautela, e que se tenha o cuidado de não forçar nem distender a musculatura, nem forçar o corpo a assumir posições dolorosas ou incômodas de alguma forma. Em caso de desconforto, interrompa o exercício.

Se você tem pouca familiaridade com os chacras ou com a metafísica em geral, dê tempo a si mesmo para assimilar cada nível. As associações são amplas e sutis. A informação não pode ser atacada, como ocorre em outras disciplinas. O mais importante é desfrutar a investigação. Foi o que fiz ao escrever este livro.

— 1987

PRIMEIRA PARTE

CONHEÇA O SISTEMA

A RODA DA VIDA

(Paul Edwin Zimmer)

O tempo é ___
O amor é ___
A morte é ___
E a Roda gira
E a Roda gira
E estamos todos presos à Roda.

E o Sábio disse:
Veja — o que o prende à Roda
Foi você que criou,
E a própria Roda
Foi você que criou.
E a Roda gira,
E a Roda gira,
E estamos todos presos à Roda.

E o Sábio disse:
Saiba que todos nós somos o Uno.
Saiba que a Roda foi você que criou,
Saiba que a Roda foi você que criou,
E estamos todos presos à Roda.

E o Sábio disse:
Liberte-se da Roda.
Saiba que você é o Uno,
Aceite o que você criou,
Liberte-se da Roda.
Saiba que a Roda foi você que criou,
E estamos todos presos à Roda.

E o Sábio se libertou da Roda,
E se transformou no Uno,
O Deus imortal,
Libertado da Roda,
Libertado da ilusão,
E então soube por que o Uno tinha criado a Roda.
E o Uno se transformou em muitos,
E o Uno se transformou em nós,
E estamos todos presos à Roda.

O tempo é ___
O amor é ___
A morte é ___
E a Roda gira,
E a Roda gira,
E estamos todos presos à Roda.

Capítulo 1

E A RODA GIRA

Nós somos um círculo dentro de um círculo...
que não tem começo e nunca tem fim.[1]

Das grandes galáxias espiraladas, distantes milhares de anos-luz, aos trilhões de átomos que giram no interior de um grão de areia, o universo se compõe de rodas giratórias de energia. Flores, troncos de árvores, planetas e pessoas — cada um se compõe de minúsculas rodas que giram no interior, e viajam na grande roda da Terra, que gira em sua órbita pelo espaço. Elemento estrutural fundamental da natureza, a roda é o círculo da vida que flui por todos os aspectos da existência.

No núcleo de cada um de nós giram sete centros energéticos em forma de roda, chamados "chacras", interseções giratórias de importantes forças vitais. Cada chacra reflete um aspecto de consciência que é essencial à nossa vida. No conjunto, os sete chacras constituem uma sagaz fórmula que integra corpo, mente e espírito. Na qualidade de sistema completo, os chacras oferecem uma poderosa ferramenta de crescimento pessoal e planetário.

Os chacras são centros organizadores para recepção, assimilação e transmissão das energias vitais. Na qualidade de centros nucleares, eles formam a rede que coordena nosso complexo sistema mente/corpo. Do comportamento instintivo às estratégias conscientemente planejadas, das emoções às criações artísticas, os chacras são os programas que governam nossa vida, os amores, a aprendizagem e a iluminação. Como sete modalidades vibratórias, eles formam uma mítica *Ponte do Arco-Íris*, um canal de conexão entre o céu e a terra, a mente e o corpo, o espírito e a matéria, o passado e o futuro. Enquanto giramos através dos tempos conturbados da época atual, os chacras atuam como rodas de engrenagem que fazem girar a espiral da evolução, sempre nos levando para diante rumo às fronteiras ainda inexploradas da consciência e de seu infinito potencial.

O corpo é um veículo da consciência. Os chacras são as rodas da vida que fazem o veículo se mover, atravessando provações, tribulações e transformações. Para operar nosso veículo sem problemas, precisamos de um manual do proprietário, além de um mapa que nos ensine a navegar o território que ele é capaz de explorar.

Este livro é um mapa para a viagem à consciência. Se quiser, pense nele como um "manual do usuário" do Sistema de Chacras. Este mapa, como qualquer outro, não lhe indica aonde ir, mas o ajuda a navegar pela trajetória que deseja. Ele enfatiza a integração dos sete níveis arquetípicos que têm impacto sobre nossa vida.

Com o mapa na mão, podemos embarcar numa viagem eletrizante. Como em todas as viagens, é necessária alguma dose de preparação sob a forma de conhecimento dos antecedentes: os sistemas psicológicos, o contexto histórico do Sistema de Chacras, um estudo aprofundado da descrição exata dos chacras e as correntes energéticas afins que eles descrevem. Isso nos fornecerá uma linguagem a ser utilizada em nossa viagem. Então estaremos prontos para partir para a viagem em si, subindo pela coluna vertebral, chacra a chacra.

Cada chacra que encontrarmos é uma etapa no contínuo entre matéria e consciência. Portanto, essa viagem englobará áreas de nossa vida que vão do nível somático da percepção física e instintiva ao nível interpessoal da interação social, para chegar finalmente às esferas mais abstratas da consciência transpessoal. Quando todos os chacras forem entendidos, abertos e interligados, teremos então lançado uma ponte sobre o abismo que separa matéria e espírito, entendendo que somos em essência a Ponte do Arco-Íris que restabelece a conexão entre Céu e Terra.

Num mundo fragmentado em que a mente e o corpo, a cultura e o planeta, o material e o espiritual estão separados, há uma necessidade premente de sistemas que nos permitam resgatar nossa integridade. Tais sistemas precisam nos permitir a integração mente/corpo e nos levar a novas e expandidas esferas, sem negar as realidades mundanas que enfrentamos no cotidiano. Acredito que os chacras nos oferecem semelhante sistema, sem o qual não podemos fazê-lo e cujo momento chegou.

ABORDANDO O SISTEMA

Sistema: uma exposição completa de princípios ou fatos essenciais, dispostos num todo racional ou organizado, ou um complexo de ideias e princípios que formam um todo coerente.

— Webster's New Collegiate Dictionary

Imagine que você chegasse a uma biblioteca e só encontrasse livros e mais livros empilhados caoticamente por todo o piso. No intuito de encontrar alguma coisa, você precisaria se empenhar numa longa e tediosa caçada, para a qual só haveria uma remota possibilidade de sucesso. Impossível, você diria.

Ter acesso à consciência sem estar munido de um sistema pode ser igualmente tedioso. Os circuitos do cérebro permitem infinitas possibilidades de pensamento, e as manifestações da consciência são muito mais numerosas que os livros de qualquer biblioteca. Em vista do ritmo e da velocidade da vida atual, não há meio de alcançar essa informação sem que haja um sistema que torne o processo eficiente.

Muitos já existem, embora sejam insuficientes para a cultura de nossos dias, em constante mutação. A divisão feita por Sigmund Freud da psique em id, ego e superego é um excelente exemplo de sistema simples para o estudo do comportamento humano, o qual formou o alicerce da psicoterapia no início do século XX. No entanto, o modelo agora se tornou bastante inadequado, uma vez que pouco diz a respeito do corpo, e menos ainda dos estados transcendentes de consciência.

No âmbito do movimento de potencial humano, é flagrante a necessidade de novos sistemas. É cada vez maior o número de pessoas que passam pelo despertar espontâneo de energias espirituais, o que tem causado a abertura de clínicas de orientação em experiências de paranormalidade. Novas séries de problemas nos confrontam a cada dia. Biofeedback, kirliangrafia, acupuntura, homeopatia, medicina aiurvédica, herbologia e milhares de terapias espirituais, verbais e físicas se tornam cada vez mais praticadas a cada ano. São tantas as opções em matéria de cura, de elevação de consciência, de religião e de estilo de vida que o volume de informação e de escolhas é avassalador. O campo realmente se abriu, e certamente permanecerá assim se pudermos obter do caos algum sentido e alguma ordem. Este é o objetivo de um sistema: prover uma forma de abordar uma tarefa complexa.

A maneira lógica de construir um sistema é baseá-lo na observação de padrões persistentes. Muitos desses padrões foram descritos por nossos ancestrais e transmitidos às gerações seguintes pelo tempo afora, envoltos em mito e em metáfora, como sementes em estado de latência à espera das condições adequadas para germinar. Agora, quando buscamos novas direções para uma era em mutação, talvez seja o momento de tirar do arquivo os antigos sistemas do passado, desempoeirá-los e ampliá-los, redimensionando-os para serem úteis no mundo moderno em que vivemos. Porém, antes de fazê-lo, devemos examinar a origem e a evolução daquele sistema, com o devido respeito a suas raízes antigas.

A HISTÓRIA DO SISTEMA DE CHACRAS

É maravilhoso constatar que os chacras, componentes arquetípicos da consciência, estão finalmente ganhando proeminência na mentalidade coletiva, com mais livros de referências que em qualquer outra época. Embora essa popularidade esteja transformando os chacras num conceito familiar, também está espalhando muita confusão e informações conflitantes. É importante perceber que eles provêm de uma antiga tradição, fato que muitos professores da Nova Era mal chegaram a explorar. Eis aqui um resumo do desenvolvimento histórico do Sistema de Chacras, para quem se interessa por sua origem (se não lhe interessa, fique à vontade para pular esta seção).

Os chacras estão inextricavelmente ligados à ciência e à prática do ioga. A palavra ioga significa "jugo", e o ioga é um sistema de filosofia e uma prática destinada a subjugar o ser mortal à sua divina natureza de consciência pura. A origem do ioga e a mais antiga menção aos chacras[2] remontam aos Vedas ("Conhecimentos"), uma série de hinos que compunha a mais antiga tradição escrita na Índia. Esses textos foram criados com base numa tradição oral ainda mais antiga da cultura dos arianos, que, acredita-se, teriam sido uma tribo invasora indo-europeia que assolou a Índia durante o segundo milênio antes da era cristã.[3]

Consta que os arianos teriam invadido a Índia em carruagens, e que o significado original da palavra chacra como "roda" se refere às rodas da carruagem daqueles invasores (a grafia correta do sânscrito, de fato, é çacra, embora pronunciado com um som de "tch", daí a grafia inglesa "*chakra*"). A palavra também era uma metáfora do sol, a grande roda que gira de um lado a outro do firmamento como a cintilante carruagem de um *cakravartin*, o nome dado aos arianos condutores de carruagens. A roda também denota o eterno ciclo de tempo chamado *kalacakra*. Dessa forma, ela representa ordem celestial e equilíbrio. Um significado a mais é que também se chama chacra um círculo de adeptos do tantra.

Segundo os relatos, os *cakravartins* eram precedidos por um fulgurante disco luminoso de cor dourada, muito semelhante à auréola de Cristo, só que o disco giratório pairava diante, e não acima, deles (talvez o poderoso terceiro chacra dos invasores?).

O nascimento de um *cakravartin* era considerado o anúncio de uma nova era, e talvez tenha sido esse período do tempo que marcou na história da humanidade o alvorecer da era do terceiro chacra (ver Capítulo 12, sobre evolução). Também se dizia que o deus Vishnu desceu à Terra trazendo em seus quatro braços um chacra, uma flor de lótus, um bastão e uma concha.[4] Isso também pode ter sido aludido ao chacra como uma arma em forma de disco.

Depois dos *Vedas*, vieram os *Upanishads*, sábios ensinamentos passados de mestre a discípulo. Existe alguma menção aos chacras como centros psíquicos de consciência na obra *Yoga Upanishads* (cerca de 600 a.C.) e mais tarde nos *Yoga Sutras* de Patanjali (cerca de 200 a.C.). Dos sutras de Patanjali, saíram os clássicos oito caminhos da tradição iogue,[5] esta em grande parte dualista, para a qual a natureza e o espírito estavam separados, e que recomendava como um caminho para a iluminação a prática do ascetismo e a renúncia à natureza instintiva do indivíduo.

Foi na tradição monista do tantra que os chacras e a Kundalini se tornaram parte integral da filosofia do ioga. Os ensinamentos tântricos são uma tessitura sincrética de muitas tradições espirituais da Índia, que se tornaram populares durante os séculos VI e VII da era cristã, em reação à filosofia dualista que as precedeu. Essa tradição aconselhava estar no mundo, ao invés de se separar dele. No Ocidente, o tantra é considerado, em geral, uma tradição principalmente sexual, já que o tantrismo coloca a sexualidade no contexto sagrado e considera o corpo um templo sagrado para a consciência que o habita. No entanto, trata-se apenas de uma pequena parcela de uma vasta filosofia que combina muitas práticas de Hatha Ioga e Kundalini Ioga, o culto de divindades, especialmente as deusas hindus, cujo foco é a integração das forças integradoras universais.

A palavra tantra significa literalmente "tear" e denota o ato de tecer fios separados para formar uma tapeçaria de inteireza. Assim, o Sistema de Chacras, proveniente da tradição tântrica, tece as polaridades do espírito e da matéria, da mente e do corpo, do masculino e do feminino, do céu e da terra, numa filosofia única de muitas linhas filosóficas, remontando à tradição oral que precedeu os *Vedas*.

O principal texto sobre chacras que chegou ao Ocidente é uma tradução de textos tântricos, feita pelo inglês Arthur Avalon, em seu livro *The Serpent Power* ("O poder da serpente"), publicado em 1919.[6] Esses textos — o *Sat-Chakra-Nirupana*, escrito por um pundit indiano em 1577, e o *Padaka-Pancaka*, escrito no século X — contêm descrições dos centros dos chacras e práticas afins. Também existe outro texto do século X chamado *Gorakshashatakam*, que dá instruções para meditar sobre chacras. Esses textos formam a base de nossa compreensão atual da teoria do chacras.

Nessas tradições há sete chacras básicos,[7] que existem no interior do corpo sutil, interpenetrando o corpo físico. O corpo sutil é o corpo psíquico não físico que está justaposto a nosso corpo físico. Ele pode ser medido como campos de força eletromagnética dentro e em torno de todas as criaturas vivas. A kirliangrafia, por exemplo, conseguiu fotografar de fato as emanações do corpo sutil nas plantas e nos animais. Na aura, que é a manifestação externa do corpo sutil, o campo energético aparece como uma leve fosforescência em torno do corpo físico, por vezes composto de fibras em forma de felpas. Na psicologia do ioga, o corpo sutil está dividido em cinco envoltórios de graus variáveis de refinamento no corpo sutil, chamados *koshas*.[8] No núcleo do corpo, o campo sutil aparece como discos giratórios — chacras. Eles são os geradores psíquicos no campo áurico. A própria aura é o ponto de encontro entre os padrões do núcleo gerados pelos chacras e a influência do mundo exterior.

Graças à fisiologia moderna, podemos ver que esses sete chacras estão situados nas proximidades de sete importantes gânglios nervosos que emanam da coluna vertebral. (Ver Figura 1.1.) Nos textos antigos são mencionados dois chacras menores, o chacra *soma*, localizado pouco acima do terceiro olho, e o *Anandakanda lotus*, que contém a Árvore Celestial dos Desejos (*Kalpataru*) do chacra cardíaco. (Ver descrição mais detalhada, página 254.) Alguns sistemas esotéricos propõem nove ou 12 chacras,[9] enquanto outras tradições como o budismo *vajrayana* descrevem apenas cinco desses centros.[10] Como um chacra é literalmente um vórtice de energia, não há limite para seu número. Entretanto, os sete chacras originais e "principais" formam um sistema funcional e elegante, que mapeia logicamente o corpo por meio dos gânglios neurais, e, no entanto, conecta nossa existência física a esferas não físicas mais altas e mais sérias. Pode-se facilmente precisar de uma existência inteira para alcançar o domínio sobre os sete chacras, e meu conselho é que o indivíduo trabalhe a fundo com esses sete centros antes de se envolver com sistemas extracorpóreos mais complexos e obscuros.

Ainda que muitas interpretações dos chacras recomendem transcender os chacras inferiores em favor dos superiores e mais expansivos, não concordo com tal filosofia, nem acredito seja essa a intenção dos textos tântricos. Semelhante visão surgiu durante um período histórico em que as principais religiões patriarcais advogavam em peso a supremacia da mente sobre a matéria, negando assim a existência do espiritual *dentro* das esferas mundanas. A leitura cuidadosa dos textos tântricos não implica a negação dos chacras inferiores em favor dos superiores, mas simplesmente um desdobramento, no qual cada nível acima é uma transcendência, que *inclui e se estrutura* no nível abaixo. Assim, os chacras inferiores proporcionam *embasamento* para nosso crescimento espiritual, de modo muito semelhante às raízes de uma árvore, que avançam para baixo, possibilitando à planta se tornar mais alta. Não é puxando as raízes para cima que ajudamos o crescimento da árvore. Isso será melhor explicado quando analisarmos a significância do primeiro chacra, no próximo capítulo.

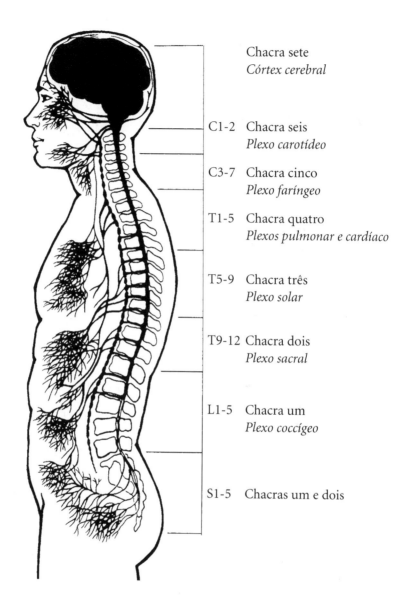

FIGURA 1.1
Este diagrama mostra as vértebras (cervical, torácica, lombar e sacral) relacionadas aos diversos chacras situados nos nervos espinhais, que têm enervações nos gânglios e em vários órgãos. Se essas vértebras forem danificadas de modo que afete os nervos espinhais, os chacras relacionados podem ser subsequentemente acometidos.

Sistemas de outras culturas

À parte a literatura hindu, muitos outros sistemas metafísicos representam sete níveis do homem, da natureza ou dos planos físicos. Os teosofistas, por exemplo, falam de sete raios cósmicos da criação, com sete raças da evolução. Os cristãos falam dos sete dias da criação, e também dos sete sacramentos, sete selos, sete anjos, sete virtudes, sete pecados mortais, e em Apocalipse 1,16, talvez até sete chacras, em que se menciona: "Tinha ele em sua mão direita sete estrelas." Carolyn Myss também correlacionou os chacras aos sete sacramentos cristãos.[11]

A Árvore da Vida, na cabala, também um sistema do estudo do comportamento da consciência, tem sete níveis horizontais distribuídos entre seus três pilares verticais e dez sephiroth. Igualmente, a Árvore da Vida descreve um caminho da Terra ao Céu, como faz o Sistema de Chacras. Embora a cabala não estabeleça uma correspondência exata com o Sistema de Chacras, ela tem paralelos significativos em termos de descrever uma viagem evolutiva da matéria à consciência suprema.[12] Usar o Sistema de Chacras em conjunção com a cabala ajuda a mapear as sephiroth no corpo e aproxima as duas antigas tradições, que obviamente possuem raízes comuns. (Ver Figura 1.2.)

O elemento sete também pode ser encontrado fora do mito e da religião. Existem sete cores do arco-íris, sete notas na escala musical ocidental, sete dias da semana, e acredita-se que os grandes ciclos vitais se dividem em períodos de sete anos cada — do nascimento aos 7 anos, a adolescência aos 14, a idade adulta aos 21, primeiro retorno de Saturno aos 28. Arthur Young, em sua obra *The Reflexive Universe* ("O universo reflexivo"), descreveu a evolução em sete níveis,[13] e a tabela periódica dos elementos pode ser considerada dentro de um padrão de 7, de acordo com o peso atômico.

Muitas culturas falam de centros energéticos, ou níveis de consciência, similares ao chacras, embora nos sistemas delas nem sempre haja sete centros. Os chineses adotam um sistema de seis níveis nos hexagramas do

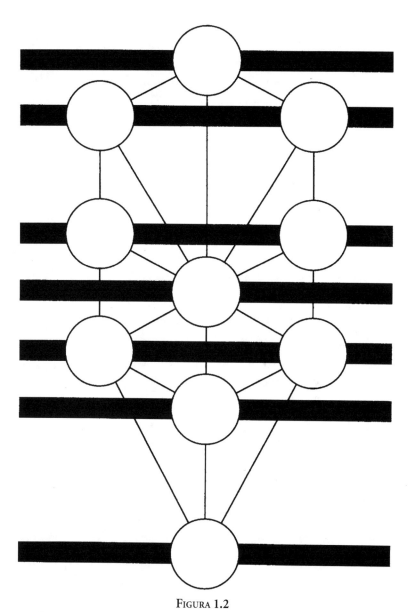

Figura 1.2
Árvore da Vida, da cabala, com suas dez sephiroth (círculos),
22 circuitos (linhas que conectam círculos), três pilares verticais
e sete níveis (barras horizontais).

I Ching, que se baseiam em duas forças cósmicas: yin e yang. Também existem seis pares de meridianos orgânicos que correspondem aos cinco elementos (fogo, terra, metal, água e madeira). Os índios Hopi, e também os tibetanos, mencionam centros energéticos no corpo.

Não resta dúvida quanto à existência de uma chave fundamental de compreensão dentro da correlação de todos esses mitos e dados. Em algum lugar existe um mapa cósmico para quem se aventura no território da consciência. Indícios foram deixados ao longo das eras, em todo o planeta. Não seria o momento de reunir todas essas pistas e, sob sua orientação, encontrar uma rota que nos afaste dos atuais problemas que enfrentamos?

Felizmente, cada vez mais se realizam pesquisas confirmadoras da existência dos chacras,[14] e sua contraparte, a energia da Kundalini. Espero nestas páginas conseguir apresentar material suficiente para deixar tal fato evidente. No entanto, minha preferência seria tornar esse sistema plausível, sobretudo em função da experiência pessoal e só secundariamente por meio da evidência científica. Os aspectos científicos oferecem pouco valor prático do uso concreto do sistema, afora a comprovação intelectual de que os chacras são, em última análise, uma experiência subjetiva do interior. Saber a respeito dos chacras é só uma parte da viagem. O verdadeiro desafio consiste em experimentá-los.[15]

Portanto, para entender o valor desse sistema muito antigo, agora modernizado, recomendo aos leitores a suspensão momentânea da descrença, dentro de quaisquer parâmetros que considerem confortáveis, e que entrem no barco místico da experiência pessoal e julguem suas verdades de dentro para fora. Afinal de contas, isso é pouco mais do que fazemos ao ler um bom romance de aventuras ou uma história de amor. Considere este livro um pouco de cada um desses gêneros — uma aventura que atravessa os territórios de sua própria consciência e uma história de amor entre seu ser interior e o universo que o cerca.

COMO FUNCIONAM OS CHACRAS

Agora que vimos a história do Sistema de Chacras, vamos examinar os chacras em si e conferir de que modo eles podem exercer sua poderosa influência sobre a mente e o corpo.

Como já mencionei, *chacra* é uma palavra do sânscrito que significa "roda" ou "disco", e denota um ponto de interseção em que se dá o encontro de mente e corpo. Os chacras também são chamados de lótus, simbolizando o desabrochar das pétalas da flor, o que descreve metaforicamente a abertura de um chacra. Na Índia, as lindas flores do lótus são sagradas. Nascida no lodo, essa flor simboliza o caminho de desenvolvimento de um ser primitivo que se transforma numa consciência plenamente desabrochada, espelhando o chacra básico enraizado na terra, que evolui até se tornar o "lótus de mil pétalas" no alto da cabeça. Como os lótus, os chacras têm pétalas, cujo número varia segundo o chacra. Começando na base, com o primeiro chacra, as pétalas são em número de quatro, seis, dez, 12, 16, dois e mil pétalas. (Ver Figura 1.3.) Como as flores, eles podem estar abertos ou fechados, morrendo ou florescendo, dependendo do estado de consciência do indivíduo.

Esses centros de energia são portais entre várias dimensões — centros em que a atividade de uma dimensão, como emoções e pensamentos, se conecta com outra dimensão, que seria o corpo físico, e atua sobre ela. Essa interação, por sua vez, tem influência sobre nossas interações com outros e assim influencia mais uma dimensão — nossas atividades no mundo exterior.

Vejamos, por exemplo, a experiência emocional do medo, relacionada ao primeiro chacra. O medo tem certas maneiras de afetar nosso corpo. Sentimos palpitações no estômago, a respiração ofegante, talvez tremores na voz e nas mãos. Essas características físicas denunciam nossa falta de confiança em lidar com o mundo, e talvez motivem outros a nos tratar de forma negativa, perpetuando nosso medo. Este pode ter raízes numa experiência infantil não resolvida, que, no en-

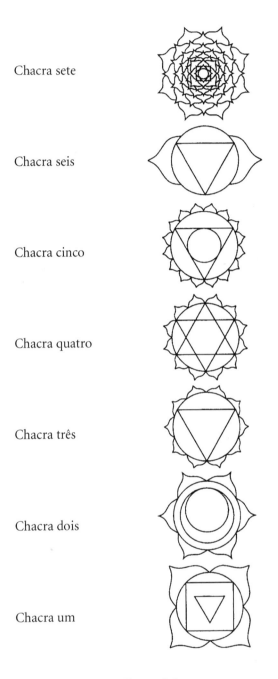

FIGURA 1.3
Sete lótus representam os sete chacras.

tanto, continua a ditar nossa conduta. Trabalhar com os chacras é nos curar de antigos padrões restritivos armazenados no corpo, na mente ou no comportamento do dia a dia.

A totalidade dos chacras forma uma coluna vertical no corpo, chamada *sushumna*. Essa coluna é um canal central de integração para conectar os chacras e suas diversas dimensões. (Ver Figura 1.4.) Ela pode ser considerada uma "supervia" na qual viajam essas energias, exatamente como as rodovias de asfalto são canais que permitem o transporte de bens materiais do produtor ao consumidor. Poderíamos dizer que o sushumna leva a energia psíquica do "produtor" como consciência pura (mente divina, Deus, Deusa, a força, natureza etc.) ao consumidor, que é o indivíduo mental e físico aqui no plano terreno. Poderíamos ver os chacras como cidades importantes situadas ao longo da rodovia, cada um responsável pela produção do próprio tipo de bens. Mais que cidades, costumo vê-los como câmaras sagradas no templo do corpo, em que a força vital da consciência pode se acumular em diferentes níveis.

Viajando ao lado, em torno, e através do sushumna também se observam muitas estradas secundárias, tais como os meridianos da acupuntura chinesa, e os milhares de outros *nadis*, canais de energia sutil que os hindus encontraram dentro do corpo sutil. Os nadis podem ser considerados canais alternativos, como são as redes telefônicas, os dutos condutores de gás, ou as bacias hidrográficas, nos quais temos canais especiais para movimentar certos tipos de energia, todas passando através do mesmo vórtice.

Se você quiser conhecer a sensação proporcionada por um chacra, aqui está um exercício simples para abrir os chacras das mãos e vivenciar sua energia:

Estenda os braços à sua frente, paralelos ao solo e bem retos.

Com a palma de uma das mãos virada para cima e a outra para baixo, abra e feche as mãos rapidamente cerca de 12 vezes.

40 • Rodas da vida

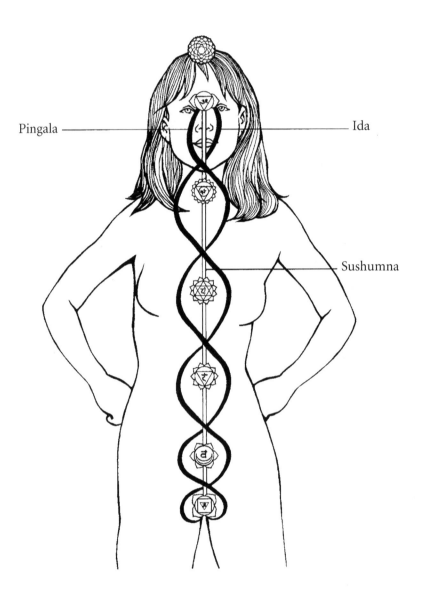

Figura 1.4
Sushumna, Ida e Pingala.
(Alguns textos mostram Ida e Pingala cruzando-se entre os chacras,
enquanto outros apresentam os canais cruzando-se nos chacras.
Outros descrevem as correntes terminando —
ou começando — nas narinas esquerda e direita.)

Inverta as mãos e repita o movimento. Isso permite a abertura dos chacras das mãos.

Para sentir a energia deles, abra as mãos e, começando da distância de 60 centímetros entre elas, vá aproximando as palmas uma da outra, devagar.

Quando as mãos estiverem a 10 centímetros uma da outra, você deverá sentir uma bola de energia sutil, como um campo magnético, flutuando entre as palmas. Se conseguir uma sintonia intensa, poderá até conseguir senti-la girar.

Em pouco tempo, a sensação se dissipa, mas pode ser repetida se abrir e fechar as mãos novamente, conforme descrito.

No nível físico, os chacras correspondem aos gânglios neurais, nos quais ocorre um alto grau de atividade nervosa, e também às glândulas do sistema endócrino. (Ver Figura 1.5.) Mesmo interdependentes dos sistemas nervoso e endócrino, eles não são sinônimos de nenhuma parcela do corpo físico, existindo apenas no interior do corpo sutil.

Contudo, seu efeito sobre o corpo físico é forte, conforme atestado por qualquer pessoa que tenha tido a experiência da Kundalini. Acredito que os chacras geram a forma e o comportamento do corpo físico, assim como a mente influencia nossas emoções. Um terceiro chacra excessivo exibiria uma barriga grande e dura; um quinto chacra contraído causa tensão nos ombros e garganta irritada; uma conexão fraca através do primeiro chacra pode manifestar-se em pernas finas ou problemas nos joelhos. O alinhamento das vértebras da coluna também se relaciona com a abertura dos chacras. Por exemplo, se temos o peito afundado, por causa da curvatura da coluna ou de tensão somática/emocional, o chacra cardíaco pode ficar obstruído. A forma do corpo físico pode até ser determinada pelo desenvolvimento que trazemos de vidas anteriores, para ser retomada e novamente continuada na vida presente.

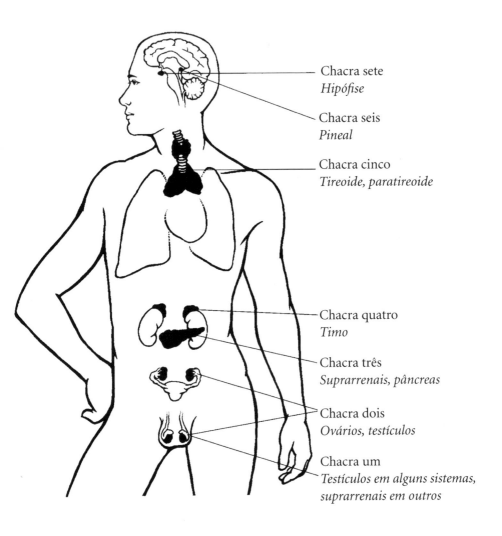

Figura 1.5
Associações comuns entre os chacras e as glândulas do sistema endócrino. (Alguns sistemas invertem os chacras seis e sete, tornando a pineal uma glândula do sétimo chacra e relacionando a hipófise ao sexto.)

Em terminologia metafísica, um chacra é um vórtice. Os chacras giram à maneira de rodas, atraindo ou repelindo atividade em seu plano específico por padrões análogos aos de um redemoinho. Tudo o que um chacra encontrar em seu nível vibratório específico é atraído para dentro dele, processado e expelido de novo.

Em lugar de fluidos, os chacras são feitos de padrões simbólicos de nossa própria programação mental e física. Essa programação governa a forma como nos comportamos. Idêntica a uma programação de computador, ela canaliza a forma como a energia flui através do sistema e nos dá tipos diversos de informação. Cada chacra — que literalmente significa "disco" — pode ser considerado uma programação num CD, que governa certos elementos de nossa vida, dos programas de sobrevivência até os programas sexuais, além de nossa forma de pensar e sentir.

Os chacras mandam energia para fora do núcleo do corpo e assimilam energia do exterior que penetra no núcleo. Dessa forma, mais uma vez, defino chacra como *um centro organizacional para recepção, assimilação e transmissão de energia vital*. O que geramos determina grande parte do que recebemos, e dessa forma nos convém trabalhar os chacras e limpar programações desatualizadas, desajustadas ou negativas, que talvez estejam nos atrapalhando.

O conteúdo dos chacras é formado em grande parte por padrões repetidos e derivados de nossas ações na vida cotidiana, já que somos sempre o ponto focal dessas ações. Movimentos e hábitos repetidos criam campos no mundo a nossa volta. Programação recebida dos pais ou da cultura, a forma de nosso corpo físico, situações de nascimento e informação de vidas pregressas também são fatores importantes. Esses padrões podem, por vezes, ser vistos por clarividentes quando examinam os chacras. As interpretações deles nos dão valiosa informação subjetiva sobre nosso comportamento. Qual uma carta astrológica, eles nos mostram *tendências* da personalidade, que de forma alguma, porém, são imutáveis.

Conhecer as próprias tendências nos diz com o que se deve tomar cuidado e o que realçar.

Mediante envolvimento com o mundo exterior, os padrões internos dos chacras tendem a se perpetuar; daí a ideia de carma — padrões formados por meio da ação ou das leis de causa e efeito. Assim, é comum o indivíduo ficar preso em algum desses padrões. Isso se chama ficar "enganchado" num chacra. Somos apanhados num ciclo que nos mantém num nível específico. Pode tratar-se de um relacionamento, um trabalho, um hábito, porém, com mais frequência, trata-se apenas de uma forma de pensar. Ficar preso pode ser função de excessiva ênfase num chacra ou de subdesenvolvimento dele. O objeto de nosso trabalho é limpar os chacras de padrões antigos e pouco benéficos, de modo que as ações que se perpetuam exerçam influência positiva, e nossa energia vital possa continuar a se expandir para planos mais elevados.

Os chacras estão associados aos sete níveis básicos de consciência. À medida que experimentamos a abertura de um chacra, também experimentamos uma compreensão mais completa do estado de consciência associado àquele nível.

Esses estados podem ser resumidos sob as seguintes palavras-chave, embora se deva lembrar que elas são simplificações excessivas e grosseiras da complexidade de cada nível. (Ver Tabela de Correspondências, páginas 64-66.) Os capítulos a seguir explicarão mais completamente cada chacra. Aqui são fornecidos os elementos associados a eles, já que se revestem de significação crucial para a compreensão de sua qualidade.

Chacra um: localizado na *base da coluna*, está associado à *sobrevivência*. Seu elemento é *terra*.

Chacra dois: localizado no *baixo ventre*, está relacionado às *emoções* e à *sexualidade*. Seu elemento é *água*.

Chacra três: localizado no plexo solar, está associado a *poder pessoal, vontade e autoestima*. Seu elemento é *fogo*.

Chacra quatro: localizado sobre o osso esterno, está ligado ao *amor*. Seu elemento é *ar*.

Chacra cinco: localizado na garganta, está relacionado a *comunicação e criatividade*. Seu elemento é *som*.[16]

Chacra seis: localizado no centro da testa, está relacionado a *clarividência, intuição e imaginação*. Seu elemento é *luz*.

Chacra sete: localizado no alto da cabeça, está ligado a *conhecimento, compreensão e consciência transcendente*. Seu elemento é *pensamento*.

Os chacras podem ser abertos ou fechados, excessivos ou deficientes,[17] ou qualquer dos vários estágios intermediários. Esses estados podem ser os aspectos básicos da personalidade do indivíduo durante a maior parte de sua vida, ou alguma coisa que muda de um momento a outro em resposta a uma situação. Um chacra doente pode ser incapaz de mudar seu estado facilmente, e acabar preso num estado aberto ou fechado. O chacra então precisa ser curado por meio de descoberta e remoção do fator que o estiver bloqueando. Se um chacra estiver preso no estado fechado, então será incapaz de gerar ou receber energia naquele plano específico, ou seja, energia amorosa ou comunicação. Se um chacra estiver preso no estado aberto ou excessivo, sua tendência será canalizar todas as energias através daquele plano específico, como seria utilizar todas as situações para promover o poder individual ou atender a necessidades sexuais, quando outras formas de comportamento talvez fossem mais adequadas. Um chacra fechado é um impedimento crônico de certas energias, enquanto um chacra excessivamente aberto é uma fixação crônica.

A qualidade e a quantidade de energia que o indivíduo encontra num plano específico têm a ver com o grau de abertura ou fechamento em que se encontram seus respectivos chacras — a capacidade que eles têm de controlar essa abertura ou fechamento em ocasiões adequadas. Isso governa a quantidade de atividade e complexidade que se consegue efetivamente manipular em qualquer nível dado.

Por exemplo, alguém com um terceiro chacra (poder pessoal) muito fechado teria pavor de confrontação, circunstância em que alguém mais aberto poderá se deleitar. Alguém com um segundo chacra (sexualidade) aberto pode aceitar muitos parceiros sexuais, enquanto alguém fechado talvez até evite sentir desejo sexual. Alguém cujo chacra laríngeo seja excessivo pode falar demais e nunca escutar de fato os demais, ao passo que outro talvez não consiga sequer dizer algumas palavras.

Existem exercícios específicos projetados para facilitar a abertura, a descarga ou o fortalecimento de cada centro, mas antes é preciso ser capaz de entender o sistema como um todo. Depois de entendido o sistema, os níveis individuais podem ser abordados de formas variadas. Uma delas pode ser:

- Focalizar a atenção naquela área do corpo, observando atentamente a sensação e o comportamento da área.
- Entender o funcionamento filosófico daquele chacra e aplicá-lo.
- Examinar as interações, na vida cotidiana, ocorridas no nível correspondente àquele chacra.

Na presente obra, qualquer uma das correlações com um nível específico pode ser usada para ter acesso ao chacra e mudar a energia dentro dele.

Por exemplo, você pode entender em qual condição se encontra seu segundo chacra (sexualidade) ao inicialmente *sintonizar com aquela área do corpo* (abdômen, genitais). Ele está fluido, vivo, dolorido, tenso, relaxado? O estado físico nos dá muitas pistas quanto aos processos internos. O próximo passo é examinar o significado e a função daquele chacra específico. Que significado você atribui às emoções e à sexualidade? Que valores eles trazem para você? Que tipo de programação recebeu sobre essas questões? Depois você pode examinar a qualidade e a quantidade da interação emocional e sexual em sua vida. Ela é o que você queria que fosse? Existe equilíbrio entre dar e receber? A energia flui sem esforço ou o assunto provoca medo e ansiedade?

Você poderá então trabalhar na melhoria da saúde do segundo chacra por meio de qualquer uma das opções a seguir:

- Fazer exercícios físicos que dizem respeito a relaxamento, abertura ou estímulo da área sacral do corpo.
- Trabalhar com imagens, cores, sons, divindades ou elementos associados a ele, tal como seu constante movimento, fluxo de água ou suas propriedades de limpeza: beber muita água, ir até um rio, praticar natação — tudo como meio de se conectar com seu elemento associado à água.
- Elaborar os próprios sentimentos e valores sobre sexualidade e emoções, e incorporar essas novas percepções a seu comportamento com os demais.

Qualquer desses processos pode provocar mudança em sua natureza emocional ou sexual.

O corpo e a mente estão inseparavelmente inter-relacionados. Cada um governa e afeta o outro, e cada um está acessível por intermédio do outro. Os sete chacras principais também estão inseparavelmente relacionados entre si. Um bloqueio no funcionamento de um chacra pode afetar a atividade do chacra acima ou abaixo dele; por exemplo, você talvez tenha problemas com seu poder pessoal (terceiro chacra) por causa de um bloqueio na comunicação (quinto chacra) ou vice-versa. Ou talvez o verdadeiro problema esteja em seu coração (quarto chacra) e só se manifeste nessas outras áreas porque está enterrado muito fundo. Ao examinar o Sistema de Chacras teórico (em letras maiúsculas) como um todo e aplicá-lo ao sistema de chacras pessoal (letras minúsculas), conforme ele ocorre dentro de cada um, você aprende a distinguir essas sutilezas e os padrões que permitem o autoaprimoramento segundo seus objetivos. Esse processo será explicado em pormenores à medida que explorarmos cada chacra mais a fundo.

Os chacras existem simultaneamente em muitas dimensões, e assim nos oferecem pontos de entrada para elas. Na esfera física, correspondem a áreas específicas do corpo e podem ser experimentados como palpitações no estômago, nó na garganta, coração disparado ou a experiência do orgasmo. Trabalhar com as associações fisiológicas nos permite usar o Sistema de Chacras para fazer diagnósticos e, em alguns casos, curar doenças.

Os chacras também correspondem a vários tipos de atividade. O trabalho é uma atividade do primeiro chacra, porque está relacionado à sobrevivência. A música, relacionada ao som e à comunicação, corresponde ao quinto chacra. O sonho, como uma função da visão interior, é uma atividade do sexto chacra.

Na dimensão do tempo, os chacras descrevem estágios em ciclos de vida pessoais e culturais. Na infância, os chacras se abrem em sequência, começando com o primeiro, predominante durante o primeiro ano de vida, e subindo em direção ao chacra coronário à medida que o indivíduo amadurece e chega à idade adulta.[18] Na condição de adultos, podemos nos concentrar mais em determinados chacras que em outros, em estágios variados — criando prosperidade, explorando a sexualidade, adquirindo poder pessoal, criando relacionamentos, desenvolvendo a criatividade ou mergulhando na busca espiritual.

Em termos de evolução, os chacras são paradigmas de consciência que prevalecem no mundo, em dado momento. Os humanos primitivos existiram principalmente no primeiro chacra, no qual o foco principal da cultura foi a sobrevivência. A agricultura e a navegação marcaram o começo da era do segundo chacra. Nesta época do milênio, estamos passando da era do terceiro chacra, focalizada principalmente em potência e energia, para a esfera do coração, a do quarto chacra, com seu foco em amor e compaixão. Embora nenhuma dessas transições seja uniforme nem abrupta, podem-se ver claramente certas fases no decorrer da história. (Ver Capítulo 12.)

Na mente, os chacras são padrões de consciência — sistemas de crenças por cujo intermédio experimentamos e criamos o mundo pessoal. Assim, os chacras são os programas que governam nossa vida. Os programas do chacras inferiores contêm informação sobre o corpo em termos de sobrevivência, sexualidade e ação. Os chacras superiores nos trazem estados mais universais de consciência e trabalham com nossos sistemas de crenças mais arraigados sobre espiritualidade e sentido. Por vezes acabamos presos num programa e ele se converte na maneira habitual de interagirmos com o mundo à nossa volta. Alguém que vê qualquer situação como um desafio a seu poder está orientado pelo terceiro chacra. Quem fica eternamente preso a questões de sobrevivência, tais como saúde e dinheiro, tem problemas no chacra um. Alguém que vive imerso em fantasias pode estar preso ao chacra seis.

Como vemos, os chacras têm muitas complexidades. Em sua condição de metáforas da manifestação da consciência nos vários planos de atividade, eles têm valor inestimável. Entretanto, como um sistema completo, eles oferecem uma compreensão ainda maior da dinâmica energética de um ser humano.

SHIVA E SHAKTI

Não há detentor do poder sem poder. Nem há poder
sem detentor do poder. O detentor do poder é Shiva.
O poder é Shakti, a Grande Mãe do Universo. Não há
Shiva sem Shakti, nem Shakti sem Shiva.[19]

Na mitologia hindu, o Universo é criado pela combinação das divindades Shiva e Shakti. O princípio masculino, Shiva, é identificado com a consciência pura não manifestada. Ele representa a bem-aventurança e é tratado como um ser sem forma, imerso em meditação. Shiva é o potencial divino inativado equiparado à consciência pura — separado das manifestações desta. Às vezes é visto como o "destruidor" porque é a consciência sem forma — com frequência, destruindo a forma para revelar a consciência. Acredita-se que a presença de Shiva seja mais forte no chacra coronário.[20]

Shakti, a contrapartida feminina dessa consciência inativa, é a doadora da vida. Ela é a criação inteira e a mãe do Universo. Shakti, em sua criação do mundo, é a inventora de *maia*, vista em geral como uma ilusão. Nos primórdios do sânscrito, maia tinha o significado de magia, arte, sabedoria e extraordinário poder.[21] Maia é a substância do universo manifestado, a senhora da criação divina. Maia é uma projeção da consciência, mas não a consciência em si. Afirma-se que, quando "o carma está maduro, Shakti sente o desejo de criação e se encobre com sua própria maia".[22]

O radical *shak* significa "ter poder" ou "ser capaz de".[23] Shakti é energia vital que confere poder à formação da vida. É por meio da união com Shakti que a consciência de Shiva desce e dota o Universo (Shakti) de consciência divina. Entre os mortais, a mulher produz a criança, mas só com a semente do homem. Assim também, Shakti produz o Universo, mas só com a semente de consciência que vem de Shiva.

Cada uma dessas divindades tende a se mover em direção à outra. Shakti, enquanto se eleva da terra, é descrita como "a divina aspiração da alma humana", ao passo que Shiva, descendo do alto, é a "irresistível atração da graça divina" ou manifestação.[24] Eles existem num eterno abraço e estão constantemente fazendo amor, incapazes de existir sem o outro. A eterna relação deles cria o mundo fenomenal e o mundo espiritual.

Como Shiva e Shakti residem no interior de cada um de nós, só é preciso praticar certos princípios para permitir que essas forças se reúnam, e nos tragam a iluminação livre do véu de maia ou da percepção da consciência que se esconde dentro da chamada ilusão. Quando isso ocorrer, teremos arte, sabedoria e os poderes da criação dentro de nosso próprio alcance, conforme indicam os textos ancestrais.

LIBERAÇÃO E MANIFESTAÇÃO

A consciência tem, portanto, um aspecto geminado; sua liberação (mukti) ou aspecto informal, no qual está presente como mera consciência de bem-aventurança; e um universo ou aspecto formal, no qual ela se transforma num mundo de fruição (bhukti). Um dos princípios norteadores (da prática espiritual) é assegurar a liberação e também a fruição.[25]

Shiva e Shakti também podem ser vistos como representativos de duas correntes de energia que atravessam os chacras — uma ascendente e outra descendente.[26] (Ver Figura 1.6.) A descendente, que chamo de *corrente de manifestação*, começa na consciência pura e desce através dos chacras ao plano manifestado, tornando-se cada vez mais densa, a cada etapa. Por exemplo, na produção de uma peça de teatro, precisamos começar com uma ideia ou um conceito (chacra sete). A ideia então se transforma num conjunto de imagens (chacra seis), que podem ser comunicadas aos outros sob a forma de uma história (chacra cinco). À medida que a ideia vai sendo desenvolvida, e outros se envolvem com ela, entramos num conjunto de relações que ajudam a realizá-la (chacra quatro). Damos a ela nossa vontade e energia (chacra três), ensaiando os movimentos e amarrando os elementos conceituais e físicos, para finalmente manifestar a peça no plano físico (chacra um) diante de um público. Assim, pegamos nosso conceito abstrato que começou no pensamento e o levamos por meio dos chacras até a manifestação. É dessa trajetória de manifestação que se diz ser impulsionada a alegria de viver, ou *bhukti*.

A outra corrente, chamada *corrente de liberação*, nos transporta das limitações do plano manifestado a estados de ser mais livres e, portanto, mais expansivos e inclusivos. Nesse trajeto, a energia da matéria é libertada para se tornar cada vez mais leve, enquanto vai subindo através dos elementos, expandindo-se e se transformando num estado ilimitado de ser puro. Desse modo, a terra sólida perde a rigidez e se transforma em água, e daí na energia do fogo, na expansão do ar, na vibração do som, na radiação da luz e na abstração do pensamento.

A corrente de liberação é a trajetória normalmente enfatizada no estudo do chacras, porque traz libertação pessoal. É o caminho através do qual a energia contraída e lenta vai aos poucos alcançando novos graus de liberdade. Ela nos liberta de hábitos ultrapassados ou coercitivos, do véu de maia. É o caminho pelo qual nos desvencilhamos das limitações do mundo físico e encontramos um escopo mais amplo nos níveis mais abstratos e simbólicos. Cada passo no caminho da liberação é uma reorganização de matéria e de consciência, para produzir combinações mais eficientes e energéticas, uma dissolução em nossa fonte primária. Como essa corrente se origina embaixo, é alimentada pelos chacras inferiores — nossas raízes, nossas vísceras, nossas necessidades e desejos.

Mesmo vitimada por muito preconceito, a corrente descendente tem igual importância, pois nos permite a manifestação. Cada passo no caminho para baixo é um ato criativo, um ato da consciência que faz escolhas, que dá um passo no sentido da limitação, permitindo restrição à liberdade. Por meio dessa restrição, a expansão abstrata da consciência encontra um recipiente que lhe permite se condensar e consolidar. Na corrente descendente, cada um dos chacras pode ser visto como um condensador de energia cósmica.

Para nos manifestar, precisamos nos limitar. Isso exige criar limites, ser específico, definir estrutura e forma. Para escrever este livro, preciso estruturar minha vida, e limitar minhas outras atividades pelo tempo suficiente para completá-lo. Para ter um emprego, criar um filho, concluir os estudos, ou criar qualquer coisa tangível, precisamos estar dispostos a aceitar a limitação.

A corrente de liberação nos traz excitação, energia e novidade, enquanto a descendente nos proporciona paz, graça e estabilidade. Para permitir aos dois caminhos uma verdadeira completude, todos os chacras precisam estar abertos e ativos. A libertação sem limitação nos deixa vagos, dispersos e confusos. Mesmo tendo ideias maravilhosas e muito conhecimento, não conseguiremos levar esses frutos a qualquer completude tangível. Por outro lado, a limitação sem libertação é monótona e sufocante. Acabamos presos a padrões repetitivos, apegados à segurança e temerosos de mudar. Para alcançarmos a verdadeira integridade, as duas correntes precisam forçosamente estar abertas e ativas.

Os chacras podem ser considerados câmaras do corpo em que essas duas forças se misturam em diferentes combinações. Cada chacra tem um equilíbrio diferente de liberação e manifestação. Quanto mais baixarmos ao longo do sistema, mais forte é o impulso da corrente de manifestação. Quanto mais alto chegarmos, mais

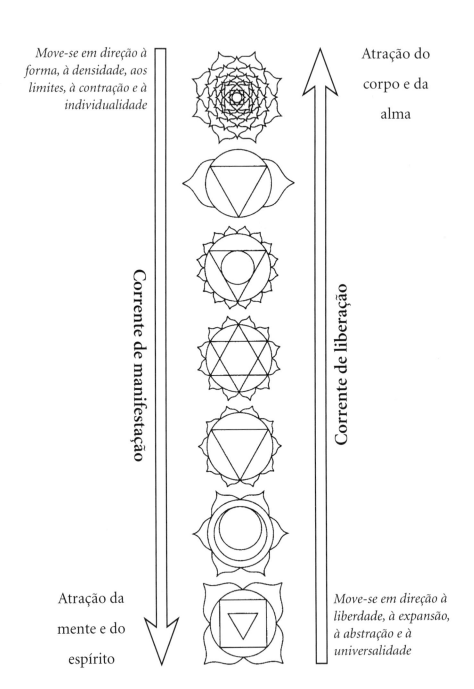

FIGURA 1.6
A corrente de manifestação e a corrente de liberação.

forte é a influência da corrente de liberação sobre os chacras. A polaridade básica é o elemento essencial para entender o funcionamento do sistema como um todo.

OS TRÊS GUNAS

Na mitologia hindu, acredita-se que o cosmo teria evoluído de um plano primordial chamado *prakriti*, semelhante ao conceito alquimista ocidental de *prima materia*. *Prakriti* é tecido de três fios chamados *gunas* ou "qualidades", que criam tudo o que vivenciamos. Essas qualidades, em nossos termos, correspondem a matéria, energia e consciência.

O primeiro guna é chamado *tamas*, e representa matéria, massa, ou a pesada imobilidade da inércia. É *prakriti* em sua forma mais densa. O segundo guna é chamado *rajas*, e representa energia sobre a forma de emoção, força e superação da inércia. É *prakriti* em sua forma energética, mutável. O terceiro guna é chamado *sattva*, que significa "mente", "inteligência" ou "consciência". É *prakriti* em sua forma abstrata. Os gunas também podem ser descritos como *tamas*, a força magnética, *rajas*, a força cinética, e *sattva*, a força de equilíbrio entre as duas anteriores. *Sattva* governa o plano causal, *rajas* rege o plano sutil e *tamas* controla o plano físico ou grosseiro.

Na contínua criação do cosmo, os três gunas se entrelaçam para formar os vários estados ou planos existenciais vivenciados por nós. Surgindo de estado básico de equilíbrio, eles mantêm esse equilíbrio por meio de um fluxo constante. Em algumas ocasiões, *tamas* pode dominar, e nos dá a matéria; em outras, *rajas* pode dominar, e nos dá a energia. Quando *sattva* predomina, a experiência é principalmente mental ou espiritual. Entretanto, os três gunas sempre retêm a própria essência, assim como permanecem distintas as três mechas que compõem uma trança, ainda que se entrelacem para compô-la.

Acredita-se que a totalidade dos gunas permaneça constante, espelhando os princípios de conservação de energia aceitos pela física contemporânea. É possível alterar, no interior da trança, o número de mechas de cada segmento, porém manter constante o tamanho total.

Os chacras estão formados por proporções variadas dos três gunas, qualidades que consistem na essência de uma substância primordial básica e unificada. Juntas, elas compõem a Dança do Universo, porém separadamente são bastante distintas. Os gunas descrevem passos de uma dança cósmica da qual nós mesmos podemos participar, pelo estudo de seu inter-relacionamento.

Nas páginas a seguir, matéria, energia e consciência serão termos usados de forma bastante livre. Eles descrevem qualidades inerentes a todos os aspectos da vida — as qualidades dos três gunas. Os termos não correspondem a três entidades separadas e nunca são encontrados isoladamente, sem a presença de suas contrapartidas, em proporções variadas. De fato, separá-los concretamente é impossível, exceto num contexto intelectual. Energia, matéria e consciência se entrelaçam para formar tudo que experimentamos, da mesma forma como os gunas se juntam para formar o cosmo.

Em graus variados, todos os chacras são compostos desses ingredientes. A matéria (*tamas*) governa os chacras inferiores, a energia (*rajas*) rege os chacras médios e a consciência (*sattva*) comanda os chacras superiores. No entanto, em certa proporção, cada tipo de fio é encontrado em todos os níveis e em cada ser vivo. Equilibrar a proporção desses três fios básicos no tecido é o que nos equilibra em mente, corpo e espírito.

CHACRAS E KUNDALINI

A luminosidade lembra um forte lampejo do relâmpago novo. Seu doce murmúrio é como o zumbido indistinto dos enxames de abelhas loucas de amor. Ela produz poesia melodiosa... é ela que mantém todos os seres do mundo, por meio da inspiração e da expiração, e brilha na cavidade da raiz de lótus como uma cadeia de luzes cintilantes.

— Sat-Chakra-Nirupana[27]

Quando Shakti reside na base dos chacras, ela descansa. Ali se transforma na serpente enroscada, Kundalini-Shakti, enrolada três vezes e meia em torno do Shiva Lingam no Muladhara. Sob tal forma, ela é o potencial inerente na matéria, a força feminina primordial de criação e a força evolutiva na consciência humana. Na maioria das pessoas, ela permanece latente, dormindo pacificamente em sua morada espiral na base da coluna. Seu nome deriva da palavra *kundala*, que significa "enroscada".

Quando despertada, essa deusa se desenrola e vai subindo, chacra por chacra, na direção do chacra coronário no alto da cabeça, onde espera encontrar Shiva descendo a seu encontro. À medida que vai perfurando cada chacra, vai trazendo o despertar daquele centro a seu sujeito. De fato, alguns acreditam que só a Kundalini-Shakti é capaz de abrir os chacras. Se conseguir alcançar o coronário e completar a viagem, ela se unirá a seu parceiro, Shiva, a consciência divina, e o resultado é iluminação ou bem-aventurança.

O Kundalini Ioga é uma disciplina antiga e esotérica destinada a despertar a força da Kundalini-Shakti e fazê-la subir pela coluna vertebral. Com frequência, envolve a iniciação por um mestre treinado e anos de práticas específicas de ioga e meditação. No entanto, há muitos indivíduos, seguidores ou não de um caminho espiritual, que estão passando pela experiência espontânea da emergência espiritual, alguns com legítimo despertar da Kundalini; logo, vale a pena examinar essa força misteriosa e pujante.

Os caminhos percorridos pela Kundalini são bastante variados. O mais comum é ela começar na base da coluna e subir em direção à cabeça. Esse movimento pode ser acompanhado por espasmos e sacudidelas ou sensação de intenso calor. Relatos do despertar da Kundalini também incluem, porém, a ocorrência de semelhante atividade intensa que se desloca da cabeça para baixo e do meio para fora. Por vezes, os sintomas acontecem em matéria de segundos e depois desaparecem, ocorrendo a intervalos de horas ou de anos. Outras vezes, os sintomas podem durar semanas, meses ou anos.

A Kundalini é em geral uma experiência singular e poderosa que acarreta profunda mudança de consciência. Essa mudança pode ser vivenciada como um estado de alerta intensificado, súbitas percepções subjetivas, visões, vozes, sensação de falta de peso, sensação de pureza dentro do corpo ou felicidade transcendente. E existem alguns indícios de que a Kundalini desfecha um movimento ondulatório do fluido cerebroespinhal, que pressiona os centros de prazer do cérebro, causando o estado de bem-aventurança que os místicos descrevem amiúde.

No entanto, uma experiência de Kundalini nem sempre é agradável. Muita gente encontra extrema dificuldade em funcionar em sua vida mundana enquanto a Kundalini está se movimentando por seus chacras. Enquanto ela força a passagem por entre os seus bloqueios, você poderá ter dificuldade de dormir ou desinteresse por energias associadas aos chacras inferiores, como, por exemplo, comer ou ter atividade sexual (no entanto, algumas pessoas se tornam altamente propensas ao sexo depois do despertar da Kundalini). Também pode haver uma profunda depressão ou medo enquanto você contempla a vida através dos olhos dessa deusa serpentina. Ela é uma força de cura, embora nem sempre gentil, no momento em que os véus da ilusão estão sendo retirados da realidade normal a que você se habituou. Para quem for passar pelo despertar espontâneo da Kundalini e não dispõe de um mestre espiritual para trabalhar, existem algumas agências de referência que podem fornecer terapeutas experientes e capacitados a entender essa energia espiritual e que não vão necessariamente julgar que você seja maluco ou psicótico.[28]

No mundo inteiro a serpente é um símbolo arquetípico que representa iluminação, imortalidade e um caminho para os Deuses. No Gênesis, a serpente levou Adão e Eva a provar o fruto da Árvore do Conhecimento. Esse fato simboliza o começo da Kundalini, criando o incessante desejo de compreensão, mas que é fundamentado no mundo material (a maçã). No Egito, os faraós usavam coroas com símbolos de serpente sobre o terceiro olho, para representar a própria estatura divina. Será que isso representaria a Kundalini ascendida? Ainda hoje, a serpente dupla se enrola em torno do bastão da cura, formando o moderno símbolo médico do caduceu. (Ver Figura 1.7.) O caduceu imita claramente o movimento espiralado do Ida e do Pingala, os nadis centrais que se entrecruzam nos chacras, envolvendo o sushumna. (Ver Figura 1.4.) As serpentes entrelaçadas também simbolizam o padrão de dupla hélice do DNA humano — o portador de informação fundamental da vida.

A Kundalini é um conceito universal para uma força de iluminação muito poderosa. Também é uma força muito traiçoeira e imprevisível para se brincar; ela talvez esteja carregada de dor intensa, de confusão, e frequentemente pode ser interpretada pelo mundo como insanidade mental. O que pode ou não ser acompanhado pelos aspectos mais positivos listados anteriormente. Ela abre os chacras, mas, tal qual a abertura de cada cela de uma prisão, a Kundalini pode libertar tudo que estiver alojado dentro dos chacras. Sejam intuições ou experiências expandidas, antigos traumas ou atos de violência que tenham levado aquele chacra originalmente a se fechar.

A Kundalini produz um intenso estado de consciência, que talvez dificulte o relacionamento ameno com um mundo tão predominantemente "não iluminado". Talvez esse estado não adote nosso paradigma atual, nem se harmonize com nossas circunstâncias de vida, ou com o estado físico de pureza dentro do corpo. Essas discrepâncias podem trazer certo grau de desconforto, mas nem sempre devem ser evitadas. Basicamente, a Kundalini é uma energia de cura, e só se sente dor quando a energia encontra tensão e impurezas que ainda não estamos prontos a libertar. Aprender a abrir os chacras permite dar à Kundalini uma livre passagem, menos propensa a ser dolorosa.

Teoricamente, a Kundalini produz uma força que ajuda a abertura do chacra coronário, situado no alto da cabeça. Como os bloqueios nos chacras podem deixar presa a energia da coluna, com frequência o coronário é o chacra mais difícil de ser atingido. Classicamente, considera-se o coronário a sede da Iluminação; entretanto, segundo me parece, o que traz a iluminação é a combinação da presença e da conexão de todos os chacras, tornados alvo da atenção consciente. Para muitas pessoas, os momentos de maior iluminação vieram do fato de baixar a consciência do chacra superior até o nível do reconhecimento tangível, e não o procedimento inverso.

A elevação da energia aos chacras superiores ocorre de forma natural e espontânea quando, em estado de relaxamento profundo, prestamos atenção a todos os nossos chacras. Tentativas de forçar que a energia suba resultam quase sempre em cansaço, tensão e sensação de "cabeça vazia" ou propensão à irritação com todos aqueles que em nosso ambiente não estejam fazendo a mesma coisa. Essa última atitude produz uma alienação que considero sintomática de falta de Iluminação (muitos me procuram em conferências para me contar excitadamente de suas experiências iluminadas de sétimo chacras, embora sem ter a menor sensibilidade para o fato de estarem interrompendo rudemente a conversa alheia, ou estarem vivendo em corpos que pareciam horrivelmente negligenciados).

Figura 1.7
O caduceu, moderno símbolo da cura, descreve a trajetória de chacras e nadis, emanando da base para as duas pétalas aladas no topo.

É impossível falar sobre chacras sem mencionar a Kundalini; entretanto, a elevação da Kundalini não é o foco deste livro. Ela não é necessariamente a melhor maneira — ou mais fácil — de alcançar a realização, da mesma forma que entrar de carro num muro de pedra não é a melhor forma de chegar a uma casa na rua vizinha. Em certas ocasiões, para atravessar um bloqueio particularmente difícil, é necessário ter muita força, mas prefiro métodos que sejam naturais, seguros e agradáveis. Afinal, se escolhermos uma rota com belas paisagens, poderemos desfrutar não só o destino da viagem, mas também o percurso.

Este livro não apoia nem condena as disciplinas destinadas a despertar a Kundalini. A droga LSD é uma forma rápida de ter lampejos de mundos superiores de superconsciência, mas que, sem necessariamente mantê-lo ali, pode provocar algum grau de mudança permanente. A Kundalini é ainda menos previsível, em geral mais séria e muito mais difícil de se obter. Entretanto, ela não é o resultado de uma droga, e sim uma reorganização de nossa própria energia vital. É uma experiência singular e valiosa, que está ao alcance de qualquer aspirante sincero a níveis mais altos de percepção.

Qualquer dor que encontremos será apenas resultado de nossa própria resistência e das impurezas que a Kundalini precisa queimar antes de poder alcançar seu objetivo.

Atualmente, são feitas muitas pesquisas sobre a Kundalini, e várias teorias sobre o que ela realmente é e como pode ser deflagrada foram criadas. As listadas a seguir são as mais pertinentes a este livro.

- **A Kundalini é deflagrada por um guru.** Qualquer interação que temos com os demais também se dá no nível dos chacras. Se interagirmos com gente predominantemente de chacras inferiores, nossos próprios centros responderão de acordo. Podemos ser puxados para baixo por esse tipo de interação. Da mesma forma, se ocorrer uma interação que estimule os chacras superiores, como o contato com um guru que tenha despertado sua própria Kundalini, esse novo influxo de energia poderá despertar o discípulo. Quando a Kundalini é disparada por um guru, a experiência é chamada *Shaktipat*. Ela desperta os centros e faz fluir a energia de Kundalini, deixando o recipiente livre para experimentar os maravilhosos efeitos, e também lidar com as consequências que a energia pode trazer ao seu corpo e à sua vida.
- **A Kundalini é de natureza sexual.** A prática do tantra inclui, por vezes, elaboradas práticas sexuais do ioga, destinadas a despertar a Kundalini e alcançar transcendência. Essas técnicas podem variar do orgasmo prolongado à total abstinência. Há os que afirmem que a Kundalini e a sexualidade são mutuamente excludentes, enquanto outros acreditam que estão inextricavelmente ligadas. Isso será discutido mais plenamente no capítulo sobre o chacra dois.

- **A Kundalini é de natureza química.** O sexto chacra é geralmente associado à glândula pineal. A melatonina, um hormônio produzido por essa glândula, é conhecida por produzir aumento de capacidade psíquica, evocação de sonhos, visões e efeitos alucinógenos.[29] Alguns acreditam que as visões induzidas pela Kundalini são uma reciclagem de neurotransmissores. Em alguns casos, a Kundalini pode ser deflagrada pelo consumo de café ou por substâncias alucinógenas.

- **A Kundalini é o resultado do prolongamento do ritmo vibratório no corpo.**[30] Ondulações da coluna vertebral estabelecem ritmos, que são transportados pelo coração, ondas cerebrais e padrões respiratórios, estimulando vários centros no cérebro. Elas podem ser deflagradas por meditação, ritmos respiratórios ou por uma casualidade, como nos casos de despertar espontâneo. Isso será discutido mais amplamente quando analisarmos as vibrações na esfera do quinto chacra.

- **A Kundalini é naturalmente produzida quando existe um canal limpo e desbloqueado de ligação entre todos os chacras.** Esta última teoria é minha criação, e a considero um acréscimo às teorias antes citadas, e não uma contradição. Se os chacras forem considerados rodas de engrenagem, então a Kundalini é o movimento sinuoso que a energia descreve ao se mover ao longo dessas rodas. De fato, os chacras podem servir de inibidores da Kundalini, reduzindo-lhe a velocidade para lhe permitir ser razoavelmente canalizada, evitando assim queimar o organismo mortal em que ocorre. Em nosso estado atual de existência, os próprios chacras não são bloqueios, e sim degraus de acesso; em certas ocasiões, entretanto, os padrões não resolvidos dentro deles podem bloquear desnecessariamente essa força vital. Mediante uma compreensão a fundo de nosso sistema pessoal de chacras, podemos usar de forma segura e previsível a energia da Kundalini.

TABELA DE CORRESPONDÊNCIAS

Chacra	Primeiro	Segundo	Terceiro	Quarto	Quinto	Sexto	Sétimo
Nome em sânscrito	Muladhara	Svadhisthana	Manipura	Anahata	Vishuddha	Ajna	Sahasrara
Significado	Suporte fundamental	Doçura	Joia lustrosa	Não percutido	Purificação	Centro do comando	Mil vezes
Localização	Períneo	Sacro	Plexo solar	Coração	Garganta	Testa	Alto da cabeça
Elemento	Terra	Água	Fogo	Ar	Som, éter	Luz	Pensamento
Estado energético	Sólido	Líquido	Plasma	Gasoso	Vibração	Luminescência	Consciência
Função psicológica	Sobrevivência	Desejo	Vontade	Amor	Comunicação	Intuição	Compreensão
Resultando em	Aterramento	Sexualidade	Poder	Paz	Criatividade	Imaginação	Bem-aventurança
Identidade	Identidade física	Identidade emocional	Identidade do ego	Identidade social	Identidade criativa	Identidade arquetípica	Identidade universal
Auto-orientação	Autopreservação	Autossatisfação	Autodefinição	Autoaceitação	Autoexpressão	Autorreflexão	Autoconhecimento
Demônio	Medo	Culpa	Vergonha	Mágoa	Mentira	Ilusão	Apego
Estágio de desenvolvimento	Útero-12 meses	6-24 meses	18-42 meses	3,5-7 anos	7-12 anos	Puberdade	A vida inteira

Glândulas	Hipófise	Pineal	Tireoide, Paratireoide	Timo	Pâncreas, suprarrenais	Gônadas	Suprarrenais
Outras partes do corpo	SNC, córtex cerebral	Olhos, base do crânio, testa	Garganta, ouvidos, boca, ombros, pescoço	Pulmões, coração, sistema circulatório, braços, mãos	Sistema digestivo, fígado, vesícula biliar	Útero, órgãos genitais, rins, bexiga, região lombar	Pernas, pés, ossos, intestino grosso
Disfunções	Depressão, alienação, confusão	Distúrbios visuais, dores de cabeça, pesadelos	Garganta irritada, dores no pescoço e ombros, distúrbios da tireoide	Asma, doença coronariana, distúrbios pulmonares	Distúrbios digestivos, fadiga crónica, hipertensão	Distúrbios sexuais, disfunções urinárias	Obesidade, anorexia, dor ciática, constipação
Cor	Violeta, branco	Azul índigo	Azul-turquesa	Verde	Amarelo	Laranja	Vermelho
Som-semente	Não tem	Om	Ham	Yam	Ram	Vam	Lam
Som vocálico	Ng como em "engano"	Humm	Iii	Ei	A	U	Ô
Sephirot	Keter	Binah, Hokmah	Gevurá, Hesed	Tiferet	Hod, Netzah	Yesod	Malkhut
Planetas	Urano	Júpiter, Netuno	Mercúrio	Vênus	Marte (também o Sol)	Lua	Terra, Saturno

Metais	Chumbo	Estanho	Ferro	Cobre	Mercúrio	Prata	Ouro
Alimentos	Proteínas	Líquidos	Amiláceos	Legumes e Verduras	Frutas	Enteógenos	Jejum
Pedras preciosas	Rubi, granada, hematita	Coral, cornalina, zircônio amarelo	Âmbar, topázio, apatita	Esmeralda, turmalina, jade	Turquesa	Lápis lazuli, quartzo	Ametista, diamante
Incenso	Cedro	Damiana	Gengibre, aspérula odorífera	Lavanda	Olíbano, benjoim	Artemísia	Mirra, centelha asiática
Caminho da ioga	Hatha	Tantra	Carma	Bhakti	Mantra	Yantra	Jnana
Direitos	Ter	Sentir	Agir	Amar	Falar e ser ouvido	Ver	Saber
Gunas	*Tamas*	*Tamas*	*Rajas*	*Rajas/Sattva*	*Rajas/Sattva*	*Sattva*	*Sattva*

CONCLUSÕES PRELIMINARES

É neste ponto que surge a necessidade de se apresentarem algumas das teorias e abordagens básicas deste livro. Há muitos elementos correspondentes a sistemas padronizados (se é que podemos encontrar concordância suficiente até mesmo para definir em que consistem), porém muitos outros divergem. As teorias expostas nas páginas a seguir são resultado do estabelecimento de conexões entre as crenças do passado, do presente e do futuro projetado da informação pesquisada sobre o Sistema de Chacras, além de vários outros sistemas metafísicos e psicológicos de relevância.

A intenção é apresentá-los como teoria, e não como dogma; é a exposição de uma ideia, e não de uma religião. Na melhor hipótese, trata-se de algo valioso para a expansão da consciência do indivíduo, independentemente da orientação religiosa ou filosófica. As teses são as seguintes:

- No corpo sutil há sete chacras principais e diversos chacras menores, que funcionam como portais para dimensões que abrangem da matéria à consciência.
- No ser humano, estes sete planos correspondem aos níveis arquetípicos de consciência, e também a vários atributos físicos.
- Os chacras são criados pela interpenetração de duas grandes correntes verticais.
- Para os seres humanos, em nosso nível atual de desenvolvimento, os chacras inferiores têm o mesmo valor e importância que os chacras superiores.
- O Sistema de Chacras descreve um padrão de evolução, no qual a raça humana está atualmente passando do terceiro ao quarto nível.

- Os chacras também correspondem a cores, sons, divindades, dimensões e outros fenômenos sutis.
- O sistema tem imenso valor para o crescimento pessoal, e aplicação em diagnósticos e curas.
- Esses sete níveis são proporcionais ao possível número de planos, numa proporção semelhante às sete cores do arco-íris e ao espectro de ondas eletromagnéticas. Os sete chacras básicos são simplesmente as vibrações que podemos perceber com nosso "equipamento" atual, exatamente como as cores do arco-íris são todas que podemos perceber a olho nu.
- Os chacras estão em constante interação e só podem ser separados no nível intelectual.
- Os chacras podem ser abertos por meio de vários exercícios físicos, tarefas, meditações, métodos de cura, experiências de vida e compreensão geral, levando a estados mais profundos de consciência.

EXERCÍCIOS PRELIMINARES

Alinhamento

Para os chacras trabalharem em harmonia, eles precisam estar alinhados uns com os outros. O alinhamento mais direto é obtido com a coluna relativamente ereta (uma coluna ereta demais é rígida e tensa, bloqueando a abertura dos chacras).

Fique de pé e separe as pernas, deixando entre elas uma distância igual à largura dos ombros; estique os braços para cima, alongando o corpo inteiro e cada um dos chacras. Sinta como essa posição alongada estimula os chacras a se alinharem.

Quando voltar à posição normal de pé, tente manter aquele senso de altura, alinhando o corpo de modo que o núcleo central de cada um dos principais segmentos (abdômen, plexo solar, tórax, garganta, cabeça) se sinta em alinhamento direto com o eixo central de seu corpo. Perceba os pés se conectarem solidamente com o chão embaixo deles e sinta o núcleo (*sushumna*) que conecta todos os chacras.

Pratique o mesmo alinhamento sentado numa cadeira, ou sentado em lótus no chão. Experimente relaxar o corpo e retornar à coluna ereta, sentindo a diferença na energia do corpo e na claridade da mente.

Para estabelecer as correntes

A corrente de manifestação

Fique de pé ou sente-se comodamente, coluna reta, pés descalços firmemente plantados no chão. Sintonize com o eixo vertical de seu corpo. Permita-se encontrar uma posição confortável de equilíbrio em que esse eixo vertical seja calmo, centrado e de fácil manutenção. Respire fundo e devagar.

Mentalmente, vá subindo até o alto da cabeça e permita-se vivenciar a infinita vastidão do céu e do espaço acima de você. Respire nessa vastidão e imagine-se bebendo essa vastidão através do alto da cabeça, puxando-a para dentro da cabeça, deixando-a cair como uma cascata no rosto, orelhas, nuca, e ir descendo pelos ombros e braços.

Permita à sua cabeça se encher novamente com essa energia cósmica, agora deixando cair para dentro do pescoço, daí para o peito, enchendo-o enquanto você inspira… expira… inspira… e expira. Enquanto seu peito se enche, relaxe a barriga, permitindo a essa energia encher seu plexo solar, seu abdômen, seus órgãos genitais e descer pelas nádegas, atravessar as pernas, entrar em seus pés e sair por eles. Deixe a energia penetrar na Terra.

Volte para o alto da cabeça e repita. Quando recomeçar o processo, você talvez prefira pensar nessa energia de forma mais concreta: como uma luz, uma cor específica, uma forma de divindade, uma coluna de bolhas ou corrente de ar, ou simplesmente como um movimento. Repita o processo até sentir que a imagem escolhida vem com facilidade e espontaneamente flui do alto de seu chacra coronário para a terra sob seus pés.

A corrente de liberação

Quando a prática do exercício anterior estiver confortável, você pode começar a trabalhar de maneira semelhante com a corrente ascendente.

Imagine a energia da terra (vermelha, marrom ou verde; sólida, porém vibrante) subindo por dentro de suas pernas e entrando em seu primeiro chacra, enchendo-o e subindo para os órgãos genitais, abdômen e plexo solar. Enchendo novamente o espaço do coração e tórax, pescoço e ombros, costas e cabeça e saindo pelo alto da cabeça, empurrando para cima e para fora qualquer tensão encontrada no caminho. Trabalhe com essa corrente até ela fluir de maneira igualmente suave.

Quando as duas correntes estiverem uniformes, experimente movimentar ambas ao mesmo tempo. Observe-as se misturar e se combinar no nível de cada um dos chacras (se você preferir trabalhar com cores, veja as meditações no final do Capítulo 7, "Chacra seis: Luz").

Enquanto vive seu dia, esteja consciente dessas duas correntes que percorrem seu corpo. Observe qual das duas é mais forte, e em que momentos, ou durante quais atividades. Talvez seu corpo precise ativar uma corrente mais que a outra, para equilibrar as energias. Observe em que ponto uma corrente pode ficar presa num bloqueio de tensão específico. Jogando com as duas, veja qual delas é mais eficaz em furar o bloqueio.

NOTAS

1. Extraído de uma canção de Rick Hamouris, gravada em *Welcome to Annwfn*.

2. Chacras e correntes energéticas são mencionadas no Atharva Veda, (10.2., 15.15.2-9).

3. Em *The Shambhala Encyclopedia of Yoga*, Georg Feurstein rejeita a teoria da invasão ariana e faz recuar a data dos Vedas para o terceiro ou o quarto milênio antes da era cristã. Ele objeta que os arianos de pele clara eram nativos da Índia, em função das semelhanças na antiga civilização Indus-Sarasvati.

4. Troy Wilson Organ, *Hinduism*, p. 183.

5. As oito etapas do caminho consistem em *yamas* (abstenção), *niyamas* (disciplinas), *asana* (posturas), *pranayama* (respiração), *pratyahara* (contenção dos sentidos), *dharana* (concentração), *dhyana* (absorção) e *samadhi* (iluminação).

6. Arthur Avalon, *The Serpent Power: The Secrets of Tantric and Shaktic Yoga*.

7. *The Serpent Power* lista efetivamente seis centros, além do Sahasrara (o lótus de mil pétalas do coronário).

8. Os cinco koshas são: *annamayakosha*, ou envoltório físico, *pranamayakosha*, ou envoltório energético, *manamayakosha*, ou envoltório da mente, *vijnanamayakosha*, ou envoltório da sabedoria, e *anandamayakosha*, ou corpo de bem-aventurança.

9. Ver *The Shambhala Encyclopedia of Yoga*, Georg Feurstein, pp. 68-69. Nove chacras são descritos em *Sakti: The Power in Tantra, A Scholarly Approach* (Honesdale, PA: Himalayan Institute, 1998), p. 111.

10. Os chacras um e dois e, por sua vez, os chacras seis e sete estão combinados como um centro só, perfazendo um total de cinco chacras.
11. Caroline Myss, *Anatomy of the Spirit*.
12. Detalhes adicionais na comparação do Sistema de Chacras com as dez sephiroth, ver nota 11.
13. Arthur Young, *The Reflexive Universe*.
14. Ver Rosalyn L. Bruyere, *Wheels of Light: A Study of the Chacras*.
15. Sugestões mais ativas de formas de vivenciar os chacras, inclusive posturas de ioga, escritura de diário, meditações, tarefas e rituais, ver Judith; Vega, *The Sevenfold Journey: Reclaiming Mind, Body and Spirit through the Chacras* [*Jornadas de cura: o desenvolvimento da mente, do corpo e do espírito através dos chacras*, Editora Pensamento, 1997].
16. Classicamente, só existem cinco elementos associados aos chacras — terra, água, fogo, ar e éter, respectivamente de baixo para cima. O chacra cinco está associado a *sabda*, ou som. Em minha atualização, conectei os "elementos" luz e pensamento com os dois chacras mais altos.
17. Para mais explicações sobre o excesso e a deficiência, ver, de minha autoria, *Eastern Body, Western Mind*.
18. Para mais detalhes sobre chacras e estágios de desenvolvimento da infância, ver, de minha autoria, *Eastern Body, Western Mind*.
19. Avalon, *Serpent Power*, p. 23.
20. O primeiro chacra, entretanto, contém o Shiva lingam, a forma de Shiva revigorado pela presença de Kundalini-Shakti, que reside ali em sua forma adormecida.
21. Sir Monier Monier-Williams, *Sanskrit-English Dictionary*, p. 811.
22. Lizelle Raymond, *Shakti — A Spiritual Experience*.
23. Swami Rama, "The Awakening of Kundalini", *Kundalini, Evolution and Enlightenment*, John White (org.) (Anchor Books, 1979), p. 27.
24. Haridas Chaudhuri, "The Psychophysiology of Kundalini", ibid., p. 61.
25. Avalon, *Serpent Power*, p. 38.
26. Em muitos de seus textos, Sri Aurobindo também descreve correntes ascendentes e descendentes.
27. Versos 10 e 11 do Sat-Chacra-Nirupana, segundo tradução de Arthur Avalon em *Serpent Power*.

28. Spiritual Emergence Network, serviço mantido pelo California Institute of Integral Studies ou Kundalini Research Network.

29. Philip Lansky, "Neurochemistry and the Awakening of Kundalini", *Kundalini, Evolution and Enlightenment*, John White (org.) (Anchor Books, 1979), p. 296.

30. Lee Sannella, M.D. *Kundalini: Psychosis or Transcendence?* Ver também Itzhak Bentov, *Micromotion of the Body as a Factor in the Development of the Nervous System,* p. 77 e seguintes.

SEGUNDA PARTE

VIAGEM PELOS CHACRAS

CHACRA UM

Terra

Raízes

Aterramento

Sobrevivência

Corpo

Alimento

Matéria

Princípio

Capítulo 2

CHACRA UM: TERRA

MEDITAÇÃO DE ABERTURA

VOCÊ ESTÁ PRESTES A INICIAR UMA VIAGEM. É um trajeto pelas camadas de seu próprio ser, uma jornada através de sua vida, dos mundos em seu interior e ao redor. Ela começa aqui, em seu próprio corpo. Inicia agora, onde quer que você esteja. É sua própria busca pessoal.

Ponha-se à vontade, porque a viagem não é curta. Ela pode levar meses, anos ou vidas, mas você já se decidiu a fazê-la. Você deu início a ela há muito, muito tempo.

Você recebeu um veículo no qual fazer esse percurso. É o seu corpo. Ele está equipado com tudo o que você pode precisar. Um de seus desafios nessa jornada é manter esse veículo nutrido, feliz e em boas condições. Ele é o único que lhe será fornecido.

Portanto, começamos nossa viagem pela exploração do veículo. Dedique um momento para sentir seu corpo. Sinta o corpo respirar, inalando… e exalando o ar… Perceba as batidas do coração, a umidade na boca, o alimento no estômago, a sensação da roupa sobre a pele. Explore o espaço ocupado por seu corpo — a altura, a largura, o peso. Observe a frente e as costas, o topo, a base e os lados. Comece um diálogo com seu corpo, para aprender-lhe a linguagem. Pergunte a ele como se sente. Veja se está cansado ou tenso. Ouça a resposta. O que ele acha da ideia de fazer essa viagem?

Você recebeu um veículo para a viagem, mas ele não é propriedade sua — ele é o que você é. Você é o seu corpo. É um corpo, vivendo uma vida neste mundo físico — acorda de manhã, se alimenta, vai ao trabalho, toca, dorme, toma banho. Sinta seu corpo realizando a rotina diária. Veja quantas interações ele mantém com o mundo exterior durante o dia — observe o intercâmbio das mãos que tocam portas, volantes, outras mãos, papéis, pratos, crianças, comida, a pessoa amada. Pense no quanto seu corpo cresceu, aprendeu e mudou ao longo dos anos. O que ele significa para você? Alguma vez você agradece a ele por cuidar de você?

Como é o mundo com o qual seu corpo interage? Perceba as texturas, os odores, as cores e os sons ao redor. Seja seu corpo percebendo tudo isso — todas as sensações que a mente talvez deixe escapar, mas que o corpo experimenta. Sinta a firmeza da terra presente na madeira, no cimento e no metal. Observe as linhas retas, a solidez e a permanência dessas coisas. Perceba a firmeza suave da terra em seu estado natural — com suas árvores e relvas, lagos, regatos e montanhas. Experimente a suavidade arredondada, a proteção e a abundância dela. Sinta a riqueza deste planeta com sua infinidade de formas. Perceba sua imensidão, sua solidez e o amparo que lhe dá enquanto você se senta em seu lugar no planeta, lendo este livro.

Este planeta também é um veículo. Ele nos leva através do tempo e do espaço. Sinta a Terra como uma entidade central unificada — tal como você, um corpo vivo — com uma infinidade de células que em conjunto operam como um todo. Você é uma célula nesse grande corpo, uma parte da Mãe Terra, um dos filhos Dela.

Começamos nossa viagem aqui, no grande corpo da Terra. Nossa longa escalada começa por uma descida. Mergulhamos nesse corpo da mesma forma como mergulhamos em nosso próprio corpo — para dentro de nossa carne, das entranhas, das pernas e pés — lançando nossas raízes em profundidade para dentro da Terra, que nos ampara e alimenta. Penetramos profundamente em suas rochas e em seu solo, profundamente em suas entranhas de lava incandescente, fervendo nas profundezas dela, em sua fonte de vida, movimento e poder.

Quando mergulhamos profundamente, chegamos à base de nossa coluna e encontramos uma brilhante bola vermelha de energia, fulgurante como o núcleo da Terra. Sinta essa energia em fusão descer por suas pernas, passar pelos joelhos e chegar aos pés. Perceba a energia fluir através de seus pés para o chão, para dentro do chão e para baixo, entrando na Terra, infiltrando-se entre rochas e raízes, encontrando alimento, apoio e estabilidade. Sinta esse cordão de energia como uma âncora, serenando, acalmando e enraizando você.

Você está aqui. Está conectado. É sólido, mas com o interior em fusão. No fundo de suas raízes, você encontra seu passado, suas lembranças, seu ser primal. Sua conexão aqui é simples, direta. Você se recorda de sua herança, de seu ser ancestral como filho da Terra. Ela é sua professora.

O que é essa matéria que vem da Terra? Concentre-se na cadeira sobre a qual está sentado — na árvore que ela já foi, no algodão do campo, no tecido do tear, nos trabalhadores que a transportaram, venderam, sentaram-se nela anteriormente. Pense nas coisas que possui — na complexidade de cada uma delas, na abundância.

Imagine a afluência financeira que você talvez tenha. Por maior ou menor que ela seja, pense nela como uma dádiva da Terra. Como essa abundância chega a você? O que seu corpo faz para consegui-la? Que uso você dá a ela? Pense nesse dinheiro como uma corrente de vida fluindo para você e de você, por meio de suas mãos, de seus pés, de seu coração e de sua mente. À medida que ela flui através de você, sinta-se em constante troca com a Terra. Deixe os sentimentos de abundância subirem da terra e entrarem em seus pés, pernas, pélvis, estômago, coração e mãos. Perceba a expressão dela em sua garganta, o reconhecimento dela em sua visão, a impressão dela em sua mente. Respire fundo e deixe a sensação ir descendo novamente através do corpo, da cabeça, do pescoço, dos ombros, dos braços, do peito, do abdômen, dos órgãos genitais, das pernas e pés, para dentro da Terra, para bem abaixo da superfície da Terra, encontrando estabilidade, encontrando nutrição, encontrando paz.

Seu corpo é a viagem, é por onde você começa. É sua conexão com o mundo físico, sua fundação, a morada de sua dança. Você é o lugar de onde irão surgir toda ação e toda compreensão, e para o qual elas retornarão. Você é o campo de provas da verdade.

É o chão sobre o qual todas as coisas repousam. Você é a Terra, da qual tudo cresce. Você está aqui, é sólido, está vivo.

Você é o ponto no qual todas as coisas começam.

SÍMBOLOS E CORRESPONDÊNCIAS

Nome em sânscrito:	Muladhara
Significado:	Apoio da raiz
Localização:	Períneo, base da coluna, plexo coccígeo
Elemento:	Terra
Função:	Sobrevivência, aterramento
Estado interior:	Tranquilidade, segurança, estabilidade
Direitos:	Estar aqui, ter
Manifestação externa:	Solidez
Glândulas:	Suprarrenais
Outras partes do corpo:	Pernas, pés, ossos, intestino grosso, dentes
Disfunção:	Problemas de peso, hemorroidas, constipação, dor ciática, artrite degenerativa, distúrbios nos joelhos

Chacra um: terra • 81

Cor:	Vermelho
Sentido:	Olfato
Som-semente:	Lam
Som vocálico:	Ô
Pétalas:	Quatro — *vam, sam, sam, sam*
Naipe do tarô:	Ouros, pentagrama (signo-de-salomão)
Sephira:	Malkhut
Planetas:	Saturno, Terra
Metal:	Chumbo
Alimentos:	Proteínas, carnes
Verbo correspondente:	Eu tenho
Caminho da ioga:	Hatha
Ervas para o incenso:	Cedro
Minerais:	Magnetita, rubi, granada, heliotrópio
Guna:	Tamas
Animais:	Elefante, boi, touro
Símbolos do lótus:	Quatro pétalas vermelhas, quadrado amarelo, triângulo apontando para baixo, lingam de Shiva em torno do qual a Kundalini está enrolada três vezes e meia, elefante branco, oito flechas apontando para fora. Sobre o *bija* (sílaba fundamental), estão Brahma criança e a Shakti Dakini.
Divindades indianas:	Brahma, Dakini, Ganesha, Kubera, Uma, Lakshmi, Prisni
Outros panteões:	Gaia, Demeter/Perséfone, Erda, Ereshkigal, Anat, Cerridwen, Geb, Hades, Pwyll, Dumuzi, Tammuz, Atlas
Arcanjo:	Auriel
Principal força motriz:	Gravidade

MULADHARA — O CHACRA BÁSICO

Pelo energismo da consciência, Brahman é acumulado; dessa matéria ele nasce e da matéria nascem a Vida, a Mente e os mundos.

— Mundaka Upanishad 1.1.8[1]

Nossa viagem pela coluna acima começa na base, a sede do primeiro chacra, chamado "básico" ou "rádico". Essa é a fundação de todo o nosso sistema — o módulo sobre o qual todos os demais chacras devem se apoiar —, portanto o primeiro chacra tem importância vital. Ele está relacionado com o elemento *terra*, e com tudo o que é sólido, relativo à terra, como nosso corpo e nossa saúde, sobrevivência, existência material e monetária, e capacidade de focalizar e manifestar nossas necessidades. Ele é a manifestação da consciência na forma final — sólida e tangível. É nossa necessidade de permanecer vivos e saudáveis e também a aceitação da limitação e da disciplina, tão crucial à manifestação.

Neste sistema, a terra representa a forma e a solidez, nosso estado mais condensado da matéria e o ponto "mais baixo" do espectro dos chacras. Ela é visualizada como um vermelho profundo, vibrante, a cor do princípio e a cor do comprimento de onda mais longo e da vibração mais baixa no espectro visível.

O nome sânscrito desse chacra é *muladhara*, que significa "apoio da base". O nervo ciático, que sai do plexo sacral e desce pelas pernas, é o maior nervo periférico no corpo (aproximadamente tão grosso quanto um polegar) e funciona em grande parte como uma raiz para o sistema nervoso. Os pés e as pernas, na qualidade de meios de locomoção, nos permitem realizar as tarefas necessárias para retirar da terra e do meio ambiente o sustento vital. As pernas tocam o solo sob nós e estabelecem a conexão de nosso sistema nervoso com a terra, o elemento do primeiro chacra. Então reagimos cinestesicamente à gravidade — a força básica subjacente à terra —, que constantemente nos puxa para baixo. A força nos mantém conectados ao planeta, enraizados na existência material.

Esse centro é representado como um lótus de quatro pétalas no qual está inscrito um quadrado. (Ver Figura 2.1.) Ele pode ser visto como uma representação das quatro direções e do alicerce firme do mundo material, que em muitos sistemas foi simbolizado por um quadrado. Como o primeiro chacra está relacionado a Malkhut, a esfera básica na Árvore da Vida da cabala, essas quatro pétalas também refletem os quatro elementos do reino material.

Dentro desse quadrado está um pequeno triângulo que aponta para baixo, sob uma coluna de energia que simboliza *sushumna*. Esse conjunto representa a força descendente do chacra, dirigida a terra. Dentro do triângulo vê-se a serpente da Kundalini enrolada em torno do Shiva lingam, que está direcionado para cima. Esse chacra é a sede e o local de repouso da Kundalini. Abaixo do triângulo está o elefante de sete trombas, de nome *Airavata*, representando a qualidade pesada, material do chacra e os sete caminhos que partem dele, correspondendo aos sete chacras. Também podemos associar a esse centro o deus de cabeça de elefante, *Ganesha*, o Senhor dos Obstáculos, já que ele é ligado a terra, tem o ventre pronunciado e é feliz com sua materialidade. Outras divindades representadas no quadrado são o *Brahma criança*, dotado de cinco faces e que dispersa os medos, e *Dakini*, a manifestação feminina de Shakti neste nível, portando a lança, a espada, a taça e a caveira. No centro do quadrado temos o símbolo do mantra-semente *lam*, que se acredita conter a essência do chacra. Todas essas imagens e sons são símbolos que podem ser utilizados na meditação nesse chacra.

No corpo, o primeiro chacra se situa na base da coluna, ou mais precisamente no períneo, no ponto médio entre o ânus e os órgãos genitais. Ele corresponde à sessão da coluna denominada cóccix, bem como ao gânglio coccigiano e às vértebras lombares inferiores das

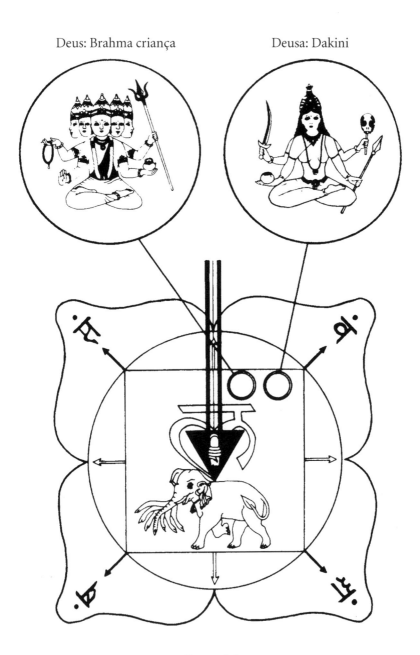

Figura 2.1
Chacra Muladhara.
(Cortesia da Timeless Books)

quais brota esse gânglio. (Ver Figura 2.2.) Mantendo a correlação com a matéria sólida, esse chacra está relacionado com as partes sólidas do corpo, principalmente os ossos, o intestino grosso (que conduz substâncias sólidas) e o corpo carnal como um todo. Nos joelhos e pés se localizam chacras menos importantes, que transmitem sensações do solo à nossa coluna vertebral, informações relativas à atividade motora. Esses são subchacras do primeiro e do segundo chacra — circuitos de aterramento para o corpo como um todo.

Descrevemos os chacras como vórtices de energia. No nível do primeiro chacra, nosso vórtice atinge o nível máximo de densidade dos chacras. Na essência, ele é *tamas*: em repouso, inerte.

Se alguém precisar atravessar um rio de correnteza forte, terá dificuldade em caminhar contra a força da água que corre veloz. Se muitas forças desse teor viessem de todas as direções para um ponto central, simplesmente não haveria meio de traspassá-los. O encontro dessas forças produz um campo tão denso que parece sólido. O primeiro chacra tem esse tipo de densidade.

Essa solidez é válida do ponto de vista do corpo, que não pode atravessá-la, mas não no aspecto das atividades imateriais mais elevadas de nossa inteligência. Sabemos que os átomos se compõem principalmente de espaço vazio. Podemos ver através do vidro, embora ele seja sólido; podemos escutar através das paredes e usar nossa inteligência para construir dispositivos que nos permitam ver através da ilusão da matéria como entidade sólida.

No entanto, é essa matéria sólida que constitui a base de nossa realidade consensual. A matéria é nossa constante e, sem sua solidez relativamente imutável, nossa vida seria bem difícil. Imagine se cada vez que você chegasse à sua casa, o imóvel tivesse outra forma ou outra localização; ou imagine se a cada dia seus filhos mudassem, e ficassem irreconhecíveis. Como você ficaria confuso!

Em nosso nível atual de evolução, a matéria é uma realidade e uma necessidade inegável. Não podemos nos separar da matéria:

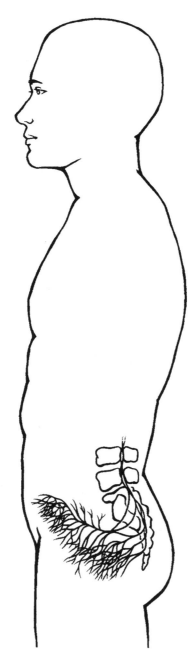

FIGURA 2.2
O gânglio coccígeo espinal e as vértebras lombares inferiores.

somos feitos dela. Sem o corpo, morremos; negar o corpo é morrer prematuramente. Da mesma forma, não podemos negar nossa conexão com a terra em que vivemos e não podemos negar o papel vital que ela desempenha no sustento de nosso futuro. Negar atenção à nossa base equivale a construir sobre um terreno instável. A razão de ser desse chacra é consolidar o terreno.

No chacra Muladhara, a consciência se preocupa principalmente com a sobrevivência física. É a nossa reação instintiva de luta ou fuga. Se ignorarmos esse chacra ou seu elemento telúrico, colocaremos em risco nossa própria sobrevivência, tanto pessoal quanto coletiva. Se não equilibrarmos esse chacra antes de avançar para os seguintes, nosso crescimento não terá nem raízes nem alicerce, e lhe faltará a necessária estabilidade para um verdadeiro crescimento.

Quando nossa sobrevivência está ameaçada, sentimos medo. O medo é um demônio do primeiro chacra — ele se opõe ao sentimento de proteção e segurança que idealmente é gerado pelo primeiro chacra. Níveis excessivos de medo podem ser um sinal de que a base desse chacra está danificada. Encarar nossos medos pode ajudar no despertar do primeiro chacra.

Diversas filosofias espirituais compartilham a crença de que estamos "presos" em corpos físicos, à espera de libertação desse jugo. Tal crença contribui para o menosprezo do corpo e provoca a cisão entre ele e a mente. Ela nos nega acesso à imensa beleza e à inteligência que nosso corpo armazena em seus trilhões de células.

O mundo físico só se converte em armadilha se o vemos como tal, e rapidamente se transforma em amigo de quem compreender o papel dele na estrutura mais ampla. À medida que nos deslocarmos coluna acima, adquiriremos uma compreensão maior desses outros níveis e manifestações. Também apreciaremos a santidade e a segurança que nos vêm da substância e da matéria.

O ATERRAMENTO

A corrente de liberação, em constante movimento na direção de uma consciência mais elevada, é o caminho que mais comumente se associa ao Sistema de Chacras. Até recentemente, pouco se falava a respeito de dirigir a energia para baixo, para a Terra, ao longo da corrente de manifestação. Essa prática geralmente é considerada menos espiritual e, por conseguinte, menos digna de nosso tempo e atenção. Um número muito grande de caminhos espirituais ignora a importância do *aterramento*.

O aterramento é um processo de contato dinâmico com a Terra, com suas margens, fronteiras e limitações. Ele permite que nos tornemos solidamente reais — presentes no aqui e agora — e dinamicamente despertos com a vitalidade que vem da Terra. Embora nossos pés toquem mecanicamente o solo a cada passo, esse contato é vazio se estivermos isolados das sensações em nossas pernas e pés. O aterramento envolve abrir os chacras inferiores, incorporar-se à gravidade e ir ao fundo do veículo do corpo.

Sem aterramento, somos instáveis; perdemos o centro, o controle, a noção de realidade, ou entramos num mundo de fantasia. Ficamos sem a habilidade de abranger, possuir ou guardar. A excitação natural, ou carga, torna-se dissipada, diluída e ineficaz. Quando o chão nos foge, a atenção se afasta do momento atual e parecemos "não estar totalmente presentes". Nesse estado, sentimo-nos impotentes e, talvez, como num círculo vicioso, já não queiramos estar aqui.

Nosso chão ancora as próprias raízes que descrevem o primeiro chacra. Por meio delas, adquirimos nutrição, poder, estabilidade e crescimento. Sem essa conexão, ficamos separados da natureza e de nossa fonte biológica. Ao abandonar o contato com a fonte, perdemos o caminho. Muitos que não conseguem encontrar seu verdadeiro caminho na vida simplesmente ainda não localizaram o próprio chão. Às vezes estão ocupados olhando para o alto, ao invés de olharem para baixo, para onde os pés encontram o caminho.

Nossas raízes são feitas de nossas entranhas — dos sentimentos instintivos cuja programação se baseia nas recordações do passado, em nossa herança cultural e racial e no tecido indestrutível de nosso ser. Jung descreve essa base instintiva como a esfera do inconsciente coletivo — um reino vasto e poderoso de instintos herdados e tendências evolucionais. Quando nos apropriamos dessas raízes, fortalecemos quem somos e fazemos uso do vasto conhecimento contido nesse âmbito dos instintos.

Quando aterrados, somos humildes e nos aproximamos da terra. Vivemos com simplicidade, em estado de graça. Somos capazes de adotar a tranquilidade, a solidez e a clareza, "aterrando" as tensões do cotidiano e ampliando o vigor de nossa força vital básica.

Se estivermos apoiados no chão, não poderemos cair, o que nos dará um sentimento de segurança interior. Por meio do aterramento, nossa consciência completa a corrente de manifestação. É no plano do primeiro chacra que as ideias se tornam realidade. Da grande diversidade da imaginação até as complexas necessidades do mundo físico, o plano da Terra é o campo de teste de nossas convicções. O que for dotado de base, substância e validade encontrará o caminho para a manifestação. O que tiver raízes permanecerá.

No mundo urbano de hoje, pouca gente tem aterramento natural. Nossa linguagem e nossos valores culturais refletem a superioridade do que está no alto sobre o que está na parte de baixo; por exemplo: ser tido em alta conta, considerar uma coisa *superior* a outra, estar por cima, dar a volta por cima. Em termos sociais e econômicos, o trabalho intelectual recebe recompensa maior que o trabalho físico. Os processos naturais do corpo, tais como excreção, sexualidade, parto, amamentação ou nudez são considerados sujos, devendo ser realizados apenas em particular e frequentemente com muito sentimento de culpa. O controle da saúde é entregue a uma elite, privando-nos da percepção de nosso potencial inato de cura. As estruturas de poder nos negócios, no governo e na religião organizada fluem hierarquicamente de cima para baixo, controlando e quase sempre atropelando o que está embaixo para servir a uma "causa superior" de interesse do que está acima.

Perdendo o contato com o chão, perdemos a percepção da complexa conexão que temos com toda forma de vida. Somos dirigidos por uma parte e não pelo todo — e, ainda por cima, uma parte isolada, fragmentada e desconectada. Como ignoramos nosso chão, não surpreende estarmos enfrentando uma crise nos serviços de saúde, além de destruição ecológica.

Numa cultura alienada e "sem aterramento", cujos valores, na maioria, não favorecem o corpo ou seus prazeres, criamos dor. Depois de um dia diante do computador ou atrás do volante, nosso corpo sente dor. O estresse da competição e da vida acelerada não nos dá oportunidade de repouso e regeneração, ou de processar e eliminar essa dor.

Quando criamos a dor, ironicamente nos tornamos mais resistentes a fazer o aterramento, porque estar aterrado é estar "em contato", o que significa sentir a dor. No entanto, esse é o primeiro passo para nos tornarmos íntegros, e começarmos a cura.

À medida que nos tornamos mais mecanizados e urbanizados, nosso contato com a terra e com a natureza fica mais tênue, tornando mais tênue a saúde e a autovalorização. Nosso poder se transfere para partes superiores do corpo, onde ele também é tênue e precisa ser constantemente protegido. Já que nos vemos como isolados, o poder se torna um ato de manipulação, em vez de ser uma conexão. Perdemos contato com nossa natureza animal e assim perdemos o sentimento instintivo de poder, graça e paz. Quando temos o sentimento do ser que vem do corpo, temos menos necessidade de afirmação ou de inflar o ego. O chão é o lar — é familiar, protegido e seguro. Ele tem um poder que lhe é próprio.

O aterramento implica limitação. Enquanto a energia mental dos chacras superiores é ilimitada, os chacras inferiores têm um escopo bem menor. A linguagem limita e, em consequência, especifica nossos pensamentos. Entretanto, posso dizer o nome de milhares de coisas que não consigo colocar dentro de uma casa espaçosa, pois o mundo físico tem limitações ainda maiores. Cada passo para baixo por meio dos chacras se torna mais simples, mais definitivo e mais restrito.

Embora seja assustadora para algumas pessoas, essa limitação é um princípio criativo essencial. Se não limitássemos nossas atividades, não conseguiríamos realizar nada. Se eu não limitasse meus pensamentos enquanto digitava este texto, seria incapaz de escrever. Longe de ser negativa, a limitação cria um recipiente no qual a energia pode crescer e se consolidar como substância. *Para manifestar, temos de estar dispostos a aceitar a limitação.* O aterramento é uma aceitação harmoniosa da limitação natural. É tão crucial para o desenvolvimento da consciência quanto qualquer meditação ou elevação da energia. Nas palavras do imortal *I Ching*:

> *A limitação obtém sucesso... possibilidades ilimitadas não são favoráveis ao homem; se elas existirem, a vida dele apenas irá se dissolver no ilimitado. Para se tornar forte, a vida do homem necessita das limitações ditadas pelo dever e voluntariamente aceitas.*

> — Hexagrama 60: versão de Wilhelm Baynes

O aterramento é uma força simplificadora. Estamos trazendo nossa consciência para dentro do corpo, que, para todos os efeitos práticos, existe unicamente em um espaço e um tempo — o aqui e o agora. Em compensação, nossos pensamentos são muito mais versáteis e se estendem para além do espaço e do tempo. Somos capazes de criar fantasias sobre estar nas montanhas em nossas próximas férias de verão, e talvez até sentir o calor do sol. Mas o corpo permanece onde está — em nossa mesa no trabalho, com a neve caindo lá fora e as contas empilhadas à nossa frente. Se gastarmos muito tempo em fantasias, talvez nunca possamos trabalhar o bastante para tirar férias. Então é hora de voltar ao plano da Terra, fazer um aterramento e cuidar das necessidades de sobrevivência.

O organismo humano é um instrumento sutilmente afinado, capaz de receber e transmitir uma variedade enorme de energias. Como qualquer equipamento de som estereofônico, é preciso ligá-lo na tomada para receber as diversas frequências. O aterramento é o processo de nos ligarmos na Terra, completando o circuito que faz de nós um canal para a grande diversidade das energias vitais em torno.

Da mesma forma que o para-raios protege uma edificação, conduzindo até o solo a voltagem em excesso, assim também nosso aterramento evita que o corpo fique "sobrecarregado" pelas tensões da vida diária. Por meio do aterramento, enviamos o impacto das vibrações estressantes para um corpo mais vasto, apto a recebê-las. Uma criança pequena, por exemplo, esconde a cabeça no ombro da mãe quando escuta um ruído muito alto. Ela de certa forma está aterrando aquela vibração no corpo da mãe.

Medições mostraram que o corpo humano, quando de pé sobre o solo, também está eletricamente aterrado. A Terra está rodeada por um campo eletrostático cuja frequência de ressonância é aproximadamente 7,5 ciclos por segundo.[2] O falecido Itzhak Bentov analisou um micromovimento do corpo que consiste numa vibração constante do coração, das células e dos fluidos corporais. Bentov determinou que esse micromovimento vibra na frequência de 6,8 a 7,5 ciclos por segundo. Portanto, a frequência natural do corpo está em ressonância com a ionosfera do planeta. Quando nos conectamos fisicamente com esse grande corpo, como ao caminhar ou deitar no chão, nosso corpo entra mais fundo nessa ressonância.

O aterramento é uma forma de lidar com o estresse. O canal descendente nos fornece um circuito de saída e nos protege da sobrecarga psíquica. O mundo físico é seguro e estável. Sempre podemos recorrer à nossa poltrona favorita, a uma boa refeição ou a um ambiente conhecido quando precisamos nos sentir calmos e seguros. Essa estabilidade facilita trabalhar nos planos mais elevados. Quando o corpo se sente seguro, bem alimentado e saudável, nossa consciência pode fluir para outros níveis.

Os chacras filtram a energia do ambiente. Seu padrão rotacional vibra a uma taxa definida, só deixando que penetrem no núcleo interno da consciência as vibrações de mesmo padrão. As vibrações restantes se perdem no fundo, e logo são completamente esquecidas pela mente consciente (embora com frequência a mente subconsciente consiga lembrar-se delas muito bem). Quando temos em torno uma quantidade muito grande de energia abrasiva, os chacras se fecham para proteger dessa invasão cáustica o corpo sutil. Os chacras se abrem com dificuldade quando sobrecarregados. O aterramento é a forma de descarregar esse excesso de tensão.

O aterramento traz clareza por meio da tranquilidade. Toda ação provoca uma reação. Se formos capazes de "acalmar" nossas reações a algum aspecto de um círculo vicioso, "sairemos do mundo do carma". Então conseguiremos interromper o ciclo. Equivale a deixar parado num copo um pouco de água suja, até a sujeira se depositar no fundo, e o líquido ficar limpo.

Muitos enfrentam problemas por terem os chacras superiores muito abertos enquanto falta estabilidade aos chacras inferiores para suportar a barragem de energia psíquica captada do entorno. No pior caso, essa situação cria distúrbios mentais graves, como a psicose. O indivíduo psicótico perdeu contato com sua base e com a realidade consensual. Por meio de técnicas de aterramento, a sobrecarga psíquica pode ser descarregada, dando ao paciente uma estabilidade compatível com sua sensibilidade. Mesmo um simples contato físico pode ajudar a estabilizar alguém que esteja sentindo dor intensa. Os exercícios físicos ou os trabalhos manuais também são úteis, assim como qualquer um dos exercícios de aterramento descritos no final deste capítulo ou em *Jornadas de cura: o desenvolvimento da mente, do corpo e do espírito através dos chacras.*[3]

Fazer o aterramento é como ajustar o foco da lente de uma câmera para fundir duas imagens numa só. À medida que o corpo astral se conecta firmemente com o corpo físico, nossa percepção do mundo físico em torno fica nítida e clara. Quando estamos particularmente ancorados, quem nos observar — quer já tenha visto ou não uma "aura" — também perceberá em nós uma clareza dinâmica.

Nesse estado de "aterramento", fica mais fácil tomar decisões e afastar preocupações com o futuro, e também desfrutar com mais brilho e coragem o momento presente. Estar ancorado não prejudica a consciência expandida; apenas intensifica sua expansão.

O aterramento forma um alicerce. Se alguém deseja estudar medicina, deve fazer um curso de graduação para "construir uma base" nas ciências físicas. Quem abre uma nova empresa procura "se embasar" com alguém mais experiente no ramo, além de buscar apoio financeiro. Nosso primeiro chacra é a base sobre a qual repousa tudo o que fazemos. Nosso corpo é um microcosmo do mundo que criamos em torno de nós. O trabalho que fazemos e as fundações que construímos são da maior importância para o sucesso do que vier a acontecer.

Para muitas pessoas, o próprio trabalho é uma atividade de aterramento. Além da ferramenta básica de sobrevivência — o dinheiro —, a rotina de um emprego com horário regular pode prover uma estrutura básica que ampara a vida em torno. Essa rotina, por mais enfadonha que às vezes pareça, na verdade pode ser benéfica em suas limitações. Ela constrói um alicerce. Por meio da focalização e da repetição, as energias se tornam suficientemente densas para se manifestar. Se ficarmos envolvidos com mudanças constantes, seremos como pedras que rolam e não juntam limo. Ocupados o tempo todo em construir novas fundações, seremos mantidos no nível da sobrevivência. Somente por focalização e repetição podemos adquirir numa área o domínio que leve à manifestação maior de metas, sejam físicas ou ideológicas.

No entanto, os chacras precisam ser equilibrados. Embora seja necessário alcançar a estabilidade do aterramento, o apego indevido a essa segurança pode ser prejudicial. O mundo físico não é nosso objetivo, mas apenas uma ferramenta. A dependência do conforto material pode nos dominar a consciência e, para muitos, ter cada vez mais conforto se torna a base de sua vida. É isso que se considera prejudicial ao crescimento da consciência e é o que faz da existência material uma armadilha. Vale repetir, o que se torna uma armadilha é só o apego indevido a essa segurança, não a satisfação básica da necessidade.

O aterramento não é monótono, nem desanimado, e sim dinâmico e vibrante. Em geral, o que nos causa letargia são as tensões, e elas resultam da alienação entre as diversas partes do indivíduo. Quando essas partes são simplificadas e integradas, experimentamos crescente vitalidade.

Intelectualmente, é fácil compreender a necessidade de aterramento. Mas essa experiência não pode ser explicada por meio de palavras. Ela é uma habilidade cumulativa; uma sessão de meditações de aterramento pode produzir algum efeito, mas é somente com o passar do tempo que os benefícios reais podem ser alcançados. Como o aterramento é a fundação para tudo mais que possamos fazer, realmente vale a pena investir nele seu tempo. (Ver os exercícios de aterramento no final deste capítulo.)

A SOBREVIVÊNCIA

A consciência do primeiro chacra está orientada à sobrevivência. Esse é o programa de manutenção que nos protege a saúde do corpo e as necessidades rotineiras do dia a dia. Ali funcionamos a partir de um nível instintivo, preocupado com a fome, o medo, a necessidade de repouso, calor e abrigo.

Os ditames da sobrevivência nos despertam a consciência. Ameaças a esta estimulam as glândulas suprarrenais à produção daquele surto de energia extra de que precisamos para lutar ou fugir. Quando o corpo é energizado, a percepção se amplia. O desafio da sobrevivência exige pensar e agir depressa, criando soluções inovadoras. Nossa consciência se concentra espontaneamente na situação presente, de uma forma que raramente ocorre em outras ocasiões.

Para consolidar a energia no primeiro chacra, precisamos, em primeiro lugar, atender a nossas necessidades de sobrevivência, de forma saudável e direta, para a consciência não ser dominada por elas. Ignorar essas exigências nos faz ser constantemente levados de volta à consciência de sobrevivência, o que nos impede de "decolar".

Nas raízes primordiais de nosso inconsciente coletivo residem lembranças de um tempo em que estávamos mais conectados a terra, céu, estações e animais — uma conexão que era parte integrante de nossa sobrevivência e constituiu a base dos primeiros desenvolvimentos de nossa inteligência. Tal como os animais que comíamos, também éramos caçados. Também éramos uma parte daquilo que nos alimentava. A sobrevivência consistia numa preocupação de tempo integral.

Em nossos dias, a situação é muito diferente. Nossa sobrevivência hoje é indireta. O alimento vem de uma loja; o aquecimento, de um interruptor na parede. Não temos mais a necessidade de permanecer acordados durante a noite protegendo nosso alimento de feras selvagens e famintas (a menos que elas sejam membros da família!). Não precisamos mais manter o fogo aceso por não saber como reacendê-lo. Em vez disso, é preciso se preocupar com um defeito no carro a caminho do trabalho, com o dinheiro para pagar as contas de serviços públicos ou com um arrombamento da casa quando viajamos.

Contudo, o instinto de sobrevivência se mantém, e situações como perder o emprego, adoecer ou ser despejado do apartamento podem obrigar nossos chacras a fazer hora extra. Quando isso acontece, entramos em pânico. As energias de sobrevivência nos inundam o sistema, mas talvez não saibamos o que fazer delas. Talvez a solução não seja fugir ou lutar — o que o corpo nos condiciona a fazer —, mas sim resgatar nossas raízes de forma mais consciente.

Quando o Muladhara é ativado pelo perigo ou por circunstâncias prementes, a reação se assemelha a um computador buscando informações em um disquete. Toda a nossa informação de sobrevivência está carregada no disco do primeiro chacra. O "sistema operacional" do corpo então "baixa" essa informação na atenção da mente consciente.

O corpo reage instantaneamente. A medula estabelece um contato com a terra, por meio das pernas, a adrenalina se precipita pela corrente sanguínea, os batimentos cardíacos se aceleram, aumentando o suprimento de sangue, e os sentidos se tornam extraordinariamente aguçados. A sonolenta consciência desperta. É o começo da percepção ampliada, na qual a Kundalini, que estava enovelada em torno do Muladhara, pode começar sua ascensão.

Quando não há necessidade imediata da informação de sobrevivência, o chacra entra no modo automático, verificando sistematicamente o ambiente interno e externo, para garantir que tudo permaneça em ordem e seja favorável à existência contínua do organismo. Em caso de ameaça, a pré-programação do primeiro chacra assume o comando e nossa consciência é dominada pelas necessidades do corpo.

Assumido o comando pelo primeiro chacra, pouco nos resta a fazer para interferir no processo sem prejuízo do corpo. Se não nos dispusermos a repousar, a doença avançará até não termos opção. Se nossa renda for ameaçada, ou se formos subitamente despejados de nossa casa, a atenção será dominada por essas situações até que sejam resolvidas. Como no caso da força da gravidade, tudo que podemos fazer é aceitar essa influência e aprender a trabalhar com ela.

Quem vive perpetuamente atormentado por problemas de saúde ou constantemente às voltas com uma crise financeira está preso no nível do primeiro chacra. Algum conflito não resolvido, seja físico, circunstancial ou psicológico, mantém a consciência dele aprisionada naquele nível. Geralmente há um sentimento de insegurança, de pânico, que pode invadir outras áreas da vida, mesmo quando isso não é necessário. Enquanto essas situações permanecerem sem solução, o indivíduo terá dificuldade em levar para níveis mais elevados qualquer grau perceptível de consciência. Os exercícios para lidar com tais problemas envolvem aterrar e trabalhar com o primeiro chacra, e alguns são apresentados no final deste capítulo. Mas em primeiro lugar é importante compreender as ramificações da consciência nesse nível básico, ou seja, *o direito de estar aqui*.

Se tal é a sua experiência, pergunte a si mesmo: o que impede você de querer estar aqui? Precisa da permissão de quem para cuidar de si mesmo? O que lhe dá medo de estar aterrado, de se tornar estável, de repousar sobre os próprios pés? Quem é responsável por sua sobrevivência? Que parcela de seu pensamento é sonho quimérico, sem fundamento no mundo ao redor? De que forma sua sobrevivência foi provida na infância, por quem e a que preço? Você está conectado com seu corpo, ouvindo-o, administrando as necessidades dele? Você tem o *direito* de estar aqui, de ocupar um espaço, de ter o que precisa para sobreviver?

Um aspecto importante da capacidade de manter a sobrevivência em um nível confortável tem a ver com a capacidade de *ter* coisas — de abranger, conservar, magnetizar a materialidade dentro da própria esfera. Ser e ter — esses são os direitos do primeiro chacra.

A capacidade de ter é uma habilidade adquirida. Alguns, nascidos na prosperidade, são criados na expectativa de ter uma vida abundante. Comprar a melhor marca à venda, pedir o prato mais caro do restaurante — é mais natural para quem foi criado assim, e por isso manter esse nível é mais fácil, mesmo quando as finanças não estão bem. Ter uma expectativa de prosperidade torna mais fácil materializá-la.

A maioria de nós não tem tanta sorte. Criados no conceito de escassez, roemos as unhas quando vamos comprar um vestido novo, entramos em pânico tentando nos decidir por um emprego agradável que pague menos e ficamos nervosos quando tiramos um dia de folga. Sempre que possível, contentamo-nos com o que temos, em vez de arriscar uma extravagância. Não nos permitimos luxos, e quando o fazemos, geralmente sentimos culpa ou preocupação. É uma incapacidade de "ter" — um primeiro chacra programado num padrão de escassez, ao invés de abundância.

Para adquirir a capacidade de ter coisas, devemos começar por aumentar a autovalorização. Paradoxalmente, se nos permitirmos ter mais, também aumentaremos nossa autovalorização, tanto literal quanto figurativamente. É proveitoso examinar objetivamente o que nos permitimos possuir, em termos de dinheiro, amor, tempo pessoal, repouso ou prazer. Uma professora que conheço me contou que nunca se permitiu comprar para si um novo par de meias, mas pode comprá-lo para o marido e depois se apropriar das meias velhas dele! Evidentemente, ela é capaz de gastar dinheiro, desde que não seja em benefício próprio. Para algumas pessoas, é fácil gastar dinheiro com extravagâncias, mas difícil tirar tempo para relaxar. Outros se veem em apuros para aceitar o amor ou o prazer. Quando analisamos o que nos permitimos ter, podemos rir à própria custa — enxergar as discrepâncias entre o que poderíamos ter e o que nos permitimos ter. De certa forma, cuidar de si foi caracterizado como egoísmo ou perversão. No entanto, não cuidar de si resulta na necessidade de compensar em outra área qualquer, ou fazer outros nos sustentarem.

Para estar completamente aqui, o indivíduo precisa ter a capacidade de se afirmar, de reivindicar seu lugar no mundo, de garantir a própria sobrevivência. Precisamos aumentar a capacidade de "ter", a ponto de garantir nossas necessidades. Se nosso inconsciente diz: "Não, eu não mereço isso", a mente consciente encontra mais um obstáculo a vencer.

A base essencial de nossa sobrevivência é a própria Terra. Infelizmente, neste momento ela também está numa condição de sobrevivência. A ameaça do colapso ecológico, do holocausto nuclear e da escassez de ar puro e água limpa, tudo isso afeta, consciente ou inconscientemente, nosso próprio sentido de sobrevivência. Entrar numa nova era não significa abandonar a anterior, e sim incorporá-la. Se ignorarmos a Terra, ela nos puxará de volta para o chão, para o aqui e agora, com o fim de equilibrar o que está ameaçado.

Culturalmente, isso nos coloca num estado de sobrevivência. Quando entramos em sintonia com a Terra, à medida que estabelecemos um contato mais profundo, não podemos deixar de perceber um sentimento de pânico planetário quanto à nossa existência futura. Da mesma forma que uma ameaça à nossa sobrevivência pessoal aumenta nossa percepção, as ameaças ecológicas aumentam a percepção planetária. Com frequência, é a crise que faz com que as pessoas despertem.

Se quisermos alcançar os níveis espirituais dos chacras superiores, precisamos ver o lado espiritual de nossa existência material. O planeta em que vivemos é um dos exemplos mais maravilhosos de beleza, harmonia e espiritualidade que a matéria consegue expressar. Se compreendermos isso, poderemos criar e expressar melhor a beleza dentro de nossa própria existência material.

Estar no estado de sobrevivência indica a necessidade de "despertar" — de elevar a percepção, de examinar nossa fundação: nosso chão, nosso corpo e a Terra. Este é o propósito do primeiro chacra. É por onde começamos e onde descansamos no final da jornada.

O CORPO

Aqui, neste corpo, estão os rios sagrados, aqui estão o sol e a lua, e ainda todos os lugares de peregrinação. Não encontrei nenhum outro templo tão bendito quanto meu próprio corpo.

— Saraha Doha

Assim como a casa em que vivemos é o lar para o nosso corpo, o corpo é o lar para o nosso espírito. Embora a atenção possa vagar por locais distantes, retornamos ao mesmo feixe de carne e ossos durante a totalidade de nossa vida. Esse feixe poderá sofrer mudança drástica no curso de uma existência, mas continuará a ser a única morada que teremos durante toda a vida. À medida que interage com o mundo, o corpo se torna nosso microcosmo pessoal neste mundo.

A tarefa de adquirir domínio sobre o primeiro chacra consiste essencialmente em compreender e curar o corpo. Aprender a aceitar o corpo, senti-lo, validá-lo, amá-lo — esses são os desafios a enfrentar nesse ponto. A linguagem do primeiro chacra é a *forma*, e nosso corpo é a expressão física da forma pessoal. Quando examinamos a forma por meio do olhar, do tato, do movimento ou da sensação interior, aprendemos a linguagem que o corpo fala e descobrimos partes cada vez mais profundas de nós mesmos.

Cada chacra nos traz um nível de informação. O corpo é o instrumental pelo qual a informação é recebida e também é o "relatório impresso" de todos os dados e programas dentro de nós. Nossas dores e alegrias estão gravadas na carne e na postura dos ossos. Codificados nos impulsos nervosos estão nossas necessidades e hábitos, lembranças e talentos. Em nossos genes, está a ancestralidade; nas células, a química dos alimentos que comemos; e, enquanto o coração marca nosso ritmo, os músculos espelham nossas atividades diárias.

Para compreender o corpo, precisamos *ser* o corpo. Temos de ser as dores, os prazeres, os medos e as alegrias do corpo. Ver o ser espiritual como algo isolado é nos apartar de nosso chão, nossa raiz, nosso lar. Nós nos tornaremos truncados, cindidos, impedidos do contato com a informação que nosso corpo pode comunicar.

Com isso, não estamos negando as filosofias que afirmam: "Você não é o seu corpo, mas algo maior." Estamos ampliando essas filosofias. Somos nossos corpos e, por meio dessa compreensão, nos tornamos algo mais. Nós nos tornamos ancorados, totalmente presentes, em contato com tudo o que acontece dentro de nós. Experimentamos com mais intensidade nossas porções espiritual e emocional, das quais o corpo é um veículo.

O corpo é feito de trilhões de pequenas células, que por algum milagre permanecem juntas, formando um todo complexo. Tal como um campo gravitacional, o primeiro chacra atrai para si matéria e energia, e os diversos níveis de consciência organizam-nas como um todo operacional. Aceitar o corpo implica aceitar a estrutura central integradora que une as diversas partes divergentes. Ele é o recipiente da alma.

Nosso corpo expressa nossa vida. Se sentirmos sobrecarga e peso nos ombros, o corpo está nos dizendo que carregamos excesso de obrigações. Se os joelhos não querem nos suportar, o corpo está nos informando que não temos um apoio adequado na vida, ou talvez que nos falta flexibilidade. Se sentimos dores crônicas no estômago, temos na vida algo que não conseguimos digerir.

Um exercício que faço constantemente com os clientes em começo de trabalho corporal é pedir-lhes que escrevam uma declaração para cada parte do corpo, começando pelas palavras "eu sou" ou "eu sinto". Se no momento de redigir a declaração para o pescoço eles sentirem dores no pescoço, escreverão: "Eu estou dolorido." Se os joelhos estiverem enfraquecidos, escreverão: "Estou fraco." Em seguida, eu leio para eles todas as declarações, sem definir a que parte do corpo corresponde cada uma. As frases se revelam declarações de como os clientes estão se sentindo de um modo geral, naquele momento de sua vida.[4]

Validar o corpo é o mesmo que se identificar com ele. Se sinto dor no peito, admito que meu coração emocional está magoado. Para uma pessoa se consolidar nesse nível, é preciso fazer as pazes *com* o corpo, podendo assim ficar em paz *no* próprio corpo. Por meio do primeiro chacra, adquirimos nossa identidade física, o que nos dá solidez como seres humanos.

O zelo consigo mesmo é primordial para o cuidado com o corpo. Descansar quando se precisa de repouso, comer bem, fazer exercícios e dar prazer ao corpo, tudo isso ajuda a manter feliz o primeiro chacra. Massagens, banhos quentes, boa alimentação e atividade física agradável são formas de nos cultivarmos e de curar a divisão entre a mente e o corpo causada pelo paradigma do domínio da mente sobre a matéria. Não podemos ser íntegros e completos se as duas polaridades estiverem se combatendo. Em vez disso, podemos ter, graças ao corpo, uma experiência da mente *dentro* da matéria.

A alimentação — ingestão de matéria sólida que entra no corpo — é uma atividade do primeiro chacra. Ela nos estabiliza, nutre e mantém a estrutura física. Por meio do alimento, trazemos para dentro de nós os frutos da Terra, o elemento do primeiro chacra. Para estudar a parte material de nossa existência, é preciso examinar de que se compõe o corpo material. O alimento que digerimos é a matéria que transformamos em energia; consequentemente, o que comemos afeta nossa produção energética. Comer alimentos limpos e nutritivos é o primeiro passo para estabelecer um alicerce saudável no chacra básico.

Para alguns, isso implica comer apenas os alimentos mais puros e frescos da própria região, o que é pouco prático para a maior parte das pessoas. Se esse nível de pureza fosse necessário, passaríamos fome em um ambiente tipicamente urbano. O melhor a fazer é estar conscientes do que comemos. Evitar alimentos muito industrializados, alimentos que contenham açúcares refinados e "alimentos vazios", que não trazem benefícios nutricionais, é um ponto de partida para quem quiser fortalecer a saúde do corpo e o primeiro chacra. É possível estar malnutrido mesmo comendo apenas produtos de lojas de alimentos naturais. A alimentação natural nem sempre resulta numa dieta equilibrada. O equilíbrio é mais importante que a pureza.

A complexidade das necessidades nutricionais humanas é grande demais para ser tratada aqui. É um favor a seu primeiro chacra que você leia um livro de nutrição. Muita gente não vê como necessária tal leitura, o que surpreende, pois comer é uma função muito básica em nossa vida. Se usarmos nosso corpo por noventa anos sem jamais consultar o manual do usuário, não admira que eles fiquem doentes!

O ALIMENTO E OS CHACRAS

Com a cultura e a consciência seguindo seu inevitável caminho de evolução, é apenas natural que nosso estado físico também esteja mudando. À medida que ele muda, os hábitos alimentares também devem mudar. Contudo, quem julga poder evoluir por meio da alimentação descobrirá que esse caminho é lento e árduo.

Não se pode prescrever de forma generalizada uma dieta para a expansão de consciência. Devemos escolher uma dieta adequada às nossas necessidades, objetivos e tipo de corpo. Alguém que pese 110 quilos e trabalhe o dia todo na construção civil terá necessidades distintas das de uma secretária de 50 quilos que passa o dia sentada num escritório. Em geral, recomenda-se uma dieta vegetariana para desenvolver a sensibilidade e levar a consciência a estados "mais elevados". Contudo, essa dieta não é boa para todos e, se não for mantido o equilíbrio nutricional, poderá até mesmo ser prejudicial.

O alimento tem qualidades vibratórias básicas, que estão acima e além de suas características nutricionais. O alimento preparado com amor por um membro da família é muito mais benéfico que o preparado numa lanchonete, por alguém que detesta aquele trabalho. Tipos diferentes de alimentos também têm qualidades vibratórias diferentes e podem, grosso modo, ser associados aos diversos níveis de chacras:

Primeiro chacra: carnes e proteínas

Da carne para a carne. A carne provavelmente é o alimento mais voltado ao corpo físico que podemos comer. Para ser digerida, ela precisa de mais tempo que a maioria dos alimentos, portanto permanece no trato digestivo por um período mais longo. Consequentemente, aplica energia na parte inferior do corpo e em geral limita ou domina uma energia que, de outra forma, poderia fluir para chacras superiores. As carnes e as proteínas são alimentos bons para o aterramento. Contudo, se consumidas em excesso, deixarão o corpo lento e excessivamente *tamásico*. Por outro lado, se o indivíduo estiver fraco, desorientado ou desconectado do corpo e do mundo físico, uma boa refeição com carne pode ajudar a aterrá-lo.

Não é necessário comer carne para estar aterrado. Para o tecido estrutural associado com o primeiro chacra, o mais importante é a proteína. Uma dieta vegetariana com as proteínas adequadas pode prover "base alimentar" suficiente para manter feliz este chacra. Logo, é importante comer alimentos como tofu, feijões, nozes, ovos e laticínios.[5]

Segundo chacra: líquidos

O segundo chacra está associado com a água e, portanto, sugere líquidos. Os líquidos passam pelo corpo mais depressa que os sólidos, ajudando a limpá-lo e a evitar sobrecarga de toxinas nos rins. Sucos e chás de ervas podem ajudar no processo de limpeza. Para conservar a saúde, devemos beber líquido suficiente.

Terceiro chacra: amiláceos

Os amiláceos são uma fonte de energia de fácil conversão, relacionados ao elemento fogo do terceiro chacra. O corpo assimila mais lentamente e mais completamente os amidos originários de grãos integrais, em comparação com as farinhas refinadas. Alimentos de absorção mais rápida como os açúcares simples ou os estimulantes também fornecem energia, mas seu uso prolongado prejudica a saúde geral do terceiro chacra. A dependência de "alimentos energéticos" revela desequilíbrio no terceiro chacra. A dependência de açúcar pode indicar (assim como causar) desequilíbrio no terceiro chacra.

Quarto chacra: legumes e verduras

Os legumes e verduras são produtos da fotossíntese, algo que o corpo não consegue fazer. Esses vegetais captam a energia vital do sol, além de um bom equilíbrio de terra, ar, fogo (sol) e água. Legumes e verduras são produtos do equilíbrio natural entre os processos cósmicos e terrestres e refletem a natureza equilibrada do chacra cardíaco. No sistema chinês, eles não são nem yin nem yang, representando também o equilíbrio e a neutralidade característicos desse chacra.

Quinto chacra: frutas

As frutas são consideradas o topo da cadeia alimentar. Isso porque caem no chão quando maduras, dispensando que se matem plantas ou animais para colhê-las. Ricas em vitamina C, também são abundantes em açúcares naturais. Dos alimentos sólidos, elas são os que passam mais rápido pelo sistema, deixando a energia livre para viajar aos chacras superiores.

Sexto e sétimo chacras

É mais difícil recomendar alimentos para os chacras mais elevados, já que eles não estão associados a processos corporais, e sim a estados mentais. Sabe-se que certas substâncias psicotrópicas afetam esses centros, nem sempre de forma benéfica. Com relação a alimentos, o jejum é mais relevante para os chacras superiores.

Importante: É preciso entender que a mera ingestão de carne não aterrará alguém automaticamente, da mesma forma que uma dieta puramente vegetariana não abrirá um chacra cardíaco que esteja fechado por outras razões. O objetivo é obter equilíbrio entre os chacras, e uma dieta equilibrada é um bom caminho para alcançá-lo. As indicações anteriores pretendem ser apenas uma diretriz para corrigir desequilíbrios existentes. Quem comer poucos vegetais não estimulará os aspectos vibratórios do chacra cardíaco com tal dieta. Quem tiver deficiência de proteínas poderá se sentir volúvel e instável.

O combustível do corpo é a energia, e não a comida. Embora a maior parte da energia provenha do que comemos, veremos que a energia dos demais chacras, como o amor, o poder ou os estados mais elevados de consciência, reduz em geral nossa necessidade de alimentos.

MATÉRIA

O mundo material talvez não passe de ilusão — mas, ah... que ilusão lindamente organizada!

— Anodea Judith

Descrevemos cada um dos chacras como uma espécie de vórtice — uma interseção turbilhonante de forças. Estas surgem como movimentos em linha reta (vetores lineares) que se deslocam pelo vácuo, onde não há atrito. No contexto do Sistema de Chacras, nós as descrevemos como o movimento descendente da manifestação e o movimento ascendente da liberação, muito similares à condensação e à expansão. Uma é centrípeta — movendo-se para dentro, na direção de um centro e de si mesma. A outra é centrífuga — movendo-se para fora do centro. Quando se encontram, essas duas forças acham oposição e polaridade. Então elas assumem movimentos secundários circulares, ou vórtices, o que cria os chacras.

Imagine-se girando uma bola presa a um cordão. O cordão representa a limitação — uma força centrípeta semelhante à gravidade. Se o comprimento do cordão for diminuído à medida que ele gira, a órbita descrita pela bola vai se tornar mais acelerada e menor — presa com mais firmeza ao centro. O campo criado pela bola em movimento parecerá mais denso, até parecer sólido, tal como as pás de uma hélice. Diminuir o comprimento do cordão é análogo a aumentar o campo gravitacional. Quanto maior a massa de um corpo, mais forte será seu campo de gravidade e mais intensamente ele atrairá outros corpos.

A materialização ocorre quando existem forças similares em natureza e direção em quantidade suficiente para atingir massa crítica, produzindo a manifestação. Isso pode ser observado em muitas situações, desde cursos de água, que desembocam no mar, até pessoas de mesma mentalidade reunidas em torno de uma causa comum. À medida que aumenta a focalização da energia, a manifestação se intensifica e passa a atrair mais energia na própria direção — um vórtice de realimentação positiva. O centro desse foco é semelhante ao que os indianos chamam de *bindu*, um ponto sem dimensão que funciona como uma semente para a manifestação.

Na base de nossa coluna de chacras, as forças descendentes atravessaram seis níveis, aumentando de densidade ao passar por cada um deles, de modo que atingem a máxima solidez na chegada ao primeiro chacra. As forças ascendentes de dispersão, porém, estão relativamente pouco desenvolvidas no primeiro chacra. Há muitas forças centrípetas, fortemente dirigidas para dentro e com pouco movimento para fora, que se encaixam umas às outras e criam o mundo material que vemos em torno.

Dessa forma, a materialização *é uma coesão de similaridade criada pela atração exercida pelo centro*. Essa estrutura nuclear atrai para si aquelas formas que respondem favoravelmente à sua força coesiva. O dinheiro atrai dinheiro — quanto mais temos, mais fácil é criá-lo — principalmente quando se atinge a massa crítica. Quadrados atraem quadrados porque se encaixam na estrutura central, tal como no projeto de uma casa ou num traçado de ruas.

A gravitação é o princípio básico do primeiro chacra, pois condensa a consciência e a energia, levando-as à materialização. Não importa se for massa ou dinheiro, quanto mais tivermos de algum elemento, mais fácil será atraí-lo. Esse princípio pode nos estabilizar, dando-nos segurança e manifestação, ou nos aprisionar, mantendo nossa consciência presa a formas limitadas. Quando algo se torna maior e mais extenso, também se torna mais inerte ou tamásico, o que significa ter menor capacidade de mudar. Fazer mudança é algo muito mais complicado para quem mora numa casa grande, cheia de objetos.

O âmbito físico parece relativamente sólido e imutável. Na realidade, porém, os átomos que criam nossa percepção de solidez são quase totalmente compostos de espaço vazio! Se ampliarmos um dos menores átomos 100 bilhões de vezes, em altura e largura, ele ficará do tamanho de um campo de futebol. Seu núcleo seria então suficientemente grande para nos permitir trabalhar nele — quase o tamanho de uma semente de tomate. Os elétrons, girando em torno do núcleo, serão ainda menores, do tamanho aproximado de um vírus. Imagine esses elétrons/vírus ocupando um espaço do tamanho de um campo de futebol com uma semente de tomate ao centro. Entre o núcleo e os elétrons, não existe senão o espaço vazio dentro do qual eles se movem, mas, apesar disso, temos a ilusão de solidez.

Na verdade, os físicos descrevem os elétrons (e os fótons) como campos difusos de energia que só "existem" como partículas discretas quando são observados por meio de um aparelho adequado. É a própria consciência, no ato da observação, que causa o colapso do campo difuso na forma de partículas discretas. De acordo com Albert Einstein:

> *Dessa forma, podemos considerar a matéria constituída por regiões de espaço nas quais o campo é extremamente intenso... Nesse novo tipo de física não há lugar para o campo e para a matéria, porque o campo é a única realidade.*[6]

Einstein provou que a matéria é energia condensada. Quando a energia se torna altamente concentrada, ela deforma a estrutura do espaço-tempo, criando o que os físicos chamam de poço de gravidade. Quanto maior a massa de um objeto, mais profundo é o poço de gravidade e mais forte a atração exercida por ele sobre outros objetos.

Os hindus se referem ao mundo material como feito de maia ou ilusão. Em nosso século, a pesquisa na física conseguiu romper o véu de ilusão que sustenta a solidez da matéria. Empregando grandes aceleradores de partículas, os físicos puderam investigar o reino subatômico, descobrindo verdades que abalam nossa percepção newtoniana do mundo físico. (Até mesmo a aparente solidez das partículas constituintes do núcleo do átomo é ilusória, visto que elas são compostas de entidades pontuais chamadas quarks, do tamanho aproximado de um elétron.) Estranho é que essas descobertas, mesmo fazendo parecer tristemente inadequada a ciência que as antecedeu, têm correlação com muitas crenças das religiões orientais. Agora, tanto a ciência quanto a religião nos levam à conclusão de que o universo é um jogo dinâmico entre variados aspectos de energia e consciência. Se existe um campo unificador subjacente ao mundo que experimentamos, ele é a própria consciência com que percebemos esse mundo.[7]

EXERCÍCIOS

Meditação de aterramento

Sente-se numa cadeira confortável, com as costas retas e os dois pés firmemente apoiados no chão. Respire fundo. Sinta seu corpo se expandir e contrair com a respiração. Sinta as pernas, os pés e o chão sobre o qual eles estão apoiados. Perceba a solidez desse contato. Sinta a cadeira embaixo de você. O peso de seu corpo sobre ela e o modo como a força da gravidade naturalmente puxa você para baixo, facilmente, gentilmente.

Leve a atenção para os pés. Suavemente, pressione-os contra o chão e sinta as pernas se ligarem ao plano da Terra. Não deixe essa pressão se transformar numa tensão que contraia os músculos da perna, mas sinta a corrente sutil de energia descendo de seu primeiro chacra para o interior da Terra. Tente manter essa corrente enquanto prossegue no aterramento da parte superior do corpo.

À medida que se harmoniza com o peso do corpo, você irá gradualmente tomando consciência de um centro de gravidade na base da coluna vertebral. Perceba como o corpo se apoia nesse ponto e concentre-se nesse centro como se ele fosse uma âncora que prende você no lugar. Quando se sentir ancorado nesse ponto, poderá começar a integrar o resto do corpo em seu aterramento.

Entre em sintonia com seu torso, focalizando a atenção no canal central do corpo. Esse canal não é a coluna vertebral, que fica na parte posterior do corpo, mas é aquela parte de nosso núcleo alinhada com o centro de gravidade do corpo.

Reserve um momento para alinhar o topo da cabeça, a garganta, o coração, o estômago, e o abdômen — os outros chacras — com o chacra básico sobre o qual todos eles se apoiam. Respire fundo e deixe que esse alinhamento gentilmente se realize e se equilibre sobre o primeiro chacra.

Agora estabelecemos uma coluna vertical de energia. Imagine a coluna como uma grande corda — de preferência de um vermelho-vivo — que desce de muito acima de sua cabeça, passa pelo centro do corpo e mergulha no chão, passando diretamente através do espaço vazio entre a cadeira e o chão. Cuide especialmente para que essa corda passe por seu ponto de ancoramento no primeiro chacra e não se limite a chegar ao chão, mas que mergulhe nele. Se puder, visualize-a fazendo todo o percurso até o centro da Terra — sendo atraída até o núcleo da Terra pelo campo gravitacional do planeta.

Nesse ponto, confira por instantes se estão atendidas todas as partes da meditação: os pés pressionando levemente o piso, os chacras em alinhamento, um acima do outro, a coluna vermelha de energia puxando você para baixo, a harmoniosa sensação da gravidade nos enraizando e unindo nossos corpos físico e sutil.

Gradualmente, deixe o tronco balançar para frente e para trás, e de um lado a outro, e depois num movimento circular sobre aquele ponto do primeiro chacra. Observe que o ponto na base da coluna não se move, mas o corpo se move em torno dele. Desejamos manter o aterramento mesmo quando nos movemos, e o exercício permite ao corpo praticar essa habilidade.

Deixe o excesso de tensão ser drenado para dentro do chão, ainda mantendo os pés ligeiramente pressionados contra o piso. Então, mais uma vez, volte à imobilidade.

Posturas de ioga

Os exercícios de Hatha Ioga a seguir trabalham na estimulação e liberação de energia do próprio chacra Muladhara:

Joelho no peito (Apanasana)

A versão mais simples dessa postura consiste em deitar-se de costas com os joelhos dobrados, pés apoiados no chão cerca de 60 centímetros abaixo da linha dos quadris.

Apoiando um dos pés no chão, dobre a outra perna sobre o peito, abraçando a canela imediatamente abaixo do joelho. (Ver Figura 2.3.)

Respire fundo; ao expirar, puxe o joelho para mais perto do peito. Imagine a bola da raiz na base da coluna se abrindo e expandindo. Deixe a virilha relaxar por completo, sentindo o primeiro chacra se expandir por toda a região em que a perna se liga ao tronco. Mantenha os ombros relaxados e a coluna completamente apoiada no chão.

Repita do outro lado.

Depois de fazer a postura com cada perna, seria bom segurar ao mesmo tempo ambas as pernas dobradas, puxando-as contra o peito.

Postura da ponte (*Setu bhandasana*)

Essa postura permite que as pernas estabeleçam firme contato com o solo, enquanto fazem um contato dinâmico com a coluna.

Deite de costas, braços estendidos ao lado do corpo e as palmas das mãos voltadas para baixo. Dobre os joelhos com os pés paralelos, separados pela largura dos quadris, de modo que os calcanhares toquem as pontas dos dedos das mãos.

Aperte os pés no chão (sem elevar o corpo) e sinta a energia da terra trazendo solidez às pernas.

Em seguida, pressione os pés com mais firmeza contra o piso, de modo que a coluna se eleve, vértebra por vértebra — tal como se suspende um colar de pérolas, uma pérola de cada vez — até o corpo ficar apoiado sobre os pés e as vértebras superiores (se possível, junte as mãos sob as costas, empurrando o peito para

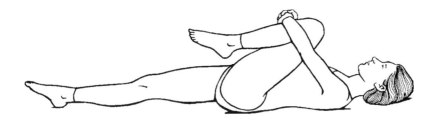

FIGURA 2.3
Joelho no peito.

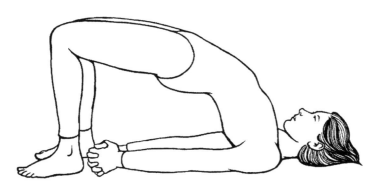

FIGURA 2.4
Postura da ponte.

cima e os ombros para dentro e para trás). Idealmente, joelhos e ombros ficam alinhados no mesmo plano. (Ver Figura 2.4.)

Sinta o apoio das pernas e dos pés nessa posição. Sinta a coluna conectada e energizada por esse apoio. Respire fundo e mantenha a postura durante pelo menos três respirações completas.

Voltar a apoiar a coluna no chão, descendo as vértebras uma a uma e finalmente relaxando as nádegas, deixando que os pés e as pernas relaxem. É possível manter os joelhos dobrados em preparação para repetir a postura, ou esticar as pernas e apoiá-las no chão, sentindo os chacras inferiores relaxarem.

Meio gafanhoto e Gafanhoto completo (*Shalabhasana*)

Deite com o rosto para baixo e os braços sob o corpo, com as palmas das mãos tocando a parte frontal das coxas.

Mantendo o joelho reto, estique a perna direita no chão, alongando-a ao máximo. Com a perna direita bem esticada, levante-a aos poucos até alguns centímetros acima do solo. (Ver Figura 2.5.) Sinta o primeiro chacra trabalhar para executar essa postura.

Segure a postura por uns instantes (dependendo de sua resistência), abaixe a perna e repita o movimento com a outra.

Se você completou essa postura com facilidade, faça a postura completa do gafanhoto, levantando ambas as pernas ao mesmo tempo, da forma descrita anteriormente. (Ver Figura 2.6.)

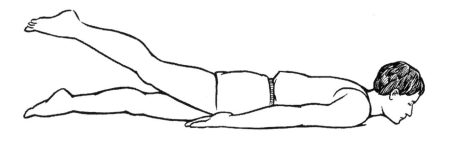

Figura 2.5
Meio gafanhoto.

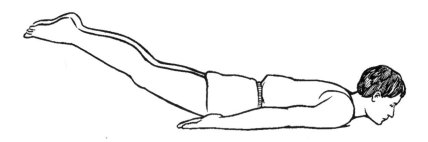

Figura 2.6
Gafanhoto completo.

Postura da cabeça no joelho (Janus sirsasana)

Sente-se com a coluna reta e as pernas estendidas à sua frente. (*Dandasana*) Dobre o joelho direito e traga o pé direito até a virilha.

Eleve a pélvis alongando o peito e girando o esterno até deixá-lo diretamente acima da perna esquerda estendida. Encha o pulmão de ar. (Ver Figura 2.7.)

Ao exalar, incline os quadris e o tronco para baixo, esticando os braços para frente e tentando tocar o pé esquerdo. Mantenha as costas tão retas quando possível. Com isso, serão alongados o tendão da panturrilha, a parte posterior do joelho e a coluna.

Alongue até o limite entre o conforto e o excesso de tensão, pare nesse ponto e respire fundo, abaixando um pouco mais cada vez que expirar. Mantenha a posição por 15 a 20 segundos, ou enquanto conseguir segurar confortavelmente a postura.

Volte à posição sentada e inspire. Erga as costas. Então troque de posição e repita o exercício com a outra perna.

FIGURA 2.7
Postura da cabeça no joelho.

Relaxamento profundo

Essa prática de Hatha Ioga também é conhecida como relaxamento consciente. Essencialmente, ela envolve aterrar e relaxar cada parte do corpo, uma de cada vez. Pode ser interessante gravar as instruções ou pedir que alguém vá lendo em voz suave e hipnótica; mas também é fácil fazer a prática no próprio ritmo, sem comando algum.

Deite-se de costas e procure uma posição confortável. Cuide de estar bem abrigado, pois nesse exercício o corpo relaxa tanto que a temperatura geralmente cai. Você pode precisar de uma coberta leve.

Comece respirando fundo e mantenha a respiração num ritmo confortável e constante durante toda a meditação.

Levante a perna esquerda a alguns centímetros do chão. Prenda a respiração durante alguns segundos enquanto contrai todos os músculos da perna. Então, solte bruscamente o ar, relaxando todos os músculos e deixando a perna cair como um peso morto. Sacuda a perna levemente, estabilize-a e deixe-a em repouso. Repita o processo com a perna direita, contraindo, sustentando e em seguida deixando-a cair.

Prossiga com o braço direito, fechando a mão e contraindo ao máximo todos os músculos. Relaxe. Então contraia o braço esquerdo: eleve... contraia... sustente... relaxe.

Gire a cabeça de um lado para o outro, alongando todos os músculos do pescoço. Levante a cabeça ligeiramente, sustente-a, contraia a musculatura, relaxe.

Torça o nariz, junte os lábios e aperte os olhos. Sustente, contraia, relaxe. Repita a sequência com a boca aberta, a língua para fora, o rosto esticado. Sustente, contraia, relaxe.

Mentalmente, observe uma a uma cada parte do corpo, verificando se todas estão realmente relaxadas. Comece pelos dedos, pés, tornozelos, panturrilhas, joelhos e coxas. Verifique se estão relaxadas as nádegas, o estômago e o peito, inspirando e expirando, inspirando e expirando, lenta e profundamente. Deixe relaxados pescoço, boca, língua, bochechas e testa.

Agora, deixe-se observar seu corpo, inspirando e expirando pacificamente, inspirando e expirando, relaxando profundamente. Observe seus pensamentos, deixando-os vir e passar sem esforço. Se quiser mudar alguma coisa em seu corpo, este é um bom momento para dar a ele comandos ou afirmativas silenciosas. Faça afirmativas positivas como "Eu vou ser forte", em vez de "Não vou ser fraco".

Quando estiver pronto para retornar, comece a flexionar os dedos das mãos e dos pés e a sacuda os braços e as pernas. Abra os olhos e volte ao mundo, restaurado.

Exercícios com movimento

Praticamente tudo o que faz contato com a terra é estabilizante. Mover a energia para os pés é o primeiro passo. O exercício de bioenergética a seguir é excelente para esse propósito:

Fique de pé confortavelmente, braços ao longo do corpo. Mantenha-se na ponta dos pés e desça com força sobre os calcanhares, dobrando os joelhos ao descer. Imagine que está afundando no solo. Levantar e abaixar as mãos enquanto se levanta e se abaixa pode ajudar a enfatizar o fluxo descendente. Repita várias vezes para um bom aquecimento.

Posição básica de aterramento

De pé, com os pés separados e alinhados com os quadris ou um pouco mais afastados, vire-os ligeiramente para dentro, deixando os dedos mais próximos que os calcanhares. Dobre ligeiramente os joelhos.

Aperte os pés no chão como quem estivesse tentando afastar dois tapetes um do outro, usando os pés. Sinta a solidez e a força que esse movimento dá à parte inferior do corpo.

Enquanto mantém a postura por alguns momentos, imagine-se enfrentando com firmeza uma situação difícil.

Se quiser aumentar a carga sobre as pernas, inspire e dobre os joelhos, expire e estique-os, mas não completamente. Repita o exercício durante alguns minutos. Nunca "encaixe" os joelhos, pois isso interromperá o circuito de aterramento.

Postura do elefante

Esse exercício é indicado para trazer ainda mais energia às pernas.

Com as pernas paralelas e afastadas, pés alinhados com os quadris ou um pouco mais abertos, incline o corpo para frente com os joelhos um pouco dobrados e toque o chão com as palmas das mãos. Se tiver dificuldade, mova as mãos para frente. (Ver Figura 2.8A.)

Inspire e dobre os joelhos até um ângulo de aproximadamente 45 graus. Expire e alongue os joelhos até deixá-los quase retos, mas não encaixados. (Ver Figura 2.8B.)

Repita até sentir uma vibração ou corrente de energia nas pernas — geralmente em poucos minutos, se o exercício for feito de maneira correta.

Erga o tronco lentamente, com a coluna curvada e o abdômen relaxado, até ficar bem parado. Procure manter a respiração profunda e completa durante o exercício. Emita qualquer som que venha naturalmente.

Flexione os joelhos algumas vezes, sacuda as pernas e fique de pé confortavelmente, sentindo os efeitos.

Repita sempre que necessário.

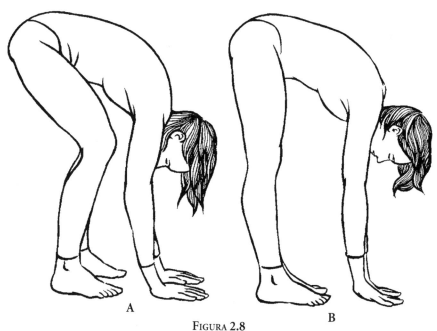

Figura 2.8
Postura do elefante.

Empurrar os pés

Esse também é um exercício de bioenergética.

Deite de costas e levante as pernas, com os joelhos relativamente esticados, mas não totalmente retos.

Estique as pernas no ar com os pés em flexão e os dedos apontados para a cabeça. Faça com os calcanhares o movimento de empurrar. (Ver Figura 2.9.)

Se encontrar uma posição que faça as pernas vibrarem, pare nessa posição e deixe que a vibração continue, pois ela energiza as pernas e os quadris.

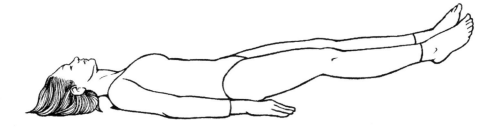

Figura 2.9
Empurrar os pés.

Exercícios de aterramento no dia a dia

Bater os pés no chão

Excelente exercício para quando nos levantamos pela manhã, que pode ser seguido de uma massagem nos pés com um "rolo massageador", uma bola de tênis ou, quando possível, as mãos da pessoa amada.

Bater várias vezes no chão com um pé e depois com o outro ajuda a abrir os chacras dos pés e a fazer contato com a solidez debaixo de nós.

Pular

Ajuda a fazer contato com o plano da Terra quando resistimos à força da gravidade e também quando mergulhamos nela. Esse exercício também ajuda a energizar as pernas. Para reduzir o impacto sobre elas, o melhor é fazê-lo sobre uma superfície de terra, e não um pavimento duro.

> Fingindo ser uma criança pequena, dê saltos, deixando todo o corpo relaxar e se soltar bem. Ao descer, dobre os joelhos e deixe-se afundar em direção a terra.

Chutar

Chutar remove tensões das pernas, desde que não se chutem coisas sólidas.

> Deite-se numa cama e chute ritmicamente. Experimente fazer isso com os joelhos dobrados ou com as pernas retas, sentindo os resultados que cada maneira traz.

Correr

Correr traz energia para os pés, as pernas e o tronco, acelera o metabolismo e aumenta o ritmo respiratório.

> Para fazer um excelente exercício de aterramento, pratique corrida em pista de terra e ao ar livre.

Andar em transporte público

Interessante exercício de aterramento para o meio urbano.

> Ande de ônibus ou trem, de pé, sem se apoiar em nada. Para manter o equilíbrio, dobre os joelhos, deslocando o peso do corpo para baixo. Descubra onde fica seu centro de gravidade.

Repousar

Muito pouco se fala dos imensos benefícios trazidos por simplesmente reduzir o ritmo, sentar-se numa cadeira, relaxar e não fazer nada. Atualmente é a prática de aterramento mais comum nos Estados Unidos.

Massagem

Qualquer tipo de massagem ajuda a aliviar a tensão e restabelecer a ligação entre a psique e o corpo. Massagear os pés é especialmente proveitoso para o aterramento.

Comer

Muitas pessoas usam a comida como aterramento, porque traz resultados. No entanto, comer em excesso prejudica nosso contato com o corpo e pode nos desestabilizar.

Dormir

Dormir é levar o corpo a um estado de repouso e tranquilidade. É o aterramento no final do dia que nos regenera para o dia seguinte. Bons sonhos para você!

NOTAS

1. Há quem diga que as glândulas do primeiro chacra são as gônadas, pois fisicamente estão mais perto do chacra básico, mas na síndrome de "luta ou fuga" é a glândula suprarrenal que dispara quando a sobrevivência está ameaçada. Ela também está associada com o terceiro chacra, por inundar o corpo de energia.

2. Itzhak Bentov, *Stalking the Wild Pendulum*, p. 53. [*À espreita do pêndulo cósmico*, Editora Pensamento, 1989.]

3. Ver Judith e Vega, *The Sevenfold Journey: Reclaiming Mind, Body and Spirit through the Chacras*. Um livro de exercícios e práticas para o desenvolvimento dos chacras. [*Jornadas de cura: o desenvolvimento da mente, do corpo e do espírito através dos chacras*, Editora Pensamento, 1997.]

4. Uma descrição mais completa desse exercício se encontra em Judith e Vega, *The Sevenfold Journey*, pp. 71-72.

5. Os vegetarianos que se abstêm de ovos e laticínios, por serem estes subprodutos de animais, não admitem a necessidade desses alimentos. A questão aqui não é se podemos sobreviver sem eles, mas se a dieta promove o aterramento. Se praticada por longo período, uma dieta estritamente vegetariana não é estabilizante, ainda que benéfica do ponto de vista da purificação.

6. Citado em M. Capek, *The Philosofical Impact of Contemporary Physics*, p. 319.

7. Para uma discussão mais profunda sobre o misticismo oriental e a ciência ocidental, ver Fritjof Capra, *The Tao of Physics*. [*O Tao da física: um paralelo entre a física moderna e o misticismo oriental*, Cultrix, 1998.]

LEITURA COMPLEMENTAR

Judith, Anodea; Vega, Selene. *The Sevenfold Journey: Reclaiming Mind, Body and Spirit through the Chacras*. Freedom, CA: The Crossing Press, 1993. [*Jornadas de cura: o desenvolvimento da mente, do corpo e do espírito através dos chacras*, Editora Pensamento, 1997.]

Capra, Fritjof. *The Tao of Physics*. Nova York, NY: Bantam Books, 1975. [*O Tao da física: um paralelo entre a física moderna e o misticismo oriental*, Cultrix, 1998]

Couch, Jean. *The Runner's Yoga Book*. Berkeley, CA: Rodmell Press, 1992.

Haas, Elson. *Staying Healthy with Nutrition*. Berkeley, CA: Celestial Arts, 1992.

Keleman, Stanley. *Your Body Speaks its Mind*. Berkeley, CA: Center Press, 1975. [*O corpo diz sua mente*. São Paulo: Summus, 1996.]

Myers, Dr. Norman (org.). *Gaia: An Atlas of Planet Management*. Nova York, NY: Anchor Books, 1984.

Sessions, George. *Deep Ecology*. Salt Lake City, UT: Peregrine Smith Books, 1985.

CHACRA DOIS

Água

Mudança

Polaridades

Movimento

Prazer

Emoções

Sexualidade

Cuidados

Clarissenciência

Capítulo 3

CHACRA DOIS: ÁGUA

MEDITAÇÃO DE ABERTURA

VOCÊ ESTÁ DEITADO TRANQUILAMENTE, EM PAZ, PALPITANTE, de encontro a terra, que está parada, sólida, imóvel. Você está em repouso, mas a cada influxo e refluxo da respiração seu corpo se movimenta. Há uma mudança. Do interior para o exterior e do exterior para o interior, o caminho entre os mundos se tece através de você. O caminho da mudança.

Quando seu peito sobe, a respiração passa pelo nariz, garganta e pulmões. Ela sobe e desce com a regularidade e a graça das ondas sobre a praia. Para frente e para trás... vazio e cheio... para dentro e para fora.

Dentro o coração bate, o sangue pulsa, um rio vital une cada uma e todas as células dentro de você. O sangue flui para fora... e flui novamente em direção ao centro. As células se expandem e contraem, reproduzindo-se sem parar, morrendo. Mexa um dedo para frente e para trás. Os impulsos nervosos descem por seus braços. Você continua a respirar... inspirando... expirando... inspirando... expirando.

Você toma consciência de uma luz quente e alaranjada no fundo de seu ventre, pulsando através da bacia, do abdômen, dos órgãos genitais. Pulsações de luz laranja se movem em turbilhões por suas pernas abaixo e sobem novamente pelas coxas, fluindo pelo abdômen e pelas costas acima, para nutrir todo o corpo.

Você está vivo. É uma onda de movimento. Dentro de você, nada está verdadeiramente em repouso. Nada em torno está estático. Tudo muda constantemente a cada minuto. Cada som, cada raio de luz, cada respiração é uma oscilação, para frente e para trás, em movimento constante, oscilando, fluindo. Um fluxo de mudança constante, fazendo cada momento diferente do anterior. Ao final dessa meditação, você e o mundo serão diferentes.

Há um rio de mudança dentro de seu corpo. Descubra os fluxos internos sutis de movimento e pensamento, que se movem para cima, para baixo, ao redor e através dele. Encontre essas correntes e siga-as. Deixe que se acelerem — remova obstáculos aliviando qualquer tensão que você possa encontrar. Intensifique o fluir delas com movimentos externos: balance na cadeira, oscile para frente e para trás, criando um movimento rítmico. Deixe o ritmo crescer até sentir o impulso de se levantar — mesmo com este livro nas mãos. Levante-se e caminhe pelo cômodo, balançando-se sobre os pés, girando os quadris, dobrando os joelhos, sempre mantendo o fluxo constante e firme... que lembre raízes embaixo de você. Você se balança, para frente e para trás... para cima e para baixo... para dentro e para fora... expandindo-se, porém sempre voltando a seu núcleo.

Você se move com o fluxo da água, ora lento como um grande rio, ora veloz como um regato na primavera, ora lânguido como um lago tranquilo, ora passional como as ondas do mar. Levante um braço e imagine a água escorrendo por ele. Sinta o líquido correr por suas costas, nádegas, dedos dos pés.

Pense na água quando cai do céu, acariciando as montanhas e correndo em riachos para seus diversos reservatórios. Imagine a água caindo sobre você, acariciando seu corpo, caindo em cascata pelos quadris e as pernas, para amaciar a Terra sob seus pés. Você é a chuva caindo do céu sem esforço, sobre a Terra.

Quando os pensamentos lhe caem da mente, você se torna profusas gotículas. Em discretos movimentos, as correntes dentro de você vão crescendo e se movendo, aceleradas ao se lançar para baixo, cascateando sobre os cumes da terra, e depois, devagar, quando rastejam como serpentes, cruzando os grandes vales de seus campos férteis.

Até você ir e vir com as marés do oceano, como se unido a ele, puxado pela lua em sua dança de escuridão e luz. Seus oceanos, vastos e profundos, são cheios de vida. A paixão se lança para fora, derramando-se pela praia e mais uma vez volta ao interior. Você sorve toda a mudança ao redor, puxando o movimento dela através de si à medida que a vida avança e recua. Para dentro... e para fora... você respira.

Das vastas profundezas de fluxo e refluxo, você estende a mão e toca. Descobre o corpo. Sensações fluem para sua mão através da pele. Sensações que só você conhece. A mão se move pelas curvas da carne e segue as linhas de movimento. Ante a sensualidade de seu toque, você oscila. No íntimo, as emoções se acendem — revolvendo-se, desejando, escorrendo, borbulhando. Elas se estendem, e tocam, e emergem, transformando-se em movimentos; as ondas se modificam, a água escorre, por dentro, por fora.

Você está só, porém há outros em torno. Eles também fluem e refluem, mudam e tocam e desejam. Seus movimentos fluem para eles, desejando unir-se, confundir-se, mover-se em direção a algo novo. Suas mãos querem tocar, trazer os oceanos para mais perto, sentir o fluxo de outras marés misturando-se às suas.

Seu ventre palpita, o sexo desperta, você anseia tocar e procura ultrapassar a si mesmo. Você encontra seu "outro" — diferente e, no entanto, o mesmo. Explorando, você começa a se mesclar. No íntimo, os movimentos se plasmam, exaltando-o, expressando-o, acariciando-o. As paixões se avolumam em ondas oceânicas para quebrar na praia e satisfazer suas carências. As águas fluem e refluem, nutrem, limpam e curam, à medida que manam a cada ânsia, cada movimento, cada respiração. No êxtase da união, você se mescla, completo em si mesmo e completado novamente dentro de outro. Você dança, e sobe, e desce... e descansa.

Você é a água — a essência de todas as formas; contudo, amorfa. É o ponto do qual fluem todas as direções e você é o fluxo. É aquele que sente, que se move. Você é aquele que abraça o outro.

Vamos fluir juntos e unir nossas almas nessa viagem pelo rio da vida? Vamos fluir juntos para o mar?

SÍMBOLOS E CORRESPONDÊNCIAS

Nome em sânscrito:	Svadhisthana
Significado:	Doçura
Localização:	Baixo-ventre, genitália, útero
Elemento:	Água
Função:	Desejo, prazer, sexualidade, procriação
Estado interior:	Sentimentos
Estado exterior:	Líquido
Glândulas:	Ovários, testículos
Outras partes do corpo:	Útero, genitália, rins, bexiga, sistema circulatório
Disfunção:	Impotência, frigidez, disfunções uterinas, urinárias ou renais, dores na região lombar
Cor:	Laranja
Sentido:	Paladar
Som-semente:	Vam
Som vocálico:	Iu
Guna:	*Tamas*
Naipe do tarô:	Copas
Sephira:	Yesod

Corpo celeste:	Lua
Metal:	Estanho
Alimentos:	Líquidos
Verbo correspondente:	Eu sinto
Caminho da ioga:	Tantra
Incenso:	Raiz de lírio-florentino, gardênia, damiana
Minerais:	Cornalina, pedra da lua, coral
Pétalas:	Seis
Animais:	Makara, peixes, criaturas marinhas
Divindades indianas:	Indra, Varuna, Vishnu, Rakini (nome de Shakti no nível do Svadhisthana)
Outros panteões:	Diana, Iemanjá, Tiamat, Mari, Conventina, Posídon, Lir, Ganimedes, Dionísio, Pan
Arcanjo:	Gabriel
Principal força motriz:	A atração dos opostos

NÍVEIS EM MUTAÇÃO

Com frequência, pensamos que, completado o estudo do um, sabemos tudo sobre o dois, pois o dois é um mais um. Esquecemos que ainda é preciso estudar o "mais".[1]

— A. Eddington

Começamos nossa jornada ascendente pelos chacras descendo — para dentro da Terra, para a imobilidade e a solidez. Tivemos um entendimento de nosso corpo, do aterramento e dos elementos associados ao "um". Agora estamos prontos para apresentar uma nova dimensão: aquela que surge quando ele encontra o outro e se transforma em "dois".

É aqui que nossa unidade inicial se torna dualidade. O ponto se transforma em linha, ganhando direção, dividindo um lado do outro. Passamos do elemento terra para o elemento água, no qual o sólido se transforma em líquido, a imobilidade vira movimento e a forma se torna informe. Adquirimos mais um grau de liberdade, mas também ganhamos mais complexidade.

Nossa consciência passa do sentimento de unidade à compreensão da diferença. O entendimento do eu agora inclui a percepção do outro. Quando nos conectamos ao outro, surge o desejo, e com ele nossas emoções e sexualidade. Ansiamos pela união, por superar o isolamento, pela busca e pelo crescimento. Todos esses são aspectos da consciência no segundo chacra — e todos induzem a *mudança*.

A mudança é um elemento fundamental da consciência. É o que atrai e desperta nossa intenção, fazendo-nos questionar. Um ruído súbito nos desperta da letargia. Alterações na duração dos dias nos motivaram a estudar os movimentos da Terra nos céus. Sem mudança, a mente se entorpece; sem mudança, não há crescimento, movimento ou vida. *A consciência progride com a mudança.*

Na filosofia chinesa, o *I Ching* ("O livro das mutações") é um sistema de sabedoria e predição baseado no conceito de que a mudança é produto de duas forças polarizadas, yin e yang. Elas representam, respectivamente, o feminino e o masculino, a terra e o céu, o receptivo e o criativo. A mudança se dá pela constante interação dessas forças, que flutuam em torno de um estado de equilíbrio.

Tal como no *I Ching*, no segundo chacra a consciência é estimulada pela dança das polaridades. Nos chacras superiores, alcançamos níveis de consciência que transcendem o dualismo, mas no segundo centro a dualidade é a força que motiva o movimento e a mudança. A dualidade, brotando de dentro de nossa unidade inicial, procura voltar à unidade. Consequentemente, os opostos se atraem. As polaridades, por sua atração mútua, criam o movimento. Se vamos começar pela terra sólida e passar por todas as transformações até a consciência infinita, é preciso haver algum movimento deflagrador do processo. Esse movimento é, em essência, o objetivo do segundo chacra no conjunto do Sistema de Chacras. É o inverso da imobilidade do primeiro chacra. Enquanto o primeiro chacra procura *reter e criar a estrutura*, o segundo chacra objetiva *se soltar e criar fluxo*, que permite a conexão energética de um elemento com o outro. É a diferença entre um ponto e uma linha.

O movimento existe em todas as partes conhecidas do cosmo e é a característica essencial de toda energia, matéria e consciência. Sem movimento, o universo fica estático, fixo, e o tempo deixa de existir. Não há um campo para criar a ilusão de matéria sólida, e em seu lugar experimentaríamos o vazio. Para citar Dion Fortune:

> *O puro movimento no abstrato foi o que deu origem ao cosmo. Esse movimento acabou sendo a causa do surgimento dos entrelaçados de forças opostas que são os átomos primordiais. O movimento desses átomos forma a base de toda manifestação.*[2]

Todos nós fazemos parte desse processo constante de movimento, deslocando-nos simultaneamente por muitas dimensões. Todos nos movemos pelo espaço físico, assim como pelos sentimentos, pelo tempo (de um momento para o momento seguinte) e pela consciência (de um pensamento para o próximo). Movemo-nos por um mundo em movimento, em constante mutação. O movimento é parte essencial da força vital — a essência daquilo que distingue a vida da morte, o animado do inanimado. Pedras não se movem; gente, sim. Portanto, vamos fluir pelo elemento aquoso nessa segunda roda da vida — descobrindo de que forma ela nos dá movimento, prazer, mudança e crescimento.

SVADHISTHANA — O CHACRA DA ÁGUA

*Podemos afirmar com absoluta certeza que sem paixão
nada de grandioso se realizou no mundo.*

— Georg Wilhelm Friedrich Hegel[3]

O segundo chacra se situa no baixo-ventre, no ponto médio entre o umbigo e os órgãos genitais, embora abrangendo toda a seção do corpo entre esses dois pontos. (Ver Figura 3.1.) Corresponde ao gânglio neural chamado *plexo sacral*. Este, conectado ao nervo ciático, é um centro de movimento do corpo. Por essa razão o chamam frequentemente de "morada da vida" (alguns associam o segundo chacra com o ponto Hara das artes marciais, embora, a meu ver, esse ponto fique no meio da distância entre o segundo e o terceiro chacras).

Alguns também situam o segundo chacra sobre o baço, o que o deixaria fora do alinhamento com os restantes. Em tese, não disponho de provas conclusivas de que se trate de um dos chacras principais a energia percebida na área do baço por alguns clarividentes. Na anatomia masculina, os genitais estão muito próximos do primeiro chacra, e as diferenças entre os dois primeiros centros são muito sutis, o que pode causar confusão. Porém, na anatomia feminina, o útero é decididamente o segundo chacra, o que torna mais fácil notá-lo como centro distinto que perceber como tal o segundo chacra masculino. É possível que essas teorias (em grande parte, oriundas dos teosofistas, no início do século XX) tenham se fundamentado em corpos masculinos, e, além disso, sob a influência dos valores sexualmente repressores da época, restringindo assim o segundo chacra. Por mais que o baço pareça sensível a alterações emocionais, no sistema apresentado aqui ele não deve ser confundido com um segundo chacra.

O elemento desse centro é a água; portanto, ele corresponde às funções corporais relacionadas aos líquidos — a circulação sanguí-

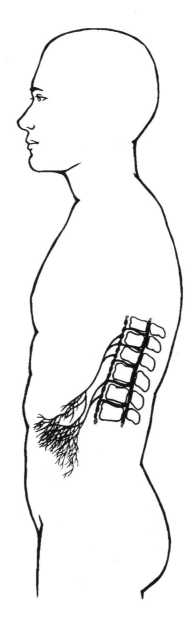

Figura 3.1.
Plexo sacral e gânglio neural.

nea, a eliminação da urina, a sexualidade e a reprodução. Também corresponde a todas as qualidades da água, como circulação, ausência de forma, fluidez e renúncia.

Esse chacra é o centro da *sexualidade* e também das *emoções*, das *sensações*, do *prazer*, do *movimento* e do *cuidar*. Na Árvore da Vida, o segundo chacra corresponde a Yesod, a esfera da água e da lua. O corpo celeste associado a ele é a Lua, que atrai a água dos oceanos no vai e vem de um movimento rítmico e dualista.

Em sânscrito, o nome desse centro é *svadhisthana*, geralmente traduzido como "a própria moradia", já que o radical *sva* significa "nosso próprio."[4] Nele também encontramos o radical *svad*, que significa "ter sabor doce" ou "provar com prazer, desfrutar ou se deliciar."[5] Se a planta tiver raízes profundas e for bem irrigada, o fruto será doce. Abrir o segundo chacra é beber com deleite as doces águas do prazer.

O símbolo tântrico do Svadhisthana tem seis pétalas, geralmente representadas em vermelho-vivo, mas também contém mais duas flores de lótus. (Ver Figura 3.2.) Na base do lótus central brilha um crescente que encerra um animal chamado *makara*, parecido com um crocodilo, de cauda espiralada evocativa dos anéis da Kundalini. Acredita-se que essa criatura aquática represente os desejos e as paixões intensas que precisamos dominar para progredir. Penso nele como os instintos animais à espreita nas profundezas do inconsciente individual.

Mencionamos no Capítulo 1 que os chacras estão conectados por um canal não físico chamado *sushumna*, que passa pelo centro do corpo. Dois canais alternados, Ida e Pingala, controlam as energias yin e yang e se enrolam em torno de cada chacra, acompanhando o *sushumna* e formando padrões semelhantes ao número oito. (Ver Figura 1.4.) Eles fazem parte dos milhares de canais de energia sutil chamados nadis, nome sânscrito que significa "água corrente."[6] Ida e Pingala representam respectivamente os aspectos lunar e solar.

Em termos do cérebro, a estimulação específica desses canais, tal como ocorre na respiração por narinas alternadas (*nadi shodhana*), estimularia alternadamente os hemisférios direito e esquerdo do córtex (ver instruções nas páginas 249-250). A pesquisa mostra que essas duas metades do cérebro respondem por formas de pensamento completamente distintas. Ambas são muito necessárias para um pensamento equilibrado. O lado direito do corpo é dirigido pela metade esquerda do cérebro, responsável pela fala e pelo pensamento racional. O lado esquerdo do corpo é dirigido pela metade direita do cérebro, o lado mais intuitivo e criativo.

Os dois nadis, Ida e Pingala, se encontram no primeiro e no sexto chacras. O equilíbrio entre as duas metades do cérebro constitui condição necessária para a clarividência característica do sexto chacra. No segundo chacra, os nadis se cruzam abaixo e acima, cercando esse centro pelos dois lados. (Ver Figura 3.3.) Para se beneficiar igualmente de ambas as energias, é importante se empolgar na dança das dualidades, sem recair em extremos nem perder o centro.

O movimento e o fluxo ao longo desses nadis contribuem para o movimento giratório dos chacras. (Ver Figura 3.4) Por exemplo, quando a energia sobe pelo Pingala até a narina direita, há um fluxo direcional em torno de cada chacra que é complementado por um fluxo oposto, uma energia que desce pelo outro lado do chacra, circulando pelo Ida. Ambos os movimentos, seguindo em direções opostas pelos dois lados do chacra, fazem-no girar. O cruzamento dos nadis entre os chacras faz cada um deles girar na direção oposta à do chacra acima ou abaixo. Por esse motivo, os chacras podem funcionar como engrenagens que se encaixam e criar um movimento sinuoso de energia sutil, que sobe e desce pela coluna.

Os conceitos de yin e yang também podem ser aplicados aos chacras em si. Por ser o início, a base, e de número ímpar, o primeiro chacra é yang. O segundo chacra é yin, portanto encerra as qualidades mais "femininas" associadas à receptividade, às emoções e ao cuidar.

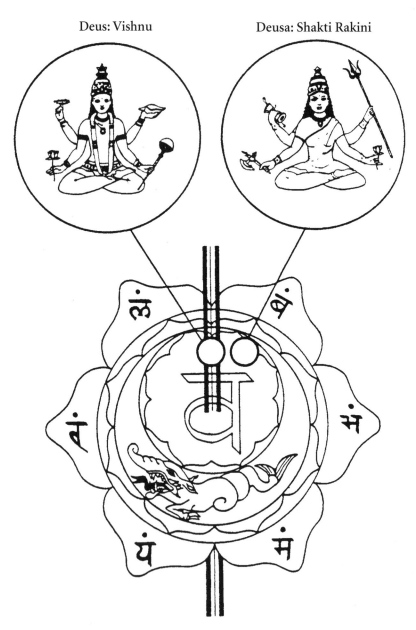

Figura 3.2
Chacra Svadhisthana.
(Cortesia da Timeless Books)

A gestação e o parto, centrados na área do Svadhisthana (o útero), são caracteristicamente femininos. A água é receptiva, adota as formas daquilo que encontra e segue o caminho de mínima resistência; ainda assim, seu poder e velocidade aumentam enquanto ela escorre.

O segundo chacra está relacionado com a lua. Tal como a atração que ela exerce sobre as marés, nossos desejos e paixões podem movimentar grandes oceanos de energia. A lua dirige o inconsciente, o misterioso, o invisível, o escuro e o feminino, o que dá a esse centro um poder próprio e muito característico, já que saímos de nossas profundezas para criar mudanças no mundo.

O PRINCÍPIO DO PRAZER

Toda ação perfeita é seguida de prazer. Por isso é possível afirmar que devemos realizá-la.

— André Gide[7]

O organismo humano, tal como o de outras criaturas vivas, tem uma inclinação natural por buscar o prazer e fugir da dor. Freud chamou a isso o princípio do prazer. Tal como o impulso de sobreviver, esse princípio é um padrão biológico inato, intimamente relacionado com o instinto de sobrevivência do primeiro chacra. A dor indica que alguma coisa está ameaçando o organismo, enquanto o prazer geralmente aponta que uma situação é segura, e deixa a atenção livre para outras questões.

Contudo, o princípio do prazer vai muito além do âmbito da mera sobrevivência. Muitas coisas prazerosas não auxiliam diretamente nossa sobrevivência. Em alguns casos, podem até prejudicá-la, como gastar dinheiro em artigos ou atividades fúteis ou consumir drogas prejudiciais. Essas atividades podem reduzir nossos recursos, tanto do corpo quanto das finanças. Em outros casos, o prazer

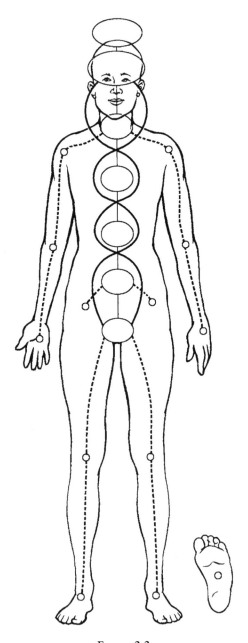

Figura 3.3
Os chacras principais e os chacras menores
e seus circuitos mais importantes.

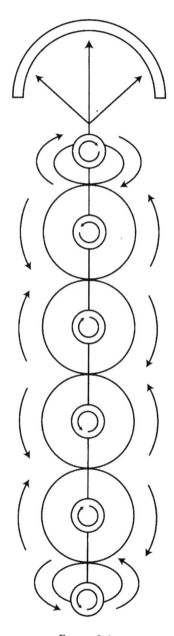

Figura 3.4
O movimento giratório dos chacras como resultado das correntes polarizadas, Ida e Pingala.

nos possibilita entrar mais fundo no templo do corpo e, com o sentimento de realização, encontrar alicerce para o poder, o amor, a criatividade e a concentração meditativa — todos aspectos dos chacras dos níveis superiores.

Em consonância com a dualidade do segundo chacra, o prazer é uma faca de dois gumes. É fácil ficar preso nesse chacra: tanto faz evitar o prazer ou se entregar a ele, a armadilha é a mesma. Para equilibrar qualquer chacra, é preciso estar aberto à sua energia específica, *sem se apegar excessivamente a ela.*

O prazer e as percepções emocionais são processados no *sistema límbico*, uma seção da parte inferior do cérebro. Esse sistema controla o hipotálamo, que por sua vez controla os níveis hormonais e a regulação das funções do sistema nervoso autônomo, como os batimentos cardíacos, a pressão arterial e a respiração. Em consequência, uma estimulação calmante dessa parte do cérebro ajuda efetivamente a regular os hormônios e suavizar esses processos.[8] Há certa indicação de que isso também nos ajuda a viver mais e manter a saúde.[9]

Consta que a separação entre o córtex cerebral (centros do pensamento consciente) e o sistema límbico dos humanos resultou nas tendências autodestrutivas e violentas do homem moderno.[10] A conexão entre o córtex e o sistema límbico leva a movimentos graciosos, já que não existe uma separação entre a mente e o corpo para "frear" os movimentos e os impulsos, que poderia torná-los excessivamente controlados ou desajeitados. Em outros animais, não existe essa segregação.

O prazer convida à expansão, ao passo que a dor geralmente causa contração. Se quisermos deixar a forma fixa do mundo material e crescer para a consciência ilimitada, o prazer pode ser um dos primeiros passos nesse caminho, convidando a consciência a viajar por todo o sistema nervoso e a buscar contato com os demais. Além disso, o prazer abre caminho para a entrega, um processo necessário no despertar espiritual.

O prazer contribui para que a mente e o corpo estabeleçam uma comunicação melhor. Pelo prazer, aprendemos a relaxar e liberar tensões, e assim os impulsos podem fluir livremente por todo o organismo, sem medo de repressão. Gradualmente, esses impulsos criam padrões rítmicos e coerentes, calmantes para todo o sistema nervoso.

O prazer nos sintoniza com nossos sentidos. Alguns sistemas de crenças budistas e hinduístas ressaltam que tanto o prazer quanto os sentidos são enganadores — as sensações nos impediriam de conhecer a verdadeira natureza da realidade. No entanto, os sentidos seriam, de fato, extensões daquela consciência que procura conhecer. Se nossos sentidos efetivamente nos privassem da realidade, não seria melhor que fôssemos todos cegos, surdos e sem paladar? Tal proposta, em vez de ser *sensata,* não seria *sem sentido*? Talvez nossos sentidos mais sutis nos permitam ver os planos interiores, mas o modo de conseguir isso não é embotar nem reprimir os sentidos grosseiros! A percepção extrassensorial é apenas sensação em seu aspecto mais refinado. Que outra forma haveria de nos tornarmos *sensíveis*? Como propõe Alan Watts: "A espiritualidade ascética é um sintoma da própria doença que ela pretende curar."[11]

As sensações constituem valiosa fonte de informação para todos os níveis de consciência. Elas fornecem os dados em sua forma bruta que virão a se tornar informação, armazenada e analisada pelo cérebro. Ignorar as sensações corporais nos isola dos valiosos sentimentos e emoções que desempenham um papel relevante na transferência da informação para o cérebro e na movimentação de energia psíquica e fisiológica pelo corpo. As sensações são os módulos com os quais estruturamos nossos sentimentos e emoções. Sem elas, ficamos sem vida e sem conexão.

O prazer e as sensações são características essenciais do segundo chacra. Se o desejo é a semente do movimento, o prazer é a raiz do desejo e a sensação é o meio para o prazer. Ele é essencial para a saúde do corpo, o rejuvenescimento do espírito e a cura dos relacionamentos pessoais e culturais.

Infelizmente, ensinam-nos a ter cautela com o prazer, pois ele seria uma tentação perigosa à espera de nos atrair para longe do verdadeiro caminho. Aprendemos a reprimir a necessidade de prazer e, consequentemente, nossos impulsos corporais naturais, separando assim mente e corpo. Não nos permitimos facilmente desfrutar nem mesmo os prazeres mais simples — uns momentos de sono a mais, um passeio despreocupado ou roupas confortáveis. Essas medidas coercitivas vêm da mente, raramente do corpo. Assim podemos experimentar retrocesso em nossas emoções.

AS EMOÇÕES

As emoções (do latim *movere*, "mover" + *e*, que significa "para fora") promovem a evolução da consciência por meio do corpo. Quando nos emocionamos, fazemos a energia sair de dentro da inconsciência, levando-a pelo corpo até a mente consciente. Esse fluxo de consciência deixa carregado o corpo, ao qual limpa e cura, e constitui um movimento de nossa força vital por cujo intermédio fazemos mudanças. Estamos de volta aos elementos básicos do segundo chacra: movimento e mudança.

Para uma criança que ainda não fala, a única linguagem que usa ou entende é a expressão emocional — único meio de exprimir seu estado interior. Se as emoções são devidamente refletidas pelos adultos responsáveis, a criança forma uma razoável *identidade emocional*. É esta que mais tarde nos habilita a identificar diferentes estados emocionais em nós mesmos e nos outros.

As emoções se vinculam inerentemente ao movimento. Com a restrição do movimento, reprimimos os sentimentos; inversamente, o movimento consegue liberar a repressão emocional que causa tensão crônica. Podemos ver como base da emoção o desejo de se afastar do doloroso e se aproximar do prazeroso. As emoções representam uma reação complexa e instintiva ao prazer e à dor. Elas têm origem no inconsciente e, por meio do movimento, podem chegar à consciência. Para bloquear uma emoção, restringimos o movimento. Dessa forma, a emoção pode ficar no inconsciente — sem dela termos consciência — e, ainda assim, criar o caos em nossa vida. Em geral, o que nos cria problemas são as ações ditadas por motivações *inconscientes*.

Para reprimir a emoção, é preciso energia; portanto, soltar as emoções (da forma adequada) libera tensões. A ausência de tensão cria um fluxo harmonioso dentro do corpo/mente, o que gera prazer em nível ainda mais profundo, permitindo estabelecer ligações mais fortes com o outro.

A supressão dos prazeres primários gera a necessidade de gratificação excessiva, transformando prazer em dor. A dor indica que estamos na direção errada. A supressão do prazer cria no corpo uma carência que exige de nossa consciência mais do que o corpo merece. A percepção só pode evoluir com segurança para níveis mais abrangentes se houver satisfação e decisão. Diz-se de Kama, o deus hindu equivalente a Eros: "Kama é adorado pelos iogues porque só ele, quando satisfeito, pode libertar a mente do desejo."[12]

O prazer e as emoções são as raízes do desejo. Pelo desejo, criamos movimento. Pelo movimento, criamos mudança. A mudança traz progresso à consciência. Eis a essência e a função do segundo chacra.

A SEXUALIDADE

A luxúria, semente primordial e germe dos espíritos,
surgiu primeiro... Os videntes, examinando os
próprios corações, descobriram o parentesco
entre o existente e o inexistente.

— Rg Veda 10.129.4

> *Conhecido como Kama ou "amor", o desejo, quando
> considerado um fim, é perigoso. Na verdade,
> Kama é apenas o princípio. Só quando a mente
> se satisfez do cultivo de Kama pode surgir o
> conhecimento sério do amor.*
>
> — Rasakadamvakalika [13]

A sexualidade constitui um ritual sagrado de união pela celebração da diferença. Movimento expansivo da força vital, ela é a dança que equilibra, restaura, renova, reproduz; é o terreno da produção de toda vida nova — e, nesse sentido, do futuro. Fator que mobiliza e cura a força vital dentro de nós, a sexualidade, qual um ritmo intenso, pulsa em toda a vida biológica.

A sexualidade é uma força vital. Entretanto, vivemos numa cultura em que esse elemento de nossa vida sofre repressão ou exploração. A televisão permite a nossos filhos assistir a incontáveis programas sobre assassinatos e crime, mas censura todas as cenas que envolvam nudez ou relações sexuais. O trabalho árduo e a promoção no emprego são realçados (e estressantes), ao passo que é chamado de preguiçoso, fraco ou complacente aquele que desfruta os simples prazeres da vida. Contudo, a necessidade de prazer se impõe, e em seu lugar os indivíduos buscam saídas negativas na forma de álcool ou drogas (para afrouxar as inibições culturais), dependência sexual, violência, estupro e pornografia grosseira, enquanto a propaganda milionária manipula a sexualidade reprimida em todos nós. Quando algo vital e natural é removido, o vazio resultante pode ser usado como ferramenta de controle. O que foi removido nos é vendido de volta em fragmentos e, por causa disso, tornamo-nos incompletos.

James Prescott realizou estudos comparando a repressão sexual e a incidência de violência em diversas culturas. Quanto mais rígidos os tabus sexuais, mais violenta a cultura. Inversamente, quanto maior a permissividade sexual da cultura, menor o índice de criminalidade.[14]

Para a saúde de nosso corpo e de nossa cultura, a sexualidade é uma essência importante a compreender e preservar.

A sexualidade também representa uma consideração importante quanto aos chacras e à Kundalini. Há muitos indícios de estreita relação entre a consciência superior e a sexualidade, mas numerosas e divergentes são as teorias sobre como isso acontece.

Na filosofia do ioga, quando sublimadas, cem gotas de *bindu* (os pontos focais sem dimensão que compreendem a matéria física, por vezes também correlacionados ao sêmen) se reduzem a uma gota de *ojas* (consciência divina). Daí, muitas disciplinas sérias do ioga e a maioria das concepções sobre os chacras indicam o celibato como forma de transformar *bindu* em *ojas*. Dada a difusão dessa crença em muitos caminhos místicos, vale a pena dedicar algum tempo ao exame de seus prós e contras.

Tal como ocorre na história de muitas religiões, o hinduísmo primitivo era principalmente um sistema mágico para a obtenção de mais conforto material, como safras maiores e animais melhores. Os rituais desse sistema cresceram até finalmente incluir grandes matanças sacrificatórias. É provável que esse fato tenha produzido um movimento de reação, o que geralmente acontece com os costumes culturais. Os jainistas, entre outros, fundaram um sistema heterodoxo segundo o qual não se devia matar nada — nem mesmo vegetais. Já que a vida não era possível sem isso, eles se tornaram "uma ordem celibatária de monges itinerantes, conhecida pelo extremado ascetismo". Alguns adeptos renunciavam inclusive a roupas e/ou alimentos.[15] O objetivo de tal renúncia era livrar-se do carma, de modo que se acelerasse a libertação. Outras seitas menores do hinduísmo adotaram o ascetismo como recurso para internalizar os sacrifícios antes realizados sob a forma de rituais do fogo, aumentando assim os próprios *tapas* ou fogos interiores. Esse calor interno era visto como sinal de "poder mágico-religioso", e como mais valioso que os prazeres abandonados.[16] O sacrifício do prazer se tornou o sucedâneo do sacrifício humano ou animal.

Na Índia, onde a vida doméstica e a vida espiritual geralmente pertencem a estágios cronológicos diferentes, o ato de união sexual, que podia resultar em filhos para criar, alterava o curso do caminho espiritual, enviando-o a um estágio doméstico. Ainda que o cidadão comum não o desaprovasse, o fato certamente dissuadia quem já tinha optado pela vida monástica. Logo, o sexo deveria ser evitado.

O celibato como caminho de Iluminação também se baseia na fisiologia masculina, em que a retenção do sêmen pode ter tido motivação fisiológica, por preservar a energia do corpo submetido a alimentação puramente vegetariana e em geral escassa. Para as mulheres, a realidade pode ser inteiramente diferente.

Na mitologia indiana, a sexualidade está em toda parte. Shiva costuma ser adorado e representado pelo falo, o Shiva Lingam, um símbolo muito visto no país inteiro. Krishna é conhecido por suas frequentes aventuras amorosas. Imagens eróticas estão esculpidas em templos por toda a região. Shiva e Shakti estão eternamente fazendo amor. Se a sexualidade era sagrada entre os deuses, por que não o seria para os mortais?

Pesquisas mostram que reações químicas envolvendo a sexualidade podem afetar a ascensão da Kundalini e o despertar das faculdades mediúnicas. A glândula pineal, com frequência associada ao sexto chacra (clarividência), é abundante num derivado da serotonina chamado melatonina. Esta facilmente se transforma na 10-metoxi-harmalina, um composto potencialmente alucinógeno que provoca visões.[17] A glândula pineal contém fotorreceptores. Quando analisarmos o sexto chacra, em capítulos posteriores, veremos que a luz e as experiências visionárias desempenham papel importante naquele nível de consciência.

Há indícios de que a melatonina e a pineal exerçam, em geral, efeito inibidor sobre as gônadas femininas e masculinas dos mamíferos. O inverso também ocorre: os hormônios sexuais como testosterona, estrogênio e progesterona também inibem a produção de melatonina.[18] Portanto, a estimulação desses hormônios pelo aumento da atividade sexual pode ter efeito adverso sobre a abertura do chacra do terceiro olho, assim como o excesso de atividade nos centros mais elevados pode afetar negativamente o impulso sexual.

Infelizmente, ainda é limitada a pesquisa da Kundalini e da mediunidade, não havendo provas suficientes para chegar a conclusões firmes. Quais são as causas dessa alteração química? O estado de "alucinação" possivelmente causado pelo catabolismo da melatonina será necessariamente benéfico? Haveria outras formas de precipitar esse estado? Será que a indevida ênfase num lado do espectro dos chacras faria diminuir a energia no extremo oposto? Mesmo sem haver comprovação conclusiva, as implicações ainda merecem atenção.

Em condições adequadas, o celibato pode ajudar a abrir a porta para estados alterados de percepção e fazer a energia subir pelo *sushumna*. No entanto, devemos enfatizar que, sem treinamento nas técnicas para canalização dessa energia, seja pela ioga, pelas artes marciais ou simplesmente pela meditação, o celibato pode trazer pouco benefício ao praticante, criando nervosismo e ansiedade. Se você não estiver familiarizado com essas técnicas, procure um instrutor com quem possa estudá-las e que já tenha passado por algumas dessas experiências.

O celibato pode ajudar o indivíduo a abandonar padrões e hábitos antigos e prejudiciais. A força sexual impedida de se expressar como sexualidade encontrará outra válvula de escape. Os iogues acreditam que contornar esse centro fará a energia sexual subir pela coluna vertebral, até os centros mais elevados. Isso geralmente se confirma para os que praticam Hatha ou Kundalini Ioga e têm os canais abertos e preparados para trabalhar essa energia. No entanto, entre os numerosos clientes e estudantes que conheci ao longo dos anos, não encontrei nenhum celibatário que me parecesse mais evoluído, mais feliz ou mais ajustado do que aquele que inclui em sua vida a sexualidade sadia.[19] A repressão sexual geralmente diminui a própria força vital e nos priva do prazer incrível e da experiência de aprendizagem decorrentes de um relacionamento.

Caso se use o celibato para abrir canais previamente bloqueados, não será preciso permanecer celibatário para sempre. Abertos os canais, eles podem permanecer disponíveis, havendo ou não atividade sexual. Em geral, trata-se apenas de romper padrões antigos, assim como o jejum é uma forma de romper maus hábitos alimentares.

Nem sempre o celibato beneficia o crescimento do indivíduo, mesmo em circunstâncias favoráveis. Por exemplo, algumas pessoas têm o hábito de se isolar das demais. Para elas, uma relação sexual pode ser uma das situações mais propícias à Iluminação. Um relacionamento (que forçosamente envolve mais que apenas o segundo chacra) pode ser um grande impulso de crescimento. A união com outros expande nossa experiência. Em nosso corpo, somos muito individualizados, porém, à medida que subimos pela coluna dos chacras, as fronteiras se tornam cada vez mais difusas, tornando mais óbvia a constatação de que todos somos um só. Em geral, o caminho para a Iluminação se resume à superação da ilusão de individualidade. O celibato pode fortalecer o isolamento, e a sexualidade pode abrir caminho para a dissolução das fronteiras.

As desvantagens do celibato podem ser tão numerosas quanto as recompensas. O sacro é o centro de nossos sentimentos de emoção e o iniciador do movimento no corpo, dando-nos a sensação de vitalidade e bem-estar. A sexualidade frustrada pode causar dor na região lombar, cãibras nas pernas, problemas renais, má circulação e falta de flexibilidade nos quadris.[20] A rigidez na região sacral também pode causar problemas nos joelhos, já que joga o peso do corpo para fora da linha central da gravidade. Essa rigidez gradualmente se propaga pelo corpo, podendo redundar em sentimentos de desânimo. Em geral, temos dificuldade de mudar esse padrão, pois abrir o centro pode envolver a confrontação com o sofrimento emocional até então mantido sob controle.

Os chacras se abrem e fecham gradualmente porque resultam de padrões criados por interações reais. Assim como não se pode driblar uma bola de basquete que está parada no chão, indivíduos com o segundo chacra fechado geralmente têm dificuldade em encontrar parceiros sexuais que ajudem a abri-lo, ao passo que o chacra já aberto pode atrair mais parceiros do que seria viável. A única forma de combater o problema é abrir e fechar os chacras gradual e gentilmente.

Negar ao corpo intimidade e desafogo sexual equivale a negar-lhe alguns dos maiores prazeres que ele pode obter, o que vai contra o princípio do prazer biológico. A negação do prazer também nos impede de perceber os sentimentos e emoções mais sutis residentes nos chacras inferiores. Ficamos isolados de nosso chão, de nossa totalidade, do sentido de paz e satisfação íntima.

Em sua pesquisa sobre as correntes bioelétricas corporais, Wilhelm Reich descobriu que a sexualidade era crucial para o fluxo saudável dessa energia pelo corpo. Reich considerava que somente por meio do orgasmo seria possível alcançar um "circuito completo" do fluxo bioelétrico no corpo, essencial à saúde mental e física. "O refluxo completo da excitação na direção de todo o corpo constitui a gratificação."[21] Ele também descobriu que a energia sexual represada causava ansiedade, centrada principalmente nas regiões do coração e do diafragma.

> *A mesma excitação que se manifesta como prazer nos órgãos genitais se manifesta como ansiedade caso se estimule o sistema cardiovascular... sexualidade e ansiedade representam duas direções opostas da excitação vegetativa.*[22]

É provável que a ansiedade produzida na "região cardíaca e diafragmática" seja similar às primeiras sensações da Kundalini quando ela penetra o terceiro e o quarto chacras, localizados nessas áreas. Considerarmos esse sentimento uma manifestação de ansiedade ou a força da Kundalini passando pelos chacras é uma questão de opinião, que só pode tomar como base a experiência pessoal. A maturidade espiritual do indivíduo, ou sua aptidão para trabalhar com a energia psíquica tem muito a ver com os efeitos produzidos pela sexualidade *ou* pelo celibato, e os efeitos de expansão de consciência que cada uma dessas experiências pode trazer.

De acordo com a teoria apresentada neste livro, para haver um fluxo saudável de energia através de todo o corpo/mente, cada chacra precisa estar aberto e ativo. A sexualidade resolve e celebra nossas diferenças. Ao curar o corpo, unir os corações, mover a vida — ela é a roda da vida que movimenta a terra embaixo e tempera o fogo em cima. Sem ela, não estaríamos aqui.

TANTRA

A união sexual é um ioga auspicioso que, por envolver a fruição de todos os prazeres sensuais, traz emancipação. Ela é um caminho de libertação.

— Kaularahasya[23]

É preciso lembrar que o Sistema de Chacras surgiu da filosofia tântrica. Numa reação à natureza dualista dos *Yoga Sutras* de Patanjali e de outros ideais ascéticos, o tantrismo ensina que o corpo é sagrado e os sentidos podem trazer iluminação, êxtase e alegria. Por essa razão, os ocidentais geralmente consideram o tantra uma prática sexual, embora a filosofia tântrica seja muito mais abrangente, abarcando uma combinação de muitas filosofias iogues e hindus para as quais a união sexual não passa de uma parte menor.

Um dos elementos da filosofia tântrica é a adoração politeísta de divindades. Ela considera a união entre Shiva e Shakti, mencionada anteriormente, a bem-aventurança suprema. Quando tecemos juntos fios complementares como o masculino e o feminino, o espírito e a matéria, a luz e a escuridão, o eu e o outro, escapamos à separação inerente ao pensamento dualista e penetramos numa filosofia mais holística. O tantra procura acolher, ao invés de negar, porém ainda tem por objetivo a libertação da consciência na realização suprema.

A palavra *tantra* vem do radical sânscrito *tan*, que significa "esticar". Tantra literalmente significa "uma rede ou tear."[24] Esse termo sânscrito também veio a significar "essência", "princípio subjacente" ou "doutrina". O mesmo radical também aparece nas palavras do sânscrito que representam família e nascimento, como *tanaya*, "perpetuar a família", e *tanus*, "relativo ao corpo".[25]

Portanto, o tantra simboliza a urdidura do tecido básico subjacente à existência. Quando nos esticamos no esforço de tocar o outro, ambos nos encontramos e criamos esse tecido divino. Em sua constante interação como consciência pura e suas manifestações, Shiva e Shakti são os fios divinos. A tessitura se realiza quando deixamos essas divindades operarem por nosso intermédio.

Em geral, considera-se a percepção da dualidade uma fonte de sofrimento e alienação. O tantra é a dança sagrada de reunião da dualidade, de restauração do que está separado, restabelecendo a unidade. Disso, resulta a experiência de êxtase da união — conosco, com nossos parceiros e com o Universo em torno.

O intercâmbio de energia entre os parceiros envolvidos na atividade sexual vai muito além de uma troca entre órgãos genitais. Quando num casal os dois estão face a face, todos os seus chacras se alinham entre si. Graças à intensidade da excitação sexual, cada chacra vibra com maior intensidade, e a passagem de energia entre um corpo e o outro se intensifica e entrelaça em todos os níveis. Torna-se então uma questão de escolha mútua do casal focalizar a energia no nível do corpo, da mente ou do chacra cardíaco.

Na arte e na mitologia hinduísta, a simbologia sexual é abundante e o Shiva Lingam, com ou sem uma deusa (*yoni*), era fervorosamente adorado pelos antigos. Embora a mulher fosse muito valorizada como instrumento sagrado para se obter a libertação, o homem era o alvo dessa iluminação.

Não está claro se a mulher já era considerada iluminada ou se não era considerada de forma alguma. Mesmo hoje, são os homens que geralmente ingressam nos templos para levar uma vida espiritual, assim como é mais frequente que homens se tornem os mestres ou professores espirituais "iluminados" desses estudantes. Em geral, são esses gurus masculinos que prescrevem o celibato e a austeridade na busca do caminho espiritual, e que postulam que a libertação não pode ocorrer sem um professor renomado. Algumas vezes, porém, a mulher ou *tantrika* é considerada guru.

Contudo, nas palavras seguintes, a deusa era considerada indispensável, quando não suprema: "Shakti realiza todas as necessidades físicas de Shiva. O Shiva incorpóreo, por ser a natureza da consciência pura, precisa se apoiar na energia criativa de Shakti." Outra declaração: "Sem Shakti, o amante é apenas um cadáver."[26] Como Shiva e Shakti vivem dentro de nós, os parceiros que praticam o tantra podem optar por representar qualquer um dos dois.

O propósito do tantra é o mesmo de qualquer outro aspecto do ioga: libertar-nos da consciência limitada, usualmente pela ascensão da energia pela coluna vertebral. A experiência transcendental de união com outra alma se presta a nos levar a um estado alterado de consciência, no qual se torna mais acessível a entrada para os mundos mais elevados.

A maior parte das práticas tântricas busca utilizar a força criada pela estimulação da energia sexual para despertar a deusa Kundalini e fazê-la subir pela coluna. Acredita-se que sem prévia instrução e prática de disciplinas como a meditação ou a ioga, projetadas para despertar e estimular esses centros, o indivíduo não pode alcançar essa libertação. Tal como ocorre com o celibato, somente por meio do conhecimento de circuitos psíquicos essa experiência pode trazer transcendência. No entanto, há muitos casos de despertar espontâneo da sexualidade tântrica, sem a ajuda de gurus. Seja pela precipitação da Kundalini, seja só por um estado extático de união, a sexualidade tântrica é uma experiência religiosa acessível a qualquer um.

No tantra, o corpo masculino ou feminino é considerado um templo, um local de culto. Isso implica manter purificado e saudável o corpo, e igualmente lhe dar prazer sexual. Os adeptos do tantra praticam regularmente *asanas* (posturas) do ioga e exercícios de respiração, adotam alimentação adequada e estudam as vias psíquicas. O parceiro também deve ter o mesmo respeito pelo corpo; caso contrário, é improvável que haja uma verdadeira fusão das energias.

A prática correta das artes tântricas leva à criação da criança mística, um veículo de libertação pelo qual se podem obter poderes mágicos (*siddhis*). Essa criança não é um ser físico, embora a concepção nessas circunstâncias certamente carregasse o feto com o máximo de nossa energia divina pessoal. Por criança mística, referimo-nos a uma "aura corporal" psíquica experimentada como uma fonte adicional de energia de uma dimensão mais elevada. Esse corpo de energia psíquica pode então ser utilizado numa situação específica, por exemplo, na cura, na execução de alguma tarefa ou na própria proteção. As práticas ocidentais de magia sexual são muito semelhantes nesse aspecto, pois utilizam divindades como forças que se interpenetram e, quando combinadas, atribuem ao receptor um poder paranormal.

O CUIDADO

Para que sejam ternos, amorosos e carinhosos, os seres humanos precisam receber amor e carinho nos primeiros anos, desde o nascimento.

— Ashley Montagu[27]

Cuidar é a síntese final da sexualidade e uma necessidade fundamental do corpo, da mente e da alma. Cuidar significa atender às necessidades, nutrir de energia, amor e contato físico. É a essência das qualidades maternais, nossa primeira experiência de bem-aventurada transcendência, de calor e de segurança.

O simples ato de tocar tem extrema importância para o funcionamento saudável do organismo humano. A pele pode ser vista como a camada externa do sistema nervoso, a fronteira do corpo. O contato físico de outro indivíduo rompe gentilmente essa fronteira e todo o nosso sistema interno fica expandido e estimulado.

Estudos realizados com ratos em laboratório mostraram que mamíferos de pequeno porte preferem ser tocados a comer, quando privados das duas coisas. Em condições idênticas, ratos tratados com carinho aprendem e crescem mais rápido que aqueles tratados friamente.[28]

Nos seres humanos, o que recebe doses adequadas de contato físico e cuidados maternos tem maior estabilidade emocional do que o que passou privação. Sem contato, a importante interface mente/corpo pode ficar gravemente subdesenvolvida.[29]

O cuidado, por estimular o sistema límbico, ajuda a controlar a produção dos hormônios responsáveis pelo crescimento. Também ajuda na redução dos ritmos cardíaco e respiratório, controlados pelo sistema nervoso autônomo.

A simples estimulação constitui um fator relevante no aumento da inteligência e do desenvolvimento de bebês. A estimulação prazerosa acrescenta estabilidade e confiança a esse desenvolvimento.

O toque de outras criaturas vivas não afeta somente os bebês. A satisfação e a realização emocional — seja pelo carinho, pelo prazer ou pela satisfação sexual — geralmente acalmam todo o organismo.

Para aprender a trabalhar com terceiros, o primeiro passo é a ampliação mútua da energia interna. Assim pavimenta-se o caminho para mais crescimento, harmonia e paz. O ato simples de tocar, de estender a mão para confortar, é o aspecto de cura do segundo chacra. Dizemos ao outro: "Estamos aqui." Nós nos permitimos transcender o isolamento, sair do ego e ter o sentimento de conexão tão vital à nossa sobrevivência harmoniosa neste planeta. O segundo chacra desempenha um papel realmente muito importante. A supressão desse centro provoca desequilíbrios vitais que, em vez de aumentar, inibem o fluxo da consciência em expansão.

Qualquer pessoa é capaz de dar cuidados. Todo mundo precisa disso. Qual planta sedenta que é regada, respondemos ao fluxo, ao movimento, à dança da vida em seus prazeres e mistérios infinitos. Por esse ato, a vida se renova e se preserva.

CLARISSENCIÊNCIA

A clarissenciência é o sentido mediúnico do segundo chacra, o primeiro despertar de consciência "mais elevada" e o desenvolvimento de mais sensibilidade para com os outros.

A clarissenciência consiste na habilidade de sentir as emoções dos outros, também chamada *empatia*. Tal como o nível de sentimento discutido anteriormente, esse "sentir" nem sempre se converte em informação reconhecida pelas propriedades cognitivas do cérebro. Ele é vivenciado mais como um sentimento sutil, como se nós próprios o estivéssemos experimentando. Assim como podemos ignorar algumas de nossas próprias emoções, muitos clarissencientes não reconhecem as emoções absorvidas de terceiros, mas respondem a elas fisicamente ou por meio de ações. Outros ainda são capazes de reconhecer as emoções, porém sem compreender que elas vêm de uma fonte externa.

O grupo mais comum de clarissencientes são as mães fisicamente sintonizadas com seus filhos. A criança pode estar na escola, distante da mãe, mas esta perceberá uma dificuldade na qual o filho subitamente se encontre. Talvez a mãe não reconheça conscientemente a origem da perturbação, mas, mesmo assim, será afetada. Outros têm experiência clarissenciente quando ao chegar a uma festa imediatamente ficam conscientes das expectativas e sentimentos de todos os amigos presentes. Talvez sintam de repente a expectativa de que eles ajam de determinada maneira. Eles também podem passar por mudanças abruptas de humor, por captarem involuntariamente os sentimentos de um amigo ou de outro. Esses indivíduos geralmente têm aversão a multidões e evitam as festas.

A maioria das pessoas tem algum grau de clarissenciência. Esse fenômeno usualmente ocorre com mais intensidade aos indivíduos com tendência à clarividência ou telepatia, características de chacras superiores. Se os chacras superiores não estiverem suficientemente abertos para tornar essa mediunidade consciente, o clarissenciente em geral sofrerá influências desagradáveis. Sua atenção será constantemente desviada de sua coluna central e as dificuldades dos outros falarão mais alto que a própria voz. Daí resulta uma confusão sobre o eu, principalmente quanto às motivações para as próprias ações. "Não sei por que estou fazendo isso — realmente não quero fazê-lo." "Estou tão deprimida desde que falei com a Sally e não sei por quê." Esses sentimentos frequentemente podem ser causados por desejos e sentimentos alheios.

A clarissenciência é uma fonte valiosa de informação e ajuda no desenvolvimento da mediunidade. Se houver atenção consciente, ela ajuda mais do que prejudica. Muitas pessoas se sentem fisicamente bombardeadas pelas transmissões inconscientes de problemas a seu redor. Para essas, o aterramento tem a máxima importância, por levar a atenção para a linha central do corpo, ajudando a discriminar "que energia pertence a quem". Reconhecer o fenômeno é o próximo passo. Saber a diferença entre necessidades emocionais próprias e alheias ajuda a isolar conscientemente as emissões indesejáveis. Muitos clarissencientes sentem-se levados a atender às necessidades de terceiros, captadas mediunicamente. Com o reconhecimento do fenômeno, isso pode tornar-se uma escolha, em vez de um dever.

A percepção do outro deve ser equilibrada pela percepção do eu. Ambas nunca devem carecer de uma boa dose de bom senso. Só nós, em nosso foro íntimo, podemos julgar.

EXERCÍCIOS

Os exercícios para abrir o segundo chacra envolvem trabalhar os movimentos dos quadris e da parte inferior do abdômen. Alguns servem apenas para abrir, enquanto outros são para estimular e mover a energia para dentro dessa área e através dela.

Os exercícios para o corpo inteiro envolvem o toque e o carinho, como na massagem e na atividade sexual. Medidas simples de atenção a nós mesmos, tais como longos banhos quentes de chuveiro ou de banheira ou ainda a natação (todos envolvendo a água), não devem ser desprezados. Cuidar de si mesmo é o primeiro passo para receber e dar cuidados aos outros.

Meditação da água

Primeira etapa

A água tem o poder de limpar interna e externamente. Pegue um grande copo de água e sente-se tranquilamente para bebê-lo. Sinta a água escoando para dentro de você. Sinta o frescor, a umidade. Sinta-a chegar a seu estômago. Imagine a água passando por todo o seu corpo — veias, músculos, sistema digestivo. Molhe os dedos e passe-os no rosto, sentindo a qualidade fresca e restauradora da água.

Segunda etapa

O próximo passo é limpar-se. A limpeza ritual pela água deve ser completa e agradável. Podemos usar o chuveiro, a banheira, um lago, um riacho ou uma banheira de hidromassagem. Cuide para que a área ao redor esteja em ordem; não dá para se sentir limpo num ambiente desorganizado.

162 • Rodas da vida

Se você tiver escolhido a banheira ou o chuveiro, tenha à mão suas toalhas, sabonetes e cremes favoritos. Se tiver escolhido um riacho, procure uma área plana e macia na qual se deitar para secar. Numa banheira de hidromassagem, procure ter certo grau de privacidade depois do banho.

Enquanto se banha com a água, passe por cada parte de seu corpo, dizendo: "Agora minhas mãos ficarão limpas; agora meus pés ficarão limpos; agora meu rosto ficará limpo" etc. Torne-se um só com a água. Quando terminar, visualize a água levando toda a negatividade que não deseja em sua vida. Se estiver em um ambiente natural, poderá jogar na água alguma coisa (não poluente) para simbolizar a negatividade; se estiver em ambiente urbano, poderá despejar algum líquido simbólico no vaso sanitário ou no ralo.

Enquanto repousa no banho, cercado de água, pense no fluxo e refluxo dos ciclos em sua vida. Veja a si mesmo como um instrumento do movimento. Se pudesse recuar e observar a si mesmo de outra dimensão, que padrões você observaria em seus movimentos pela vida?

Pense no que gostaria de remover de sua vida neste momento — hábitos, tendências, feridas ou medos. Veja-os fluindo para fora de você, por seu cordão de aterramento, como um rio correndo para o mar. Imagine a chuva caindo e enchendo o rio de água fresca, restaurando-o.

Então pense no que gostaria de ter em sua vida — novos padrões, pessoas ou acontecimentos. Imagine uma cachoeira sobre sua cabeça despejando essas bênçãos sobre você. Sinta-se pegando essas coisas e deixando-as fluir por todo o seu corpo.

Iemanjá é a deusa africana do mar, a Grande Mãe. "Ela aparece na forma de uma mulher grande e bela, radiante e morena; carinhosa e devoradora; clara como o cristal e misteriosamente profunda."[30] Ela é quem cuida, consola e cura; a maternal, cujo ventre é tão grande quanto a vida. Enquanto está em seu banho, imagine-se sendo ninada e acariciada por essa grande mãe do mar. Sinta que está no útero da deusa, na hora de nascer. Pergunte-lhe que objetivos ela tem para você nesse nascimento. Peça-lhe ajuda para tornar seu nascimento suave e fácil. Aceite o carinho dela. Traga-o para dentro de você e imagine-se a compartilhá-lo com os outros. Agradeça a ela por seu nascimento.

Vista roupas limpas. Pegue outro copo de água e beba-o silenciosamente, pensando na natureza cíclica da água. Pense em como você se encaixa nesses ciclos. Se possível, visite depois uma área com grande extensão de água.

Postura da deusa

Deite-se de costas e relaxe principalmente as pernas, a virilha e a região lombar. Dobre os joelhos, trazendo os pés para junto das nádegas.

Afaste os joelhos lentamente, deixando o peso das pernas alon-

Figura 3.5
A postura da deusa.

gar a parte interna da coxa. (Ver Figura 3.5.) Tente relaxar. Abra as pernas até onde for confortável. Mantenha a posição por dois minutos ou mais.

Junte novamente os joelhos. Isso deve ser feito muito lenta e suavemente, respirando fundo o tempo todo e lembrando-se de relaxar. Essa postura nos põe em contato com nossa vulnerabilidade sexual, a qual, paradoxalmente, devemos entender para poder despertar por completo nesse nível.

Ainda nessa posição, você poderá abrir e fechar lentamente as pernas, inspirando ao abrir e expirando ao fechar. Isso pode produzir uma espécie de tremor nas pernas e virilhas.

Balanço pélvico I

Deitado de costas com as pernas dobradas, comece a balançar os quadris para cima e para baixo a cada respiração. Inspire, enchendo completamente o peito e o abdômen (Ver Figura 3.6); então exale todo o ar. Ao final de cada respiração, pressione levemente os pés,

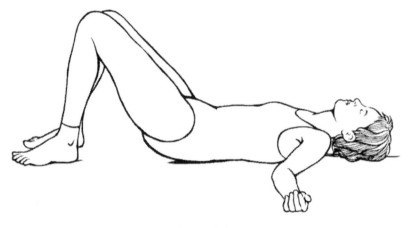

Figura 3.6
Balanço pélvico I.

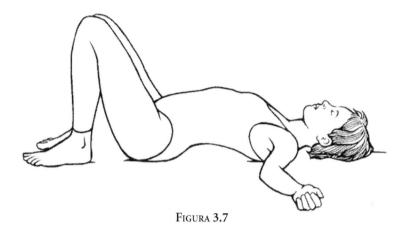

Figura 3.7

de modo que os quadris saiam do chão, empurrando a região lombar contra o solo. (Ver Figura 3.7.)

Balanço pélvico II

Deitado sobre uma superfície macia como um colchão, faça a sequência do balanço pélvico I, dessa vez movendo os quadris para cima e para baixo mais rapidamente e com tanta força quanto possível. (Ver Figuras 3.6 e 3.7.) Deixe-se emitir qualquer som que venha naturalmente. Isso ajuda a liberar a energia bloqueada.

Círculos com os quadris

De pé, dobre um pouco os joelhos e projete os quadris para frente, de modo que a bacia fique sobre a sua linha central de gravidade.

Mantendo os joelhos ligeiramente dobrados e flexíveis, gire os quadris em círculos menores e depois maiores. (Ver Figura 3.8.) A cabeça e os pés não devem sair do lugar; apenas os quadris devem fazer o movimento. Tente mover-se da forma mais suave possível.

Tesoura

Esse exercício ajuda a deslocar a energia pelos quadris, em geral para dentro do chacras superiores. É um movimento clássico para fazer subir a Kundalini, com resultados muito poderosos. É importante não estar tenso, a fim de evitar lesões musculares. Permaneça sintonizado com o corpo.

Deite-se de costas e relaxe. Levante as pernas a uma altura de 15 a 30 centímetros e separá-las.

Feche e a abra as pernas (Ver Figura 3.9). Depois de cinco desses movimentos, garanto que você vai precisar descansar.

Depois de descansar, levante as pernas (com os joelhos retos) até que fiquem perpendiculares ao solo. Abra as pernas. Feche-as e torne a abaixá-las. Repita o movimento até cansar. Inspire quando elevar as pernas, expire quando abaixá-las.

Passo dos quadris

Você já observou dançarinos de jazz? Esse passo é como o movimento de uma dança desse estilo.

Com os joelhos dobrados e os quadris bem soltos, caminhe com o peso deslocado para baixo, balançando os quadris num movimento exagerado. Qual a sensação de movimento desse nível? Como você sente esse movimento em seu corpo? Deixe todo o seu corpo balançar livremente enquanto caminha.

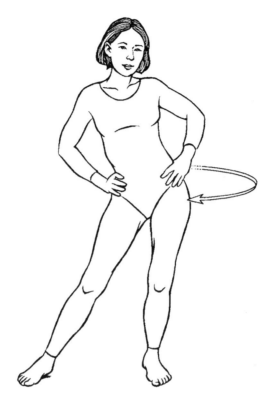

Figura 3.8
Círculos com os quadris.

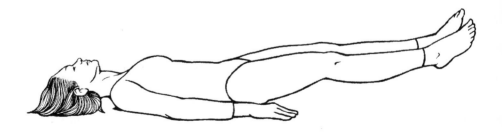

Figura 3.9
Tesoura.

Soltar a emoção

Muitos exercícios que usam respiração, massagem e posturas variadas facilitam expressar e liberar emoções. Eles são muito poderosos e só devem ser praticados com um terapeuta experiente. A terapia corporal reichiana, a bioenergética e o renascimento são três dessas disciplinas. Se tiverem interesse, busquem livros ou terapeutas que possam lhes dar maiores informações.

Contudo, é bom lembrar que as emoções surgidas durante esses exercícios devem ser processadas, isto é, removidas. Chorar, gritar, chutar ou simplesmente pedir a alguém para abraçá-lo são formas aceitáveis e motivadoras de trabalhar os possíveis bloqueios existentes neste (ou em qualquer outro) chacra. É bom encontrar amigos dispostos a trabalhar com você e lhe dar o apoio necessário.

NOTAS

1. A. Eddington, "The Nature of Physics", em citação de Richard M. Restak, M.D., em *The Brain, the Final Frontier* (Warner Books, 1979), p. 35.

2. Dion Fortune, *The Cosmic Doctrine*, p. 55. [*A doutrina cósmica*. Ed. Pensamento, 1994.]

3. Georg Wilhelm Freidrich Hegel, em citação de Jack Hofer em *Total Sensuality* (NY: Grosset & Dunlap, 1978), p. 87.

4. Monier-Williams, *Sanskrit-English Dictionary*.

5. Ibid., p. 1.279.

6. Ibid., p. 526.

7. Andre Gide conforme citação de Jack Hofer, op. cit., p. 111.

8. Bloomfield, *Transcendental Meditation: Discovering Inner Awareness and Overcoming Stress*, pp. 78-82. [*MT: meditação transcendental: a descoberta da energia interior e domínio da tensão*. Rio de Janeiro: Nova Fronteira, 1988.]

9. Theresa Crenshaw, M.D., *The Alchemy of Love and Lust: How Our Sex Hormones Influence our Relationships*, pp. 276-. [*A alquimia do amor e do tesão*. Rio de Janeiro: Record, 1998.]

10. Bloomfield, op. cit., pp. 43-45.

11. Alan Watts, em citação de John Welwood, *Challenge of the Heart*, p. 201.

12. Alain Danielou, *The Gods of India*, p. 313.

13. Douglas e Slinger, *Sexual Secrets*, p. 169.

14. James Prescott, "Body Pleasure and the Origins of Violence", *The Futurist*.

15. Margaret e James Stutley, *Harper's Dictionary of Hinduism*, p. 123.

16. Ibid., p. 300.

17. Philip Lansky, "Neurochemistry and the Awakening of Kundalini", *Kundalini, Evolution and Enlightenment*, John White (org.) (NY: Anchor Books, 1979), pp. 296-7.

18. Ibid., p. 296.

19. Aí não estão incluídos os gurus que entraram em um nível de consciência completamente diferente daquele do ocidental médio, embora muitos gurus tenham cruzado indevidamente as fronteiras sexuais, uma indicação de falhas em sua prática do celibato. Ver Kramer e Alstad, *The Guru Papers: Masks of Authoritarian Power*.

20. Vinte anos de experiência pessoal com terapia individual e em grupo, bem como no ensino.

21. Wilhelm Reich, *The Function of the Orgasm*, p. 84. [*A função do orgasmo*. São Paulo: Brasiliense, 1995.]

22. Ibid., p. 110.

23. Douglas e Slinger, *Sexual Secrets*, epígrafe.

24. Stutley, *Dictionary of Hinduism*, p. 298.

25. Monier-Williams, *Sanskrit English Dictionary*, p. 435.

26. Lizelle Raymond, *Shakti: A Spiritual Experience*.

27. Ashley Montagu, *Touching*, p. 208. [*Tocar: o significado humano da pele*. São Paulo: Summus, 1988.]

28. Ibid., p. 12f.

29. Ibid., p. 208.

30. Luisah Teish, *Jambalaya*, p. 118.

LEITURA COMPLEMENTAR

Anand, Margo. *The Art of sexual Ecstasy: The Path of sacred Sexuality for Western Lovers*. LA: J.P. Tarcher/Putnam, 1989. [*A arte do êxtase: os princípios da sexualidade sagrada*. Rio de Janeiro: Campus, 1992.]

Bass, Ellen e Laura Davis. *The Courage to Heal: A Guide for Women Survivors of Sexual Abuse*. NY: Harper & Row, 1988.

Douglas, Nik e Penny Slinger. *Sexual Secrets*. NY: Destiny Books, 1979.

Eisler, Riane. *Sacred Pleasure*. SF: Harper & Row, 1995. [*O prazer sagrado: sexo, mito e a política do corpo*. Rio de Janeiro: Rocco, 1996.]

Feuerstein, Georg. *Tantra: The Path of Ecstasy*. Boston, MA: Shambhala, 1998. [*Tantra: sexualidade e espiritualidade*. Rio de Janeiro: Nova Era, 2004.]

Goleman, Daniel. *Emotional Intelligence*. NY: Bantam, 1995. [*Inteligência emocional: a teoria revolucionária que redefine o que é ser inteligente*. Rio de Janeiro: Objetiva, 1997.]

Sanders, Timothy L. *Male Survivors: 12 Step Recovery Program for Survivors of Childhood Sexual Abuse*. Freedom, CA: The Crossing Press, 1991.

CHACRA TRÊS

Fogo

Poder

Autonomia

Vontade

Energia

Metabolismo

Tecnologia

Transformação

Autoestima

Capítulo 4

CHACRA TRÊS: FOGO

MEDITAÇÃO DE ABERTURA

Estamos parados, mas sentimos um calor cada vez mais intenso dentro de nós. Estamos sozinhos, mas sentimos outros a nosso redor ansiosos por se libertar, clamando por calor e luz. Aqui há uma forma, mas está vazia. Aqui há vida, mas está imóvel. Aqui a consciência está despertando!

De um lugar de imobilidade, invocamos o movimento. Lentamente nos estendemos, expandimos, respiramos, alongamos, fluímos. Invocamos a vida a assumir forma. Sua centelha, que provém do fogo do lugar intermediário — lugar entre nós e os outros, entre passado e futuro, entre conhecido e desconhecido.

Nós nos movemos e dançamos, com o prazer cantando a nos permear, enquanto a dança da vida vai abrindo a fogo seu caminho através de nossos medos e nossas dores. Sinta o calor do prazer dissolvendo a tensão, pulsando, crescendo — os ritmos inspirando e comovendo, curando e serenando, aquecendo e esfriando.

De um lugar de infinito movimento, convocamos o Eu. Convocamos o Eu a despertar para outra etapa da viagem. Convocamos o Eu a despertar para o sol, o fogo, o calor, a transformação. Convocamos o Eu por meio de nossa vontade, e ele se levanta ao nosso chamado.

Nós nos esticamos para alcançar o sol e convocamos o raio dourado. O raio da vida, o raio da criação, o raio da consciência, a centelha de fogo... Convocamos a chama para queimar dentro de nós e para temperar nossas paixões, a fim de fortalecê-las. Com força, lutamos contra a escuridão, avançando e pelejando, para ter consciência dela como parte de nós mesmos, parte de nossa força, parte de nosso medo. Rimos e abandonamos a luta, mesclando-nos, tornando-nos inteiros e mais fortes. Passamos entre os pilares de luz e de escuridão, honrando a ambos... E nos encontramos numa nova e gloriosa terra. Uma terra de atividade febril, pululante de vida, cintilante como as estrelas, com rios brilhantes de luz que refletem o sol.

Centelhas atraem nossos olhos, nós nos voltamos em direção ao brilho delas e elas se movem e dançam, conectando e incendiando tudo o que tocam. Elas tocam alguma coisa aqui dentro, acendendo a força, a vontade, a ação. As centelhas voam, acendendo outros filamentos, outros fogos... Elas explodem, queimam fulgurantes... e desaparecem.

Estamos exaltados, estamos mais leves, estamos rindo. Sentimos o corpo oscilar com o calor que aumenta, ardentes línguas de fogo se movem dentro de nós, expandindo-se, contraindo-se, mas se espalhando cada vez mais, e voltando sempre a sua fonte dentro de nós. Nosso corpo agora está queimando, irradiando calor, e luz, e força, e vontade. O poder pulsando através de nós, vindo de cima, de baixo, do entorno, e a nos percorrer, transformando tudo que está dentro e fora, nossa barriga explodindo de alegria.

Sinta essa energia no fundo de seu corpo, queimando com o fogo de sua própria vida. Sinta a energia mergulhar nas profundezas da terra, descer através da terra, até o escaldante centro em fusão. Sinta quando ela retorna da terra, elevando-se do calor lá de baixo, e atravessa suas pernas, bacia, barriga, subindo por dentro de seu corpo, atravessando cada parte de seu corpo — braços, mãos, tórax, pescoço e cabeça.

Sinta a energia escorrer para fora de você, ligando-se a outras centelhas, filamentos de energia, outros fogos de vida. Perceba quando ela se conecta com os pensamentos dentro de você, seu constante faiscar de neurônios, que interliga numa rede os filamentos de energia, linhas de pensamento, padrões, fluindo e refluindo em chamas pulsantes, queimando com o fulgor da atividade.

Agora você é uma interseção vital de energia, que se mescla, se combina, explode, se irradia. Espalhe sua percepção por fora e por dentro, tecendo uma rede de poder, como um incêndio, que vai aumentando de altura e brilho. O poder flui através de você sem esforço, fácil e calmamente. Você se torna alguém com os poderes a seu redor e em seu íntimo.

Pense nas ocasiões em que conheceu esse poder. Momentos em que sentiu essa conexão, vitalidade, importância e força. Pense nas vezes em que o poder fluiu através de você, como o calor do sol. Pense nessas vezes e sinta-as neste momento. Sinta seu corpo irradiar o propósito delas, dançar com a majestade delas, cantar com a força delas.

Neste mundo incandescente de atividade, você é um canal para captar o poder a seu redor. Você se abre a ele, você queima com ele, você o bebe e o transmite... Facilmente, sem esforço, voluntariamente, alegremente.

Seu poder atinge o ponto máximo e retorna, alimentando o fogo interior — um núcleo derretido, nutrindo seu corpo, dando-lhe uma silenciosa carga de energia, pronto para se expandir de novo quando seu próximo objetivo chamar.

O fogo queimou alto, e as brasas agora cintilam com calor. Revigorado, seu corpo relaxa. Um sorriso brinca em seus lábios, as mãos estão em paz com a força que transportaram, e você volta uma vez mais à respiração suave... inspire... expire... inspire... expire...

Satisfeito, você descansa.

SÍMBOLOS E CORRESPONDÊNCIAS

Nome em sânscrito:	Manipura
Significado:	Gema resplandecente
Localização:	Do umbigo ao plexo solar
Elemento:	Fogo
Forma externa:	Plasma
Função:	Vontade, poder, decisão,
Estado interno:	Risos, alegria, raiva
Glândulas:	Pâncreas, suprarrenais
Outras partes do corpo:	Sistema digestivo, músculos
Disfunção:	Úlceras, diabetes, hipoglicemia, distúrbios digestivos
Cor:	Amarelo
Som-semente:	Ram
Som vocálico:	A
Pétalas:	Dez
Naipe do tarô:	Paus
Sephira:	Hod, Netzah
Corpo celeste:	Marte; e também o Sol
Metal:	Ferro
Alimentos:	Amiláceos
Verbo correspondente:	Eu posso
Incenso:	Sangue de dragão, sândalo, açafrão, almíscar, canela, gengibre
Minerais:	Âmbar, topázio, citrino amarelo, quartzo rutilado
Animais:	Carneiro
Sentido:	Visão
Guna:	*Rajas*

Símbolos do lótus:	Dez pétalas azuis, um triângulo invertido, com as cruzes solares dos hindus (suásticas). Na base, um carneiro correndo.
Divindades indianas:	Agni, Surya, Rudra, Lakini
Outros panteões:	Brigit, Atena, Hélio, Apolo, Amaterasu, Belenos, Apis, Ra
Arcanjo:	Miguel
Principal força motriz:	Combustão

E A RODA SE INCENDEIA...

Que é essa vida que percorre nosso corpo como fogo?
O que é a vida? É como o ferro fundido. Pronto a ser
derramado. Escolha o molde, que a vida irá queimá-lo.

— Mahabharata[1]

Da terra à água, e desta ao fogo! Nossa dança cresce, agora apaixonada, quando resgatamos nosso corpo e nos estendemos por meio das emoções e do desejo para encontrar a vontade, o propósito e a ação. Nossa força aumenta, sentimos o poder se elevar de nossas entranhas, descer de nossas visões, libertar-se alegremente de nossos corações. Agora entramos no terceiro chacra, elevando-nos acima dos níveis combinados dos dois primeiros chacras e abrangendo a corrente cada vez maior de consciência que desce dos chacras superiores.

Aqui o elemento *fogo* acende a luz da consciência, e nós emergimos dos inconscientes níveis somáticos para a instigante combinação de psique e soma que cria a ação volitiva. Quando ativamos nosso poder, dirigimos nossas atividades a um propósito mais elevado. Vamos examinar como os dois primeiros chacras se combinaram para nos trazer a esse novo nível. O primeiro chacra nos trouxe solidez, estabilidade, focalização e forma; aqui experimentamos a unidade. Desse território, avançamos para o chacra dois e experimentamos a diferença, a mudança e o movimento; aqui abraçamos a polaridade e descobrimos as paixões da diferença, da escolha, da emoção e do desejo. Expandimo-nos, ultrapassando o mero instinto de sobrevivência, rumo ao desejo de prazer e da fusão com o outro.

Ao reunir a matéria e o movimento, descobrimos que eles criam um terceiro estado: a *energia*. Se esfregarmos dois gravetos, acabaremos obtendo uma fagulha capaz de produzir fogo. No mundo físico, é o que chamamos de combustão; no corpo, o fenômeno se relaciona ao metabolismo. Psicologicamente, ele se relaciona à centelha de entusiasmo que acende o poder e a vontade; em nosso comportamento, corresponde à esfera da atividade.

Trata-se de nosso terceiro chacra. Seu objetivo é a *transformação*. Assim como o fogo transforma a matéria em calor e luz, o terceiro chacra transforma os elementos passivos terra e água em energia dinâmica e poder. Terra e água são passivas: elas correm para baixo, estão sujeitas à gravidade e seguem o caminho de mínima resistência. Em contraste, o fogo se move para cima, destrói a forma e leva a energia bruta da matéria a uma nova dimensão — ao calor e à luz.

Para subirmos através de todos os chacras, o fogo de nossa vontade será o propulsor do movimento. É por meio da vontade que nos libertamos dos padrões fixos e criamos novos comportamentos. A vontade é o que nos desvia do caminho de mínima resistência, do hábito gerador de dependência, ou das expectativas dos demais. Por meio da vontade, empreendemos ações difíceis ou desafiadoras, e nos movemos em direção ao novo. Ao empreendê-las, começamos a nos transformar, mas o primeiro passo é a ruptura com os padrões antigos.

Assim, a tarefa inicial do terceiro chacra é *romper a inércia*. Na física, a palavra inércia se refere à tendência de um objeto a permanecer no estado em que se encontra — seja em movimento ou em repouso — , exceto se influenciado por alguma outra força. No terceiro chacra, a vontade combina as forças da imobilidade e do movimento, a terra e a água, e cada uma molda a outra. O impulso dado por um taco de golfe que acerta uma bola estacionária faz com que ela se mova. Uma luva de beisebol mantida firmemente imóvel detém uma bola de beisebol em pleno voo. A vontade combina a imobilidade e o movimento numa forma que dirige a ação e molda nosso mundo.

Começar é o mais difícil: depois de acesa, a fogueira arderá com facilidade, bastando revolvê-la e prover combustível. Iniciado um negócio, basta usar o combustível do lucro para mantê-lo produtivo. Depois que se vence a inércia e se atinge o ponto no qual a energia é produzida com facilidade, o terceiro chacra "pega impulso" e começa a produzir poder com menos aplicação de esforço e de vontade. Agir com facilidade e graça caracteriza o verdadeiro poder.

O objeto em movimento, quando interage com outros, gera calor. Este, por sua vez, estimula o movimento, que permite a ocorrência de novas combinações. Partículas se chocam e se combinam; estados da matéria se alteram; moléculas podem formar ligações com outras moléculas; sólidos se transformam em líquidos; líquidos se transformam em gases; farinha e ovos se transformam em bolo. O fogo é a influência transformadora capaz de destruir a forma e liberar energia.

O sol é um exemplo primário de fogo transformador e poderia até ser chamado terceiro chacra macrocósmico. O sol e outras estrelas do gênero começaram como uma nuvem difusa de gás hidrogênio (com vestígios de elementos mais pesados). Segundo a teoria atual, uma onda de choque proveniente de uma supernova próxima impactou a nuvem de hidrogênio, fazendo-a desmoronar sobre si mesma. Isso criou milhares de vórtices, cada um com um campo gravitacional de força suficiente para atrair para si o material necessário à criação de um sistema solar. Quando o vórtice de hidrogênio que se tornaria nosso sistema solar colapsou, o atrito interno gerou calor. A combinação de calor e gravidade acabou deflagrando o processo que faz brilhar nosso sol.

O sol gera calor e luz por meio da fusão nuclear. Há calor tão intenso que impulsiona, uns contra os outros, os núcleos de hidrogênio com força bastante para superar a mútua repulsão de suas cargas elétricas e causar sua fusão, formando núcleos de hélio de massa ligeiramente menor. A diferença de massas se converte em energia pura, que gera mais calor e movimento, perpetuando, assim, o processo todo. A fusão nuclear exige um campo gravitacional suficientemente forte para funcionar como um recipiente e criar densidade suficiente para o processo gerar a si mesmo. Por outro lado, vemos como a gravidade, a força do chacra um, dá origem ao movimento — chacra dois — que resulta em energia — a força do chacra três. A energia então mantém em operação o ciclo inteiro.

Todos os chacras são facetas interdependentes de um campo unificado básico da consciência. Eles não agem separadamente e só podem ser separados em termos intelectuais. Da mesma forma, não há como separar a energia do movimento, nem como separá-la da massa. Massa, movimento e energia são três qualidades inseparáveis de nosso mundo físico. Os três primeiros chacras representam uma trindade de princípios fundamentais que regulam nosso corpo físico e toda a matéria. Juntos, eles formam uma dança de causa e efeito, que nos fornece energia para a atividade. Sem suprimento de energia, não temos poder. Mas não basta só energia para constituir poder. Para isso, a energia precisa ser direcionada.

A corrente descendente da consciência é o que direciona a energia a um propósito. A inteligência forma a intenção que molda a vontade e dirige a atividade. Assim, a corrente descendente nos traz forma, e a ascendente nos traz energia. Só com a combinação de ambas temos o poder.

Entrar nesse chacra implica assumir o poder interior que resulta da integração da energia corporal e da inteligência consciente. Desse modo, convertemo-nos em eficazes agentes de transformação.

MANIPURA — A GEMA RESPLANDECENTE

O chacra Manipura é como o sol da manhã; meditando
sobre ele com o olhar fixado na ponta do nariz, o
indivíduo pode mover o mundo.

— Gorakshashatakam (século X)

No corpo, o terceiro chacra está localizado no plexo solar, acima das glândulas suprarrenais. É nele que sentimos palpitações quando estamos nervosos — momento em que o terceiro chacra não se sente confiante e poderoso. É uma sensação de avoamento que leva nossa energia para cima, e não para baixo, e assim nos deixa estimulados e despertos para a sensibilidade aumentada. Quando estamos aterrados, o estímulo pode ser fortalecedor e revitalizante. Sem aterramento, podemos receber uma rajada de energia sem direção.

Como implica o nome plexo solar, este é um chacra fogoso e solar, que nos traz luz, calor, energia e poder. Ele representa nosso "ir à luta", nossa ação, vontade, vitalidade. Estendendo-se de pouco abaixo do esterno até o umbigo, também é chamado de "chacra umbilical". (Ver Figura 4.1.) Uma de suas associações com o poder vem da crença de que todos os principais nadis (corrente psíquicas) se originam do umbigo. Por ser essa a fonte de toda nutrição e energia pré-natal, não surpreende que os circuitos psíquicos estejam originalmente estabelecidos ao longo dessas linhas.

Em correspondência com o fogo como combustão, o terceiro chacra governa o metabolismo e responde pela regulação e a distribuição da energia metabólica por todo o corpo. Isso se realiza mediante a combustão da matéria (alimentos) que se converte em energia (ação e calor). O sistema digestivo é, portanto, uma parte importante do processo, e um barômetro da saúde desse centro. Com ele, também estão relacionados problemas como diabetes, hipoglicemia ou úlcera estomacal.

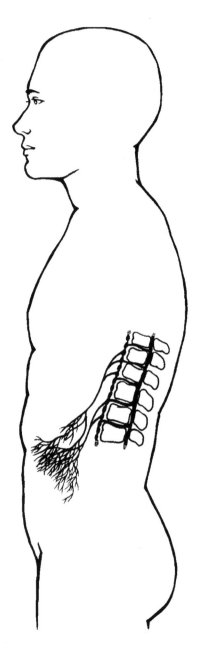

Figura 4.1
Chacra três, o chacra umbilical (plexo solar).

De crucial importância no metabolismo é o ar, elemento do chacra quatro. Sem o ar, o fogo não queima; as células não metabolizam.[2] Quando há restrição à respiração, o metabolismo fica impedido. Quando não há espaço para respirar, nosso poder fica limitado. Da mesma forma, quando usamos poder sem compaixão (chacra quatro), corremos o risco de perpetuar a violência e a opressão.

Há muitas formas de avaliar a saúde do terceiro chacra. Fisicamente, podemos examinar a estrutura corporal na área do plexo solar. Um estômago retesado e duro, uma enorme barriga ou um diafragma afundado são indicativos de desequilíbrios desse centro. Para explorar esse chacra, você pode sentir e olhar o próprio corpo. Como se modela seu corpo físico em torno dele? Nesse nível, ele se expande ou se contrai, fugindo aos limites de sua forma básica? A barriga volumosa pode indicar a necessidade excessiva de estar no poder, de dominar e controlar, ou simplesmente o desejo egoísta de ocupar espaço. Um chacra fraco, afundado, indica medo de assumir o poder, a retirada para dentro do eu, o medo de se destacar. O excesso de peso pode ser em geral uma disfunção do terceiro chacra, pois indica que o corpo não está metabolizando adequadamente como energia[3] sua matéria sólida (alimento).

Você também pode se analisar em termos do elemento fogo. Você se resfria com frequência? Prefere bebidas frias ou quentes? Gosta de comidas apimentadas, condimentadas? Você transpira facilmente, tem febre ou calafrios? Seu temperamento é ágil e energético, ou lento e letárgico? Esses fatores dão uma indicação do excesso ou da escassez de fogo em nosso corpo.

Em sânscrito, o terceiro chacra é chamado *manipura*, que significa "joia lustrosa", porque brilha com o fulgor do sol — um centro radioso e fulgurante. Seu símbolo é o lótus de dez pétalas, no interior do qual há um triângulo de vértice virado para baixo, cercado por três suásticas em forma de T (símbolos de fogo do hinduísmo, não devem ser confundidos com as suásticas nazistas).[4] (Ver Figura 4.2.) O poder de manipular o entorno se relaciona em parte com a habilidade de nossas mãos, com os dez dedos, que se estendem para o mundo circundante. O dez é também o começo de um novo ciclo, como nossa entrada em *rajas* é o começo de um novo tipo de percepção.

Dentro do lótus, há um carneiro, animal poderoso e cheio de energia, normalmente associado a Agni, o deus do fogo entre os hindus. No chacra propriamente, as divindades representadas são o deus Vishnu e sua parceira, a Shakti Lakini, com três rostos e quatro braços, que dispersa o medo e oferece presentes. A letra dentro do lótus é o som-semente *ram*. Consta que meditar sobre esse lótus confere o poder de criar e destruir o mundo.[5]

O fogo é a centelha de vida que acende a vontade para que esta entre em ação. O fogo é a centelha entre Shiva e Shakti, o poder que reside entre as polaridades. Em nosso corpo, o fogo nos mantém aquecidos, ativos e energizados, a fim de nos permitir também operar transformação. Os seres humanos precisam de calor, e dão calor. O poder do terceiro chacra é o poder da vida, da vitalidade e da conexão — não a frieza do controle e da dominação. A energia e o fogo em nosso corpo refletem a capacidade que temos de nos combinar aos elementos em torno, pois o fogo é um processo de combinação e combustão.

Tal como o fogo é radiante, o terceiro chacra é yang e ativo. Quando sentimos medo ou impotência, nós nos retraímos, tornando-nos passivos e yin. Reprimimos os movimentos e usamos uma parte de nós mesmos para controlar o outro. Quando bloqueamos nosso poder e expressão, ficamos retraídos e parecemos frios e controlados.

Esse controle exige energia para ser mantido, mas não a produz. Por fim, terminamos exauridos. Nosso entusiasmo natural pelas atividades diminui. Ao contrário, somos obrigados a "fabricar" energia para nossos projetos, recorrendo a estimulantes, tais como café ou açúcar, que nos dão energia em caráter temporário, mas acabam nos esgotando a vitalidade.

Quem se retira da vida se transforma num sistema fechado. Sua expressão se retrai, quase sempre com raiva e autocrítica, o que

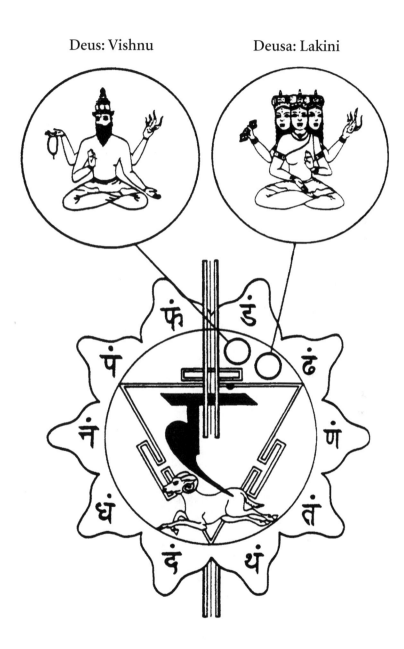

FIGURA 4.2
Chacra Manipura.
(Cortesia da Timeless Books)

desgasta ainda mais o indivíduo. O fogo exige combustível para queimar, e num sistema fechado o combustível acaba sendo inteiramente consumido. Só num estado dinâmico de interação com o mundo é possível a manutenção do movimento e o contato que alimentam o fogo e o entusiasmo pela vida.

Romper o ciclo de medo e abstinência exige religação com o eu de forma amorosa e receptiva. Se não estivermos em contato com os dois primeiros chacras — com o corpo e a base, as paixões e os prazeres —, teremos pouco combustível para nosso fogo. O desejo traz entusiasmo à nossa vontade, tornando-a mais dinâmica.

Se não somos amorosos com nós mesmos, concedendo-nos espaço para respirar, explorar, cometer erros, então nos falta o ar para o fogo queimar. Se não estamos ligados ao espírito, não temos centelha para o fogo, e é inútil todo o combustível do mundo. Se não estamos centrados em nós, vemos o poder como algo externo, em vez de senti-lo em nosso interior.

A energia no corpo depende da habilidade de se conectar, se mesclar, se alimentar daquilo que nos cerca. Depende de estarmos à vontade com o poder, com nossa autoconfiança básica. Esse chacra também está relacionado com a autoestima, que traz força à nossa vontade. Quando esta é eficaz, a autoestima se fortalece. Então podemos dirigir melhor nossa vida no rumo daquilo que amamos, daquilo que nos acende, nos desafia, nos renova. Todos esses elementos pedem integração e desenvolvimento no terceiro chacra.

O PODER

O poder dos sistemas abertos não é uma propriedade a ser possuída, e sim um processo ao qual a pessoa se abre.

— Joanna Macy[6]

Afirmamos que o poder é energia direcionada. E o que dizer do poder pessoal? Como adquirir e manter esse poder no quadro de um sistema cultural e educacional que ensina a impotência como forma de estimular a cooperação social? O que acontece quando pensadores criativos são vistos como transgressores a serem alvo do ostracismo de parte da sociedade, enquanto se reforça o conformismo? Muitos pais educam os filhos para serem dóceis e bem-comportados, mas até mesmo a obediência exige cooperação da vontade própria.

A cooperação social é certamente necessária; no entanto, se ela ocorre por intermédio da dominação, dificilmente merece ser chamada "cooperação". Será então a cooperação sem desejo, nem vitalidade, nem a centelha do fogo característico do terceiro chacra. Ela se converte em submissão, que amortece e embota nosso sentido de poder e vontade, e prejudica a autoestima.

Para nos desenvolver e curar no nível do terceiro chacra, precisamos reexaminar o conceito de poder que envolve a dominação de uma parte por outra, comumente chamada de "poder sobre". Em vez disso, podemos fomentar o poder como integração, "poder interno", de conexão com as forças da vida. Ao pensar em poder, talvez o julguemos um verbo ativo, e não um substantivo, pois de fato ele só existe na ação, na "concessão de poder" a mudanças ou ideias. Podemos substituir "poder sobre alguém" pelo "poder para alguém".

Acredito que atualmente no mundo estamos atravessando coletivamente os estágios finais do terceiro chacra. (Ver Capítulo 12, "Uma perspectiva da evolução".) Nossos conceitos de poder e energia se tornaram muito complexos. Graças à tecnologia, aos meios de comunicação, ao governo instituído, às armas nucleares e às megacorporações, estamos aprendendo a controlar mais com menos. Alguns tomam decisões em nome de milhões. Um único avião pode destruir uma cidade inteira. Com pouco mais que um telefonema, a maior parte da vida no planeta poderia ser aniquilada. Questões de poder, de controle, de combustíveis e de força política se transformaram em tema-chave de nossos acontecimentos atuais. Da época das pontas de flecha à das ogivas nucleares, percorreu-se um longo caminho; entretanto, persiste a doença do poder usado para controle e dominação.

Para atravessar esse chacra e chegar ao coração, precisamos redefinir o conceito de poder, tornando-o aquele que amplia, capacita e fortalece. Em vez de ameaçar, nossas estruturas de poder devem assegurar a continuação da espécie, dos recursos naturais e da confiança e a capacidade de cooperação de uns com os outros. É preciso ver um poder que fortaleça os indivíduos e as culturas simultaneamente, em vez de amparar um à custa do outro. Como poderemos mudar isso?

Nossa visão de mundo dominante hoje enfatiza a separação. Nossas ciências examinaram a natureza em termos reducionistas — dissecando a matéria em unidades cada vez menores. A medicina ocidental trata o corpo como uma coleção de unidades doentes individuais, em vez de ver o conjunto mente/corpo como um todo. Vemos como separados todos os povos, países, terras, culturas e raças — módulos isolados a computar e carregar, a coordenar por meio de controle, e não da ordem natural.

O "poder sobre alguém" exige esforço e vigilância constantes. As pessoas são forçadas à submissão, constantemente intimidadas, e, a partir daí, devem ser cuidadosamente vigiadas. As posições nunca estão seguras, mas exigem defesas cada vez maiores. Desrespeitamos limites, esgotando recursos internos para roubar riquezas de algum outro lugar que nos parece separado de nós. Em nossa visão doente, julgamos isso um aumento de nosso poder — por aumentar nosso domínio, ampliando aquilo sobre o que temos poder.

Visto pelas lentes do Sistema de Chacras, o poder resulta de combinar e integrar, e não de lutar e dominar. Cada nível de chacra emerge, antes de tudo, da combinação dos níveis abaixo dele, que é então ativado pela corrente descendente da consciência, que traz compreensão a cada nível. Em vez de encontrar nosso poder por meio da separação, podemos obtê-lo da unidade e da integridade.

A verdadeira força de qualquer grupo ou organismo depende da solidariedade e da habilidade demonstradas em combinar e coordenar suas forças internas. A força do planeta também dependerá de nossa capacidade de combinar a diversidade e obter algo novo do conjunto. A evolução, como a progressão através dos chacras, representa um constante processo de reorganização para níveis mais eficientes — mas sempre mediante a incorporação do que veio antes. Concentrar-se em diferenças é polarizar, separar, alienar.

Quando estranhos governam nosso mundo, só enxergamos por meio das máquinas; quando nossa voz parece pequena demais para se fazer ouvir, a alienação se intensifica. Ela torna os indivíduos fáceis de controlar, fáceis de manipular para servir a algum sistema maior que prometa devolver pouco a pouco elementos do poder perdido. Em troca da participação no trabalho alienante, recebemos remuneração pela liberdade, conhecida como salário. Quanto mais completa nossa participação, maior a promessa de recompensa; mas, na verdade, nosso afastamento quase sempre se torna ainda maior.

Pela alienação, perdemos o conceito do poder *interior* — o poder de conexão, união, fusão. Sem isso, estagnamos, perdemos o entusiasmo, a vontade, os desejos. Acabamos transformados em autômatos num mundo automático. Sem nossa autonomia, perdemos o desejo de inovar, e ficamos presos nos padrões repetitivos dos chacras inferiores, incapazes de nos libertar, de encontrar liberdade. Para se aventurar no desconhecido, é preciso ter confiança. Sem um terceiro chacra fortificado, não conseguimos nos lançar a novos níveis, ficando, ao contrário, presos, agarrados à segurança e à mesmice.

Embora os adesivos de para-brisas nos aconselhem a "subverter o paradigma dominante", estamos vivendo, a meu ver, num paradigma de submissão. Sob tal paradigma, existe mais gente se submetendo que dominando. Somos ensinados desde a infância a submeter nossa vontade a outrem: primeiro aos pais, depois aos professores da escola, ao clero, aos chefes, aos militares e aos funcionários do governo. Obviamente, para a cooperação social, certa dose de submissão se faz necessária. No entanto, muita gente perde, nesse processo, a conexão com a vontade interna e mais tarde se vê impotente contra o álcool, as drogas ou hábitos destruidores.

Num paradigma de submissão, o poder é colocado fora de nós. Se procuramos o poder do lado de fora, buscamos em outros as diretrizes, e nos apanhamos à mercê deles, expostos à possível vitimização. Dada a ausência do poder interno, podemos ficar o tempo todo buscando estimulação, excitação e atividade, por temor a reduzir o ritmo, a sentir um vazio interior. Empreendemos atividades para que os outros nos reconheçam, para que nos vejam, para que nosso ego seja fortalecido. Podemos buscar o poder por causa do ego, e não pela capacidade de melhor servir ao conjunto maior. O poder sem objetivo é mero capricho, por vezes até perigoso.

O poder depende da energia, exatamente como a sobrevivência depende da matéria, e a sexualidade, do movimento. A palavra poder, do latim *podere*, "ser capaz de", tem o mesmo significado que shakti, da raiz *shak*, "ser capaz de". Shakti é nosso campo energético primordial, ao qual a centelha de Shiva inflamou e deu forma.

Assim como a eletricidade, para que se possa utilizar seu poder, deve ser dirigida através dos fios, também nossa energia vital deve ser dirigida pela consciência, antes de podermos usá-la com algum verdadeiro sentido de poder. As células metabolizam e produzem energia com pouca ou nenhuma orientação consciente de nossa parte. Para ter poder, no entanto, precisamos ser conscientes. É fundamental entender a relação entre as coisas. É preciso ter a capacidade de perceber e assimilar informação nova, de ajustar nossas ações para obter o máximo efeito. É necessário ser capaz de criar e imaginar ocorrências fora do tempo e espaço atuais. É preciso ter conhecimento, memória e capacidade de raciocínio.

O poder, então, depende igualmente dos chacras superiores, embora não em detrimento dos chacras inferiores. À medida que nos aproximamos de uma compreensão maior da consciência e do mundo espiritual, constatamos que de fato nossos conceitos de poder evoluem. Essa evolução vem de dentro de nós, do núcleo, das raízes, das entranhas de cada um de nós, e igualmente de nossas visões, criatividade e inteligência. Disso depende nosso futuro.

A VONTADE

Avalio o poder de uma vontade pela quantidade de resistência, dor, tortura que ela aguenta, e sabe como tomar isso em proveito próprio.

— Friedrich Nietzsche

Como se faz com que uma coisa aconteça? Você fica sentado em silêncio e formula desejos ardentes? Você espera as circunstâncias se encaixarem? Provavelmente não, se quer fazer alguma mudança eficaz. Para isso, precisa exercitar a vontade.

A vontade é a mudança conscientemente controlada. Como o segundo chacra abre dualidades, as escolhas se apresentam diante de nós. Fazer essas escolhas dá origem à vontade.

A vontade, meio pelo qual vencemos a inércia do chacra inferior, é a centelha inicial que acende as chamas de nosso poder. A vontade é a combinação de mente e ação, a direção consciente do desejo — o meio de que lançamos mão para criar nosso futuro. É impossível o poder pessoal sem a vontade, o que a transforma em chave fundamental para o desenvolvimento do terceiro chacra.

Todos nós passamos por ocorrências desagradáveis em várias conjunturas de nossa vida. No nível emocional do segundo chacra, podemos nos sentir vítimas das circunstâncias. Na condição de vítimas, sentimo-nos impotentes. Essa sensação de impotência é um passo importante, por nos colocar em contato com nossas necessidades. Ela se transforma em combustível para a vontade.

No entanto, para chegar ao terceiro chacra, é preciso abrir mão de ver a si mesmo como vítima, e perceber que a mudança duradoura só pode vir de nosso próprio esforço. E se lançarmos a culpa nos outros, nossa única esperança de melhora virá da esperança de que os outros mudem — algo que foge a nosso controle. Quando assumimos a responsabilidade, as mudanças se dão sob a jurisdição de nossa própria vontade. Então podemos realmente nos curar das circunstâncias que nos vitimizam.

Não há aqui intenção de negar que a vitimização existe e que muitas circunstâncias de nossa cultura são extremamente injustas. Tampouco se trata de proclamar a crença da Nova Era de que somos os únicos criadores de nossa própria realidade, criada independentemente de todos os outros.[8] Em vez disso, a vontade é a constatação de que podemos encarar cada desafio como uma oportunidade de despertar para nosso potencial máximo. E isso não nega o que veio antes, porém o incorpora, usando-o como trampolim para o futuro. Embora nem sempre se possa controlar o que nos acontece, podemos controlar o que fazer a esse respeito.

A tarefa da vontade é, antes de tudo, vencer a inércia. Como afirmado antes, a inércia ocorre no repouso ou no movimento. A simples letargia ou preguiça pode ser o exemplo da inércia e do repouso. Basta se levantar da cama e entrar em ação para os músculos se oxigenarem e o coração bombear, e se ter mais energia. Os praticantes de corrida, por exemplo, alegam ter muito mais energia nos dias em que se exercitam, apesar da energia despendida. Energia produz energia, mediante a criação de aceleração — e o que dá início ao processo é a vontade. Também podemos nos ver envolvidos na aceleração de algo que preferimos evitar. Aqui, podemos usar a imobilidade para causar mudança, ao nos recusar a participar desse movimento — e ao detê-lo sempre que nos alcançar.

Na Árvore da Vida da cabala, a vontade é a combinação consciente de força e forma de um terceiro nível, que se relaciona com Hod e

Chacra três: fogo • 193

Netzah. Este proporciona a beleza radiante, a energia, enquanto Hod é o estado mais intelectual, a inteligência e a forma. Elas refletem o papel das correntes ascendente e descendente no momento em se encontram no terceiro chacra. A vontade é mais eficaz quando é inteligente e estratégica. Isso nos impede de desperdiçar nossa energia tentando fazer coisas somente pela força. Somos mais eficazes quando trabalhamos com mais argúcia que com mais empenho.

Em Manipura, a força e a forma se combinam e se ajudam mutuamente a evoluir para níveis mais altos e eficientes. Depois de acesa a chama do terceiro chacra, é menos difícil conservar o fogo. Depois de raiada a luz da compreensão, o caminho de maior compreensão se ilumina. Quando a Kundalini sobe a esse chacra, torna-se aparente. Aqui ela acende o fogo para destruir a ignorância, as armadilhas do carma e as impurezas físicas. É nesse chacra que a Kundalini começa a queimar!

O primeiro passo para fomentar a própria vontade é constatar que você realmente possui uma vontade, e o tempo todo ela está funcionando bastante bem. Olhe em torno: tudo que vê em seu meio pessoal foi criado por você, por intermédio da vontade — a roupa que está usando, a casa em que mora, os amigos que tem. A sensação de impotência não se deve à falta de vontade, e sim à incapacidade de reconhecer e se conectar com nosso uso inconsciente daquela vontade.

É comum a incapacidade de reconhecer que temos vontade. Quantas vezes por dia você avalia as tarefas a fazer, dá um suspiro cansado e diz (ou se lamenta): "Tenho de fazer isso." Dizemos a nós mesmos que temos de trabalhar, de lavar a louça, de fazer essa ou aquela tarefa, ou que temos de passar mais tempo com nossos filhos. É debilitante considerar essas circunstâncias uma horrível série de obrigações, e não escolhas que fazemos ativamente. Eu não *tenho* de lavar a louça, mas *escolho* fazer isso porque gosto da cozinha limpa. Eu não *tenho* de ir trabalhar, mas *escolho* fazer isso porque gosto de receber o contracheque, ou gosto de honrar meus compromissos.

Essa sutil mudança de atitude nos ajuda a ser amigos de nossa vontade, e a nos realinhar com ela. Ao falar sobre vontade, com frequência se estabelece uma distinção entre vontade e legítima vontade. Se você faz o que lhe dizem, quando na verdade prefere o contrário, ainda está exercendo sua vontade, mas no fundo não é sua legítima vontade. Essencialmente, você entregou sua vontade ao outro. Para reavê-la, é preciso entender que a escolha foi sua, e examinar o que a motivou. Há intenção de agradar? Medo das consequências? Perda de contato consigo? Como poderemos resolver essas questões?

Só a resposta a essas perguntas poderá nos mostrar a que nossa vontade está servindo. Ela está a serviço de passar uma boa imagem? De ser querido? De manter a paz? De evitar responsabilidade? De permanecer invisível? Depois de saber a que ela está servindo, devemos então perguntar o que ela talvez esteja traindo. Passar uma boa imagem está traindo nossas necessidades honestas? Manter a paz está perpetuando circunstâncias negativas que talvez precisem ser confrontadas? Agradar aos demais está diminuindo sua autoestima? Tornar conscientes esses efeitos nos fortalece para escolher entre eles.

A legítima vontade requer profunda comunicação com o eu, confiança na própria vontade e a disposição para assumir riscos e aceitar responsabilidade por eles. Se para exercer nossa vontade legítima nos atrevermos a remar contra a maré, também nos exporemos às críticas, ao ridículo e até ao abandono. Perspectiva assustadora, principalmente se nosso ambiente familiar foi pesadamente investido no *paradigma de submissão*. A ousadia de usar a própria vontade faz nascer um forte sentido do eu, e por meio dessa força a vontade se desenvolve ainda mais. Como num músculo, não podemos fortalecer nossa vontade sem exercitá-la. E, como qualquer exercício, este é mais benéfico quando bem executado.

A legítima vontade pode ser considerada a expressão individual de outra mais alta e divina. Ela surge de nossa sintonia básica com algo maior. Ela não age por interesse na recompensa, mas pela correção da ação. Conforme as palavras de Aleister Crowley: "A legítima vontade, isenta de propósito, desembaraçada da cobiça do ego por resultados, é absolutamente perfeita."[9] Portanto, se estamos livres da cobiça do ego por resultados, as ações de nossa vontade nos levam a nosso destino. Nada garante que esse destino será indolor, mas você pode praticamente ter certeza de que ele se ligará no terceiro chacra, e acenderá o próprio núcleo de seu ser.

Detectar e usar a vontade superior é uma questão delicada. Conheço gente que se utiliza do conceito de vontade superior para evitar entrar em contato com a própria vontade, porque ainda considera o poder externo ao indivíduo. "O que o universo quer que eu faça nessa situação? Por que ele não me envia um sinal?" Toda decisão vem precedida por numerosas leituras das cartas do baralho, e a busca infinda de conselhos dos demais. O poder de decidir em seu lugar, eles talvez entreguem a outros, como um vidente, um mestre, um terapeuta ou um guru. Com frequência nos convém buscar orientação, mas por vezes evita-se, assim, a responsabilidade. Talvez uma pergunta melhor seja: "Qual é o meu serviço para o mundo, e qual a melhor forma de fazê-lo?" O poder interior é uma abertura para o fluxo de poder que nos cerca, e com o alinhamento desses poderes nossa vontade envolve graciosamente nosso objetivo.

Depois de conhecer nossa vontade, voltamos a um nível mais prático — ao modo de exercê-la efetivamente. Para começar, precisamos cuidar de nosso aterramento. Sem ele, não estamos ligados na tomada e não temos a força da corrente de liberação a nos percorrer. Ficamos mais sujeitos a servir de joguete, e em vez de reagir à nossa vontade, reagimos à vontade de terceiros. Esta assume a forma de uma "vontade intelectual" e sobrepuja os desejos íntimos do corpo. Podemos detectá-la facilmente pelo predomínio de expressões como "eu deveria" ou "eu tenho de" em nosso diálogo interno. Autodisciplina é importante, mas funciona melhor como "eu quero" do que como "eu deveria". Então, de corpo e alma, estamos de acordo com ela.

196 • Rodas da vida

À semelhança do poder, a vontade quase sempre vem associada com a disciplina, o controle e a manipulação, como na vontade de fazer dieta, de se dedicar aos estudos ou de completar um projeto. Embora a disciplina seja essencial para realizar a maioria das coisas, se não houver um acordo interno do binômio corpo/mente, ela será só mais um aspecto do controle sobre partes isoladas. Para ficar aqui sentada editando este livro, é preciso ter disciplina; no entanto, minha vontade e meu desejo estão conectados a meu objetivo. As partes que mais necessitam de edição são as escritas quando me obriguei a isso, as escritas no horário diário em que me programei para escrever, e não as motivadas pela inspiração. A elas, faltava poder. Sem um acordo entre a vontade e o desejo, perdemos a paixão e o impulso, e assim dissipamos o poder necessário a realizar nossa vontade.

Para haver envolvimento da vontade, também devemos estar em contato com nossos desejos. Como é possível exercer a vontade sem saber o que se deseja? Embora o indevido apego a nossos desejos possa nos manter presos aos chacras inferiores, sua supressão só bloqueia a força de vontade. Alguém que se sente carente, desamado, ou exaurido torna-se mais sujeito à manipulação. Quando ele está relaxado, feliz e satisfeito com a vida, a vontade floresce mais.

No entanto, nem sempre a vontade está em harmonia com cada desejo. Talvez você deseje uma fatia de bolo de chocolate, mas a vontade maior a recuse, porque você quer perder peso. Talvez você não deseje fazer determinada tarefa, mas, movido pela vontade, se disponha pacificamente a cumpri-la. Ainda estará servindo a seu desejo, porém escolhendo os desejos que são mais importantes no longo prazo.

Nesse ponto, a disciplina se torna mais importante. A palavra disciplina deriva de discípulo — da disposição a ser estudante de alguma coisa. Aqui nos deparamos com o estranho paradoxo de submeter nossa vontade a uma estrutura ou forma que lhe traga realização. Nesse ato de disciplina existe certa transcendência dos sentimentos, em termos de talvez não "sentirmos vontade" de fazer nossa meditação em determinado dia, ou não "sentirmos vontade" de ir trabalhar. No entanto, tais sentimentos se tornam irrelevantes quando nossa vontade está fixada no objetivo mais amplo. Dessa forma, o terceiro chacra é alimentado pela orientação do segundo chacra, ao qual, no entanto, ele transcende.

O conhecimento da vontade, com suas escolhas infinitas e constantes, provém de um senso de propósito mais profundo, nascido de nossa orientação para o mundo. Nasce de quem somos, do que amamos e do que detestamos, daquilo a que nossos talentos se aplicam. Cada um de nós tem um propósito, e nossa vontade suprema é cumpri-lo. Quase sempre, ele consegue discernir a diferença entre "vontade" e "caprichos" — por vezes difícil de estabelecer. O capricho é momentâneo; a vontade tem um propósito mais amplo. Examinamos os efeitos de longo prazo de nossas ações e o papel que desempenham em nosso senso de propósito maior. Pensamos em função de causa e efeito de longo alcance. Também nosso poder aumenta com nosso senso de propósito, pois nos fornece a direção que transforma a simples energia em poder efetivo.

Sem ter clareza desse propósito, fica difícil saber exatamente em que consiste nossa vontade em dada situação. A tarefa da consciência é fazer uma avaliação precisa de nossa identidade, pois dentro desse mistério reside o propósito que deve orientar nosso desejo. Depois de conhecermos nossa vontade, sua força aumenta graças ao uso. Muitas vezes, usar nosso poder é meramente uma questão de entender que concretamente temos poder, para começar. Essa compreensão se solidifica por meio do uso e da experimentação, e finalmente resulta em ganho de confiança.

Todos os chacras têm aspectos positivos e negativos, e o uso excessivo da vontade pessoal pode nos manter presos naquele nível, principalmente se essa vontade não estiver em harmonia com a vontade cósmica maior, da qual ela faz parte. A pessoa inteligente e sensível deve reconhecer em que momento sua vontade se torna prejudicialmente dominante e excessivamente controladora (se ela não entender isso, os outros com certeza tentarão avisá-la!). Empenhar esse chacra requer o desenvolvimento da vontade; contudo, ultrapassá-lo exige a habilidade de submeter nossa vontade quando adequado. Uma pessoa verdadeiramente poderosa não deve ter necessidade de dominar.

Quando a vontade pessoal e a divina coincidem, então é crucial que a vontade se cumpra. Quando a vontade pessoal não está em sintonia com a superior, é igualmente crítico detectar essa diferença. Mais uma vez, nas palavras de Crowley: "O homem cuja consciência esteja em desacordo com sua vontade legítima está desperdiçando sua força. Não pode ter a esperança de influenciar eficazmente o ambiente."[10] A essa altura, devem ser reexaminados os motivos de nossa vontade pessoal. Se incapazes de fazê-lo, podemos encontrar um número indevido de obstáculos em nosso caminho, tornando mais difícil cada passo. Apesar da dificuldade de muitos caminhos, os adequados a nós têm uma coerência de fluxo que tornam mais fácil suportar a adversidade. A tarefa de nossa inteligência é perceber o caminho correto. A tarefa da vontade é seguir aquele caminho.

AUTOESTIMA

Que o indivíduo conheça seu valor e mantenha
tudo sob controle.

— Ralph Waldo Emerson

Os atributos do terceiro chacra — poder, vontade, vitalidade e autodisciplina — se baseiam, em última análise, na autoestima. Quando esta é forte, somos confiantes, decididos, proativos, disciplinados e basicamente entusiasmados com a vida. Quando é fraca, ficamos cheios de dúvidas e autocrítica, que agem como barragens provisórias, freando o impulso psíquico necessário à realização de qualquer tarefa. Se existe um excesso de barragens, perdemos inteiramente o impulso, e terminamos no estado de inércia. Se formos represados na inércia, haverá o agravamento de dúvidas pessoais e recriminação, e o ciclo pode tornar-se paralisante.

Depois o demônio da vergonha entra no terceiro chacra, e talvez até o domine. A vergonha é a antítese da autoestima. Ela faz afundar a porção mediana do corpo, privando-a de energia. Ela interrompe a fluidez que vem da base, e intensifica a energia mental constritora que vem de cima para baixo. Em vez de se lançar para fora, a energia se volta contra o eu.

A autoestima provém de um senso realista do eu. Para começar, isso vem do corpo e da identidade física, e nos dá nossos contornos e limites. Em seguida, vem do segundo chacra e de nossa identidade emocional, que traz vivacidade à nossa experiência do eu, e nos mantém felizes e conectados. Em terceiro lugar, a autoestima vem de tentativas de erro e acerto, uma vez que nos empenhamos, assumimos riscos, colhemos sucessos e fracassos, e ao fazê-lo, adquirimos o senso realista de nossas próprias habilidades. Por intermédio da autodisciplina, afiamos nossas aptidões, e elas formam a base da autoestima.

Nosso conceito do eu também é dominado pelas interações com os demais. Se você recebe amor e aceitação dos outros (quarto chacra) e sente que tem algo a dar, maior probabilidade terá de amar e aceitar a si próprio. Por meio da comunicação, podemos receber respostas honestas sobre a impressão que os outros têm de nós, e conseguir comunicar o interior do eu. E, por intermédio dos dois chacras superiores, recebemos os elementos transpessoais que fixam o eu numa matriz mais ampla.

A autoestima forma um bom alicerce para a abertura do coração e a manutenção de relações bem-sucedidas. Se os chacras inferiores tiverem cumprido seu papel, então nosso parceiro não precisará nos dar segurança, interpretar nossos sentimentos ou inflar nosso ego. Então poderemos entrar mais completamente na prazerosa experiência do amor.

COMO SUPERAR A IMPOTÊNCIA

A limitação é a primeira lei da manifestação, portanto a primeira lei do poder.

— Dion Fortune[12]

A exemplo dos músculos do corpo, o poder deve ser conscientemente desenvolvido. Conforme a conhecida expressão "conhecimento é poder", em grande parte a impotência resulta da ignorância de como se conduzir com eficiência. Ela pode ser apenas falta de percepção ou de atenção. Aumentar nossa percepção faz crescer nosso poder. Portanto, fatores como a meditação podem ajudar. À medida que fizermos a energia se deslocar coluna acima, e essa energia perfurar a terceira camada, sentimentos de poder serão a consequência natural. Entretanto, a simples meditação não basta.

A seguir, veremos alguns conceitos simples relacionados ao desenvolvimento do terceiro chacra, além de alguns exercícios físicos para a abertura desse centro.

Como vencer a inércia

Faça alguma coisa diferente. Se você é preguiçoso, comece a se mexer. Se for hiperativo, fique quieto. Procure romper com padrões repetitivos e escolha um desafio. Superar dificuldades aumenta a força e a confiança. Dificilmente o poder se desenvolve quando nos agarramos à segurança. Abra mão da sensação de segurança e seu chacra do poder despertará mais depressa.

Evite a invalidação

A crítica partida de alguém que não entende a situação em que você se encontra pode ser, por vezes, mais prejudicial que benéfica, principalmente se você for uma pessoa sensível que se entrega por inteiro. Com frequência, quando se começa alguma coisa nova e incerta, a invalidação pode paralisar instantaneamente o poder — freando no ato a pessoa sensível. Lembre-se das palavras de Albert Einstein: "As novas ideias encontram maior oposição da parte de quem as interpreta mal."

Fiação e resistores

Cuide para que sua energia possa viajar em circuitos completos — e que a emitida por você encontre um jeito de retornar. Cuide para que ela não acabe desnecessariamente aprisionada, interrompida, dissipada ou fragmentada. Use o fluxo e o impulso do segundo chacra para acender a vontade.

Esforço e resistência

O esforço e a resistência são cansativos e exaurem nossa energia. Ambos assinalam que nosso poder não está fluindo harmoniosamente. Quando estiver empenhado em fazer esforço, pare de se esforçar. Pense no que está fazendo e imagine fazê-lo sem esforço — suavemente, com satisfação. Pergunte-se por que está tão apegado a essa coisa específica. Pergunte-se por que ela está exigindo tanto esforço — o que falta a ela para poder transcorrer com facilidade?

Se você vive em constante resistência com alguma força, pare de resistir. Pergunte-se por que essa força está se manifestando em sua vida nesse momento. Resistência quase sempre significa medo, o oposto de poder. De que você tem medo? Imagine: o que aconteceria se você parasse de resistir? Como sua vontade pode protegê-lo com menos esforço ou resistência?

A superação do apego

A energia direcionada para o que não está se manifestando é energia "dependente", aprisionada, ou sem serventia por alguma outra razão. Se determinada coisa não funcionar depois de um esforço razoável, abra mão dela. A energia que sentimos quando o apego já não nos controla pode ser revigorante. Quanto mais você aliviar, menos atrito haverá em sua energia. Quanto mais leve você se tornar, mais irá se aproximar do espírito e se afastar da matéria. Entretanto, cuidado para não ir longe demais, porque é no plano terreno que se manifesta o poder; se este não tiver certo grau de solidez, pode se tornar demasiadamente difuso.

Atenção

A atenção dá foco à energia. Preste atenção quando for necessário. Dê atenção a si mesmo. Dê atenção aos outros e aceite atenção da parte deles. Observe aonde ela vai. Para onde ela for, o restante da energia seguramente irá segui-la.

Aterramento

Para manifestar poder, é necessário ter capacidade de dirigir a atenção para o aqui e agora. O aterramento nos traz ao presente, ao poder dentro de nosso corpo, e consolida e concentra nossa energia. Mesmo nos elevando além desse chacra, nunca superaremos a necessidade de uma prática tão simples.

Raiva

Livrar-se de forma segura e eficaz da raiva bloqueada pode às vezes ajudar a desbloquear o terceiro chacra. Essa manobra se faz melhor em conjunto com o aterramento, e constitui excelente forma de usar a energia dentro de nós para realizar mudança — pelo menos no estado de ânimo, se não nas circunstâncias. Quase sempre, o poder bloqueado é a raiva bloqueada. Força pujante e depuradora, a raiva teve um alto custo para ser obtida e deve-se gastá-la com sabedoria. Não vale a pena magoar as pessoas queridas por sentimentos que precisamos trabalhar em nosso íntimo.

Aumentar a informação

Conhecimento é poder, e quanto mais aprendemos, mais conseguimos realizar e, teoricamente, cometemos menos erros. Em qualquer circunstância, aprender contribui para o aumento do poder do indivíduo.

Amor

O amor é a força unificadora que a todos mantém unidos, que nos inspira e nos dá força para continuar. O amor revigora, purifica, energiza, cura e canaliza para o terceiro chacra a energia dos chacras superiores. Ele nos dá validação, contato e propósito, fortalece a autoestima e inspira a vontade.

O riso

Levar as coisas demasiado a sério pode realmente nos fazer perder o contato com nosso poder. Se pudermos rir de uma situação, teremos poder sobre ela. Quando as circunstâncias parecerem piores que nunca, lembre-se de rir de si mesmo.

Cuide-se bem

Se você não cuidar, os outros não cuidarão. Você conhece seus desejos e necessidades melhor do que qualquer um. Se cuidar de si, reduzirá

Meditação do poder

Pense numa época em que você se sentia impotente ou vitimizado. Recue no tempo e sinta o medo, a mágoa, a raiva. Sinta-se naquele estágio de sua vida, como criança pequena, adolescente, adulto... Deixe seu corpo expressar a forma de seus sentimentos naquela época. Como você caminhava? Como movia o corpo? Qual era seu jeito de falar?

Reserve um momento para sair desse quadro e examine-o a distância, como se você fosse um observador. Veja se consegue ser compassivo, tolerante, acrítico, em relação a si mesmo. Se conseguir, então em seguida veja se é capaz de rir de si próprio, e achar graça no tom dramático, no sofrimento, na seriedade.

Em seguida, procure voltar àquela cena e revivê-la com um resultado diferente. Imagine-se fazendo algo que mude a situação: fique com raiva, revide, fuja, mantenha-se firme — qualquer coisa que você considere uma ação de poder. Se precisar convocar ajudantes, espíritos ou amigos, fique à vontade. Use o que for preciso para virar o jogo.

Quando tiver resolvido tudo, felicite-se. Desfrute a sensação de completude e satisfação, e procure transferi-las para sua vida neste exato momento.

Em seguida, pergunte a si mesmo se há alguém a quem você esteja culpando atualmente por suas circunstâncias de vida. Quanto poder você está investindo nessa(s) pessoa(s)? Como ato de resgate de seu próprio poder, escreva o nome da pessoa numa folha de papel que você queimará, dizendo: "Por meio desta, eu o liberto da responsabilidade por minha vida e por meus fracassos. Agora eu próprio assumo essa responsabilidade." Quando você resgatar a energia, estará conferindo poder a si próprio.

EXERCÍCIOS

Respiração de fogo

Esta é uma rápida respiração diafragmática, destinada a depurar as toxinas do corpo, aumentar o fogo interno e estimular a corrente ascendente.

Sente-se em posição ereta e confortável, com as costas retas e as pernas relaxadas.

Usando os músculos do abdômen, contraia subitamente o diafragma, forçando para que uma rápida exalação escape pelo nariz. Mantenha a boca fechada.

Quando relaxar o abdômen, o ar naturalmente entrará no nariz e no peito, causando uma inalação que você não precisa forçar.

Então, contraia de novo o diafragma, seguido de relaxamento, provocando outra exalação e inalação.

Quando esse processo tornar-se confortável, repita rapidamente, provocando diversas exalações rápidas e sequenciadas. Faça o exercício em séries de cinquenta movimentos, com uma respiração longa e funda no final de cada série. Três séries de cinquenta ou mais são um bom número para começar. Depois de algum tempo, você poderá estabelecer um ritmo conforme pareça confortável. Aumente o número e a velocidade à medida que os músculos forem se aclimatando.

Corrida

A corrida é um exercício físico intenso, de alta energia, que faz o coração bombear o sangue, os pulmões respirarem e o sangue circular mais depressa pelo corpo. De todos os energizantes físicos, correr constitui provavelmente o melhor tônico geral para vencer a inércia.

Exercícios abdominais

Por muito que este exercício pareça americano e pouco iogue, os exercícios abdominais comuns aumentam o tônus muscular do terceiro chacra, ajudando a tonificar os órgãos digestivos.

Comece deitado de costas, joelhos flexionados e pés plantados no chão. Cruze as mãos atrás da nuca.

Contraia os músculos do abdômen até tirar a cabeça no chão alguns centímetros, exalando o ar. Não é preciso sentar por completo. Os músculos já trabalham nos primeiros centímetros da contração.

Inspire no momento em que abaixar a cabeça, expire enquanto faz esforço. Repita tantas vezes quanto puder, aumentando o número de movimentos com o tempo.

Postura do lenhador

O som associado ao terceiro chacra é o "ah". Ele deve acompanhar os movimentos desse exercício. Excelente para se livrar da raiva.

Com os pés firmemente plantados no solo, calcanhares separados 60 centímetros, levante os braços acima da cabeça com as mãos unidas. Arqueie ligeiramente as costas. (Ver Figura 4.3.)

Emita um som de "ah" enquanto abaixa os braços, balançando e inclinando a porção superior do corpo, e colocando as mãos entre as pernas e mais além. (Ver Figura 4.3.) O movimento deve ser suave e rápido, e a voz, tão forte e sonora quanto possível.

Faça o movimento cinco a dez vezes numa sequência e sinta a energia irromper na parte de cima do corpo.

Postura do arco

Deite de bruços, braços ao lado do corpo, e relaxe. Respire fundo e flexione os joelhos, dobrando as pernas e segurando os tornozelos (se não conseguir segurá-los, use uma faixa de tecido para compensar).

Ao inspirar, levante a cabeça, abaixe o sacro e arqueie as costas levantando o peito e se balançando em cima da barriga. (Ver Figura 4.4.) Respire fundo.

Deixe para as mãos o trabalho de segurar o arco, enquanto você relaxa o restante do corpo tanto quanto possível nessa estranha posição.

Abdominal

Sentado no chão, com as palmas das mãos apoiadas no solo ao lado dos quadris, firme os pés no chão diretamente à sua frente.

Empurre a bacia para cima, descrevendo um ligeiro arco dos pés à cabeça, e faça força, especialmente pelo plexo solar. (Ver Figura 4.5.)

Relaxando aos poucos, volte à posição sentada.

Figura 4.3
Postura do lenhador.

Figura 4.4
Postura do arco.

Postura do barco

Difícil de manter sem prática, essa pequena joia fortalece os músculos da barriga e desenvolve equilíbrio e autocontrole.

Deite-se de costas, eleve pés e pernas (joelhos tão retos quanto possível) e também o tórax, formando um V com o corpo. (Ver Figura 4.6.) Mantenha a postura o máximo possível e depois relaxe.

Para uma versão mais fácil, levante uma perna de cada vez, ou apoie os pés na parede, para se concentrar mais na musculatura do abdômen — que talvez não seja bastante forte — que nos músculos das coxas.

Postura do sol

Os braços desempenham papel importante na ativação do poder, pois estabelecem o contato real com o mundo. Nós agimos por meio dos braços, e a função principal do terceiro chacra é agir. A vantagem desse exercício é envolver visualização, além de movimento físico. Ele movimenta a energia do coração e do plexo solar para os braços e as mãos.

De pé, braços acima da cabeça, pernas afastadas na largura dos ombros, respire fundo, estique os braços e os dedos o máximo possível. Vagarosamente, vá abaixando os braços na lateral; palmas das mãos viradas para baixo, os braços esticados ao máximo possível o tempo todo. (Ver Figura 4.7.)

Na metade do movimento, você deve começar a ter a sensação de estar fazendo pressão contra uma força invisível. Enquanto faz isso, imagine-se como o centro do sol, os braços descrevendo uma circunferência. Enquanto sente a força contra a qual está pressionando, imagine-a como algum bloqueio que você está

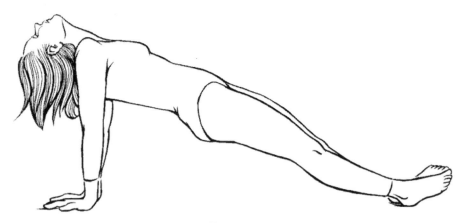

Figura 4.5
Abdominal.

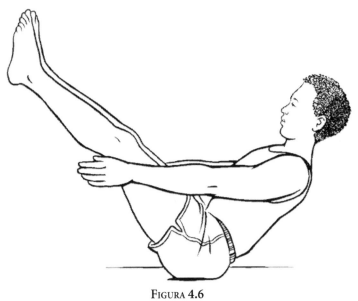

Figura 4.6
Postura do barco.

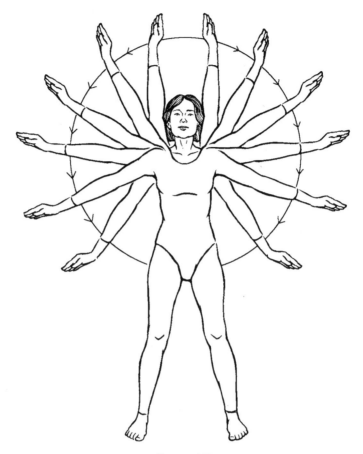

FIGURA 4.7
Postura do sol.

atravessando. Sinta as mãos afastando o bloqueio. Imagine os filamentos de energia escorrendo para fora através dos dedos e, ao completar o círculo, pare um momento para sentir e imaginar o fulgor do sol a seu redor.

Caminhada do poder

Fique de pé, costas retas e braços dobrados, com os punhos fechados sobre o peito.

Dê um passo e empurre com o braço, como quem afasta obstáculos. Então, faça o mesmo com o outro braço.

Repita.

Finja que está removendo bloqueios de sua vizinhança imediata enquanto faz o movimento, e por mais ridículo que lhe pareça, use expressões como "FORA" ou "VÁ EMBORA" para enfatizar a ação.

Círculo de risadas

Este é um jogo infantil, feito com um grupo de pelo menos três pessoas, porém fica melhor com quatro ou mais.

Todos deitados no chão, cada um com a cabeça pousada sobre a barriga do outro. Alguém começa emitindo três vezes um "ha" de expulsão, seguido pelo do lado, e este por outro, em sequência. Quando as barrigas se movimentarem sob as cabeças, os "ha" não tardarão em se transformar em "ha ha ha" e em risadas incontidas.

Basicamente, qualquer coisa que faça a energia se mover depressa faz bem ao terceiro chacra. O importante é vencer a inércia. Depois que esta é superada, o chacra se torna o domínio da vontade, em que a força conjunta do desejo e da compreensão canaliza a energia para a ação. É um passo revigorante no crescimento de nossa consciência.

NOTAS

1. William Buck, *Mahabharata*, p. 49.
2. O acontecimento decisivo no metabolismo celular é a liberação de átomos de hidrogênio que são transferidos para o oxigênio por meio de compostos, formando água. A energia é armazenada nas células sob a forma de ATP (trifosfato de adenosina), o que exige um suprimento constante de oxigênio para convertê-lo, de sua forma com menor teor de fosfato (ADP, difosfato de adenosina), para o ATP rico em energia. Enquanto nossa musculatura trabalha, usamos o terceiro fosfato, que deve então ser reciclado para se ligar novamente ao oxigênio e se transformar em ATP.

   É interessante assinalar que o hidrogênio, relacionado ao terceiro chacra (como no sol), e o oxigênio, relacionado ao quarto chacra (como na respiração), são metabolizados através de ação que libera água, um elemento do segundo chacra. Isso expressa no nível químico o processo de condensação da descida através dos chacras.
3. Isso também pode relacionar-se ao fato de o primeiro chacra necessitar de um peso extra para o aterramento. Os canais normais de aterramento podem estar bloqueados, ou pode haver deficiência do segundo chacra como forma de evitar sentimentos ou avanços de índole sexual.
4. Mesmo que não pareça haver correlação direta, é interessante observar que a suástica nazista representou um dos piores abusos de poder de que se tem notícia na história humana.
5. *Sat-Chacra-Nirupana*, verso 21. Avalon, *Serpent Power*, p. 369.
6. Joanna Rogers Macy, *Dispair and Personal Power in the Nuclear Age*, p. 31.

7. Friedrich Nietzsche, *The Will to Power*, livro 2, nota 362 (1888; tr. 1967). [*A vontade do poder*, vol. II.]
8. Podemos criar nossa própria realidade, mas ela é criada dentro de um campo de seis bilhões de outras pessoas criando igualmente suas realidades. Nossa realidade não é independente, e sim embutida numa estrutura mais ampla, que impõe certas limitações e desafios.
9. Aleister Crowley, *The Book of the Law* [*O livro da lei*], verso 44, pp. 23, 24.
10. Aleister Crowley, *Magick in Theory and Practice*, p. xv.
11. Ralph Waldo Emerson, Essays, "Self-Reliance" (First Series, 1841) [*Ensaios*, "*Autoconfiança*", Martin Claret, 2003.]
12. Dion Fortune, *The Cosmic Doctrine*, 112. [*A doutrina cósmica*, Ed. Pensamento.]

LEITURA COMPLEMENTAR

Assagioli, Roberto M.D. *The Act of Will*. Nova York: Penguin Books, 1974.

Crowley, Aleister. *Magick in Theory and Practice*. Nova York: Dover Publications, 1976.

Denning, Melita e Osborne Phillips. *Psychic Self-Defense and Well-Being*. St. Paul, MN: Llewellyn Publications, 1980.

Macy, Joanna Rogers. Despair and Personal Power in the Nuclear Age. Filadélfia: New Society Publishers, l983.

May, Rollo, Ph.D. *Love and Will*. Nova York: W.W. Norton, 1969.

Starhawk. *Truth or Dare: Encounters with Power, Authority, and Mistery*. San Francisco, CA: Harper & Row, 1987.

CHACRA QUATRO

Amor

Ar

Respiração

Equilíbrio

Relacionamento

Afinidade

Unidade

Cura

Capítulo 5

CHACRA QUATRO: AMOR

MEDITAÇÃO DE ABERTURA

DE AMOR NÓS FOMOS FEITOS.
Nas ondas da paixão nosso espírito cintilou
e descemos ao âmago de nossas
mães… mater… matéria…
A atração do amor nos chamou, ao âmago
da Terra,
quando bem fundo na mãe o pai penetrou.
Para dentro do útero engatinhamos —
o cálido e escuro útero de terra
e água. O ventre do amor —
seguro, escuro, abrigado, tranquilo.
Crescemos.

Na escuridão só havia um som —
o som da vida, o som do amor, o som do coração.
Pulsando… Pulsando… Pulsando… Pulsando…[1]

Ouça-o agora em seu coração, seus ritmos injetando vida e ar e respiração em cada parte de você, renovando-o;

Banhando-o de ar, de espaço, de sopro, de vida.
Sinta-o agora no núcleo do seu ser, receba-o em suas mãos.
Sinta-o anelar, chorar, amar, esperar, curar.
Sinta-o dentro de você, tão velho quanto você, pulsando desde seus
dias no útero, sinta há quanto tempo ele está aí,

Pulsando sempre. Jamais parando.
Pulsando sempre. Jamais parando.
Pulsando sempre. Jamais parando.
Pulsando sempre. Jamais parando.
Você ama esse coração?

Respire fundo, sorvendo o ar… na forma de suavidade, profundidade
e sabedoria.
Quando você respira, o espírito entra em seu coração
e o toca… o emociona… o transforma.
No fundo, você o aceita enquanto bebe avidamente.
Agradeça por esse vaso que acolhe.

Mais rápidos agora, em ondas de fogo, precipitamo-nos com alegria para
o céu, sobre a terra, sobre a água, além do fogo, para dentro do ar.
Avançamos e abrimos nossas asas e voamos, livres para cavalgar o
vento. Mas logo somos atirados de lá para cá e gritamos:
Onde está o coração? Onde está o coração? Onde está minha
morada?

Procuramos ouvir os batimentos e voamos para dentro do som.
Tentamos alcançar o chão, arrefecendo.
Paramos para ouvir melhor, calmo é o som.
Tentamos tocá-lo gentilmente, pois o coração é sensível. Suavemente
tocamos, pois o coração tem medo.
Abrimos as mãos ao amor que temos dentro, para unir, tocar, curar.
Ofereça agora esse amor. Peça entrada a seu coração.
Escute atentamente e ouça lá dentro um som silencioso.

Chacra quatro: amor • 219

Anahata, Anahata, Anahata, Anahata.
Ouça atento e respire no som, no fôlego, nas asas da cura.
Inspire… e expire… dentro… e fora… dentro… e fora…
Inale… e exale… inale… e exale… inale… e exale…
Inalando o novo, exalando o velho, cada respiração se renova.
Cada uma é um vento dentro e em torno de você, zéfiro suave, tempestade de vida, ventos de mudança.

Seu coração clama pelo quê? O que ele deseja? Em que encontra paz?
Deixe que as esperanças e os sonhos do coração voem com os ventos de mudança e depois voltem nas asas do amor, satisfeitos como você jamais sonhou.

Você não está só. Seus clamores se repetem, os mesmos em mil corações.
Se prestar atenção, poderá ouvi-los: pulsando, pulsando, pulsando, pulsando.

No íntimo de cada pessoa, encontre o coração.
Em toda parte ao redor, você encontra o coração.
Bem dentro de nós, encontramos o coração.
Cada vez que tocamos, tocamos o coração.

Dentro de cada ser está o amor, esperando o doce desdobramento.
Solte esse amor aos ventos da respiração, e busque além.
Toque os corações dentro dos que ama, e ouça-lhes
o alento que silvando inala… exala… inala… e exala…

Como você, eles riem e choram e brincam,
Ritmo incessante a cada dia.
Sinta o coração tão igual ao seu:
Esperando, curando, respirando, sentindo.
Que não haja o som de golpes,
Apenas o som do amor e do afeto.

Cada um na dança do amor,
Que une a Terra aos mundos acima,
E nos une uns aos outros,
Cada um é uma irmã, um irmão.
Em nossos corações as sementes da paz
Repousam, aguardando a doce libertação.
Nas asas da mudança elas voam
Enquanto no fundo do coração clamamos:
Anahata, Anahata, Anahata, Anahata.
O som do amor.

SÍMBOLOS E CORRESPONDÊNCIAS

Nome em sânscrito:	Anahata
Significado:	Não percutido
Localização:	Coração
Elemento:	Ar
Estado exterior:	Gasoso
Função:	Amor
Estado interior:	Compaixão, amor
Glândulas:	Timo
Outras partes do corpo:	Pulmões, coração, pericárdio, braços, mãos
Disfunções:	Asma, pressão alta, problemas cardíacos e pulmonares
Cor:	Verde
Som-semente:	Lam
Som vocálico:	Ei
Pétalas:	Doze
Naipe do tarô:	Espadas

Sephira:	Tiferet
Corpo celeste:	Vênus
Metal:	Cobre
Verbo correspondente:	Eu amo
Sentido:	Tato
Caminho da ioga:	Bhakti
Ervas de incenso:	Lavanda, jasmim, raiz de lírio-florentino, mil-folhas, manjerona, buquê-de-noiva
Minerais:	Esmeralda, turmalina, jade, quartzo-róseo
Guna:	*Tamas*
Animais:	Antílope, aves, pomba
Símbolos do lótus:	Doze pétalas dentro das quais há uma estrela de seis pontas. No centro está o Shiva Lingam inserido em um triângulo que aponta para baixo (*trikuna*), dentro do símbolo semente, *yam*. Estão representados Isvara, o deus da Unidade, e Shakti Kakini. Na base da estrela há um antílope, símbolo da liberdade
Divindades indianas:	Vishnu, Lakshmi (como Preservadores), Krishna, Isvara, Kama, Vayu, Aditi, Urvasi
Outros panteões:	Afrodite, Freija, Pan, Eros, Dian Cecht, Maat, Asclépio, Ísis, Éolo, Shu (Cristo, embora tecnicamente não seja uma divindade, também seria uma energia do chacra cardíaco.)
Arcanjo:	Rafael
Principal qualidade funcional:	Equilíbrio

O CORAÇÃO DO SISTEMA

Primeiro nasceu o amor, e os deuses não podem alcançá-lo, nem os espíritos, nem os homens... por mais que se estendam céu e terra, por mais que se estendam as águas, por mais alto que o fogo queime, você, amor, é maior! O vento não pode alcançá-lo, nem o fogo, nem o sol, nem a lua: você, amor, é maior que todos eles!

— Atharva Veda 9.2.19

Agora que já acendemos as chamas da vontade, assumimos o controle de nossa vida e queimamos nossos bloqueios mais persistentes, podemos deixar o fogo baixar um pouco. Enquanto ele se transforma em brasas mornas, voltamo-nos para nosso centro, aquecidos, purificados e prontos para receber o próximo nível de percepção.

Do plexo solar ativo e fogoso, somos mergulhados numa esfera nova e diferente. Deixando o âmbito do corpo e da manifestação, transportamo-nos para o toque mais gentil do espírito. Da focalização no eu e em seus desejos e ações, passamos a adotar um padrão mais amplo e, dançando, desempenhamos nosso modesto papel na rede mais vasta dos relacionamentos. Transcendemos o ego e crescemos em direção a algo maior, mais intenso e mais forte. Quando buscamos alcançar os céus, expandimo-nos.

Agora chegamos ao ponto central do Sistema de Chacras. Até em nosso idioma a palavra coração se refere ao centro, à essência, ao cerne da verdade, como na expressão "ir ao coração do problema". Ele é o nosso centro espiritual, o núcleo, o lugar que une forças de cima e de baixo, de dentro e de fora. A tarefa do quarto chacra é integrar e equilibrar os diversos aspectos do nosso ser. Ao fazê-lo, ele dá a todo o organismo um sentimento radiante de totalidade, uma aceitação da refinada interpenetração do espírito e da matéria. Dentro desse sentimento de totalidade, está a semente da paz interior.

O chacra cardíaco é o centro do amor. Quando espírito e matéria são combinados, Shiva e Shakti se unem dentro do coração. Em sua eterna dança de criação, o amor deles se irradia por toda a existência, dando-lhe a permanência graças à qual o universo prossegue. Na forma de Vishnu e Lakshmi, os Conservadores, eles presidem a fase média de nossa vida, trazendo firmeza e continuidade. O amor deles pode ser visto como a força "de ligação" que une todos os componentes de que a vida é feita.

O amor que experimentamos no nível do chacra cardíaco é claramente diferente do amor mais sexual e passional do segundo chacra. O amor sexual se volta para o objeto: a paixão é estimulada pela presença de uma pessoa específica. No quarto chacra, o amor não depende de estimulação externa e é experimentado dentro de nós como um estado do ser. Assim, ele se irradia para fora, trazendo amor e compaixão a tudo que entra em nosso campo. É mais uma presença divina de ligação empática que uma extensão de nossa necessidade ou desejo. Espera-se que pela força da vontade tenhamos atendido ou transcendido nossas necessidades. O amor pode emergir com a plena sensação de paz que vem da ausência de necessidade, com a feliz aceitação de nosso lugar entre todas as coisas e com a radiância que vem da harmonia interior. Diferente da mutabilidade do segundo chacra, com suas paixões transitórias, o amor do coração tem durabilidade eterna e constante.

ANAHATA — O PONTO CENTRAL ESTÁTICO

O símbolo do chacra cardíaco é um círculo de 12 pétalas de lótus envolvendo dois triângulos superpostos que formam uma estrela de seis pontas. (Ver Figura 5.1.) Os triângulos representam a descida do espírito ao corpo e a ascensão da matéria para encontrar o espírito. Esse símbolo (também conhecido como estrela de davi) representa o Casamento Sagrado: a interpenetração equilibrada do masculino e do feminino. Essa

Figura 5.1
Chacra Anahata.
(Cortesia da Timeless Books)

é a estrela da fulgurância que emana de um chacra cardíaco aberto. As seis pontas também podem ser vistas como relacionadas aos seis chacras restantes, pois todos são integrados nesse centro.

No corpo, o quarto chacra está relacionado ao plexo cardíaco. (Ver Figura 5.2.) Ele controla o coração, os pulmões e a glândula timo. Cada chacra pode ser considerado um disco de energia em rotação, assim como o conjunto corpo/mente pode ser considerado um chacra. Se traçarmos uma espiral que comece no chacra coronário e passe por cada um dos centros, veremos que o coração é o ponto final da espiral — o centro, o destino. (Ver Figura 5.3.) Ali encontramos o olho do furacão, no qual prevalece a calma em meio à fúria. O coração é de fato um centro de paz.

O nome sânscrito desse chacra é *anahata*, que significa "som produzido sem percutir dois objetos", e também "não percutido", "ileso", "fresco" e "limpo". Quando o chacra está livre do sofrimento causado por feridas antigas, seu despertar é inocente, fresco e radiante. A luta do terceiro chacra é substituída no quarto chacra pela aceitação. Se o terceiro chacra tiver cumprido seu papel, poderemos aceitar mais facilmente nossa situação.

O elemento do quarto chacra é o *ar*, o menos denso de todos os elementos físicos até aqui. Como elemento, o ar geralmente está associado ao conhecimento e a tudo o que é expansivo e vivaz. Tal como as aves que voam, o ar representa a liberdade. Representa a abertura e a renovação, como quando se areja um cômodo. Também representa a leveza, a simplicidade e a suavidade. Quando nos apaixonamos, temos a sensação de que caminhamos no ar. O ar subentende espaço amplo, só alcançado por meio do desapego. Quando nos apegamos demais ao que amamos, sufocamos a pessoa amada, o que equivale a privá-la de ar. Quando queremos que "nos deixem respirar", estamos falando de uma necessidade de espaço.

O ar, o estado gasoso da matéria, difere de todos os elementos discutidos até agora, porque tende a se dispersar uniformemente dentro

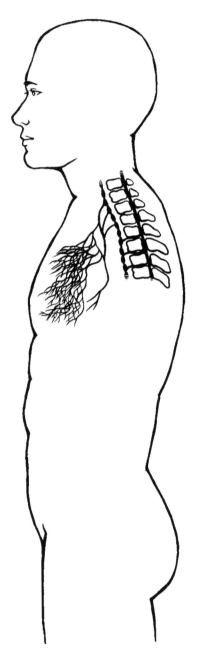

Figura 5.2
Chacra quatro, o chacra cardíaco.

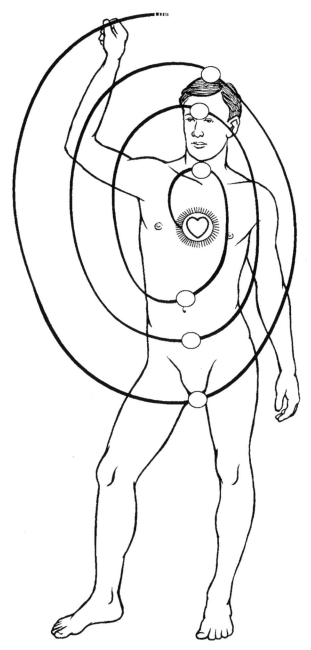

Figura 5.3
O coração como o ponto final da espiral.

de qualquer espaço que ocupe (exceto gases muito mais leves ou mais pesados que nossa atmosfera média). A água se deposita no fundo da vasilha; a terra permanece rígida e fixa; o fogo se move para cima, mas sempre adere ao combustível; o ar, porém, se dispersa. O incenso queimado num altar gradualmente invade todo o ambiente. Há um sentido de equilíbrio, calma e equanimidade. Da mesma forma, o chacra cardíaco reflete uma espécie de equanimidade amorosa no que diz respeito às relações complexas entre todas as coisas.

Finalmente, o ar representa a *respiração*, o processo vital pelo qual nossas células se mantêm vivas. Os indianos o chamam de *prana* (de *pra*, "o primeiro", e *na*, "unidade"). Na filosofia do ioga, o prana é considerado em si e por si uma energia vital, a unidade básica da qual se compõe toda a vida. Essa energia representa uma interface entre o mundo físico e o mental. Quando a mente deseja influenciar o corpo, pode fazê-lo controlando a respiração. Da mesma forma, pelo controle da respiração, pode-se acalmar a mente. O prana é considerado o elemento vital de ligação entre os dois — tal como o chacra cardíaco integra os chacras superiores e inferiores.

Para abrir o chacra cardíaco, precisa-se de uma combinação de técnica e compreensão. Primeiro, aprendemos a ver o mundo em termos de relações — o que faz as coisas se combinarem e permanecerem combinadas. Isso evidentemente inclui nossos relacionamentos pessoais com os outros e com o mundo em torno.

O coração precisa ter compreensão e prática do equilíbrio — entre a mente e o corpo, as esferas interiores e as exteriores, o eu e o outro, o dar e o receber. Para abrir o coração, é preciso transcender o ego, o que permite nos entregarmos a forças maiores que o ser. Finalmente, para despertar o chacra cardíaco, é necessário ter compreensão e controle da respiração — ferramenta de transformação física e mental.

Cada um desses aspectos do coração será discutido nas próximas páginas. Que eles possam libertar seu coração das cadeias e trazer-lhe paz, pois é dito nos *Upanishads*:

Quando são desfeitos todos os nós do coração, então,
aqui mesmo nesta vida humana, o mortal se torna
imortal. Eis aí o ensinamento completo das escrituras.[2]

AMOR

O amor é a atração exercida sobre cada unidade de
consciência, pelo centro do universo, em seu curso
de manifestação.

— Teilhard de Chardin[3]

Amor. De todas as palavras do idioma, esta provavelmente tem maior significado, ou, pelo menos, o mais fugidio. Por ser tão básico para nossa alma, o amor se torna a essência preciosa que nos governa a vida. Como podemos encontrá-lo? Como mantê-lo? Como compartilhá-lo? E, superando o poder das palavras, surge a seguinte pergunta: "O que é o amor?"

O amor, como o poder, é algo que todos nós queremos e de que precisamos. Poucos consideram suficiente a quantidade que têm. Muitos vivem com medo dele. Quase ninguém o compreende. No entanto, todos procuram por ele e, quando o encontram, usam-no como medida de sua vida. O que é essa força misteriosa? Por que ela tem tanto poder sobre nossa vida?

O amor, força unificadora, aproxima e mantém relacionado aquilo que aproximou. De dentro dessa unidade, podemos tocar uma continuidade subjacente que faz nossas partes isoladas manterem relacionamento com algo maior. Para sentirmos segurança, foi preciso saber que, dia após dia, nossos pais estariam presentes. Uma força de ligação permite que algo se mantenha por tempo suficiente para que seus padrões evoluam para estados mais profundos e de maior coesão. O amor permite mudança e liberdade, mas mantém coerência no centro.

Ao entrar no quarto chacra, transcendemos o ego para afrouxar os limites que definimos para nós e nos dissolver no êxtase do amor. Não há melhor maneira de atrair amor que oferecê-lo primeiro. Como o amor é algo que todos nós queremos e de que precisamos, gravitamos em direção àqueles com quem nos sentimos seguros e apreciados. Oferecer essa segurança e aceitação aos outros é um convite para que o campo do amor floresça. Oferecer energia amorosa, seja na forma de cumprimentos verbais, de concordância empática ou de cuidados físicos, atrai retribuição em energia semelhante. Em geral, quem procura dinheiro ou poder está apenas buscando amor sob a forma de admiração ou reconhecimento. Ir direto ao reconhecimento pode ser uma forma de contornar alguns dos comportamentos menos funcionais que adotamos para obter amor.

Para o crescimento pessoal, são fundamentais o amor e a aprovação, pois promovem a autoaceitação — um passo necessário ao amor a si próprio. Na infância, nossos pais nos condicionam e treinam com base na aprovação ou na falta dela. Esse retorno dá forma a nossas primeiras ideias sobre quem somos. "Veja o que a Sally fez, ela não é criativa?" Isso forma um sistema de feedback positivo. Se eu lhe disser que hoje está bonito, você ficará contente. É muito provável que você também procure me dizer alguma coisa amável. Então será minha vez de eu me alegrar. A coisa prosseguirá, e cada gentileza nos fará sentir mais conforto e mútua apreciação.

Contudo, muitas coisas reduzem o fluxo de energia amorosa de uma pessoa para outra. O apego excessivo a alguém pode reduzir o fluxo de energia que poderia vir de muitos outros. O ciúme reduz o fluxo do amor ao ditar a necessidade de que ele transcorra dentro de limites muito estreitos. A homofobia, o preconceito de idade e o racismo restringem o amor. "Você não pode tocá-lo — ele é do mesmo sexo!" "Ela é velha demais." "Eles são [da cor, do tamanho, da origem] errada." Qualquer uma dessas rotulações destrói a compreensão de unidade e de interdependência característica do chacra cardíaco. Se considerarmos o amor infinito e o abordarmos com abundância, e não com escassez, veremos que na verdade ele se perpetua.

Abrir o chacra cardíaco expande o horizonte do indivíduo para compartilhar a energia do amor. Pessoas de ambientes diferentes têm mais probabilidade de estimular o crescimento do que pessoas do mesmo meio. Quanto maior nossa compreensão, maior a capacidade para amar. O chacra cardíaco percebe o mundo em sua unidade, e não em seu isolamento.

Geralmente, o ato de se refrear também reduz o que recebemos. É um círculo vicioso. "Acho que John não gosta de mim. Provavelmente vai achar tolice eu lhe dizer que o admiro." Enquanto isso, John está pensando no quanto você é fria e distante. Quebrar o ciclo remove alguns bloqueios entre pessoas no nível do chacra cardíaco. Quando temos o poder do terceiro chacra, fica mais fácil dar o primeiro passo.

Um dos medos mais básicos do ser humano é o da rejeição. Isso não surpreende, visto ser tão importante manter saudável nosso núcleo. A rejeição ameaça o equilíbrio interno e a autoaceitação. Se o chacra cardíaco é o integrador, a rejeição pode causar a "des-integração". Nosso sistema de feedback positivo entra em curto-circuito. Voltamos esse "des-amor" contra nós mesmos e começamos a nos destruir. Em vez de conectados, ficamos restritos, separados e isolados. Para alguns, é mais fácil viver totalmente sem amor do que correr o risco de se abrir, compartilhar e fracassar.

Esse medo, inerente ao entendimento do chacra cardíaco, funciona como um dispositivo de proteção, ajudando a equilibrar o fluxo de entrada e saída. Ele é o guardião da energia delicada do chacra cardíaco. A entrada e a saída de energia em um chacra aumentam juntas. Quanto mais firmemente fechado estiver o portão, mas restrita será a passagem de energia por todos os chacras. Essa restrição não somente inibe a passagem de energia do mundo exterior, e para o mundo exterior, mas simultaneamente reduz o fluxo entre os chacras superiores e os inferiores, causando alienação entre mente e corpo. Com o tempo, o chacra cardíaco se esgota e ficaremos emparedados num mundo solitário.

Aprender a amar requer energia de muitos níveis. Todos os nossos chacras devem estar funcionando para essa energia ser criada e mantida. Temos de ser capazes de sentir, de comunicar, de ter autonomia e poder; também precisamos ser capazes de ver e compreender. Acima de tudo, precisamos relaxar e deixar que isso aconteça. O chacra cardíaco é yin e às vezes o amor mais profundo é aquele que simplesmente deixa as coisas serem como são.

O amor é a expansão e o equilíbrio do ar, o romper da aurora no leste, a gentileza da pomba, o espírito da paz. É o campo que nos envolve. Por meio dele, encontramos o centro, o núcleo, o poder e a razão para viver.

O amor não é uma questão de se conectar; é uma questão de ver que já estamos conectados, numa elaborada rede de relacionamentos que se estende pela vida. É a compreensão de que as fronteiras não existem, de que todos nós somos feitos da mesma essência, viajando pelo tempo no mesmo planeta, encarando os mesmos problemas, esperanças e medos. É uma conexão nuclear que torna irrelevantes a cor da pele, a idade, o sexo, a aparência ou o dinheiro.

Acima de tudo, o amor é o sentimento de conexão espiritual, de ser tocado, mobilizado e inspirado numa intensidade que supera nosso limite normal. Conexão com uma verdade recôndita e fundamental, que está presente em toda a vida e nos liga uns aos outros, o amor torna sagrado o mundano e, assim, este recebe atenção e proteção. Quando perdemos o sentimento de conexão com a vida, privamo-nos do sagrado e deixamos de cuidar e proteger aquilo que nos nutre.

Nós somos aquele amor. Somos a força vital, a expressão, a manifestação, o veículo daquele amor. Por meio dele, crescemos, transcendemos, triunfamos e nos entregamos, para crescer novamente e ainda mais. Somos renovados, reduzidos e, mais uma vez, renovados. Força do eterno, o amor é o estabilizador. Abençoada seja a roda central da vida, a partir da qual giram todas as outras.

RELACIONAMENTO E EQUILÍBRIO

*A situação ideal para realmente entender o outro não é
ver como o indivíduo reage a uma situação de extremo
estresse, mas ver como ele ou ela suporta a
vulnerabilidade de se apaixonar.*

— Aldo Carotenuto[4]

No nível do quarto chacra, deixamos de lado os ciclos diminutos dos chacras inferiores e passamos a uma visão geral de como os centros funcionam em conjunto. Isvara, a divindade dentro desse lótus, o deus da Unidade, representa a interdependência das três tendências fundamentais (*tamas, rajas* e *sattva*). Ele representa o equilíbrio dessas três qualidades, por vezes considerado ilusório, pois esse estado de equilíbrio está sempre em movimento. Para deixar o estado de separação em favor do estado de unidade, é necessário entrar em um relacionamento.

Vamos rever a construção de nossa estrutura até agora, examinando o relacionamento entre os chacras inferiores. O primeiro chacra trata de objetos materiais isolados, distintos e sólidos. O porte desses objetos vai das partículas subatômicas (se podemos chamá-las de objetos) a planetas e estrelas. No segundo chacra, estudamos a forma como os objetos se movem — as forças que atuam sobre eles. No terceiro chacra, vimos a reorganização causada por esse movimento quando os objetos colidem, mudam de estrutura, entram em combustão e liberam energia. Vimos então como tudo tem em seu interior esses ciclos, que se combinam para formar estruturas maiores.

Os ciclos só podem prosseguir quando fazem parte de certo tipo de *relacionamento*. Os ímãs não se atraem quando estão demasiadamente distantes entre si. Nem todo combustível pega fogo. Há uma força maior que mantém em funcionamento essas sub-rotinas — a força do quarto chacra, à qual chamamos amor. Ela perpetua a dança eterna das relações, de tal forma que os componentes menores possam continuar suas sub-rotinas e nos manter funcionando. O amor pelo corpo nos motiva a dar atenção às necessidades físicas. O amor mantém unidos os membros de uma família para que possam dar continuidade à tarefa de viver e criar os filhos. Em um grupo, o amor a uma causa comum mantém a relação entre os membros, permitindo-lhes realizar suas tarefas. O amor ao conhecimento nos faz comprar livros ou frequentar escolas. O amor nos mantém relacionados.

Essa força misteriosa é cheia de paradoxos. Ela tem gravitação e também radiação. Nós *caímos* de paixão, mas somos *elevados* pela experiência. O amor cria laços, porém sem limitar. Ele necessita tanto de proximidade quanto de distância. Presente no íntimo de cada um de nós, ele é a essência da harmonia e do equilíbrio.

À medida que se repetem nossos padrões e ciclos menores, eles são percebidos e regulados pela mente, a qual, agindo por meio da vontade, lhe garante a continuidade. Vemos esses aspectos em termos das relações entre eles: percebemos o espaço entre os objetos, em vez de ver os próprios objetos. Visualizamos o mundo como um quebra-cabeça.

Assim como ocorre com cada par de chacras, a principal diferença entre o terceiro e o quarto chacras diz respeito à percepção. O organismo se torna autoconsciente por meio da criação e da repetição de padrões. A atividade do chacra mais baixo influenciou e criou a consciência. Agimos de acordo com nossos instintos e emoções, aprendendo com nossos erros. O aprendizado torna-se ainda mais complexo e fica armazenado nos centros superiores sob a forma de conceitos, lembranças e lógica, para descer novamente até onde a consciência possa influenciar nossas ações.

O relacionamento é a interface entre a matéria e a informação e desempenha papel relevante em todos os níveis intermediários. Na verdade, toda informação pode ser vista como percepção de um relacionamento. Esses padrões nos dão os conceitos formadores da estrutura básica dos pensamentos, da comunicação e da percepção. Eles são as fundações daquilo que somos. O nível de consciência do quarto chacra percebe o mundo como uma complexa rede de relações, unidas pela força do amor.

Quando passamos a perceber como relações os objetos e suas atividades, começamos a notar a perfeição, o equilíbrio e a natureza eterna dessas ligações. Olhando os planetas, por exemplo, vemos um ciclo sem-fim de relações perfeitamente coordenadas e equilibradas: os planetas em órbita, em equilíbrio com a atração do sol, na eterna repetição de seus padrões. Vemos cada estrela em seu lugar no céu, apesar de seu movimento e pulsação; cada folha de relva cobrindo o próprio pedaço de chão, embora morra e renasça a cada ano.

Quando percebemos os padrões dessa maneira, vemos que *todos os padrões duradouros são produto de um equilíbrio dinâmico entre seus componentes*. Observamos, então, cada elemento da vida na urdidura de um padrão maior, e cada um no próprio lugar. Assim podemos procurar um ponto de equilíbrio entre nós e o ambiente. Esse ponto se torna parte integrante do todo, dando-lhe a coerência de uma mandala, que emana de um ponto central. Quando compreendemos a perfeição dos relacionamentos a nosso redor, essa compreensão faz o coração se abrir.

Em nossas relações interpessoais, aplicam-se as mesmas regras de equilíbrio. O relacionamento dura quando existe um equilíbrio global. Ele termina quando um ou ambos os parceiros sentem que o equilíbrio foi perdido e não pode ser recuperado. A causa pode ser um descompasso entre o dar e o receber, ou um desequilíbrio na força vital básica, na evolução espiritual, no dinheiro, no sexo, no poder, no trabalho doméstico, no cuidado com as crianças, na comunicação ou em qualquer outro elemento que cumpra um papel na arena do relacionamento. Devemos lembrar que esse equilíbrio, ao invés de estático, é dinâmico e flutua no tempo. Para o relacionamento sobreviver, o conjunto deve conter uma paridade básica.

A melhor chance de manter o equilíbrio no relacionamento com os outros vem de nosso próprio equilíbrio interno. A harmonia interior nos permite perceber e criar o equilíbrio dentro do padrão organizado da mandala, o que então se torna um ponto de abertura e estabilidade. Nem a mente, nem o corpo, tampouco qualquer dos chacras pode fazê-lo sozinho. Isso deve ser feito com a totalidade do coração como centro do ser.

Quando a vontade mitigou e satisfez conscientemente nossas necessidades, a mente pôde com mais facilidade alcançar entendimento do relacionamento e então encontramos nosso "lugar adequado". De dentro desse lugar, todos os nossos relacionamentos — seus inícios e seus fins — estão em harmonia com um padrão mais abrangente. As relações mais equilibradas, portanto, mais graciosas, necessariamente serão as mais duráveis. As mais transitórias são degraus na criação turbilhonante de um padrão mais amplo.

Essa consciência da perfeição faz o coração se abrir para receber.

Cada chacra recebe sua carga de energia por estar alinhado com o *sushumna*, a coluna central de energia. Se não houver equilíbrio interior, nossos chacras sairão do alinhamento, tal qual se dá com as vértebras da coluna. Infelizmente, não existem quiropratas especializados em alinhar os chacras, o que nos compete fazer pessoalmente.

O chacra cardíaco, na qualidade de centro da mandala pessoal, sofre grande perda e causa enorme estrago se estiver muito deslocado. Os desequilíbrios no coração (o núcleo central) podem desestabilizar todo o sistema. Não precisamos equilibrar só os chacras inferiores e superiores, a mente e o corpo. Também é preciso manter equilíbrio entre o interior e o exterior, entre o ser e a transcendência. Amar pressupõe certo grau de transcendência do ego e uma quebra do isolamento que nos permite experimentar uma unidade maior. Para tal união, devemos abrir mão de parte de nossa individualidade.

Essa união é facilitada quando nos movemos com a corrente de liberação e experimentamos o efeito emancipador e excitante do amor — a união, a transcendência, um estado de consciência sagrado e um tanto alterado. Deixar de amar implica retornar a um lugar menor, ao ser cotidiano, solitário e isolado, privado da graça e da sensação idílica do estado de amor. Portanto, criamos apego à manutenção do estado de amor.

O risco inerente à elevação excitante do amor é a possibilidade de facilmente perder o controle da situação. Para manter o amor, precisamos de um chão que lhe ofereça nutrimento e permita lançar raízes. Precisamos reter uma parte do ser individual, uma parte da substância da qual emergem a paixão e a vontade. Se transcendermos demais nossa individualidade, não estaremos inteiramente presentes. Teremos afastado do combustível a chama e, quando ela se apagar, seremos precipitados de volta à Terra. Tendo deslocado o equilíbrio, já não conseguiremos dar substância ao relacionamento. Quando nos perdemos, perdemos o centro, o coração, e deslocamos o relacionamento para a pessoa amada. Nas palavras de D. H. Lawrence, "se alguém se entrega de todo ao outro, o resultado é um sórdido caos". Segundo ele: "É imperativo equilibrar amor e individualidade e, na verdade, sacrificar um pouco de cada um."[5]

Viver em equilíbrio nos leva a viver em estado de graça, de delicadeza, de gentileza. O amor é tolerante e, da mesma forma, o que é feito com amor perdura. O que não é estável não perdura. Só podemos esperar alinhar o mundo se tivermos equilíbrio interno.

Para manter a harmonia, precisamos estar conscientes de todas as nossas partes. Isso não se dá no plano intelectual, como num inventário de estoque, mas vem de uma experiência dinâmica de nosso centro, o coração, que se organiza e equilibra organicamente se assim permitirmos.

Por fim, o chacra cardíaco precisa se harmonizar entre o que entra e o que sai. Assim como a respiração equaliza a inspiração e a expiração, nossa energia precisa se restaurar para continuar dando. Haverá uma reserva infinita de energia passando por qualquer chacra, se ela for tratada adequadamente. Quando doado, o amor se multiplica. No entanto, muitas pessoas perdem o alinhamento porque distribuem em excesso, e se desequilibram, ou dão quando o nível energético está baixo. Sempre ouvimos que ser egoísta é algo negativo — que está errado fazer um balanço no saldo periodicamente. Entretanto, alterar o próprio equilíbrio pode modificar a simetria da mandala em torno de nós. Se ficarmos constantemente sacando sem ter fundos, os recursos se esgotarão e não poderemos dar mais nada. Nesse caso, poderemos ter uma reação nem um pouco amorosa.

No equilíbrio entre todas as coisas, precisamos sair da polarização entre o "bem" e o "mal". Nem precisamos ser de uma bondade puritana para massagear nossos egos delicados, nem ser egocentricamente maus. O amor verdadeiro flui de um centro para o outro, deixando a cada um a liberdade de dançar a própria coreografia de modo singular. Como o Anahata é yin, um dos desafios que oferece é permitir que o "deixar" substitua o "fazer". Só então poderemos realmente perceber o padrão como ele é.

O amor não se apega ao objeto. O amor é um estado de ser em harmonia consigo. Depois de um prolongado jejum, durante o qual meditou sobre o tema amor, Ken Dychtwald descreveu-o da seguinte forma:

> *O amor parece ser a plena compreensão de que todos*
> *nós somos pequenos grumos na mesma sopa terrestre,*
> *que é um pequeno grumo numa sopa cósmica maior.*
> *Portanto, o amor é a percepção desse belo*
> *relacionamento energético e a compreensão natural*
> *dessa situação. Pelo visto, a questão não é encontrar o*
> *amor... é ter consciência dele. Não é questão de*
> *invenção, mas sim de descoberta.*[6]

O amor é o relacionamento natural entre seres vivos saudáveis. Para encontrá-lo dentro de nós, só precisamos acreditar em sua presença constante à nossa volta e em todas as coisas.

AFINIDADE

Na química, utiliza-se o termo "afinidade" para descrever a tendência de uma substância a se combinar com outra e permanecer assim, fato que ocorre em razão de compatibilidade intrínseca na estrutura atômica das substâncias.

A afinidade causa a ligação. Quando juntamos duas substâncias afins, elas se ligam, estabelecendo uma conexão mais permanente. Cada uma tem algo que falta à outra. Num nível simplificado, é a atração dos opostos em busca de equilíbrio.

A ligação humana pode ser tão semelhante à ligação química que frequentemente nos referimos a ela como "química". Nem sempre entendemos a razão de nossa atração por alguém, mas, mesmo assim, o sentimento existe e, em geral, é irresistível.

Geralmente a pessoa tem em seu campo energético algo que desejamos ou de que necessitamos. Com sorte, também teremos algo necessário a ela e uma ligação poderá ocorrer, durando tanto quanto durarem os sentimentos de afinidade. Por ser o chacra cardíaco o centro do equilíbrio, é razoável que o próprio amor brote inicialmente de uma tendência natural a mesclar e equilibrar nossa energia com a de outras criaturas vivas.

Em geral, esse equilíbrio pode ser analisado em função dos chacras. Todos nós já sentimos, de forma não verbal, os anúncios: "Homem branco, 32 anos, com percepção dominante dos chacras superiores, procura mulher estável; garante a ascensão da Kundalini", ou "Mulher negra, altamente criativa, procura parceiro de segundo chacra para relacionamento amoroso". Embora não apareçam nos jornais, em festas são transmitidos anúncios desse teor e captados por nossos sentidos mediúnicos toda vez que conhecemos alguém.

Não estou afirmando que só exista afinidade entre os opostos. Muitas vezes encontrar alguém com as mesmas opiniões também pode trazer esse sentimento de afinidade, a calma sensação de validação resultante de encontrarmos quem nos compreenda. A energia que projetamos para fora encontra uma energia compatível que está tentando entrar. Ou seja, nossos chacras, os abertos e os fechados, estão em busca de equilíbrio. Mais que na polaridade, este se baseia na busca de expansão, por parte do organismo, para o próximo estágio de desdobramento. (Ver Capítulo 11, "Chacras e relacionamentos".)

O aspecto mais importante da afinidade, contudo, não consiste na atração química por outros, mas no crescimento da afinidade dentro das partes componentes do indivíduo. Quando temos essa sensação de afinidade, projetamos uma vibração carinhosa, tolerante e alegre. Isso permite e até encoraja outros a encontrarem o próprio sentido de afinidade.

Muita gente trava na mente uma guerra constante ao corpo: "Você está gordo demais." "Trabalhe mais. Enquanto não terminar esse projeto, você não pode descansar." "Como você pode estar com fome, se comeu há apenas uma hora?" Muitos controlam o corpo de maneira dura e inflexível.

O corpo também pode declarar guerra à mente, agindo como uma criança mimada que exige atenção constante. "Quero comer." "Estou cansado." Então, como uma criança, ele precisa aprender a não ser "mimado", mas de forma carinhosa e apoiadora em que se garanta à criança suas necessidades básicas.

A autoaceitação é nossa melhor oportunidade de praticar o amor incondicional. Não quero dizer que devamos desistir de tentar melhorar, mas nosso amor-próprio não deve estar condicionado às mudanças futuras ou imaginadas. Quando isso ocorre no coração, fica mais fácil aceitar os outros com suas falhas, com o amor incondicional do chacra cardíaco. Com aceitação e compaixão por nós mesmos, é mais fácil fazer transformações pessoais.

A afinidade também pode ser vista como uma qualidade vibratória. Quando estamos "afinados", nosso estado de harmonia dá coerência a tudo o que dizemos ou fazemos, como os tons numa escala de ressonância harmônica. Irradiamos amor porque criamos um centro coerente dentro de nós e ele, por sua vez, harmoniza o ambiente em torno.

No coração, cada célula bate sem parar. Se o coração fosse dissecado, cada célula continuaria a bater de forma independente. Assim que colocamos essas células junto com outras células cardíacas (em uma lâmina de microscópio, por exemplo), elas ajustam o ritmo de modo que pulsam juntas. Elas entram em estado de ressonância rítmica (discutido em pormenores no capítulo do quinto chacra). Se entrarmos em sintonia com as batidas do coração, estaremos nos colocando em ressonância com o ritmo nuclear de nosso organismo e com o ritmo do mundo em torno.

Então, o que se pode fazer para criar sempre esse senso de afinidade? Reservar alguns momentos de sossego para ter uma conversa consigo. Basta, de vez em quando, conferir os próprios sentimentos. Depois de ler estas palavras, tire um pouco de tempo para fechar os olhos, respirar fundo e dizer alô a seu corpo. Veja se você ouve um alô em resposta. Comece um diálogo. Haverá algum jeito de você se tratar melhor? Existe alguma parte carente de atenção, ou alguma que domine sem necessidade? Você se trata tão bem quanto trata aos demais? Será o momento de dar uma festa para mostrar ao corpo sua gratidão? Ou só é preciso se sentar em silêncio e ouvir um pouco?

Se existe a força dos números, ela só acontece quando eles se unem. Somos compostos de muitos pedaços, e da unidade e harmonia entre eles depende nossa força. Só assim seremos capazes de realmente dar aos outros. Se todas aquelas partes estiverem sintonizadas com o centro — o coração do organismo —, então estarão simultaneamente sintonizadas entre si e entrarão num estado natural de afinidade.

CURA

Consciente ou inconscientemente, todo mundo é capaz de curar a si ou aos outros. Esse instinto é inato em insetos, aves e animais, assim como no homem. Todos encontram o próprio remédio e se curam, e curam aos demais de vários modos.

— Sufi Inayat Khan[7]

Curar é tornar íntegro. Por ser o integrador e o unificador, o chacra cardíaco é também o centro da cura. De fato, o amor é a suprema força de cura.

Chegando ao chacra cardíaco, encontramos os braços. Quando a pessoa está de pé, com os braços estendidos, seu corpo forma uma espécie de cruz cujos quatro pontos se encontram no coração. (Ver Figura 5.4.) Assim como as pernas estão conectadas ao primeiro chacra, os braços são parte integrante dos chacras centrais, o terceiro, o quarto e o quinto. Os canais yin na parte interna do braço contêm três dos 14 canais chineses de energia chamados meridianos. Esses meridianos específicos correspondem a coração, pulmões e pericárdio (uma bolsa frouxa que cobre o coração). (Ver Figura 5.5.) Evidentemente, todos eles são relevantes para o chacra cardíaco e transportam energia desse centro para os braços e as mãos.

Aos canais de energia, que vão do coração para as mãos, dou o nome de canais de cura, os meios de propagação da energia curativa para os outros indivíduos. Nas mãos existem também chacras menores. As mãos são extensões muito sensíveis do binômio corpo/mente, dotadas de mais receptores neurais que a maioria das partes do corpo. Elas criam e recebem, além de serem órgãos sensoriais capazes de absorver tanta informação quanto os olhos e os ouvidos. São ferramentas valiosas na percepção e no controle da energia psíquica. (Para abrir os chacras das mãos, ver o exercício nas páginas 40-41.)

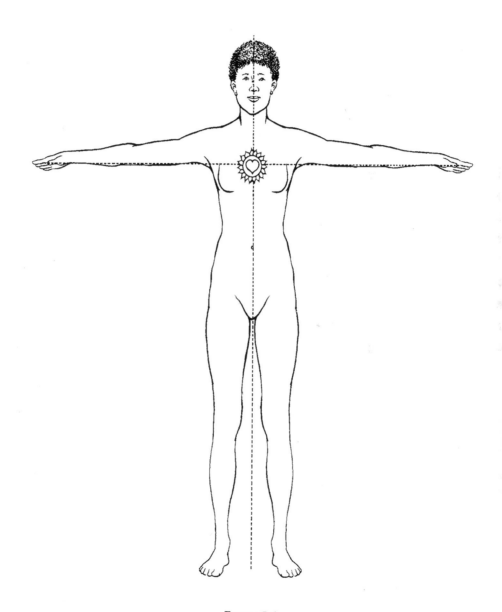

FIGURA 5.4
A cruz do chacra cardíaco.

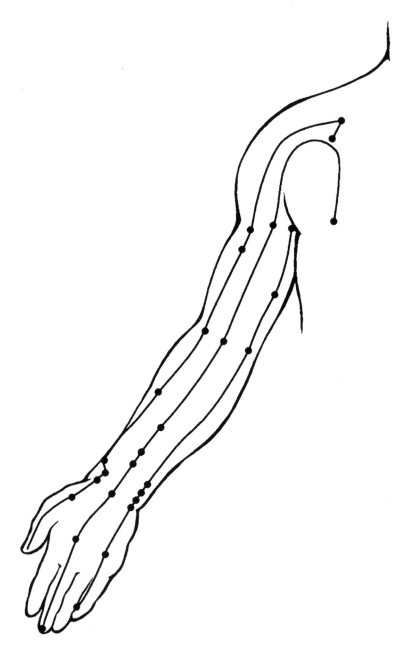

Figura 5.5
Os meridianos do braço.

Curar é restaurar o equilíbrio de um organismo ou situação. Acredita-se que toda doença, quer causada por germes, por ferimentos ou pelo estresse, resulta de um "desequilíbrio" que fragmenta o organismo e destrói sua afinidade natural de ressonância.

A abertura do chacra cardíaco e o aumento de compaixão, conexão e compreensão por todos ao redor fazem surgir naturalmente o impulso de curar. Quando entendemos que somos todos um só, passamos, como um *bodhisattva*, a não conseguir progredir sozinhos enquanto outros sofrem. (Um *bodhisattva* é alguém que alcançou a Iluminação espiritual, mas evita passar à condição de Iluminado, preferindo atrasar-se, a fim de ensinar até que os demais possam segui-lo.) Como um *bodhisattva*, descobrimos a necessidade de dedicar tempo ao cuidado com os outros, enquanto avançamos em nosso próprio caminho. Isso equilibra a atração pelo espiritual com a necessidade de permanência no mundo físico.

Ajudar os outros também resulta de um estado simples de compaixão — o centro do chacra cardíaco. Munidos de uma compaixão que não julga, não podemos deixar de estender a mão para curar. Nossa visão do equilíbrio de todas as coisas sublinha tudo o que não esteja em harmonia com esse equilíbrio. É um impulso tão natural quanto corrigir a posição de um quadro na parede.

Para ter abertos os canais de cura, não precisamos ser curandeiros profissionais ou médicos, tampouco possuir um poder sobrenatural. O impulso natural de ajudar uma senhora idosa a atravessar a rua, de confortar quem chora ou de massagear ombros cansados é uma expressão poderosa da energia curativa do chacra cardíaco.

Em seus esforços de cura, muitos esquecem a lição do equilíbrio. A esses, podemos dar o nome de intrometidos. Para curar alguém adequadamente, é preciso, antes de tudo, estar em equilíbrio com a própria energia, o que talvez não se afine com o conceito de "correção" do curandeiro. Um verdadeiro curandeiro precisa entrar em sintonia com o paciente, permanecer estável na própria energia e permitir ao outro criar o próprio sentido de equilíbrio. O curandeiro não passa de um catalisador da própria experiência de cura do paciente. Quando o chacra cardíaco está aberto e equilibrado, nossa presença, por si só, irradia amor e alegria. Esse amor é a essência da verdadeira cura.

RESPIRAÇÃO — O CORAÇÃO DA VIDA

Se de alguma forma sua respiração estiver restringida,
sua vida também estará.

— Michael Grant White[8]

Um ser humano normal respira entre 18 e 20 mil vezes por dia,[9] totalizando a média de 19 mil litros de ar. Isso representa 35 vezes, em peso, o que você absorveu sob a forma de alimentos ou líquidos. Podemos passar semanas sem alimentos, dias sem água, horas sem aquecimento (em condições de frio extremo), mas apenas alguns minutos sem ar (Quanto tempo podemos passar sem pensamento?).

A respiração, por se relacionar com o elemento ar, é uma das principais chaves para a abertura do chacra cardíaco. O ar também é o elemento que se distribui com maior velocidade pelo corpo. Ao contrário do alimento, que leva horas ou até dias para ser digerido, o ar de cada inalação cai imediatamente na corrente sanguínea. É preciso fornecer oxigênio constantemente a todas as células, ou elas morrerão. Por essa razão, temos um sistema completo e elaborado de transporte para distribuir o oxigênio por todo o corpo. Trata-se de nosso sistema circulatório, dirigido pelo coração. Cada respiração nutre e alimenta o sistema.

Esses fatos singelos não bastam para expressar plenamente a importância da respiração. Além de manter as funções básicas da vida, ela é para nós uma das mais poderosas ferramentas de transformação, que nos permite queimar toxinas, liberar emoções guardadas, mudar a estrutura do corpo e alterar a consciência. Sem a respiração, não podemos falar, pois o ar é a força que move a voz. Sem oxigênio, não podemos metabolizar o alimento. O cérebro não consegue pensar. A respiração é uma fonte muito subestimada de energia vital, restauradora e purificadora.

Infelizmente, as pessoas em geral não respiram profundamente. Um par de pulmões normal pode comportar cerca de 1 litro de ar a cada respiração. Você pode comprovar essa afirmativa se respirar normalmente e depois verificar que quantidade adicional de ar consegue acrescentar. Enquanto estiver fazendo essa manobra, veja qual é a sensação de respirar profundamente. Observe se as regiões do peito estão tensas e como isso restringe a respiração. Faça uma massagem suave nessas áreas. Soltar o peito e a parte superior das costas por meio de massagem ou da liberação de emoções ajuda a aprofundar a respiração.

Em virtude da baixa exigência de esforço físico, a maior parte das atividades intelectuais leva à respiração superficial, que se torna um hábito. Medos frequentes, ansiedade, depressão, tabagismo e poluição ambiental também provocam privação respiratória habitual. Esse hábito, uma vez formado, acarreta metabolismo mais lento, níveis de energia mais baixos e deposição de toxinas no corpo, contribuindo para um ciclo que se perpetua. Com a baixa no metabolismo, sentimos letargia, passando a apelar para recursos como dirigir, em vez de caminhar, ingerir estimulantes para ter mais energia, ou fumar cigarros para (paradoxalmente) estimular o peito.[10] Nada disso ajuda a respiração.

Também é crítica a dependência do cérebro numa fonte constante de oxigênio. No corpo em repouso, o órgão consome um quarto do oxigênio disponível, embora represente apenas dois centésimos da massa corporal.[11] Prenda a respiração e veja quanto tempo consegue permanecer consciente.

A respiração também é uma das poucas funções fisiológicas que têm controle voluntário e involuntário. Quando sentimos medo, ela se reduz involuntariamente — uma herança do instinto de sobrevivência, de épocas em que prender a respiração nos ajudava a passar despercebidos por criaturas perigosas. Igualmente é possível combater o medo ao aprofundar a respiração, relaxando, dessa forma, as tensões no corpo todo.

Pelo exercício do aspecto voluntário e a tentativa consciente de aumentar a capacidade respiratória, podemos transformar em hábito a respiração profunda, pouco a pouco. A respiração pode inclusive alterar a estrutura do corpo. Uma vez alterado, o corpo passa a ansiar por esse suprimento maior de oxigênio. É um processo evolutivo e regenerador.

Os indianos acreditam que a respiração é o portal entre a mente e o corpo. Sistemas completos de ioga foram baseados em técnicas respiratórias chamadas *pranayama*, projetadas para expandir a consciência e purificar o corpo. Quando os pensamentos estão tranquilos, a respiração também se acalma e um ritmo tranquilizante e benéfico se estabelece em todo o corpo. A mente também pode ser acalmada pelo controle da respiração. O fluxo respiratório no corpo, num entrar e sair constante, é um campo energético dinâmico que enche continuamente a forma do corpo e retorna, novamente sem forma, ao mundo exterior.

As técnicas de pranayama são projetadas para nutrir os circuitos psíquico e espiritual no corpo, como os principais nadis e os meridianos da acupuntura. Carregados no processo, os canais amplificam as vibrações sutis dentro de todo o organismo. Os iogues fazem distinção entre a ingestão física grosseira do ar (*sthula prana*) e o movimento sutil de energia que resulta da respiração (*sukshma prana*). Ao fazer exercício respiratório, é importante prestar atenção aos movimentos mais sutis que venham a ocorrer. Pode-se então direcionar a energia para áreas ou chacras específicos por meio da visualização ou pelo uso de posturas.

Exercícios de respiração

Os exercícios respiratórios são muitos e variados. Se você tem real interesse em trabalhar com essa ferramenta poderosa, há diversos livros sobre ioga que contêm mais exercícios do que podemos tratar aqui. A seguir apresentamos alguns exercícios básicos:

Respiração profunda ou respiração completa

Esse exercício é tão simples quanto parece. Sente-se em qualquer posição confortável e observe o percurso da respiração, fazendo a inspiração e a expiração tão completas quanto possível. Encha de ar o abdômen, o peito e, finalmente, os ombros e a garganta. Expire, invertendo a ordem, e repita esse movimento diversas vezes.

Respiração do fogo

Essa é uma respiração rápida, diafragmática, descrita em detalhes no terceiro chacra, na página 205. Respirações rápidas e curtas são produzidas por uma rápida sucessão de contrações dos músculos do abdômen.

Respiração alternada

Essa é uma respiração lenta e metódica que atua sobre o sistema nervoso central e leva a um relaxamento progressivo e a um sono mais profundo. Com a mão direita, tape a narina direita e inspire profundamente pela narina esquerda. Quando completar a respiração, tape a narina esquerda e exale pela narina direita. Quando esvaziar novamente os pulmões, inspire novamente pelo lado direito, trocando quando completar a inspiração, e exale com a esquerda. O movimento consiste em inspirar, trocar, expirar, inspirar, trocar e expirar. Prossiga por vinte vezes ou mais para cada lado. A prática desse exercício causa grandes alterações na consciência.

Bandhas

Bandha significa "fechadura" e as bandhas do pranayama são métodos para reter a respiração e fixá-la em certas partes do corpo. Há três bandhas básicos: a contração do queixo, a contração abdominal e a contração anal. Elas trabalham com a retenção da respiração em três grandes áreas do corpo.

A contração do queixo, ou *jalandhara-bandha*, envia energia para a cabeça e estimula a glândula tireoide e o chacra da garganta.

Inspire até encher por completo o pulmão, contraia a garganta e abaixe a cabeça na direção do peito, mantendo as costas retas. Segure a respiração enquanto for confortável, mas não force, pois poderá sentir vertigens se a respiração for feita de forma imprópria.

A contração abdominal, ou *uddiyana-bandha*, é praticada de pé. Ela ajuda a massagear os órgãos digestivos internos e a purificar o corpo. Inspire e expire completamente. Quando os pulmões estiverem vazios, prenda a respiração e encolha o estômago e o abdômen o mais possível, tendo o cuidado de não inspirar. Mantenha enquanto for confortável e então inale o ar relaxando lentamente os músculos abdominais.

O *mulabandha* ou contração anal tonifica o chacra raiz. Sua prática consiste em contrair o períneo e o esfíncter anal enquanto mantém presa a respiração depois de inspirar. Isso estimula a Kundalini adormecida.

EXERCÍCIOS

Abrir o peito

Coloque os braços atrás das costas, junte as mãos e gire os braços para encaixar os cotovelos. Esse movimento deve forçar os ombros para trás e o peito para fora. Respire fundo. Jogue a cabeça para trás e use o impulso dos braços para abaixar o tronco, relaxando a tensão que talvez tenha nos músculos torácicos. Continue a respirar profundamente. (Ver Figura 5.6.)

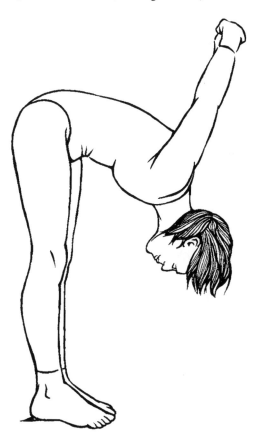

Figura 5.6
Abrir o peito.

Para aumentar o alongamento e a abertura dos peitorais, segure um cinto, toalha ou gravata acima da cabeça, com os braços formando um triângulo. Mantendo os cotovelos retos, alongue os braços para trás às suas costas, sempre segurando o cinto para alongar bem. Se não conseguir manter os cotovelos retos, afaste mais as mãos. Se não sentir que está alongando bem, junte-as mais.

Postura da cobra

Esse é um exercício de ioga excelente para fazer pela manhã logo ao despertar. Ele trabalha as vértebras da parte superior do tórax e ajuda a reduzir a curvatura das costas causada pela postura caída do peito.

Deitar de barriga para baixo com os braços dobrados e as palmas das mãos apoiadas no chão na altura dos ombros. Sem usar os braços como apoio, levante lentamente a cabeça, os ombros e as costas até onde for confortável. Relaxe. Levante novamente ao máximo a cabeça e o peito e, então, usando os braços, empurre o tronco para cima um pouco mais. Não encaixe os cotovelos completamente, mas procure abrir o peito, mantendo os ombros abaixados e relaxados e a cabeça erguida. Alongue o estômago e o peito, respire fundo e relaxe. Repita tantas vezes quanto quiser. (Ver Figura 5.7.)

Postura do peixe

Essa é outra postura de ioga, destinada a expandir a cavidade torácica. Comece deitado de costas com as pernas esticadas. Coloque as mãos sob os quadris com as palmas para baixo. Fazendo pressão com os cotovelos, levante o peito, arqueando o pescoço para trás e tocando (se possível) a cabeça no chão. Respire fundo. Mantenha a postura enquanto for confortável e depois relaxe. Respire fundo novamente. (Ver Figura 5.8.)

(Se a posição for muito difícil, colocar uma almofada sob as omoplatas e curvar as costas sobre ela para soltar a parte de cima da coluna.)

Figura 5.7
Postura da cobra.

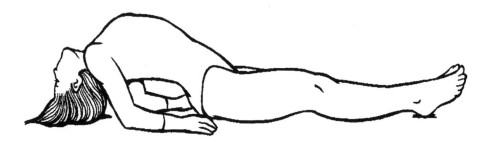

Figura 5.8
Postura do peixe.

Moinho de vento

Todos nós fizemos esse exercício na infância. De pé, braços estendidos para os lados, gire o tronco para frente e para trás. Isso manda a energia do corpo para os braços e as mãos e solta os músculos contraídos do peito e do abdômen.

Círculos com os braços

Esse exercício estimula os músculos da parte superior dos braços e das costas. Estique os braços para os lados e faça pequenos círculos em uma direção, aumentando gradualmente o tamanho do círculo. Então troque de direção e repita. Você também pode fingir que está batendo os braços como asas e voando (em concordância com o elemento ar), respirando bem fundo quando fizer isso. (Ver Figura 5.9.)

Para abrir os chacras das mãos

Como a energia do chacra cardíaco com frequência se manifesta por meio das mãos, o exercício das páginas 40-41 também é relevante para esse chacra.

MEDITAÇÕES

Kalpataru — A Árvore dos Desejos

(Uma advertência sobre esse exercício: tenha cuidado ao fazer um pedido — ele pode ser atendido.)

Imediatamente abaixo do chacra cardíaco, há um pequeno lótus de oito pétalas, o Anandakanda, dentro do qual está a "Árvore Celes-

Chacra quatro: amor • 255

Figura 5.9
Círculos com os braços.

tial dos Desejos" do Céu de Indra, o *Kalpataru*. Diz-se que essa árvore mágica, diante da qual está um altar adornado com pedras preciosas, guarda os desejos mais recônditos do coração — não o que pensamos desejar, mas as aspirações mais secretas da alma. Acredita-se que, quando dirigimos sinceros pedidos à árvore e deixamos livres os desejos, o Kalpataru concede ainda mais do que o desejado, levando-nos à liberação (*moksa*).

Deite-se confortavelmente. Passe alguns instantes estabilizando-se, centrando-se e relaxando os músculos. Procure estar num ambiente seguro e confortável.

Respire fundo, inspire... e expire... inspire... e expire... inspire... e expire... Preste atenção nas batidas do coração. Escute seu ritmo. Imagine cada pulsação do coração bombeando sangue por todo o corpo através da rede complexa de artérias e veias. Imagine cada um desses circuitos acima do coração como ramos de uma árvore, e abaixo do coração como raízes da árvore, plenas de vida. Siga o caminho do oxigênio enquanto ele é bombeado pelo coração através do peito, dos ombros, descendo pelos braços até as mãos e subindo de volta. Siga-o novamente para baixo pelo abdômen, pelas pernas, joelhos e pés e para cima novamente através do corpo, e de volta ao centro. Cada gota de sangue que passa pelo coração retorna para ser regenerada pela respiração, pelo ar e pela vida.

Seu coração é uma árvore sagrada. Os ramos são os fios de uma rede de vida estendendo-se por todo o corpo e para fora, para o mundo. O tronco da árvore é você — seu centro, seu ser, seu eu central. Desse núcleo, partem raízes, os alicerces da árvore. Seus circuitos encontram alimento e água que nos apoiam e nos dão substância. Desse núcleo partem ramos cujas folhas são os desejos do coração. Eles captam o sol e o vento que nos fazem crescer. Eles florescem e frutificam e caem ao solo para crescer novamente. Tudo o que foi produzido acaba por retornar.

Diante dessa árvore há um altar cravejado de joias. Faça uma oferenda nesse altar, de alguma coisa, como um hábito prejudicial, que você esteja querendo abandonar, ou algo seu que você deseja dar, como criatividade, lealdade ou cura. Faça essa oferenda como um símbolo da troca para seu desejo ser concedido.

Em seguida, envie a respiração para dentro do coração e sinta-lhe a dor e a alegria. Perceba as aspirações intensas da sua alma. Não defina especificamente essas aspirações, mas observe sua essência. Deixe os sentimentos crescerem, respirando dentro deles. Sinta-os por todo o corpo, pulsando para fora, retornando, pulsando mais uma vez para fora. Deixe esses desejos encherem os ramos da árvore.

Quando a árvore estiver saturada com os desejos mais ardentes do coração, imagine um pássaro solitário vindo até ela. Ele voa para o centro da árvore, inclina a cabeça para um lado, depois para o outro e escuta atentamente as aspirações e os desejos manifestados. Tenha um momento de comunhão com o pássaro que vive em seu coração. Ao mesmo tempo, traga-o para junto do coração e deixe que este (e não a mente) conte ao pássaro seus desejos. Deixe-os vir de dentro de seu anseio. Não faz mal que imagens específicas lhe venham à mente, mas não as procure. Quando se sentir completo, despeça-se do pássaro e gentilmente deixe-o livre para voar. Liberte-o para fazer o trabalho dele. Deixe-o partir e esqueça-o. O pássaro levará seus desejos às forças poderosas existentes, a fim de serem realizados da melhor forma para todos os envolvidos.

Ritual do reconhecimento

Faça um círculo com um grupo de amigos próximos, que sejam íntimos entre si; ou sente-se diante da pessoa amada ou de um amigo com quem tenha uma forte ligação.

Se tiver interesse por magia, trace um círculo, ou mesmo providencie para que o tempo e o espaço estejam protegidos contra interrupções. Tire uns momentos para se aterrar e centralizar, respire fundo e relaxe.

Olhe em torno do círculo. Olhe nos olhos dos presentes, um a um. Pense no valor daquela pessoa em sua vida — nas experiências compartilhadas, nas dificuldades, nas alegrias. Analise essas experiências do ponto de vista deles: quais batalhas eles enfrentaram, que medos e alegrias sentiram. Gaste o tempo necessário e depois feche os olhos e volte-se para dentro.

Convide a pessoa sentada à direita do círculo para se acomodar no centro. Faça todos no círculo pronunciarem o nome dessa pessoa três ou quatro vezes, em voz baixa. Depois disso, começando pela pessoa à esquerda do lugar no qual se assentava o participante agora no centro, e movendo-se no sentido horário, deixe cada participante ter alguns momentos para dizer ao do centro o que aprecia nele. "Gostei muito quando você me ajudou a ligar o carro." "Admiro seu jeito de me escutar." "Aprecio seu jeito de me fazer rir." Não autorize comentários, críticas ou sugestões. Permita abraços e presentes, se parecerem apropriados.

Quando todos no círculo tiverem manifestado apreço, o participante no centro chama o seguinte e volta ao círculo, enquanto o grupo repete o nome do próximo ocupante do centro e o processo se repete até todos no grupo terem passado pelo centro. Aterre e feche o círculo com um cântico, algo para comer e beber, música, se possível, e naturalmente, um abraço coletivo.

Exercício de empatia

Esse exercício costuma ser bom para casais com problemas específicos. Para fazê-lo, imagine que você é a pessoa com quem tem problemas. Conte a história do ponto de vista dele ou dela, com começo, meio e fim. Coloque-se na posição da outra pessoa quando fizer isso. Pergunte se você contou direito ou se deixou de mencionar alguma coisa importante. Então inverta os papéis e faça a outra pessoa contar a história segundo seu ponto de vista.

Meditação da compaixão

Você pode fazer essa meditação sozinho (com imaginação), com um grupo ou, melhor ainda, num local público, como uma estação de ônibus, um restaurante ou um banco de praça.

Escolha um lugar para se sentar comodamente e relaxar. Feche os olhos, centre-se e comece a respirar profundamente, descendo para o abdômen, para os pés, para dentro da Terra. Sintonize-se com as batidas do coração e perceba o ritmo pulsando por todo o corpo. Respire para dentro do coração, sentindo-o, aceitando-se incondicionalmente, enchendo-se de amor. Exale o ar.

Abra os olhos e observe em torno. Olhe para cada pessoa que puder focalizar claramente, uma de cada vez, olhando-as nos olhos, ouvindo-lhes a voz, observando-lhes as ações (se estiver sozinho, imagine alguém que você conhece ou vê com frequência). Usando a respiração para manter a circulação do corpo, olhe para cada pessoa sem julgar, criticar, sentir aversão ou desejo. Limite-se a olhar para as pessoas e focalize o coração delas. Observe como o corpo se construiu em torno daquele coração — imagine as esperanças e sonhos, as tristezas e medos ocultos. Deixe crescer dentro do coração um sentimento de compaixão por aquela pessoa. Respire para dentro dele, permita-se senti-lo, mas não se prenda a ele. Exale o sentimento a cada respiração.

Sem palavras ou movimentos, imagine um raio de energia passando do seu coração para o deles. Mande-lhes amor e então liberte o raio. Não fique preso à conexão nem se considere responsável de modo algum. Deixe a ligação se interromper e passe para a próxima pessoa.

Quando achar que basta, feche os olhos e volte-se para o próprio centro. Sinta o próprio coração da mesma forma que olhou os corações alheios. Conceda-se o mesmo sentimento de compaixão e amor. Respire dentro desse sentimento, mandando-o mais para dentro. Solte-o.

NOTAS

1. É interessante usar batidas de tambor como ritmo cardíaco.
2. Katha Upanishad, *The Upanishads*, (NY: Dover Publications, 1962, 11.6.15 de Max Muller.
3. Pierre Teilhard de Chardin, *Let Me Explain*, p. 66.
4. Aldo Carotenuto, *Eros and Pathos: Shades of Love and Suffering* (Toronto: Inner City Books, 1989), p. 54. [*Eros e Pathos*. Paulus, 1994.]
5. D.H. Lawrence, "The Stream of Desire", em *Challenge of the Heart*, John Welwood, p. 48.
6. Ken Dychtwald, *Body-Mind*, p. 149. [*Corpo-mente*. Summus, 1984.]
7. Sufi Inayat Khan, *The Development of Spiritual Healing*, p. 89.
8. Michael Grant White, "O Instrutor de Respiração", é meu conhecido pessoal e exímio especialista em respiração. Copiei essa citação de seu site na internet: www.breathing.com.
9. Swami Rama, Rudolph Ballentine, M.D., Alan Hymes, M.D., *Science of Breath, a Practical Guide*, p. 59.
10. Na minha opinião, fumar dá uma falsa impressão de energia no chacra cardíaco; em geral, o hábito surge da necessidade de mascarar um vazio ali. Evidentemente, sem que resolva o problema, o ato de fumar apenas permite lidar com esse vazio.
11. Isaac Asimov, *The Human Brain: Its Capacities and Functions*. [*O cérebro humano: suas capacidades e funções*. São Paulo: Hemus, 2002.]

LEITURA COMPLEMENTAR

Farhi, Donna. *The Breathing Book: Vitality and Good Health through Essential Breath Work*. Nova York: Henry Holt, 1996.

Hendricks, Gay. *Conscious Breathing: Breathwork for Health, Stress Release, and Personal Mastery*. Nova York: Bantam, 1995.

Hendricks, Gay, Ph.D. e Kathlyn Hendricks, Ph.D. *Conscious Loving: The Journey to Co-commitment*. Nova York: Bantam, 1990.

Stone, Hal, Ph.D. e Sidra Winkelman, Ph.D. *Embracing Each Other: Relationship as Teacher, Healer, and Guide*. Mill Valley, CA: Nataraj Publishing, 1989.

Welwood, John. *Challenge of the Heart*. Boston, MA: Shambhala, 1985.

CHACRA CINCO

Éter

Som

Vibração

Comunicação

Mantras

Telepatia

Criatividade

Capítulo 6

CHACRA CINCO: SOM

MEDITAÇÃO DE ABERTURA

Antes do começo, tudo era treva, tudo era abismo.
A face do cosmo, misteriosa e imanifestada,
   de fato, não era uma face, e sim o nada infinito.
Não havia luz, nem som, nem movimento, nem vida, nem tempo.
Tudo era nulo e o universo, ainda por criar,
Sequer fora concebido.
Pois não havia forma para conceber ou ser concebido.

Em seu vazio a treva caiu sobre si mesma
E teve consciência de nada ser.
Solitária e negra, nonata, imanifestada, silente.
Você consegue imaginar tal silêncio, o silêncio do nada?
Você consegue fazer silêncio a ponto de ouvi-lo?
Você consegue ouvir o silêncio de seu íntimo?

Respire fundo, mais devagar, para o ar silenciar em seus pulmões.
Sinta a garganta se expandir com o ar que está entrando.
Procure ouvir o nada, procure ouvir o silêncio.
Procure ouvir dentro de si o lugar da quietude.

Respire devagar dentro do vazio, respiração funda e serena.
Em seu silêncio infinito, a treva caiu sobre si mesma,
E no vazio percebeu que estava só
E, de tão só, ela ansiou pelo outro.
Nesse desejo, uma onda se moveu pelo vazio,
A se dobrar e redobrar sobre si mesma
Até não mais estar vazia e o vazio se encher de nascimento.

No começo o grande, imanifestado,
    tornou-se vibração no próprio reconhecimento de ser.
E a vibração foi um som do qual nasceram todos os outros sons.
Ele veio de Brahma, em sua primeira emanação.
Ele veio de Sarasvati, em suas respostas eternas.
Na união deles o som surgiu, e se espalhou pelo vazio, e o preencheu.
E o som tornou-se um, e o som tornou-se muitos, e o som se transformou na roda que gira e faz girar os mundos dentro da dança da vida, eternamente cantando, sempre em movimento.
Se você prestar atenção, poderá ouvi-lo agora. Ele está em sua respiração, está em seu coração, está no vento, nas águas, nas árvores e no céu. Está em sua mente, no ritmo de todo e qualquer pensamento.
De um som emerge tudo e para um som retornará.
E o som é
AUM... Aaa-ooo-uuu-mmmmmmmm... Aum...

Repita-o agora no íntimo, em silêncio. Deixe que ele se mescle à respiração.
Deixe o som sagrado escapar de você, movendo-se nas asas do ar.
Cadência, vibração grave, a emergir da profundeza interior.
Repita o som de toda a criação, som que faz os chacras girarem.
Agora as vozes soam mais altas, se juntam a outros sons e cânticos.
Agora os ritmos se tecem mais intensos numa dança sagrada.
Ritmos soam, vozes se elevam, ecoando a dança da vida.

Sons em palavras e palavras em música, viajando nas rodas da vida.
Guiando-nos ao longo da viagem, movendo o espírito dentro de nós.
Repita a voz que está dentro de você. É por aí que devemos começar.
Do silêncio, respiração e corpo, chamando agora para o vazio.
Escute a resposta dele na escuridão, o medo e a dor foram destruídos.
Brahma é a primeira vibração, Sarasvati é o fluxo.
O som nos reúne em nossa visão, harmonizando tudo o que conhecemos.
Em breve, o silêncio retorna, com ecos do som primordial,
Purificando toda a vibração, eco da recôndita verdade.

SÍMBOLOS E CORRESPONDÊNCIAS

Nome em sânscrito:	Vishuddha
Significado:	Purificação
Localização:	Garganta
Elemento:	Som
Função:	Comunicação, criatividade
Estado interior:	Síntese de ideias em símbolos
Manifestação externa:	Vibração
Glândulas:	Tireoide, paratireoide
Outras partes do corpo:	Pescoço, ombros, braços, mãos
Disfunção:	Garganta irritada, torcicolo, resfriados, distúrbios da tireoide, deficiência auditiva
Cor:	Azul-vivo
Sentido:	Audição
Som fundamental:	Ham
Som-semente:	Iii
Pétalas:	Dezesseis, todas as vogais do sânscrito
Sephira:	Gevurah, Hesed

Planeta:	Mercúrio
Metal:	Mercúrio
Alimentos:	Frutas
Verbo correspondente:	Eu falo
Caminho da ioga:	Mantra
Ervas para incenso:	Olíbano, benjoim, noz-moscada
Minerais:	Turquesa, água-marinha, celestita
Animais:	Elefante, touro, leão
Guna:	*Rajas*
Símbolos do lótus:	Triângulo invertido, com círculo branco no interior, possível representação da lua cheia. No círculo, um elefante branco; sobre ele, o símbolo-semente, *ham*. As divindades do lótus são Sadasiva, uma forma de Shiva com três olhos, cinco rostos, dez braços armados, montado num touro branco, vestido de pele de tigre com guirlandas de serpentes. A deusa é Gauri, a cintilante, uma das consortes de Shiva, que alguns consideram uma deusa dos grãos. Gauri é também o nome de uma classe de deusas que inclui Uma, Parvati, Rambha, Totala e Tripura.
Divindades indianas:	Ganga (deusa fluvial, relacionada à purificação), Sarasvati
Outros panteões:	Hermes, as Musas, Apolo, Brigit, Seshat, Nabu
Principal qualidade operacional:	Ressonância

O PORTAL DA CONSCIÊNCIA

Som... ritmo... vibração... palavras. Poderosos regentes de nossa vida, que aceitamos como realidade inconteste. Ao usá-los, reagir a eles, criá-los novamente todos os dias, somos os sujeitos de um ritmo após outro, entretecendo infinitamente o tecido da experiência. Dos primeiros choros de um recém-nascido às harmonias de uma sinfonia, estamos imersos numa infinita rede de comunicação.

A comunicação é o princípio conector que viabiliza a vida. Das mensagens codificadas no DNA das células vivas à palavra falada ou escrita, dos impulsos nervosos que estabelecem a conexão entre mente e corpo às ondas de radiodifusão que fazem a conexão entre os continentes, a comunicação é o princípio coordenador de toda forma de vida, e o meio pelo qual a consciência se estende de um lugar a outro.

Dentro do corpo, a comunicação é crucial. Sem comunicação elétrica entre as ondas cerebrais e o tecido muscular, não poderíamos nos mover. Sem comunicação química dos hormônios com as células, não haveria crescimento, nem instruções para mudanças cíclicas, tampouco defesas contra as doenças. Se não fosse a capacidade do DNA de comunicar a informação genética, a vida não poderia existir.

Nossa civilização depende igualmente da comunicação como tecido conectivo por meio do qual coordenamos as tarefas complexas de cultura cooperativa, de modo análogo ao das células do corpo que colaboram para formar um organismo. Nossas redes de comunicação formam o sistema nervoso cultural que nos liga a todos.

O chacra cinco é o centro relacionado à comunicação por meio do som, da vibração, da autoexpressão e da criatividade. É a esfera da consciência que controla, cria, transmite e recebe comunicação, seja no interior do mesmo indivíduo, seja entre indivíduos. Centro da criatividade dinâmica, responde pela síntese de antigas ideias em algo novo. Seus atributos incluem audição, fala, escrita, canto, telepatia e qualquer uma das artes — especialmente as relacionadas ao som e à linguagem.

A comunicação é o processo de transmitir e receber informação por meio de símbolos. Como palavras escritas ou faladas, como padrões musicais, presságios, ou impulsos elétricos para o cérebro, o quinto chacra é o centro que traduz esses símbolos em informação. A comunicação, em virtude de sua natureza simbólica, é a chave essencial para o acesso aos planos interiores. Com símbolos, temos os meios de representar o mundo de maneira mais eficiente — um modo que nos oferece infinita capacidade de armazenamento no cérebro. Podemos discutir coisas antes de fazê-las; absorver e armazenar informação de forma concisa; podemos sintetizar pensamentos em imagens concretas e armazenar as imagens novamente como pensamentos — tudo isso por meio da representação simbólica de padrões percebidos.

Com a ascensão ao quinto nível, estamos dando mais um passo para nos afastar do físico. A comunicação é nosso primeiro nível de transcendência física, no sentido de que nos permite transcender as limitações comuns do corpo. Ao telefonar para Nova York, podemos evitar a necessidade de comparecer fisicamente. A chamada leva apenas alguns minutos e custa pouco; contudo, limitações de tempo e espaço foram transcendidas com a mesma desenvoltura com que cruzaríamos uma rua. Podemos gravar vozes em fita magnética, ler diários dos mortos e decifrar antigos padrões no DNA de fósseis, tudo isso por intermédio da interpretação de símbolos.

Como dito antes, os chacras inferiores são altamente individuais. Nosso corpo, por exemplo, é claramente individualizado, com os limites definidos pela pele. À medida que escalamos a coluna dos chacras, nossas fronteiras se tornam menos definidas. Atingida a consciência pura, o ideal do sétimo chacra, torna-se impossível traçar uma fronteira em torno da consciência e dizer: "Isto é meu e isso é seu." A informação e as ideias são como o ar que respiramos — campo invisível que nos cerca e do qual retiramos o necessário para nós. Nele não há separação. Cada etapa para cima reduz as fronteiras da separação e nos aproxima mais da unidade. *Chegamos a essa unidade por meio da capacidade da consciência de estabelecer conexões.*

A comunicação, um ato de conexão, é um dos princípios unificadores dos chacras superiores. Se eu fizer uma palestra para um grupo sobre o tema da cura, estou unindo as consciências dos presentes, ainda que momentaneamente, em torno de certas ideias. Em função da comunicação que ocorreu, existe agora um subconjunto de informação compartilhado por todos os membros do público no momento em que deixam o auditório. Se eu fizer a palestra muitas vezes, esse subconjunto de consciência compartilhada se tornará ainda maior. Ocorrida a comunicação, mentes anteriormente divergentes passam a ter informação em comum.

A comunicação é uma forma de nos estendermos para além de nossas limitações corriqueiras. Por meio da comunicação, torna-se acessível a mim a informação que você tem no cérebro e não está no meu. Por exemplo, se você nunca tiver ido à China, ainda poderá ter algum conhecimento dos costumes e paisagens daquele país, graças à comunicação trazida por livros, filmes, fotos e conversas. Assim como unifica, a comunicação também expande, permitindo a nosso mundo se tornar maior. Essa expansão espelha o padrão da corrente ascendente da consciência.

Na direção descendente dos chacras, nós nos movemos em direção à limitação e à manifestação. Estamos tomando padrões de pensamento e tornando-os específicos por intermédio do processo de nomeação. O ato de nomear focaliza a consciência, ao traçar limites em torno de alguma coisa, dizendo o que ela é e o que não é. Nomear uma coisa é clarificá-la, estabelecer limites, especificar. A nomeação dá estrutura e significado a nossos pensamentos.

A comunicação molda nossa realidade e cria o futuro. Se eu digo a você: "Dê-me um copo de água", estou criando para mim um futuro que contém um copo de água em minha mão. Se eu digo: "Por favor, me deixe só", estou criando um futuro sem você. De discursos presidenciais e reuniões de diretoria a brigas conjugais ou histórias infantis, a comunicação está criando o mundo a todo e qualquer momento.

Evidentemente, a comunicação pode dirigir a consciência em qualquer dos dois sentidos do espectro dos chacras. Ela pode ser vista como um *sistema simbólico que opera a mediação entre a ideia abstrata e a manifestada*. Ela formula nossos pensamentos em vibrações físicas controladas, que, por sua vez, podem criar manifestações no plano físico. Com as palavras, a consciência tem uma ferramenta por meio da qual pode ordenar e organizar o universo a seu redor, inclusive a si mesma! Portanto, esse chacra ocupa lugar central no portal entre mente e corpo. Não é uma posição central de equilíbrio, como a do coração; em vez disso, ele reflete as propriedades transformadoras do fogo — um meio na transição de uma dimensão para outra.

No presente capítulo, vamos analisar a comunicação, do aspecto teórico ao prático. Vamos examinar os princípios de vibração, som, mantras, linguagem, telepatia, criatividade e meios de comunicação, como pétalas do lótus do quinto chacra.

VISHUDDHA — O PURIFICADOR

Ó Devi! Ó Sarasvati!
Que possais residir para sempre em minha fala.
Que possais residir para sempre na ponta de minha
língua.
Ó Mãe Divina, doadora da poesia impecável.

— Swami Sivananda Radha[1]

O chacra da comunicação, chamado comumente de chacra laríngeo, se localiza na região do pescoço e ombros. Sua cor é azul — um vibrante azul-cerúleo, em oposição ao azul-anil do sexto chacra. Ele é um lótus de 16 pétalas, que contém todas as vogais do sânscrito, idioma em que as vogais são tipicamente consideradas representantes do espírito, enquanto as consoantes denotam a substância mais sólida da matéria.

Esse lótus se chama *"vishuddha"*, que significa "purificação". Isso implica duas considerações sobre esse centro: 1) para alcançar e abrir com sucesso o quinto chacra, o corpo precisa alcançar certo nível de purificação. Os aspectos mais sutis dos chacras superiores exigem maior sensibilidade, e a purificação do corpo nos deixa abertos a essas sutilezas; 2) o som, como vibração e força inerente em todas as coisas, tem natureza purificadora. Ele pode afetar, e afeta, a estrutura celular da matéria. Ele também tem a capacidade de, no indivíduo e em seu entorno, harmonizar frequências de outro modo dissonantes. Examinaremos em minúcias esses princípios um pouco adiante.

Dentro do chacra, vemos novamente Airavata, o elefante branco de numerosas presas. Ele aparece dentro de um círculo, no interior de um triângulo invertido, e simboliza a manifestação da fala. Os deuses são o Deus Sadasiva (uma versão de Shiva, também conhecido como Pancanana, o deus quíntuplo) e a Deusa Gauri (epíteto que significa "loura", "amarela" ou "brilhante"). Gauri é também o nome de uma classe de deusas que inclui *Uma, Parvati, Rambha, Totala e Tripura*.[2] Cada uma dessas divindades desse chacra é mostrada com cinco faces. (Ver Figura 6.1.)

O elemento associado do quinto chacra é o *éter*, também conhecido como Akasha, ou espírito. É no quinto chacra que refinamos nossa percepção o suficiente para perceber o campo sutil das vibrações conhecido como plano etéreo. Este consiste no campo vibratório de matéria sutil que funciona como causa e resultado de nossos pensamentos, emoções e estados físicos.

Pouca gente pode negar, principalmente à luz da moderna pesquisa parapsicológica, a existência de algum tipo de plano por meio do qual, com bastante regularidade, podem ocorrer — e ocorrem — fenômenos impossíveis de explicar pelas leis da realidade comum. Exemplos de

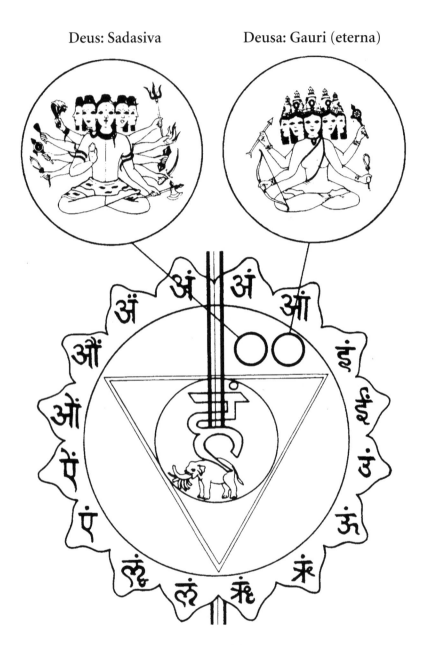

FIGURA 6.1
Chacra Vishuddha.
(extraído de *Kundalini Yoga for the West*)

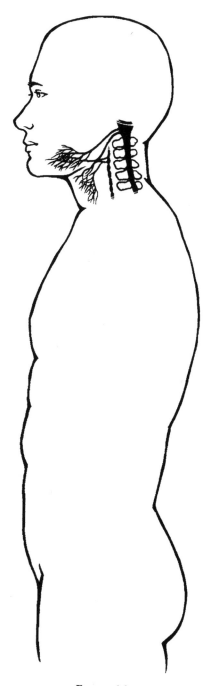

Figura 6.2
Chacra cinco.

visão remota, comunicação telepática ou cura a distância são apenas alguns dos tipos de fenômenos que podem ocorrer por meios supra-normais. A kirliangrafia é uma tecnologia que pode registrar visual-mente os campos, de outro modo, invisíveis, que cercam os seres vivos, mostrando como esses campos revelam estados de saúde ou de doença. O médico Richard Gerber, em seu livro revolucionário *Um guia prático de medicina vibracional*, descreve como, "em realidade, o princípio or-ganizador do corpo etéreo é o que mantém e sustenta o crescimento do corpo físico".[3] As doenças costumam aparecer primeiro no corpo eté-reo, antes de se manifestar nos tecidos. Da mesma forma, a cura pode ser realizada por técnicas que principalmente tratem do corpo sutil, como acupuntura, homeopatia e cura mediúnica.

O elemento éter representa um mundo de vibrações — as emana-ções das coisas vivas que vivenciamos como aura, som e o plano sutil de impressões sussurradas na mente, dentro da qual estão envolvidas nossas realidades mais sólidas.

Embora a maioria dos sistemas metafísicos postule quatro elementos (terra, água, fogo e ar), quando um sistema abrange cinco elementos, em geral o elemento universal acrescentado é terra ou espírito. Em alguns casos, ele é chamado de "espaço", e é o elemento não físico além de terra, ar, fogo e água. Nesses sistemas, os quatro elementos descrevem o mundo físico e o espírito é deixado para a inexplicável esfera não física.

O quinto chacra é o último dos sete a ter algum elemento associa-do a ele, segundo o padrão clássico; portanto, a esfera do espírito é compartilhada pelos três chacras do topo. Segundo minha interpreta-ção do sistema, fiz uma correlação do *som* como elemento associado a esse chacra, pois o som é a representação grosseira de um campo invisível de vibrações, e opera de forma semelhante às vibrações sutis. Como afirma Artur Avalon em *Serpent Power*: "O som... é aquilo por cujo intermédio a existência do éter é conhecida."[4] Portanto, ao sexto e ao sétimo chacras atribuí respectivamente a *luz* e o *pensamento*, como fenômenos vibratórios progressivamente mais sutis.

O MUNDO SUTIL DA VIBRAÇÃO

*Todas as coisas... são agregações de átomos que
dançam e produzem sons por seus movimentos.
Quando o ritmo da dança se modifica, o som que ela
produz também se modifica... Cada átomo canta
perpetuamente sua canção, e o som, a cada momento,
cria formas densas e sutis.*

— Fritjof Capra[5]

O éter pode ser equiparado ao campo abrangente e unificador das vibrações sutis encontrado em todo o universo. Qualquer vibração, seja uma onda sonora ou uma partícula dançante, está em contato com outras vibrações, e todas elas podem afetar, e afetam, umas às outras. Entrar no quinto chacra é sintonizar nossa consciência no campo vibratório sutil que nos cerca.

Vejamos uma coisa que todos nós conhecemos: o automóvel. Sabemos que nossos carros são movidos por um motor com diversas partes. Temos a matéria sólida na forma de pistões e válvulas, gás líquido e óleo diesel, a vela de ignição e o ar comprimido (os quatro primeiros elementos). Movimentos complexamente programados permitem que todas essas partes trabalhem juntas em relações precisas. Quando abrimos o capô, no entanto, só vemos a vibração. Por não conseguirmos ver as partes pequenas dentro do motor, só podemos vê-lo a partir de uma espécie de macroperspectiva. Um motor ligado parece um bloco vibratório de metal, que emite um som ronronante. Podemos dizer se o carro está funcionando bem ao ouvir o som que ele produz. Quando o som é diferente do que deveria ser, isso nos diz que alguma coisa está errada.

Da mesma forma, vivenciamos as vibrações gerais de uma pessoa ou situação, embora talvez sem conhecer os detalhes mínimos. Podemos dizer se alguma coisa não anda bem. A totalidade das vibrações inclui todos os níveis dentro dela. No quinto chacra, à medida que vamos refinando nossa consciência, começamos a perceber essas mensagens vibratórias sutis. O campo etéreo é um espécie de mapa dos padrões vibratórios de nossos tecidos, órgãos, emoções, atividades, experiências, lembranças e pensamentos.

Até os aspectos mais sólidos da matéria estão constantemente vibrando em alta velocidade. De fato, é só em função desse movimento constante que percebemos o vazio da matéria como campo sólido. O movimento das partículas atômicas, confinado num espaço muito pequeno, faz lembrar mais uma vibração ou oscilação, vibrando à média aproximada de 10^{15} Hz (Hz= ciclos por segundo).[6] Mesmo em nossas unidades mais fundamentais, a vibração existe através de todas as formas de matéria, energia e consciência.

A vibração é a manifestação do ritmo. Dion Fortune, em *A doutrina cósmica*, descreve a vibração como "o impacto do ritmo de um plano sobre a substância de outro".[7] Quando subimos a coluna dos chacras, consta que cada plano vibra num nível mais alto, mais rápido e mais eficiente que o centro abaixo dele. A luz é uma vibração mais rápida que o som (por 40 oitavas) e o pensamento é uma vibração mais sutil que a luz. Nossa consciência vibra sobre a substância de nosso corpo, a energia afeta o movimento e este afeta a matéria.

Na virada do século XIX, um cientista de nome Ernst Chladni realizou algumas experiências mostrando como a vibração afeta a matéria. Ele colocou areia num prato de aço fixo e depois fez vibrar um arco de violino na borda do prato. Descobriu que a vibração que era "tocada" no prato fazia a areia "dançar", formando belos padrões como mandalas. Conforme a frequência da variação, o padrão também variava. Um prato de areia colocado sobre um alto-falante estereofônico também produzirá padrões semelhantes se os tons forem de uma frequência simples.

Este é um exemplo inequívoco da forma como o som afeta a matéria — um exemplo do ritmo de um plano impactando a substância de outro. No entanto, não era um padrão aleatório o criado por esses tons, mas um desenho que lembra uma mandala, organizado geometricamente em torno de um ponto central — exatamente como o padrão de um chacra. Não podemos deixar de perguntar que efeito o som vai causar nas minúsculas estruturas celulares e atômicas ou no menos visível campo etéreo.

Experiências posteriores mostraram que ondas sonoras, projetadas em vários meios, tais como água, pós, pastas e óleo, produzem padrões de notável semelhança com formas encontradas na natureza, como galáxias espiraladas, divisão celular e do embrião, ou a íris e a pupila do olho humano. O estudo desse fenômeno é chamado cimática e foi amplamente desenvolvido por um cientista suíço chamado Hans Jenny.[8]

Os hindus acreditam que a vibração, operando através de vários níveis de densidade desde Brahma, o criador, a vaikhari, o som audível, é a emanação básica da qual foi criada a matéria. De fato, na escritura do hinduísmo se diz: "OM — este mundo inteiro é esta sílaba!... por causa isso, Brahma é a totalidade."[9] Embora em muitos aspectos o hinduísmo possa divergir imensamente do cristianismo, não se pode negar a semelhança da afirmativa em João 1,1: "No princípio era o Verbo, e o Verbo estava com Deus, e o Verbo era Deus."[10] Ambas descrevem de que forma o som, como emanação do divino, cria o mundo manifestado.

Todas as vibrações se caracterizam pelo ritmo, um padrão repetido e regular de movimento no tempo e no espaço. Esses padrões rítmicos são funções profundamente enraizadas de nossa consciência, exemplificados na sucessão das estações, nos ritmos cotidianos da noite e do dia, nas fases da lua, na menstruação, no ritmo respiratório e no constante bater de nosso coração. Nenhum ser vivo foge a esses ritmos. Tal qual a mudança, o ritmo constitui aspecto fundamental de toda vida e consciência.

Operando a partir do quinto chacra, o indivíduo torna-se consciente de coisas no nível vibratório. Muito mais que às palavras realmente proferidas, podemos responder ao tom de uma voz. O efeito do plano mais "abstrato" sobre nossa consciência, mais sutil que o das ações grosseiras, não é, porém, menos profundo. Infelizmente, a maioria de nós não está conscientemente atenta a suas ações e reações nesse plano.

Mesmo nossas percepções, por meio de qualquer um dos sentidos, são funções da percepção de ritmo. Ouvir ondas sonoras e ver ondas luminosas são apenas duas delas. O próprio mecanismo por cujo intermédio as fibras nervosas alimentam de informação o cérebro ocorre pela pulsação rítmica da energia. Das primeiras contrações do útero materno, no nascimento até os últimos estertores, na morte, somos criaturas rítmicas e dançantes, dançando naquilo a que Ram Dass chama "a única dança que existe".

George Leonard, em seu maravilhoso livro *The Silent Pulse*, define ritmo como "o jogo das frequências padronizadas contra a matriz do tempo".[11] Ele afirma que o papel primordial do ritmo é integrar as várias partes de um sistema. Somos como uma orquestra sinfônica. Os vários aspectos do sistema são as cordas, os metais, os sopros e a percussão, mas só podemos produzir música pelo poder unificador do ritmo. Ele é o batimento cardíaco do sistema!

O que a muitos falta na vida é esse ritmo ressonante, o aspecto integrador que nos possa conectar do núcleo de nosso próprio ser ao pulsar do coração do universo. Assim, estamos em descompasso com o mundo e conosco. Não temos coordenação, nem coesão, tampouco graça.

Além disso, os ritmos, como os padrões dos chacras, tendem a se perpetuar. A pessoa que começa o dia num estado mental tranquilo e centrado vai descobrir que suas interações são mais calmas e centradas. Por outro lado, quem toda manhã dirige até o local de trabalho durante o horário de pico, e exerce uma função de alta pressão e ritmo acelerado, acaba envolvido diariamente com tipos diversos de vibração. Esse ritmo afeta a pessoa até o nível celular do ser, e necessariamente afeta seus pensamentos, ações e emoções. Depois de trabalhar o dia inteiro, e depois de voltar para casa dirigindo na hora do rush, a pessoa não pode deixar de manifestar esse ritmo na vida doméstica, nos padrões alimentares e na interação com os demais. O cônjuge e os filhos ficam sujeitos ao bombardeio desses ritmos e podem ficar estimulados ou irritados por eles, de forma consciente ou inconsciente. Talvez eles reajam (e provavelmente o farão) no mesmo nível vibratório, piorando a situação. Se o batimento cardíaco é um maestro que rege nosso ritmo interno, não admira que tantos executivos sejam vítimas de ataques cardíacos!

Todos nos afetamos uns aos outros, e também afetamos tudo mais à nossa volta, pelas vibrações que carregamos na mente e no corpo. Não prestamos muita atenção a elas — pois o nível é sutil, difícil de localizar ou descrever —, mas, apesar disso, elas nos afetam profundamente. Poucos são os que fazem um esforço consciente para equilibrar essas vibrações, para as quais existem algumas técnicas e princípios relativamente simples, cujo emprego pode ser de grande valia para o desenvolvimento de nossa consciência, e também para a ampliação do bem-estar evolutivo de todos a nosso redor.

RESSONÂNCIA

No coração de cada um de nós, independentemente de nossas imperfeições, existe um pulso silencioso de ritmo perfeito, um complexo de formas ondulatórias e ressonâncias, absolutamente individual e exclusivo, e que, no entanto, nos conecta a tudo o mais no universo. O ato de entrar em contato com esse pulso pode transformar nossa experiência pessoal e, de alguma forma, alterar o mundo em torno.[12]

— George Leonard

Todos os sons podem ser descritos como formas ondulatórias, vibrando numa frequência específica. O *arrastamento rítmico*, também conhecido como *vibração simpática* ou simplesmente *ressonância* ocorre quando duas formas ondulatórias de frequência semelhante "entram em fase" uma com a outra, significando que as ondas oscilam juntas exatamente no mesmo ritmo. A onda resultante é uma combinação das duas originais: tem a mesma frequência, mas amplitude aumentada. (Ver Figura 6.4.) Amplitude é a distância que uma onda percorre do pico ao vale. Nas ondas sonoras, o aumento de amplitude significa aumento de energia e de volume, como na música amplificada. Ou seja, a potência e a profundidade aumentam quando as formas ondulatórias estão em ressonância.

Podemos entender o fenômeno visitando uma loja que venda relógios de pêndulo. Imagine que à nossa chegada nenhum dos re-

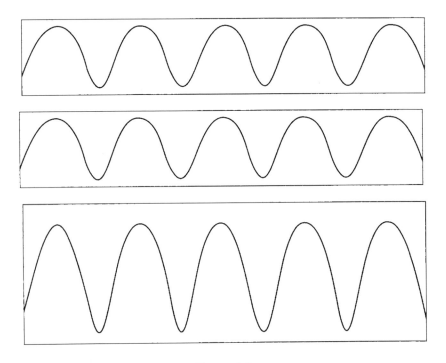

FIGURA 6.4
Interferência construtiva de ondas sonoras.

lógios tenha sido acertado. Após nos garantir que os relógios realmente funcionam, o balconista sai acertando um por um, colocando os pêndulos em movimento. No começo, essas oscilações de um segundo do pêndulo não estão coordenadas entre si, e podem até estar defasadas de meio segundo ou um quarto de segundo. Com o passar do tempo, percebemos uma diminuição no número de tiquetaques. Em breve, todos os pêndulos começam a oscilar em uníssono. Seus ritmos foram arrastados.

Se estiverem muito próximas em frequência, as vibrações oscilatórias acabarão por entrar em ressonância. Os corais, por exemplo, costumam segurar a última nota até que as vozes alcancem ressonância. Quem tem ouvidos treinados poderá perceber essas pulsações como ritmos sutis. É o que produz aquele toque limpo e claro que ecoa pelo auditório quando a nota é interrompida. As ondas sonoras entraram em fase, criando uma ressonância agradável de ser vivenciada.

Esse princípio de arrastamento rítmico também acontece com uma onda isolada disparando uma vibração numa fonte em repouso. Se, por exemplo, nós dois tivermos violinos afinados para um concerto, posso afinar a corda ré de seu violino fazendo vibrar minha própria corda ré nas imediações da sua. Assim é empregado um diapasão no controle remoto de um aparelho de tevê. Quando apertamos a tecla, ela faz soar um tom que é remotamente ativado no receptor a metros de distância.

Embora ondas semelhantes entrem em fase umas com as outras, criando ressonância, ondas de frequências distintas podem, ao invés disso, criar dissonância. Um tom puro numa flauta, por exemplo, é uma onda senoidal coerente, que afinará outras flautas. O barulho de um ônibus se compõe de muitas ondas sonoras complexas que são dissonantes.

Pessoas que moram na mesma casa acabam ressoando com as vibrações sutis umas das outras. Há muito se sabe que mulheres que vivem juntas durante certo tempo tendem a ficar menstruadas na mesma época do mês. Pessoas casadas há muito tempo com frequência começam a ficar parecidas, e suas falas exibem ritmo semelhante. No nível de cultura, acabamos arrastados pelo ritmo de nossos vizinhos, amigos e colegas. Sofremos influência do ambiente, não só em fatores visuais, psicológicos e fisiológicos (por exemplo, propaganda em outdoors, pressão social, poluição ambiental), mas também no nível profundo e subconsciente das vibrações internas.

A Sociedade Internacional de Meditação, mais conhecida como MT, tem uma filosofia de meditação baseada nesse princípio. Seus integrantes acreditam que ritmos de ondas cerebrais criadas por meditação com mantras podem ter influência positiva no mundo de quem não medita. Quanto maior a quantidade de praticantes da técnica, maior a possibilidade de ocorrer essa sincronia rítmica. Eles até submeteram a teste esse pressuposto, em Atlanta, na Geórgia, cidade em que os praticantes se comprometeram a meditar toda noite em certo horário. Ficou demonstrado que havia notável redução da criminalidade durante aquela intervalo. [13]

Toda fala tem ritmo. Logo, a conversa também está sujeita aos princípios do arrastamento rítmico, com algumas implicações fascinantes, como demonstrado pelo trabalho do Dr. William S. Condon, da Escola de Medicina da Boston University, descrito a seguir.

Para verificar com mais exatidão os aspectos mais sutis do arrastamento rítmico, o Dr. Condon filmou várias conversas e depois analisou os filmes a uma velocidade muito baixa (1/48 segundos). Ao decompor palavras simples em unidades fundamentais de som (como a palavra "som" se transformar em "sss-ooo-mm"), cada um durando uma fração de segundo, ele constatou que os movimentos corporais do ouvinte e do falante estavam em *exata sincronia com a voz*, em todos os momentos em que a comunicação estava ocorrendo. Esses movimentos podiam ser um erguer de sobrancelhas, uma inclinação de cabeça ou a flexão de um dedo. A cada novo conjunto de sons, um novo conjunto de movimentos ocorria. O mais surpreendente na questão é que os movimentos do ouvinte estavam sincronizados com os do falante, em vez de ocorrer como uma resposta atrasada. O Dr. Condon comentou:

> Observou-se que os ouvintes se moviam em exata sincronia compartilhada com a voz do falante. Isso parece uma forma de arrastamento, já que não ocorreu um hiato perceptível nem mesmo a 1/48 de segundo... Também parece uma característica universal ·da comunicação humana, e talvez caracterize a maior parte do comportamento animal em geral. A comunicação é, portanto, mais semelhante a uma dança, na qual todos se envolvem em movimentos intrincados e compartilhados que cobrem muitas dimensões, mas não parecem ter consciência de estar agindo assim. Até mesmo completos desconhecidos exibem essa sincronização...[14]

Ele descreve ainda que o conteúdo da mensagem só parece se manifestar quando ocorre o arrastamento. Antes daquele ponto, com frequência surgem mal-entendidos. Durante a década de 1960, George Leonard e o Dr. Price Cobbs, um psiquiatra afrodescendente, promoveram encontros de fim de semana de grupos inter-raciais, cujos participantes, negros e brancos, apresentavam marcadas variações no ritmo da fala. Os participantes eram estimulados a extravasar seus ressentimentos, medos e raiva. O começo da maratona era desanimador e doloroso, mas a certa altura do período eles descobriam que os ritmos se aproximavam do nível febril, com todo mundo falando, e gritando, e batendo os pés, numa escalada delirante.

Segundo a descrição:

> Perto do final do segmento, alguns gritos e xingamentos começavam a se transformar em risadas. Então acontece uma coisa estranha: o grupo inteiro para de repente, então começa de novo, depois para, depois começa mais calmamente — todos em per-

feito ritmo. A partir daí o encontro recomeça com um novo tom de afeto e descontração. É como se os pêndulos da compreensão estivessem balançando juntos, as células do coração batendo como se fossem uma só.[15]

Só quando o grupo entrou em ressonância, a comunicação realmente começou a acontecer. Talvez a comunicação seja de fato uma dança rítmica, e não um fenômeno de estímulo-resposta, como geralmente pensamos que seja. Pois vemos que o ouvinte não está em *reação* ao falante, mas, ao contrário, está em *ressonância* com o falante quando a comunicação realmente está ocorrendo.

Estudos posteriores do Dr. Condon examinaram o comportamento de crianças perturbadas e autistas, com referência ao arrastamento do ritmo auditivo. As crianças mostraram uma reação atrasada entre o ouvinte e o falante, e agiram como se estivessem reagindo a um eco dos sons originais. Seus micromovimentos as colocam em desarmonia com o mundo a seu redor, daí a sensação de alienação e confusão que caracteriza sua condição. George Leonard, na análise dos dados, conclui que "nossa capacidade de ter um mundo depende de nossa capacidade de entrar sincronia com ele".[16]

Esse é um conceito muito importante para entender o quinto chacra. Se formos incapazes de entrar em sincronia com as frequências vibratórias a nosso redor, não conseguiremos vivenciar nossa conexão com o mundo. Se não somos capazes de sincronizar, não conseguiremos comunicar. Sem comunicação, ficamos isolados, separados e alienados da energia nutritiva, tão vital para a saúde. Da mesma forma como os hindus acreditam que o som cria toda a matéria, a comunicação — seja oral, química, mental ou elétrica — cria e mantém a vida. Sem ela, morremos, tanto espiritual quanto fisicamente.

Talvez nosso conceito de intercâmbio verbal como abrangendo os aspectos mais significativos da comunicação seja só mais uma manifestação da grande maia, que encobre a natureza de sua realidade subjacente. Talvez a comunicação não passe de intercâmbio rítmico. No entanto, a linguagem é a ponta do iceberg da comunicação, e nossa principal indicação do que ele é exatamente e onde está localizado.

Se a vibração simples pode mover a matéria em padrões coerentes e harmônicos, as ressonantes só podem aprofundar aquele efeito. Quando de fato entramos em ressonância com alguma coisa, ela nos afeta profundamente. Podemos desempenhar nosso próprio papel na evolução do meio ambiente se ficarmos conscientes desse princípio da vibração simpática. Nossas próprias vibrações podem deflagrar um novo pensamento ou vibração numa fonte em repouso, despertando a consciência em outra pessoa. Podemos escolher contribuir com "boas" ou "más" vibrações: as que entrem em harmonia com as que nos cercam, ou aquelas em desarmonia ou defasadas.

Os chacras também manifestam padrões vibratórios, que vão desde as vibrações mais lentas e grosseiras da matéria sólida no primeiro chacra até as vibrações mais altas e rápidas da consciência pura. Um chacra ativo em uma pessoa pode, por meio das vibrações, provocar a abertura de um chacra inativo em outra.

Há em São Francisco um local chamado Exploratorium, repleto de dispositivos científicos que ensinam pelo envolvimento do observador. Encontra-se ali um objeto em exibição, criado por Tom Tompkin, chamado "Anéis de ressonância", que ilustra a vibração simpática. O dispositivo é um ótimo exemplo de como os chacras vibram no corpo.[17]

Numa placa de borracha colocada sobre um alto-falante, estão fixados em fila diversos aros de metal cujo diâmetro varia de aproximadamente 5 a 15 centímetros. O observador pode girar um botão que emite som através do alto-falante e faz vibrar a placa a uma frequência específica, que é ajustada no botão.

286 • Rodas da vida

Em baixa frequência, só vibram os aros grandes, com um movimento ondulatório lento, que emite um som grave. Em alta frequência, só vibram os círculos menores, com um ruído uniforme e agudo. As frequências intermediárias fazem vibrar os círculos médios. Pode-se controlar a vibração dos círculos pelo ajuste do botão a tons diversos.

Nosso corpo é a placa que faz os chacras vibrarem. O padrão vibratório geral de nossa vida — ações, pensamentos, emoções, hábitos alimentares e ambiente — estabelece a vibração de nossos chacras. Podemos ativar diferentes chacras pela mudança do ritmo vibratório de nossa vida. O que é lento permite a abertura do primeiro chacra. Frequências mais altas estimulam o terceiro chacra. Acima disso, deve-se lembrar que estamos lidando com vibrações mais sutis — mover o corpo físico com mais rapidez não vai abrir os chacras superiores, mas a meditação pode permitir ao cérebro processar vibrações "mais altas". Conforme formos superando as limitações de tempo e espaço, nossas vibrações encontrarão menos obstáculos. No nível vibratório, a iluminação pode ser considerada a onipresença de uma forma ondulatória de frequência e amplitude infinitas.

MANTRAS

A essência de todos os seres é a terra, a essência da terra é a água, a essência da água são as plantas, a essência das plantas é o homem, a essência do homem é a fala, a essência da fala é o conhecimento sagrado (Veda), a essência do Veda é o Sama-Veda (palavra, tom, som), a essência do Sama-Veda é Om.

— Chandogya Upanishad

O disco de Chladni e os princípios do arrastamento rítmico nos mostram que as ondas sonoras podem afetar, e afetam, a matéria. Não é surpresa que também atinjam a consciência.

Essa é a ideia fundamental por trás dos mantras, os sons sagrados usados na meditação e na repetição cantada. A palavra vem de *man*, que significa "mente", e *tra*, que quer dizer "proteção" ou "instrumento". Assim, um mantra é uma ferramenta para proteger nossa mente das armadilhas dos ciclos não produtivos de pensamento e ação. Os mantras servem como recursos de focalização para tornar a mente concentrada e serena. A vibração do mantra foi comparada à de uma pessoa que sacode os ombros para despertar do sono.[18] Um mantra está programado para despertar a mente de seu sono habitual da ignorância.

Exatamente como uma vibração específica do disco de Chladni criava uma mandala a partir da areia empilhada, assim também a repetição de um mantra simples, como Om, transforma nossa pilha aleatória de pensamentos e emoções num padrão coerente e gracioso. Não é preciso intelectualizar o significado ou a simbologia de um mantra para o som exercer seu efeito sobre nós. O ritmo do som funcionará no nível subconsciente e permeará nosso ritmo interno. De fato, parte da magia do mantra é que não se precisa pensar no significado, porque assim transcenderemos o aspecto fragmentado de nossa mente consciente e perceberemos a integridade subjacente.

Se, entretanto, for atribuído significado ao som específico, como no uso de uma afirmação que repetimos todo dia, tal como: "Eu sou amor", o ritmo da repetição ajuda a infundir o significado em nossa consciência.

Pronunciado em voz alta durante alguns minutos pela manhã, um mantra eficaz pode reverberar em silêncio na mente durante o dia inteiro, levando consigo as impressões de sua vibração, imagem e significado. A cada reverberação, acredita-se que o manta está operando sua magia no tecido da mente e do corpo, criando ordem e harmonia cada vez maiores. As ações podem assumir um novo ritmo, dançando ao compasso do mantra. Se for escolhido um mantra rápido, ele pode ser usado para gerar energia e vencer a inércia. Se a escolha for um mantra lento e pacífico, ele pode ajudar a trazer um estado de relaxamento e calma durante o dia inteiro.

Sons-semente dos chacras

A metafísica do hinduísmo afirma que tudo no universo é feito de som. Dentro de cada coisa, existe uma representação simbólica dos padrões energéticos que a compõem, conhecido como um som-semente, ou *bija* mantra. Esses mantras são destinados a colocar a pessoa que os repete em ressonância com o objeto do som-semente. Por meio do conhecimento dos *bija* mantras, o indivíduo assume o controle sobre a essência daquela coisa, a qual poderá criar, destruir ou alterar de alguma forma. Hazrat Inayat Khan declarou que: "Quem conhece o segredo dos sons conhece o mistério de todo o universo."[19]

Cada chacra tem o próprio som-semente associado, do qual se diz que contém a essência e, portanto, os segredos daquele centro. Cada um deles tem o próprio elemento associado, logo se acredita que os sons-semente dão acesso às qualidades daquele elemento. A seguir, os sons-semente ou *bija* mantras de cada chacra:

Chacra um	Terra, Muladhara	Lam
Chacra dois	Água, Svadhisthana	Vam
Chacra três	Fogo, Manipura	Ram
Chacra quatro	Ar, Anahata	Yam (ou Sam)
Chacra cinco	Éter, Vishuddha	Ham
Chacra seis	Ajna (luz)	Om
Chacra sete	Sahasrara (pensamento)	(nenhum mantra)

Consta que o M de cada um dos sons representaria o aspecto material e maternal do universo. O som A, por sua vez, representa o pai, o imaterial. L (Lam, terra) é um som pesado de fechamento, enquanto o H de Ham (éter) é um som leve, arejado, etéreo, e R (Ram, fogo) é um som energético e ígneo. Além do som-semente, cada chacra tem um número específico de pétalas, cada uma das quais é nomeada segundo uma letra do alfabeto sânscrito. Tipicamente, as consoantes passaram a refletir os aspectos sólidos e materiais do mundo, enquanto as vogais representam os aspectos espirituais ou etéreos. O chacra cinco, então, é o portador dos sons vocálicos, uma vez que somente vogais aparecem em suas pétalas. Acredita-se que o controle dessas letras está nas mãos da deusa Kali, cujo nome significa "tempo". Kali é o aspecto destrutivo das deusas do hinduísmo, que destrói o mundo pela remoção das letras das pétalas dos chacras, removendo assim o som ou a fala.[20] Sem o som, que é a essência de todas as coisas, nada pode existir.

Mas não somos vítimas impotentes das vibrações desarmoniosas, e podemos enviar nossas próprias vibrações. Pronunciar mantras é uma forma de assumir o controle de nosso ritmo e guiar o desenvolvimento de nossa mente e corpo no nível etéreo fundamental.

A relação a seguir mostra alguns mantras usados comumente e seus objetivos. É uma lista pequena em comparação com as possibilidades de mantras eficazes. A importância de um mantra reside em seu ritmo e vibração geral. Eles são uma experiência interna — à medida que os praticar, poderá discernir quais são os eficazes para você. No entanto, um mantra precisa de algum tempo para alcançar plena eficácia. Adote um durante uma semana ou um mês para avaliar melhor o benefício concreto.

Om ou Aum: O grande som primordial, o som original a partir do qual foi criado o universo, o som de todos os sons reunidos (para os cristãos, o mantra Amém é semelhante a Aum).

Om Ah Hum: Três sílabas de grande poder usadas para purificar uma atmosfera antes de realizar um ritual ou uma meditação; ou para transmutar oferendas materiais em suas contrapartidas espirituais.

Om Mani Padme Hum: "A joia do lótus reside no interior." Mani Padme representa a joia do lótus, a sabedoria essencial depositada no centro da doutrina budista, a essência divina, ao passo que Hum representa a realidade ilimitada encarnada dentro dos limites do ser individual. Hum promove a reunião do individual com o universal.

Gate Gate Paragate Parasam Gate Bodhi Swaha: Um Sutra Cardíaco menor dos tibetanos.

Eu sou o que sou: Uma versão em português, também destinada a unir o individual com o universal.

Om Nama Shivaya: "Em nome de Shiva." Um dos numerosos mantras em que se pronunciam nomes divinos. O nome de qualquer deus ou deusa pode ser usado para criar um mantra.

Isis, Astarte, Diana, Hécate, Deméter, Kali, Inanna: Uma popular litania pagã de nomes de deusas, do disco de Charlie Murphy "The Burning Times". Os versos seguintes podem ser acrescentados a esses, para o deus: Netuno, Ozíres, Merlin, Mananon, Hélio, Shiva — O Chifrudo (o travessão indica uma ligeira pausa).

A terra, a água, o fogo e o ar — retornem, retornem, retornem, retornem: Ao longo das mesmas linhas dos prévios mantras da deusa, esta também é uma litania ritual de reconhecimento dos elementos.

Há milhares de cânticos e mantras de diferentes culturas e religiões pelo mundo afora. Alguns têm semelhanças de tom e de ritmo, outros não. O valor mais profundo do mantra deriva do quanto investimos nele — a frequência com que usamos o som em nossas meditações, nosso trabalho, nossos pensamentos pelo dia afora. Se muita gente usar um mantra comum, então o som recolhe ressonância nos planos sutis e se torna mais poderoso. Cada vez que usamos o mantra, torna-mo-nos mais sincronizados com ele.

Embora existam mantras que estão em uso há séculos para criar efeitos específicos, não há nada de errado em criar um mantra próprio. Colocadas sob a forma de mantra, as afirmações têm um efeito mais poderoso, pois em qualquer idioma as palavras são uma forma da estrutura interna dos objetos. Assim, a afirmação "serei forte" carrega dentro de si os aspectos específicos de força que estamos buscando. Entretanto, a afirmação "eu sou forte!" cria ainda mais força, mediante uma ligeira troca de palavras. Os mantras devem ser escolhidos cuidadosamente para criar os efeitos desejados. Na maioria das escolas místicas, eles têm sido uma tradição esotérica secreta. Seu poder é sutil e, em geral, os insensíveis ou não iniciados sequer o detectam. Esse poder só é sentido por intermédio da experiência. Seu uso emprega só a técnica simples e inequívoca da repetição, e seus benefícios podem ser sentidos por qualquer postulante sincero. Eles são uma chave básica, fundamental, que permite aos seres humanos desvendarem alguns dos mistérios de nossa própria harmonia interior.

Sons vocálicos e os chacras

Os sons-semente de cada chacra listado anteriormente só diferem em suas consoantes. Portanto, o som sustentado da vogal de cada um deles é o mesmo (exceto o chacra seis). Minha experiência mostrou que o mais eficaz para ressoar os chacras é trabalhar com vários sons vocálicos. Embora a pesquisa tenha mostrado diferenças de um sistema para outro, a lista a seguir representa a correlação mais comum de sistemas diferentes. Para validar essa informação, você mesmo pode cantar os sons, e sentir qual dos chacras parece vibrar com cada som. Experimente à vontade. Seus próprios chacras podem ressoar com tons ligeiramente diferentes.

Esses sons são igualmente eficazes, ou até mais, quando usados como mantra silencioso ou como recurso para meditação. Escolha o chacra ou os chacras com que você mais deseja trabalhar e use os sons vocálicos para despertá-los.

Muladhara:	O como em Om
Svadhisthana:	U como em Uva
Manipura:	A como em Pai
Anahata:	El como em Lei
Vishuddha:	I como em Ir
Ajna:	mm
Sahasrara:	nn ou apenas silêncio

TELEPATIA

A chave da maestria é sempre o silêncio, em todos os níveis, porque no silêncio discernimos as vibrações, e discerni-las é ter a capacidade de captá-las.

— Sri Aurobindo[21]

Telepatia é a arte de se comunicar através de tempo e espaço sem usar qualquer um dos cinco sentidos "normais". Há relativamente pouca gente adepta dessa forma de comunicação; no entanto, é algo a que todos respondemos no nível subliminar. Com um quinto chacra bem desenvolvido, esse tipo de comunicação torna-se acessível.

Enquanto aprendemos a refinar os chacras, acalmar a mente e serenar os pensamentos, o tecido de nossa consciência vai se tornando progressivamente mais liso. As vibrações se tornam mais estáveis e as percepções, mais diretas. Nesse estado, é muito mais fácil se tornar consciente das ondulações mais sutis das vibrações em nosso campo energético. Os níveis mais silenciosos da comunicação telepática se tornarão explícitos quando as vibrações grosseiras de nossa vida já não estiverem gerando interferência.

Vamos fazer uma analogia da comunicação telepática pela amplificação de nosso fenômeno. Se você estiver numa festa barulhenta, com todos falando ao mesmo tempo, a música tocando no volume máximo e todo mundo dançando, precisará subir muito a voz para manter qualquer conversa. Se por alguma estranha razão sua parceira estiver só sussurrando, você não ouvirá bem o que ela diz. Para ouvi-la, vai precisar de um ambiente silencioso, em que haja pouca ou nenhuma interferência à comunicação de vocês.

A telepatia pode ser definida como *a arte de ouvir os sussurros da mente alheia*. Para fazê-lo, precisamos ter silêncio interior em nossa mente. A maioria de nós tem, por natureza, uma festa em plena realização dentro da cabeça. Estamos sempre conversando com nós mesmos ou tocando músicas em nossa mente. Quando isso se soma ao ruído habitual ao redor, dificulta a recepção do quinto chacra. Estamos acostumados a usar dispositivos tecnológicos para enviar nossas mensagens além do limite de nossa voz. Não estamos acostumados a ouvir os movimentos sutis do éter, que podem nos trazer comunicação através do tempo e espaço.

E por que deveríamos fazê-lo? A comunicação grosseira e física não é mais precisa, mais específica e menos sujeita a perdas ou erros? Se você enviar uma mensagem telepática, como pode ter certeza de que foi recebida? Ou recebida com exatidão?

A consciência não é de fato um processo verbal. Para haver comunicação, devemos traduzir para uma estrutura simbólica o conteúdo de nossa consciência. Para receber a comunicação, devemos traduzir os símbolos de volta à consciência. Por mais que a comunicação possa parecer instantânea, estamos decompondo a consciência de sua forma mais pura a uma condição menor. Como qualquer linguista sabe, a essência de uma comunicação muitas vezes fica distorcida na tradução.

Vista por esse ângulo, a comunicação telepática pode ser mais precisa e imediata que a comunicação verbal, sujeita a conter muitas vezes mentiras e omissões.

Embora poucos sejam os adeptos dessa forma de comunicação, é ainda menor o número dos que nunca tiveram essa experiência. Exemplos das formas comuns de ocorrência da telepatia são duas pessoas dizerem a mesma coisa ao mesmo tempo, ou encontrar o telefone ocupado porque um amigo está telefonando para você naquele exato momento, ou receber a impressão mediúnica de que um parente corre perigo.

Se aceitarmos o éter como um campo conectivo de vibrações grosseiras e sutis, então a comunicação ocorre através de alterações imperceptíveis daquele campo. A comunicação telepática é simplesmente uma alteração mais sutil, só perceptível quando silenciadas as vibrações mais grosseiras. A telepatia pode resultar quando duas ou mais mentes estão em sintonia rítmica de tal ordem que a variação do padrão de um ritmo resulta numa variação semelhante em outro. O arrastamento dos ritmos aumenta a amplitude da onda. Uma onda de maior amplitude tem mais potência, mais chance de ser ouvida.

Seja qual for a explicação, exemplos de comunicação telepática indicam um tipo de conectividade mental que flutua pelo éter e permite a troca de informações num plano que não é físico. Quando os pensamentos se tornam progressivamente mais densos, começam a se manifestar — eles são reconhecidos por uma mente, depois por duas, e se tornam cada vez mais densos até se tornarem reais. O antigo provérbio "Pensamentos são objetos" torna-se plausível.

Não importa se somos iniciadores ou receptores, é quase certo que existe um modo por intermédio do qual podemos nos sintonizar com uma esfera para a qual convergem as vibrações da mente. Por meio do refinamento de nossos chacras e atenção ao mundo vibratório que nos cerca e nos cria, podemos ter acesso a esse nível unificador da consciência. Quanto mais perto chegamos dos chacras superiores, mais próximos ficamos de uma universalidade de mentes, transcendendo as limitações físicas de tempo e espaço que nos mantêm separados. Não precisamos criá-la, só precisamos silenciar a mente e ouvir. O recurso já existe, e já estamos desempenhando um papel dentro dele. É opção nossa tornar consciente esse papel.

CRIATIVIDADE

A comunicação é um processo criativo. Quanto mais competentes nos tornarmos nessa arte, mais criativo se torna o processo. Uma criança pequena, quando começa a aprender a falar, limita-se a imitar as palavras dos pais. Em breve, porém, a criança passa a entender que certas palavras trazem resultados específicos, e começa a experimentá-las. Graças ao crescimento de seu vocabulário, ela reúne cada vez mais elementos com os quais exerce a criatividade. Tem início o uso de palavras, sons e gestos para criar sua realidade — exatamente como fará pelo resto da vida.

Embora muita gente tenha associado a criatividade ao segundo chacra (por ser onde criamos os bebês), a meu ver ela é, em última análise, uma forma de expressão, relacionada ao quinto chacra. Criar vida no útero não é um processo consciente. Não decidimos fazer dedos das mãos ou dos pés, olhos azuis ou castanhos. Embora os estados emocionais do segundo chacra possam alimentar impulsos criativos, para criar é preciso ter vontade (chacra três)[22] e consciência abstrata (chacras superiores em geral).

As artes sempre estiveram na vanguarda da cultura. Sejam visuais, auditivas, cinéticas, dramáticas ou até literárias, e exatamente por seu caráter livre e não conformista, as artes são capazes de avançar pelo vasto território não mapeado do futuro e ilustrar ideias e conceitos de uma forma que afeta a consciência num nível imediato e abrange todo o cérebro.

Segundo as palavras de Marshall McLuhan, analista magistral dos meios de comunicação:

> *Estou curioso em saber o que aconteceria se a arte fosse subitamente vista pelo que é, ou seja, a informação exata de como é reorganizar a própria psique para estar preparado a enfrentar o próximo golpe desferido por nossas próprias faculdades ampliadas... O artista está sempre envolvido em escrever uma história detalhada do futuro porque ele é a única pessoa consciente da natureza do presente.*[23]

As formas de arte são geralmente mais abstratas que quaisquer outras formas de comunicação. Deixando espaço para imaginação, elas convidam à participação dos componentes mais inovadores de nossa consciência. Ao dizer menos, talvez possamos ouvir mais. No momento em que nos aproximamos dos planos mais abstratos da consciência, é muito adequado nos voltarmos a nossos meios de comunicação mais abstratos, para poder assumir esses planos.

O processo de criação é um processo de descoberta interior. Ao criar uma obra de arte, nós nos abrimos para os próprios mistérios do universo. Nós nos transformamos em canais de informação espiritual, aprendendo uma língua mais universal que as línguas humanas.

O processo da criatividade é delicado. Vidas arregimentadas não se prestam a ele, e são até ameaçadas por ele. A criatividade liberta nosso poder interior, tanto quanto a língua "liberta do desconhecido do limbo, fazendo isso para que o cérebro inteiro possa conhecê-lo".[24]

No momento, existe um renascimento de terapias que utilizam o processo criativo. Empregando arte visual, psicodrama, movimento, dança e o efeito calmante da música, o indivíduo pode ter acesso a regiões mais profundas e, em geral, mais saudáveis da mente e do corpo, enquanto se livra de frustrações íntimas que fragmentam sua integridade.

A sobrevivência e a saúde no século XXI exigirão inovação e flexibilidade. A criatividade é a chave para abrir essas qualidades. Devemos respeitá-la em nós mesmos e em cada um. Devemos respeitar os meios que a tornam possível e nos proteger dos fenômenos que ameaçam desligar essa força vital básica. Dela, depende nosso próprio futuro.

OS MEIOS DE COMUNICAÇÃO

A televisão, o rádio, os jornais e outras formas públicas de comunicação podem ser vistos como a expressão cultural do quinto chacra, agindo como um sistema nervoso conectivo para todos nós. Se a comunicação é a passagem do conhecimento e da compreensão, o conteúdo massivo de nossa consciência coletiva é, por bem ou por mal, fortemente influenciado pela mídia e pelos que a controlam. Se os meios de comunicação nos forçam a ouvir sobre a vida sexual pessoal de um político, obrigam-nos a assistir a incontáveis assassinatos na televisão, ou enviam dados honestos sobre o meio ambiente, eles dirigem a atenção pública para temas arquetípicos que *julgam* ser do interesse da consciência pública. A mídia direciona nossa atenção, e aonde vai a atenção, em geral o restante da energia vai atrás. Se a mídia considera que para nossos filhos é mais adequado assistir a cenas de violência que de amor, ela está estabelecendo valores culturais para todos nós.

Ela é também o mais poderoso meio de transformação cultural de que dispomos. Ela pode ser um poderoso sistema de retroalimentação, que nos permite enxergar a nós mesmos como somos — em nossa beleza e nossa ignorância. As imagens dos noticiários sobre a guerra do Vietnã permitiram à população entrar em contato com as atrocidades da guerra, *quando ela ainda estava acontecendo*, e a promover os protestos antibélicos. A mídia nos permite conhecer o estado da ecologia planetária e a condição das populações de outros lugares, além de ajudar a montar os circuitos do cérebro planetário.

Ela também pode nos mostrar formas de ser diferentes. Um filme pode fazer uma realidade hipotética parecer tão real que nossa imaginação fica repleta de novas possibilidades. A mídia pode expressar a criatividade, comunicando-se das profundezas do inconsciente coletivo. Pode mostrar as frentes da transformação cultural ao trazer à luz os inovadores e deixar que sejam ouvidas suas vozes.

É importante exigir integridade daqueles que controlam os meios de comunicação. Se eles são o sistema nervoso cultural de maior influência sobre as formas de viver nossa realidade coletiva, então urge evitar que sejam poluídos pelo lixo cultural, pelos boatos sensacionalistas, pela propaganda ideológica e pelas mentiras. Caso contrário, estamos nos arriscando a sofrer manipulação coletiva por parte daqueles que, na realidade, têm maior poder que a maioria de nossos representantes eleitos. Se o nome do quinto chacra, *vishuddha*, significa purificação, então nosso quinto chacra coletivo deve ser purificado com a ressonância da verdade que pode iluminar a todos nós.

EXERCÍCIOS

Charadas

Passe uma hora com alguém em silêncio total, porém envolvidos em uma comunicação ativa. Escolha assuntos difíceis para tratar. Observe que métodos você utiliza para se comunicar, tais como gestos, símbolos com a mão, movimentos com o corpo e dos olhos. Observe como vai ficando mais fácil já no final do intervalo. Observe quais pontos são especialmente difíceis. Esse exercício pode ajudar de verdade a construir uma comunicação entre duas ou mais pessoas.

Voto de silêncio

Componente essencial da comunicação, o ato de ouvir é frequentemente negligenciado. Os iogues muitas vezes fazem voto de silêncio por períodos prolongados, para purificar suas vibrações de sons audíveis e sintonizar melhor com os sons sutis. Ao evitar a comunicação verbal, podemos abrir outras vias de comunicação, principalmente a estabelecida com a consciência mais elevada. Comece praticando por algumas horas, depois tente fazê-lo por um dia inteiro ou mais.

Gravação da voz

Faça uma gravação de sua voz durante uma conversa rotineira. Confira o quanto você fala e o quanto ouve, se há interrupção ou hesitação em sua fala. Observe seu tom de voz. Se você não conhecesse essa pessoa, o que intuiria a seu respeito, a partir da voz?

Giro do pescoço

O pescoço é a parte mais estreita do tórax. A maior parte do tempo, ele funciona como filtro para o intenso fluxo de energia entre mente e corpo. Isso o deixa extremamente sujeito a tensão e rigidez. O relaxamento do pescoço é o começo essencial para qualquer trabalho no quinto chacra.

> Levante a cabeça, destacando os ombros, e então gire lentamente a cabeça num movimento de círculo, esticando o pescoço. Pare em qualquer ponto de tensão ou desconforto, massageando com os dedos. Pouse os dedos nos lugares tensos até relaxarem um pouco, depois prossiga. Faça o movimento para a esquerda e depois para a direita. (Ver Figura 6.6.)

Flexão do pescoço

Movimento que estimula a glândula tireoide e ajuda a fortalecer o pescoço.

Deite de costas e relaxe. Lentamente suspenda a cabeça, deixando os ombros apoiados no chão, de modo que fique olhando para os dedos dos pés. (Ver Figura 6.7.) Mantenha a posição até sentir a energia entrar no pescoço.

Postura da vela

Para que essa posição force menos o pescoço, dobre uma coberta ou toalha (na espessura de 5 a 7 centímetros), assim, quando você se deitar de costas, a cabeça ainda tocará no solo, mas as vértebras cervicais estarão sobre o cobertor.

Deite de costas, com os braços ao lado do corpo, e relaxe. Dobre os joelhos e levante as pernas em direção ao peito, curvando as costas.

Quando os quadris subirem, deixe os braços dobrados nos cotovelos, para apoiar as costas com as palmas das mãos na altura da cintura.

Estique as pernas para cima devagar, usando os braços como apoio. Fique na posição pelo tempo que for confortável. (Ver Figura 6.8.)

Postura do arado

Se você conseguiu fazer com sucesso a posição da vela, pode tentar o arado.

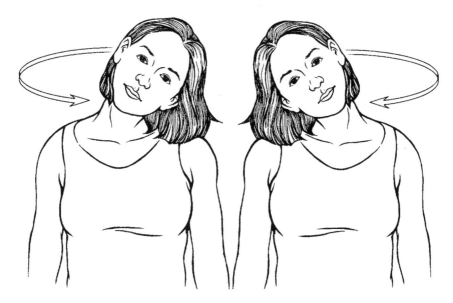

Figura 6.6
Giro do pescoço.

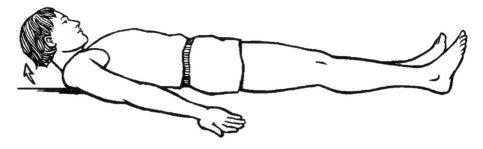

Figura 6.7
Flexão do pescoço.

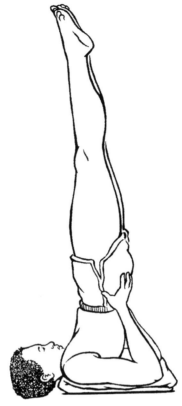

Figura 6.8
Postura da vela.

Volte à posição da vela.

Abaixe as pernas para colocar os pés atrás da cabeça, tocando o chão e mantendo joelhos tão retos quanto possível. (Ver Figura 6.9.)

Para corpos menos flexíveis, pode-se colocar uma cadeira atrás da cabeça e apoiar as coxas sobre ela.

Postura do peixe

Essa posição geralmente é feita depois da vela ou do arado, porque faz o alongamento complementar no pescoço e nas costas. Ela também ajuda a abrir a cavidade peitoral e estimular a tireoide.

> Deite-se de costas. Com as mãos nos quadris, firme-se nos cotovelos para arquear a parte superior do corpo, levantando o peito em direção ao teto e arqueando o pescoço para trás até a cabeça tocar o solo. (Ver Figura 6.10.)

FIGURA 6.9
Postura do arado.

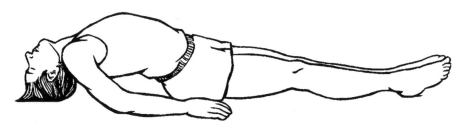

FIGURA 6.10
Postura do peixe.

NOTAS

1. Swami Sivananda Radha, *Kundalini Yoga for the West*, p. 231.
2. Stutley, Margaret e James, *Harper's Dictionary of Hinduism*, p. 96.
3. Richard Gerber *Vibrational Medicine* [Medicina Vibracional, Cultrix 1997], p. 302.
4. Arthur Avalon, de sua discussão sobre os elementos, *The Serpent Power*, p. 71. Mais adiante ele cita o Hatha-Ioga-Pradipika: "Tudo o que se ouve sob forma de som é Shakti... desde que existe a noção de éter, desde então o som é ouvido", cap. 4, vv. 101, 102, citado em *The Serpent Power*, p. 99.
5. Fritjof Capra, *The Tao of Physics* (NY: Bantam Books, 1975), p. 229 [*O Tao da física: um paralelo entre a física moderna e o misticismo oriental*, Cultrix, 1998.]
6. Itzhak Bentov, *Stalking the Wild Pendulum*, p. 68.
7. Dion Fortune, *The Cosmic Doctrine*, p. 57.
8. Para um banquete visual desse fenômeno, assista ao vídeo *Cymatics: The Healing Nature of Sound* [Cimática: a natureza regeneradora do som], preparado por MACROmedia, P.O. Box 279, Epping, NH, 03042.
9. Patrick Olivelle, *The Early Upanishads: Annotated Text and Translation*, da Mandukya Upanishad (NY: Oxford University Press, 1998), p. 475.
10. João, I, Bíblia do rei Jaime.
11. George Leonard, *The Silent Pulse*, p. 10.
12. Ibid, xii.
13. Arthur Aron, em artigo disponível por intermédio do Center for Scientific Research, International Maharishi University, Fairfield, Iowa.
14. William S. Condon, "Multiple response to sound in dysfunctional children". *Journal of Autism and Schizophrenia* 5:1 (1975), p. 43.

Chacra cinco: som • 305

15. George Leonard, *The Silent Pulse*, p. 23.

16. Ibid, 18.

17. Tom Tompkin, Exploratorium, Palace of Fine Arts, San Francisco, CA, 1986.

18. Arthur Avalon, *The Serpent Power*, p. 97.

19. Hazrat Inayat Khan, *The Sufi Message*, v. 2 (Londres: Barrie and Rockcliff, 2ª ed., 1972).

20. Arthur Avalon, *The Serpent Power*, p. 100.

21. Conforme citado por Satprem em *Sri Aurobindo, or the Adventure of Consciouness*, p. 71.

22. Alguns, como Edgar Cayce e Carolyn Myss, situam a vontade no quinto chacra. Acredito que ela ocorre muito antes, ou não chegaríamos sequer ao quinto chacra. Ademais, isso deixa a comunicação inteiramente fora do Sistema de Chacras. Podemos expressar nossa vontade nesse chacra, mas o poder interior e a vontade são, inicialmente, um processo silencioso.

23. Marshall McLuhan, *Understanding Media*, pp. 70-71. [*Os meios de comunicação como extensões do homem, Cultrix, s.d.*]

24. Marilyn Ferguson, *The Aquarian Conspiracy*, p. 80 [*A conspiração aquariana*, Record, 1980.]

LEITURA COMPLEMENTAR

Gardner, Kay. *Sounding the Inner Landscape: MM.* Stonington, ME: Caduceus Publications, 1990.

Gardner-Gordon, Joy. *The Healing Voice.* Freedom, CA: The Crossing Press, 1993.

Gerber, Richard, M.D. *Vibrational Medicine: New Choices for Healing Ourselves.* Santa Fe, NM: Bear & Co., 1988.

Hamel, Michael Peter. *Through Music to the Self.* Boston, MA: Shambhala 1976.

Leonard, George. *The Silent Pulse.* Nova York: E. P. Dutton, 1978.

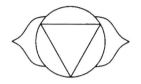

CHACRA SEIS

Luz

Cor

Visualização

Intuição

Imaginação

Clarividência

Visão

Capítulo 7

CHACRA SEIS: LUZ

MEDITAÇÃO DE ABERTURA

ESTÁ ESCURO. DE OLHOS FECHADOS, estamos deitados como adormecidos, sem sonhos, na ignorância de tudo que nos cerca. Flutuando num mar de vazio, no berço da escuridão — sem ver, sem saber, em paz. Respiramos devagar, inalando, exalando, alongando e relaxando nossos corpos enquanto nos aquietamos na cálida e serena escuridão interior. Estamos em casa. Estamos seguros. Estamos mergulhados em nós mesmos, sentindo, ouvindo, sendo — mas ainda sem ver.

Transforme-se nessa escuridão — que tudo sabe, porém não sabe, vazia e livre. Deixe a escuridão envolvê-lo, acalmá-lo, enquanto você esvazia a mente na infinidade do vácuo, o útero da escuridão — o local em que nascem nossos sonhos vindouros.

Em algum lugar, nas trevas, ouvimos um som — uma nota distante, uma voz, o roçar de um movimento. Sentimos no rosto o sopro da brisa, sentimos o calor sobre os ombros, sentimos o impulso de nos erguer e fluir, e seguir, mas não sabemos para onde. Nosso corpo não pode ver e não ousa se mover. Está escuro e imóvel.

Eles nos chamam pedindo direção, sabedoria, orientação. Apelam à inteligência, à memória, pedem que seja esclarecido o padrão. Eles apelam à luz.

E, temerosos de deixar a escuridão e a segurança de nossa ignorância, ouvimos esse apelo.

Ouvimos esse apelo e nossa mente, faminta de respostas, faz perguntas ao exterior. Ansiamos por ver, por saber, por contemplar de uma vez por todas as maravilhas que nos cercam. Para preencher nossa mente de reconhecimento, os passos seguros do conhecer, a felicidade e a paz que a luz também pode trazer.

Abrimos nossa mente. Abrimos nossos olhos. Olhamos em torno.

Imagens se derramam em milhares de formas caleidoscópicas, tombando para dentro, padrão após padrão, num infinito entretecer.

Cores, formas e feitios refletem o espaço em torno, retornam refletidos para dentro de nós, registrando a vida em padrões que nossa mente consegue ver com clareza.

A mente se abre e recebe.

Mas há coisas em excesso, e a luz nos deixa cegos.

Clamamos às trevas que nos deem sombra, para amenizar, para ligar os padrões num significado.

E a escuridão chega devagar, mãos dadas com a luz, a qual dá sombra, definindo, sombreando, entretecendo, organizando.

Agora a luz chega mais suave, cores do arco-íris, curando, acalmando, iluminando, vinda a seu bel-prazer. Amarelo-ativo, verde-restaurador, azul-calmante, roxo-potente. Tudo o que está vivo resplandece de luz. Feição e essência em formas que se revelam para vermos e conhecermos.

O que queremos ver? O que invocamos em nossa visão interior? O que traz a luz?

Beleza de mil sóis, beleza de lua solitária,
Padrões de vida que levamos, toda a verdade que percebemos.
Docemente agora nas asas da luz, nossas pétalas tremulam na
  noite,

Buscando alcançar os mundos além, os fatos vindouros, os dias de outrora.

Rede da matriz holográfica, ela foge aos limites impostos pelo tempo.

Toda a verdade pode ser contida pelos padrões retidos na mente,

Vermelho e amarelo, verde e azul, entrelaçados em matiz variado.

Forma e feitio, intuição revelada, nada pode ficar oculto.

À visão interior que se espraia, vendo a verdade, removendo a dúvida.

Dentro nos abrimos, a olhar e esperar, enquanto visões da sabedoria nos tecem o destino.

A iluminação mostra o caminho, nossa luz interior converte a noite em dia.

E, embora a escuridão ainda retorne, não a tememos porque aprendemos que treva e luz se combinam, e definem os padrões:

Da treva à luz, e da noite ao dia,

Em nossa mente iluminamos o caminho.

SÍMBOLOS E CORRESPONDÊNCIAS

Nome em sânscrito:	Ajna
Significado:	Perceber, comandar
Localização:	Centro da cabeça ligeiramente acima do nível dos olhos
Elemento:	Luz
Forma essencial:	Imagem
Função:	Visão, intuição
Glândulas:	Pineal
Outras partes do corpo:	Olhos

Disfunção:	Cegueira, dores de cabeça, pesadelos, tensão ocular, visão borrada
Cor:	Índigo
Som-semente:	Om
Som vocálico:	mm (realmente não é um vocal, neste caso)
Pétalas:	Duas
Sephira:	Binah, Hokmah
Planetas:	Júpiter, Netuno
Metal:	Prata
Alimentos:	Enteógenos (plantas sagradas)
Verbo correspondente:	Eu vejo
Caminho da ioga:	Yantra
Ervas para incenso:	Artemísia, anis-estrelado, acácia, açafrão
Minerais:	Lápis-lazuli, quartzo, safira-estrela
Guna:	*Sattva*
Animais:	Coruja
Símbolos do Lótus:	Duas pétalas brancas em torno de um círculo, dentro do qual há um triângulo dourado apontando para baixo (trikuna) contendo o lingam, e o som-semente Om; no pericarpo, Shakti, Hakini, com seis faces vermelhas e seis braços, sentada sobre um lótus branco; acima dela, uma lua crescente, o ponto Bindu da manifestação, Shiva sob a forma de raios
Divindades indianas:	Shakti, Hakini, Paramasiva (forma de Shiva), Krishna
Outros panteões:	Têmis, Hécate, Tara, Ísis, Íris, Orfeu, Belenos, Apolo

O OBSERVADOR ALADO

Imaginação é mais importante que conhecimento.

— Albert Einstein

Desde a aurora dos tempos, a escuridão e a luz se entrelaçaram para nos trazer um dos maiores presentes da consciência — a capacidade de ver. Para testemunhar as maravilhas do universo, estejam elas a anos-luz de distância numa abóbada cintilante de estrelas, ou desabrochando entre as flores de nosso jardim, a dádiva da visão nos permite contemplar a beleza da criação. A visão nos dá a capacidade de absorver num átimo imensas quantidades de informação sobre nosso ambiente. Destiladas em ondas luminosas, figuras e formas criam um mapa interno do mundo ao redor. De nossos sonhos, saltam imagens do inconsciente e nos conectam com a alma. Por meio da intuição, encontramos saída para situações, extraindo sabedoria que nos orienta em momentos difíceis.

A dádiva da visão — interior e exterior — é a essência e a função do chacra seis. Por intermédio da visão encontramos um meio de internalizar o mundo exterior, e uma linguagem simbólica para exteriorizar o mundo interior. Nossa percepção de relações espaciais nos fornece os módulos de construção para lembrar o passado e imaginar o futuro. Assim, esse chacra transcende o tempo.

O "chacra da testa" ou frontal, como é chamado com frequência, está localizado no centro da testa — no nível dos olhos ou ligeiramente acima, variando de uma pessoa para outra. Ele está associado à terceira visão, o órgão etéreo de percepção extrassensorial que flutua entre os dois olhos físicos. A terceira visão pode ser vista como o órgão mediúnico do sexto chacra, exatamente como nossos olhos físicos são ferramentas de percepção para o cérebro. O chacra em si inclui a tela interna e um vasto acervo de imagens que compreendem nosso processo de pensamento visual. A terceira visão enxerga além do mundo físico e nos acrescenta uma percepção subjetiva, exatamente como ler nas entrelinhas, no texto escrito, nos amplia a compreensão.

Em sânscrito, o nome do chacra é *ajna*, que na origem significava "perceber" e mais tarde "comandar". É isso o que diz da natureza dupla desse chacra — absorver imagens por meio da percepção, mas também formar imagens internas a partir das quais comandamos nossa realidade, ação comumente conhecida como visualização criativa. Manter na mente uma imagem aumenta a possibilidade de que ela se materialize. A imagem se torna uma espécie de vitral, através do qual brilha a luz da consciência em vias de manifestação. Se não houver interferência, a forma no plano manifestado é exatamente a que visualizamos, tal como ocorre com a imagem projetada num vitral, se não houver móveis no meio. Uma razão pela qual nem sempre se manifestam nossas visualizações é o fato de que quase sempre encontramos interferência ao longo da descida até a manifestação. Essa interferência pode consistir em circunstâncias alheias, medos de nosso inconsciente ou simples falta de clareza em nossa visualização.

Embora em nossa escalada do Sushumna o número de pétalas do lótus fosse aumentando gradativamente, de repente só há duas pétalas no chacra Ajna.[1] (Ver Figura 7.1.) Há muitas interpretações possíveis de seu significado: os dois mundos da realidade — manifestado e imanifestado; os nadis entrelaçados ida e pingala, que se reúnem nesse ponto; e os dois olhos físicos que circundam a terceira visão. As pétalas também lembram asas e simbolizam a capacidade do chacra de transcender espaço e tempo, permitindo ao espírito interior "voar" para tempos e lugares distantes. É interessante observar que, se compararmos o caduceu aos chacras e aos nadis, as duas asas ocorrem na altura em que estaria o sexto chacra. Outra interpretação é de que as duas pétalas, dispostas em volta do círculo, lembram a própria esclerótica, disposta em torno da íris.

O elemento correspondente a esse chacra é a *luz*. Por meio da interpretação sensorial da luz, obtemos informação sobre o mundo em

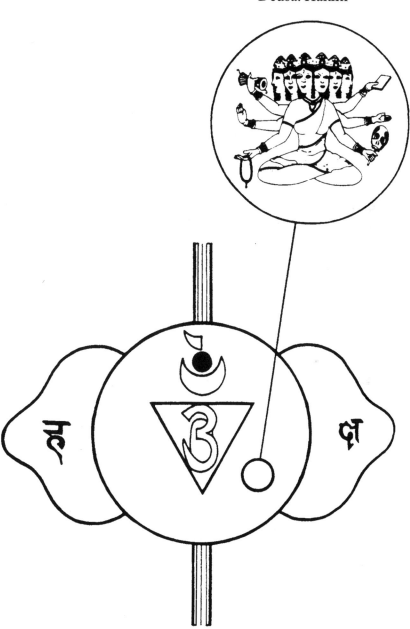

FIGURA 7.1
Chacra Ajna.
(extraído de *Kundalini Yoga for the West*)

torno. A quantidade de dados que conseguimos enxergar depende do grau de abertura ou desenvolvimento do chacra, incluindo-se, até certo ponto, a acuidade de nossa visão normal. A extensão da capacidade visual ou mediúnica pode variar, dos que são extremamente observadores do mundo físico aos que foram dotados da percepção mediúnica, que conseguem enxergar auras, chacras, detalhes do plano austral, ter pré-cognição (a "visão" de acontecimentos futuros) e visão remota (visão de coisas em outros lugares).

Ao contrário dos cinco chacras inferiores, situados no corpo, o chacra frontal se localiza na cabeça. Portanto, sua natureza é mais mental que a de qualquer um dos chacras anteriores. Nossas percepções visuais, antes de poderem ser compartilhadas de forma tangível, precisam ser traduzidas de outras formas, tais como linguagem, ações ou emoções. Como nos tornamos mais mentais, deixamos para trás as limitações de tempo e espaço e entramos numa dimensão transpessoal.

Cada chacra corresponde a uma glândula; o chacra seis está relacionado com a pineal, uma glândula minúscula (10 por 6 milímetros), de forma cônica, localizada no centro geométrico da cabeça, no nível aproximado dos olhos. (Ver Figura 7.2.) Possivelmente, em alguma época, a pineal se situava mais perto do topo da cabeça, o que vale ainda para algumas espécies de répteis nos quais ela forma uma espécie de órgão percentual fotossensível, que lembra um olho adicional.[2]

A glândula pineal por vezes chamada a "sede da alma", funciona como um fotômetro para o corpo, traduzindo variações luminosas em mensagens hormonais liberadas pelo corpo por via do sistema nervoso autônomo. Mais de uma centena de funções corporais tem seus ritmos diários influenciados pela exposição à luz.[3] A pineal atinge o máximo desenvolvimento aos 7 anos de idade, e acredita-se que influencia a maturação das glândulas sexuais.[4] Em termos embriológicos, a glândula pineal é derivada de um terceiro órgão da visão que começa a se desenvolver cedo no embrião e depois degenera.[5] A pineal

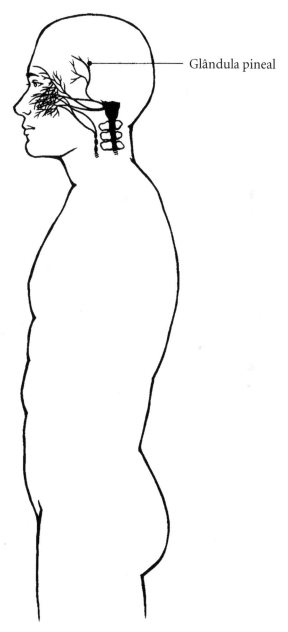

FIGURA 7.2
Chacra seis.

tem certo efeito tranquilizante sobre o sistema nervoso, e sua remoção pode predispor um animal a convulsões.

Da pineal, foi isolada a melatonina, hormônio relevante para as células pigmentares. Tudo indica que a produção de melatonina é disparada pela exposição dos olhos à luz, mesmo em pequenas quantidades.[6] Acredita-se que a melatonina, agora amplamente pesquisada como coadjuvante do sono, fortalece o sistema imunológico, reduz o estresse e retarda o envelhecimento.[7] A produção de melatonina diminui com a idade, e níveis baixos do hormônio são em geral encontrados nos quadros de depressão e, consequentemente, níveis mais altos que o normal em estados maníacos.[8]

Como a pineal se localiza pouco acima da hipófise, alguns relacionam a pineal ao chacra sete e a hipófise ao chacra seis.

Será a imaturidade de nossa cultura no nível do sexto chacra relevante para a atrofia da pineal? Será que essa glândula tem uma função mística que atualmente está adormecida, à espera de alguma espécie de despertar espiritual ou cultural? Estudos demonstraram que a luz decididamente exerce efeito sobre a saúde e o comportamento de plantas e mamíferos.[9] Poderia a glândula pineal desempenhar algum papel secreto na ligação entre a luz e a química do corpo?

A essa altura, não há provas suficientes para se fazer essa afirmação. A melatonina, como coadjuvante do sono, aumenta a atividade de sonho, mostrando ter certa relevância para a visão interior. Quimicamente, a melatonina é semelhante a plantas nativas conhecidas por induzir visões, e pode circular num composto chamado 10-metoxiharmalano, potencialmente alucinógeno. Algumas drogas psicotrópicas, como o LSD, aumentam a síntese da melatonina.[10] Indubitavelmente, pode haver em seres humanos adiantados propriedades químicas associadas à pineal que disparam o fenômeno da visão interior. Agora que se difundiu tanto o uso da melatonina como estimulante do sono, será interessante observar, dentro de certo prazo, o efeito que isso pode causar em nossa glândula pineal ou em nossa sensibilidade mediúnica.

A LUZ

Se os teus olhos forem bons, todo o teu corpo terá luz.

— Mateus 6,22

No nível de percepção do quinto chacra, experimentamos a vibração como uma manifestação subjacente da forma. No sexto chacra, encontramos uma vibração mais alta e mais rápida que a do som, embora elas tenham caráter fundamentalmente diverso. Nesse centro assumimos a parte do espectro eletromagnético que percebemos como luz visível. A radiação ultravioleta, as ondas de rádio, os raios X, e as micro-ondas são apenas algumas de muitas formas ondulatórias dentro desse espectro que não são visíveis ao olho. A luz é a forma diretamente perceptível pela consciência. Enquanto o som se expressa por meio de uma oscilação ondulatória de moléculas do ar, a luz é uma energia vibratória muito mais refinada, produzida por emissões radioativas de sistemas atômicos e moleculares quando estes sofrem transições de nível de energia. Num sentido muito real, a luz é a voz dos átomos e das moléculas, ao passo que o som é a voz de estruturas muito maiores.[11]

A luz visível consiste em pacotes ondulatórios chamados fótons, que exibem propriedade de onda ou de partícula, dependendo do método de observação. Como a luz é ondulatória, a ela também se aplicam alguns dos princípios que discutimos para as ondas sonoras, como formas ondulatórias que podem ser coerentes. Variações de frequência nos dão as diferentes cores, exatamente como frequências no som nos dão os diferentes tons. Uma vez que a luz também se comporta como partícula, podemos pensar nela como pacotes discretos ou fótons, cada um contendo informação que nos permite ver. A luz viaja mais depressa que qualquer um dos elementos discutidos até agora. O vento extremo, que pode alcançar mais de 320 quilômetros por hora, e até o som, a 1.158 quilômetros por hora, são deixados muito para trás pela luz, a quase 300 mil quilômetros por segundo — a mais alta velocidade conhecida de qualquer fenômeno material.[12] Por outro lado, a cada nova dimensão, afastamo-nos cada vez mais das limitações físicas de tempo e espaço, e a extrema velocidade da luz distorce e transcende nosso próprio sentido de tempo. De fato, se alguém viajasse à velocidade da luz, o tempo pararia. E isso também se torna importante no sexto nível, pois assim como Vishuddha transcende a distância, o chacra Ajna transcende o tempo. Dessa forma, podemos ver uma estrela no céu, a milhares de anos-luz de distância, que pode até ter-se transformado numa supernova e desaparecido — mas a luz daquele fenômeno talvez ainda não tenha atingido nossos olhos.

A luz é energia eletromagnética. Embora os fótons não tenham massa, ao incidir no metal a luz pode induzir uma corrente elétrica, fenômeno conhecido como efeito fotoelétrico. Os fótons, ao incidirem no metal, deslocam elétrons, que induzem uma corrente. O interessante desse efeito é que as frequências mais baixas da luz — como, por exemplo, a luz vermelha — não têm energia suficiente para induzir uma corrente, apesar de sua intensidade. Em frequências mais altas, como o azul e o violeta, uma corrente é produzida, que então varia com a intensidade da luz.

Isso implica que, na dimensão praticamente não física da luz, a quantidade de luz é muito menos importante que a qualidade, e esta depende da frequência, que vivenciamos como cor. Por esse motivo, qualquer estudo de luz deve incluir uma incursão pela cor.

A COR

A cor, como os traços, acompanha as
mudanças das emoções.

— Pablo Picasso[13]

A cor é a forma por cujo intermédio percebemos a luz. Vívida em experiência, intensa em profundidade, ela é o próprio tecido de nossa visão. A cor é produzida por diferentes frequências do comprimento de onda da luz. As cores "quentes" — como vermelho, laranja e amarelo — são de frequência mais baixa que as cores "frias" — verde, azul e violeta — e, portanto, os fótons têm menos energia (o quente e o frio são nossas próprias avaliações subjetivas, e pouco informam sobre a verdadeira energia da luz).

A luz é produzida pela excitação e desexcitação de elétrons dentro do átomo. Os elétrons perdem ou ganham energia ao saltar de um nível de energia para o próximo. Cada salto é chamado salto quântico, um discreto degrau e uma quantidade de energia muito semelhante aos degraus de uma escada. Quando um elétron salta para o nível mais alto, deve absorver certa quantidade de energia. Quando ele torna a cair em direção ao núcleo, aquela energia é liberada como um fóton de luz. Um elétron que caia dois níveis libera mais energia que um elétron que cai um só nível. Portanto, o fóton emite luz a uma frequência mais alta, dando-nos os azuis e roxos dos chacras superiores.

A cor comunica efeitos psicológicos muito definidos. O vermelho, que estimula fisiologicamente o coração e o sistema nervoso, também está associado a energias agressivas e iniciatórias — raiva, sangue, início de processos. O azul, em contraste, está associado com a paz e a tranquilidade, e tem exatamente esse efeito sobre a maioria das pessoas. Mesmo os comprimentos de onda que ultrapassam o espectro visível causam algum efeito sobre nossa saúde e estado mental. A luz florescente, por exemplo, que não contém os invisíveis raios ultravioleta, exerce influência negativa sobre a saúde, quer de vegetais, quer de animais, conforme foi demonstrado.[14] Em compensação, a luz solar plena, que contém o espectro completo, em algumas instâncias ajudou a curar artrite, câncer e outras doenças.[15]

Se considerarmos que grande porcentagem da informação recebida nos chega na forma visual, e que a informação visual é percebida como padrões de cor, as mudanças sutis na frequência exibidas pela luz devem exercer enorme efeito sobre nossa mente e corpo.

Se as ondas sonoras afetam a organização física da energia sutil, segue-se que a cor, sendo uma oitava tão alta de manifestação material, poderia influenciar a matéria de forma bem semelhante. Por essa razão, a cor tem sido usada na cura, com notável sucesso. Estudos recentes mostraram que algumas cores de luz podem ser 500% mais eficazes em estimular certas enzimas do corpo.[16] Essa arte era conhecida dos praticantes de curas, no início do século XX (antes que fosse alvo do escárnio da comunidade), conforme atesta a citação de um médico versado na arte da cromoterapia:

> Por cerca de cinco anos venho prestando atenção minuciosa à ação das cores na restauração das funções corporais, e digo com total honestidade que, depois de quase 37 anos de prática ativa de clínica médica e cirurgia em hospitais e no consultório, posso produzir resultados mais rápidos e precisos com a utilização de cores do que com qualquer outro método ou todos eles combinados — e com menos desgaste para o paciente. Em muitos casos, as funções foram restauradas depois que fracassaram os remédios clássicos... Entorses, contusões e traumas de todo tipo reagem à cor como não reagem a nenhum outro tratamento. As condições sépticas se abrandam, independentemente do organismo específico. Lesões cardíacas, asma, rinite, pneumonia, quadros inflamatórios dos olhos, ou seja, da córnea, glaucoma e cataratas são aliviados pelo tratamento.[17]

Foram escritas e documentadas durante o último século várias teorias sobre os efeitos curativos da cor. O emprego de métodos, como banhar uma pessoa em luz solar filtrada por um vitral de uma cor específica, ou beber água que coletou a luz solar num frasco de vidro colorido, tem exercido notável efeito curativo em muitos casos. Em caso de dor ciática e inflamação, sabe-se de tratamentos com luz azul, por exemplo, em que foi obtido alívio permanente. Num caso, o paciente apresentara durante 11 anos sintomas que não cediam, e conseguiu alívio no prazo de uma semana de tratamento cromoterápico, sem recaída.[18] Em outros casos, usou-se luz amarela para trazer clareza mental, luz vermelha para combater a exaustão física e luz laranja-dourada para alívio do diabetes.[19] Se as doenças começam no nível sutil, não deveriam ser tratadas igualmente no nível sutil, usando recursos como a cor — principalmente em conjunção com a visualização positiva?

As cores dos chacras seguem uma progressão lógica através do espectro, relacionando a frequência luminosa mais baixa, que é o vermelho, ao chacra mais básico, e fazendo a devida correspondência dos chacras restantes com o espectro. Pelo visto, esse é o mais sensato e mais universal sistema de coordenação com os chacras, mesmo sem ser, de forma alguma, o único; e não deve ser confundido com as cores apresentadas pelos chacras quando vistos por um clarividente, ou as cores descritas nos textos tântricos. Alguns estudos de clarividentes, entretanto, tais como os conduzidos por Valerie Hunt, confirmam integralmente o sistema de "arco-íris", conforme atesta a seguinte citação:

> Os chacras frequentemente apresentavam as cores afirmadas na literatura metafísica, isto é, kundalini-vermelho; hipogástrico-laranja; esplênico-amarelo; cardíaco-verde; laríngeo-azul; frontal-violeta; coronário-branco. A atividade em certos chacras aparentemente provocava aumento de atividade em outros. O chacra coronário era constantemente o mais ativo.[20]

Além disso, Jacob Lieberman, Ph.D., apurou em sua pesquisa que, quando as pessoas não eram receptivas a determinada cor, em quase 100% das vezes havia correlação com estresse, doença ou ferimentos na parte do corpo relacionada ao chacra daquela cor.[21]

De acordo com o espectro do arco-íris, as cores dos chacras (segundo os sistemas modernos) são as seguintes:

Chacra um:	Vermelho
Chacra dois:	Laranja
Chacra três:	Amarelo
Chacra quatro:	Verde
Chacra cinco:	Azul
Chacra seis:	Índigo
Chacra sete:	Roxo (violeta)

Vários textos tântricos descrevem diversamente os chacras, declarando amarelo o primeiro; branco, o segundo; vermelho, o terceiro; turvo, o quarto; azul, o quinto; dourado, o sexto; e lustroso acima de qualquer cor, o sétimo. Talvez, à medida que evoluímos, nossas vibrações dos chacras mudem de frequência, e as cores estejam agora se tornando mais alinhadas com as cores puras do espectro.

Vendo os chacras do ponto de vista da clarividência, é igualmente provável que um conjunto deles fosse visto como o exato reflexo da descrição de arco-íris no parágrafo anterior, pois essas são cores ideais que ocorrem em chacras plenamente desenvolvidos e claros (no estudo de Valerie Hunt, os sujeitos da pesquisa eram observados ao longo de semanas de terapia intensiva com a metodologia *rolfing* — as cores mais claras só ocorreram perto do final da terapia).[22] Segundo minha própria experiência, é muito mais comum ver muitas cores em cada centro, contorcendo-se para dentro e para fora dele e formando padrões e imagens que se relacionam com a vida daquele indivíduo.

Você também pode usar as cores associadas para fazer meditação, e, como recurso mnemônico, para ter acesso a seus chacras ou para descobrir mais dados sobre eles. Em primeiro lugar, podemos fazer uma pequena leitura de nossos próprios chacras, recorrendo a um exame das cores de que costumamos nos rodear, seja no vestuário ou na decoração doméstica. Você sempre escolhe roxos e azuis, ou parte sistematicamente para o vermelho ou o laranja vibrante? Gosta de cores escuras ou claras? Será mera coincidência alguns monges praticantes do celibato usarem túnicas açafrão (laranja-claro), uma cor relacionada ao segundo chacra?

Em segundo lugar, podemos escolher cores que complementem os chacras que sentimos como mais fracos. Por muito tempo tive consciência da ausência do amarelo em meu campo áurico, fato que foi confirmado por muitos amigos e médiuns que olharam para mim. Simultaneamente, eu tinha problemas de metabolismo, e muitos outros relacionados ao terceiro chacra, como baixa energia e sentimentos de impotência. Constatei que o uso de uma pedra preciosa amarela (topázio) e de roupas amarelas me ajudou muito na atitude, a ponto de outras pessoas comentarem a melhora. No nível sutil, trouxe equilíbrio a meu sistema energético pessoal.

As cores também podem ser usadas em visualização e em autocura. No caso mencionado, eu me sentava, especialmente nos dias nublados, e visualizava minha aura em amarelo-ouro; ou, como alternativa, visualizava raios dourados de energia vindos do sol em minha direção. O que eu projetava no exterior foi aos poucos se tornando manifesto a meu redor. Quando Selene Vega e eu aplicávamos oficinas de chacra, estimulávamos os participantes a usar roupas coloridas, combinando com o centro estudado a cada dia. Dessa forma, mergulhávamos no espectro vibratório de cada chacra específico. As cores, como os sons associados a cada chacra, são mais uma forma de expressão dos sete planos associados a esse sistema.

A TEORIA HOLOGRÁFICA

*Conta-se que no Céu de Indra existe uma rede de
pérolas dispostas de forma tal que, ao olhar para uma,
você verá todas as outras refletidas nela. Da mesma*

*forma, cada objeto no mundo não é simplesmente
aquele objeto, mas envolve todos os outros e, de fato,
é cada um deles.*

— Sutra indiano[23]

Como se conectam a luz e o processo visual com o que vivenciamos na percepção? Por que tantos místicos alegam ver padrões luminosos quando meditam, de olhos fechados? Por que as imagens dos sonhos parecem tão reais? E o que constitui a memória?

A teoria mais plausível proposta para responder a essas perguntas vem de um neurocientista chamado Karl Pribram e se baseia no modelo da mente como um holograma. O holograma é uma imagem tridimensional formada pela interseção de dois raios laser. O processo se compara a jogar dois seixos num espelho d'água, em pontos diferentes, e rapidamente congelar a água. As interseções das ondulações ficariam para sempre gravadas no gelo, exatamente como a interferência dos raios luminosos fica gravada na chapa holográfica.

Na criação de um holograma, o raio de luz produzido por um laser é refletido de um objeto e gravado numa placa fotossensível. A placa também recebe outro raio na mesma frequência, chamado de feixe-referência, e que vai diretamente da fonte à chapa. O exame desta só nos mostraria um padrão sem significado de ondulações escuras e claras. Essa é a informação codificada na interseção dos dois raios, de modo muito parecido aos sulcos de um disco, que são a representação codificada de uma trilha sonora.

Quando a placa for posteriormente "reativada" por um feixe-referência que contenha a mesma frequência do laser original, a imagem do objeto holografado salta fantasmagoricamente tridimensional diante do observador. Você pode colocar-se ao lado do holograma e ver a lateral do objeto como se estivesse realmente ali, mas, como se trata apenas de luz, você pode passar a mão diretamente através dele.

Há muitas coisas notáveis acerca dos hologramas. A primeira é que a informação é armazenada de forma "onipresente" sobre a placa. Em outras palavras, se esta fosse reduzida a pedaços, qualquer de seus fragmentos seria capaz de reproduzir a imagem inteira, embora progressivamente com menos definição, à medida que diminuísse o tamanho dos pedaços. O segundo dado notável é que os hologramas são não espaciais. Muitos podem ser empilhados no mesmo "espaço", ou na mesma placa pelo uso de diferentes frequências de laser. A teoria de Pribram afirma que o próprio cérebro funciona como um holograma, graças à constante interpretação dos padrões de interferência entre ondas cerebrais. Isso é fundamentalmente distinto dos modelos cerebrais anteriores, em que cada informação é armazenada num lugar específico. Essa teoria abalou as fundações da física e da fisiologia, criando uma mudança de paradigma no estudo da consciência. Suas ramificações são de longo alcance na compreensão da mente e do mundo que nos rodeia. Esse modelo parece particularmente relevante para a compreensão do sexto chacra. Vejamos como a teoria se desenvolveu:

Pribram começou fazendo pesquisas neurológicas em ratos e macacos em 1946. Trabalhando com Karl Lashley, ele dissecou vários cérebros à procura da misteriosa unidade básica da memória, chamada de engrama. Acreditando, como tantos naquela época, que as lembranças ficavam armazenadas em várias células nervosas do cérebro, eles esperavam que certas lembranças fossem removidas mediante a remoção do tecido cerebral.

Mas não foi assim. Em vez disso, constataram que a memória parecia armazenada de forma onipresente pelo cérebro inteiro, de modo análogo à placa holográfica armazenando informação. Quando o tecido era removido, as lembranças se tornavam mais difusas, mas não desapareciam. Isso explicava por que as lembranças sobreviviam a uma lesão cerebral extensiva, já que o cérebro era capaz de armazenar uma vida inteira de lembranças, e por que as lembranças eram deflagradas com frequência por certas associações ou "feixes de referência".

Quando observamos um objeto, a luz se transforma em padrões de frequência neural no cérebro, que dispõe de cerca de 13 bilhões de neurônios. O número de possíveis conexões entre esses neurônios é da casa de trilhões. Embora anteriormente os cientistas tivessem visto os neurônios como significativos para a atividade cerebral, eles agora estão olhando para as *junções entre os neurônios*. Embora a própria célula exiba uma espécie de ação reflexa do tipo liga-desliga, as junções das terminações nervosas, quando vistas como um todo, exibem qualidades ondulatórias. Nas próprias palavras de Pribram: "Se você examinar uma série completa dessas terminações nervosas juntas, elas constituem uma frente ondulatória. Uma vem para cá, a outra vai para lá, e elas interagem. E, de repente, lá está seu padrão de interferência!"[24]

Quando os impulsos atravessam o cérebro, as qualidades ondulatórias criam o que vivenciamos como percepção e memória. Essas percepções são armazenadas como frequências de frente de onda codificadas e podem ser ativadas por um estímulo adequado, que dispara as formas ondulatórias originais. Isso poderia explicar por que um rosto familiar desperta reconhecimento, ainda que sua aparência esteja distinta da última vez em que você o viu. Poderia explicar por que a menção a rosas traz à mente um perfume específico, e por que as cobras podem provocar medo até quando não são uma ameaça.

Nossa percepção do mundo parece uma reconstrução de um holograma neural dentro do cérebro. Isso procede em relação à linguagem, ao pensamento, a todos os sentidos, e também à percepção da informação visual. Nas palavras de Pribram: "A mente não está situada em um lugar. O que temos é uma máquina de tipo holográfico, produtora de imagens que captamos como existentes em algum lugar fora da máquina."[25]

Como esse modelo implica que nosso cérebro tenha acesso a toda informação, até mesmo à de outras dimensões temporais, isso pode explicar muitas coisas que ultrapassam as funções normais da memória e da percepção, tais como visão remota, clarividência, visões místicas e pré-cognição.

Contemporâneo da teoria do cérebro holográfico de Pribram, o físico teórico David Bohm descreveu um modelo que postula que o próprio universo pode ser uma espécie de holograma.[26] O termo que ele criou para isso é "holofluxo", já que o holograma é estático e inadequado para nomear um universo tão cheio de movimento e mudança.

Segundo Bohm, o universo está "envolvido" ou espalhado como um todo pela extensão inteira de uma espécie de meio cósmico, fazendo lembrar as claras em neve que misturamos na massa do bolo. Esse envolvimento permite uma quantidade infinita de possibilidades de interferência, e nos fornece as formas e energias que experimentamos com nossa mente holográfica. Nesse contexto, então, o próprio cérebro é parte de um holograma maior, e conteria assim informação sobre o todo. Exatamente como percebemos o mundo de forma holográfica, o próprio mundo pode ser um holograma maior do qual não passamos de pequenos fragmentos. Mas, como fragmentos, cada um de nós reflete o todo.

Se isso for verdadeiro — se existem um mundo interior e um exterior, os dois espelhando a criação inteira em qualquer de suas partes —, então nós, como partes, contemos a informação do todo, a exemplo de tudo que nos rodeia. Não só um grão de areia descreve o universo no qual ele ocorre, mas cada mente individual também contém a informação codificada de uma inteligência maior, só à espera do feixe-referência adequado para provocar a imagem. Talvez seja por isso que os gurus conseguem disparar a shaktipat, e a vibração simpática pode disparar estados alterados de consciência.

Se o mundo interno e o externo parecem funcionar segundo o modelo holográfico, então caberia a seguinte pergunta: existe alguma diferença entre eles? Nós próprios somos hologramas? Quando lentamente dissolvemos nossas fronteiras do ego, de própria criação, e assumimos estados de ser mais universais, estamos mesclando nossa consciência com um holograma maior? Se cada fragmento do holograma contém informação sobre o todo, embora com menos clareza, será por isso que ganhamos clareza a cada vez que uma nova informação se encaixa no quebra-cabeça? Já que crescemos e expandimos a compreensão, não começamos aos poucos a ver as coisas como uma rede de energias a se interpenetrar, como uma imagem única?

A essa altura, não há resposta definitiva para essas perguntas. Poucos contestariam que o considerado "externo" influencia de fato nossas percepções, pensamentos e lembranças, tornando-se "interno". Poucos combateriam a existência, em nosso interior, de uma estrutura que abrange energias que estão acima e além do mundo exterior. Essa estrutura interna, por sua vez, não influencia o mundo externo? A construção de nossos hologramas mentais pode ser projetada para fora, a fim de assumir forma no plano material? Pribram parece pensar que sim, e de uma forma muito prosaica:

> Não só construímos nossas percepções do mundo, mas também partimos para a construção dessas percepções no mundo. Nós fazemos mesas e bicicletas e instrumentos musicais porque conseguimos pensar neles.[27]

Esse princípio é a melhor ilustração das capacidades do chacra Ajna — de perceber e comandar — e da recepção mediúnica, e da projeção de imagens com o mundo exterior.

A VISUALIZAÇÃO

Tudo o que vemos são nossas visualizações. Não vemos com os olhos, mas sim com a alma.[28]

Avalia-se que para a pessoa dotada de visão 90% da informação chega através dos olhos — mais do que por qualquer outro órgão ou meio sensorial. Segue-se então que grande parte das lembranças e dos processos de raciocínio também está codificada com a informação visual. Naturalmente, isso varia de uma pessoa para outra, já que algumas são mais orientadas visualmente que outras. Embora a experiência visual do mundo possa com frequência ser limitada ou enganadora, trata-se sem dúvida de um nível de consciência fundamentalmente importante.

A informação visual pode ser definida como um padrão que comunica relações espaciais, e nos chega sem necessidade de contato físico (como no tato). Essas relações descrevem a forma, como nos aspectos de tamanho e feitio, cor, intensidade, localização, movimento e comportamento.

Os olhos físicos enxergam pela concentração de raios luminosos refletidos na retina. A concentração é feita pela córnea, que abarca um padrão luminoso maior e o reduz, invertido, na retina. A retina se compõe de bastonetes e cones que são estimulados pelas intensidades variáveis da luz. Quando a luz atinge essas células, ocorre uma reação química, disparando impulsos nervosos. Esses são então conduzidos ao longo do quiasma óptico ao córtex cerebral, sob a forma de impulsos elétricos. Na realidade, nenhuma luz entra no cérebro.

Na verdade, não são os olhos que veem, mas sim a mente. Os olhos não passam de lentes focais para a transcrição de informação do mundo exterior para o interior. O cérebro não recebe de fato os fótons de luz, mas sim impulsos elétricos codificados. Cabe à mente/cérebro interceptar os impulsos elétricos que viajam ao longo do nervo óptico e transformá-los em padrões significativos. Essa é uma habilidade aprendida. Os cegos de nascença que tiveram a visão posteriormente restaurada por cirurgia registram como primeira percepção apenas a luz; transformar a percepção em imagens significativas é algo que lhes custa aprender.[29]

Cabe lembrar que não é a matéria o que percebemos, e sim a luz. Ao olhar o mundo em torno, julgamos ver objetos, mas o que vemos realmente é a luz refletida por eles — vemos o que não são, vemos os espaços entre eles, os espaços em torno deles, mas não podemos ver os objetos reais. Se vejo a cor vermelha, é porque o objeto absorveu todas as frequências, *exceto* a luz vermelha. Confirmamos a presença dele pelo tato — mas nossa mão se move através do espaço vazio e não consegue sentir o objeto, mas só o contorno dele. O que a mão sente é o limite texturado do espaço vazio. Dessa perspectiva, a matéria pode ser vista como uma espécie de terra de ninguém — um mundo no qual só podemos entrar talvez em fatias finíssimas —, um território penetrável pela luz sob um microscópio, ou por meio do vidro e dos cristais. Nossa vivência do mundo ocorre através de uma dimensão de espaço vazio.

A CLARIVIDÊNCIA

Para poder ver, você precisa parar de ficar no
meio da imagem.

— Sri Aurobindo[30]

No nível do sexto chacra, o aspecto mais significativo da consciência é o desenvolvimento da capacidade mediúnica. Embora a percepção extrassensória nem sempre seja visual, como na clariaudiência (chacra cinco) ou na clarissensciência (chacra dois), o caráter atemporal da informação clarividente permite a você abranger um escopo muito maior que qualquer das capacidades mediúnicas discutidas até agora.

O termo clarividência significa "visão clara". A que não é obscurecida pelo mundo opaco dos objetos materiais que normalmente definem nosso senso limitado de espaço e tempo. As palavras *clara* e *visão* descrevem com exatidão o processo: para sermos clarividentes, precisamos olhar nos espaços que são claros — olhar para os campos energéticos, e não para os objetos em si; olhar para as relações, e não para as coisas; ver o mundo como um todo, e tentar alcançar com nossa mente, de forma direta e clara, a informação que desejamos. Quanto mais clareza houver dentro de nós, maior a capacidade de ver as propriedades sutis do mundo em torno.

O ato de ver implica uma dimensão mais profunda que o ato de olhar — como exemplificado por Don Juan na série de livros de Carlos Castaneda. Quando Castaneda olhava alguém, só percebia um corpo, as expressões faciais, as roupas. Quando aprendeu a *ver*, percebeu um ovo luminoso que envolvia o corpo — a rede de energias interpenetrantes a que chamamos aura. Quando Don Juan olhou para o irmão moribundo, sentiu uma enorme tristeza, mas, quando mudou seu modo de ver, entendeu todo o processo e conseguiu aprender com ele.

Olhar é a ação do ver, mas ver é a internalização da imagem e sua transformação em compreensão. Vamos analisar, por exemplo, a afirmativa comum "eu vejo". Em geral, ela quer dizer que alguém conseguiu recolher uma pequena parte da informação e encaixá-la no esquema do todo. Assim como cada fragmento do holograma torna mais nítida a imagem completa, cada novo elemento para o qual olhamos imediatamente se incorpora em nosso sentido de completude, trazendo mais clareza para a imagem interna que tivermos.

Como fazemos isso? De acordo com o modelo holográfico de Pribram, nossa mente/cérebro funciona como uma espécie de palco em que atuam nossas imagens visuais. Quando a deixa adequada é dada (o feixe-referência holográfico), as imagens aparecem sobre o palco. Mas onde estão e o que são os atores?

Os atores são os slides armazenados holograficamente como cores, formas, sons e padrões táteis. No cérebro não existe um carrossel em que estejam armazenadas imagens concretas e separadas; em vez disso, porções do cérebro podem produzir qualidades como vermelho, quente, rápido ou silencioso. Elas se combinam de formas exclusivas para criar as imagens que vemos.

Podemos pensar na terceira visão como uma tela mental sobre a qual projetamos nossos slides para vê-los. Se você fechar os olhos e se lembrar de seu primeiro carro, talvez consiga ver a cor, a textura do estofamento, talvez um pequeno amassado na lateral. Na visão mental você pode caminhar ao redor do carro, vendo a frente e a traseira, à sua escolha, exatamente como o efeito tridimensional de um holograma. De fato, o carro concreto não precisa existir nesse momento. A imagem existe independentemente dele. Focalizada a atenção, recupera-se a imagem.

Em sua visão mental, você pode ver o objeto para o qual prefere olhar. Se eu lhe perguntar a cor dos cabelos da pessoa amada, você poderá recuperar mentalmente aquele "slide", olhar para ele, e me dizer a cor. Nossas lembranças são holográficas.

Você consegue criar um retrato igualmente nítido de um carro que gostaria de ter? Consegue ver a cor, a marca, a placa na traseira? Consegue visualizar a si mesmo dirigindo o carro, percorrendo uma estrada no campo, a sensação do volante em suas mãos?

Talvez você jamais chegue a ter aquele carro, e então sua visualização será chamada *imaginação*, embora ele talvez tenha parecido tão real quanto uma lembrança. Se, no entanto, você ganhar na loteria um carro exatamente igual ao visualizado, essa visualização poderia ser considerada uma *pré-cognição* — uma forma de clarividência. A diferença está no resultado, mas o *processo é o mesmo*. Pelo desenvolvimento da visualização e da imaginação, desenvolvemos simultaneamente os recursos de clarividência.

O processo de clarividência é o da visualização especificada. Trata-se de ser sistematicamente capaz de invocar, sob demanda, informação relevante, não importa se previamente conhecida. A mente está usando um feixe-referência da própria autoria, na forma de uma pergunta, para recuperar dados previamente desconhecidos de um banco de memória holográfica. Por exemplo: você pode se propor a examinar a área em torno do chacra cardíaco de alguém com uma pergunta específica que pede resposta, tal como uma referência à saúde ou aos relacionamentos da pessoa. A pergunta se torna o feixe-referência que "acende" aquele dado específico no padrão holográfico.

Afirmamos que no sexto chacra se transcende o tempo. Não é preciso limitar ao aprendido no passado a informação acessível — também podemos recuperar informação do futuro. A única diferença é que estamos criando ativamente o feixe-referência que revelará a imagem, em vez de esperar algum momento futuro em que ela seja revelada pelas circunstâncias. Para citar a romancista Marion Zimmer Bradley: "Eu não decido que rumo minhas histórias vão tomar. Limito-me a dar uma olhada no futuro e escrever o que aconteceu."[31]

Poucos se acreditam capazes de ver coisas que fujam ao conhecimento rotineiro, algo que não tenham literalmente visto ou ouvido. Como não há permissão para se ter essa informação, e nenhuma explicação para ela, a maioria nem se dá ao trabalho de procurá-la. Para ver uma coisa, precisamos saber onde e como procurar. Busquem-nas onde seja possível encontrá-las. Não é necessário que tenham sido colocadas ali por nós — só precisamos entender a ordem fundamental em que elas ocorrem. O sistema decimal de classificação bibliográfica exemplifica bem a questão. Outra instância de ordem é procurar um produto desejado num supermercado desconhecido. Num passar de olhos, você nota a configuração do local; sabendo em que categoria o artigo se enquadra, você sobrepõe as duas imagens mentais e se dirige à seção para examinar de perto. Aí está o que buscava! Sua referência cruzada mental se encaixa, tal como a visão do produto se enquadra em seu nicho mental previamente criado.

Acessar informação mental não é de fato muito diferente. Na tentativa de lembrar quem lhe contou certa piada numa festa, você recapitularia os convidados, as pessoas com que falou pessoalmente e o tempo todo manteria em mente a piada, à espera de ver o dado correto se encaixar. Encontrada a lembrança certa, a imagem se acende em sua mente — como se iluminada por uma claridade que as outras não tinham. Nesse processo, o indivíduo examina milhares de dados, selecionando e decifrando, até conseguir "enxergar" as peças que se encaixam.

Sabendo *onde* procurar os dados, precisamos saber *como* procurá-los. Quantas vezes você procurou uma coisa que sabia que estava em certo lugar e, mesmo assim, não conseguiu encontrá-la? Quantas vezes olhou diretamente para algo e não conseguiu vê-lo? Quantas vezes você procurou na memória e não conseguiu trazer à tona a informação que sabia que estava lá?

Acessar a memória é um processo de encontro do código certo (o feixe-referência certo) para trazer a imagem holográfica de volta à vida. Exatamente como o computador contém dados que só estão acessíveis mediante o comando certo, assim também nossas imagens mentais exigem a imagem mental adequada para abri-las.

O desenvolvimento da clarividência depende do desenvolvimento da tela visual e da criação de um sistema de ordenação por meio do qual acessar informação para a tela. Sem rótulos em nossos slides, não vamos encontrar o que procuramos. O desenvolvimento da visualização é a capacidade de recuperar, criar e projetar imagens na tela mental. Feito isso, *o ato de ver depende majoritariamente de fazer as perguntas certas.*

Mas não estamos limitados aos slides que "holografamos" pessoalmente. Se o modelo holográfico tem validade, então podemos ter acesso a uma infinidade de imagens, e cada uma delas é criada por uma variedade de padrões de ondas cerebrais. Só precisamos revelá-las encontrando o "feixe-referência" adequado.

Muita gente começa com cartas de tarô, quiromancia ou astrologia, para usar uma estrutura que possa oferecer o feixe-referência. As cartas do tarô trazem uma variedade de imagens; a pessoa para

Para olhar alguma coisa usando a clarividência, não só precisamos de um ponto de referência com que recuperar os dados, mas também de uma tela em branco para ver a informação. Isso vem com a prática, com a paciência, com uma mente silenciosa e aberta. Esvaziar a mente de imagens, por meio da meditação, paradoxalmente permite à pessoa enxergar melhor as imagens existentes. Aprender a focalizar a mente, criando concentração, permite-nos olhar com mais atenção e, portanto, ver mais. Na clarividência, não há o que substitua uma mente clara e serena.

quem você está lendo traz outra variedade. Quais são os pontos importantes? Que pontos parecem "se acender"? Onde as ondas de informação se cruzam e se tornam mais fortes?

Por serem tão sutis, esses matizes costumam ser ignorados ou invalidados. Assim como não dá para ouvir os murmúrios da telepatia num mundo ruidoso, não dá para enxergar os movimentos sutis do âmbito etéreo se tivermos a expectativa de vê-los desenhados com néon. A seguir, um típico diálogo envolvendo um estudante novato de clarividência:

AJ:	Você viu uma aura?
Estudante:	Acho que não. Não vejo auras.
AJ:	Já olhou com atenção?
Estudante:	Tentei. Mas não vejo cores em torno do corpo.
AJ:	O que vê quando procura uma aura?
Estudante:	Vejo só um corpo. Perto do contorno vejo as coisas que estão no cômodo por trás do corpo.
AJ:	Você está olhando através do espaço, e não para o espaço. Feche os olhos e sinta a aura. Depois me diga que cor ela parece ter.

Estudante:	Parece escura. Nenhuma cor. Um pouco de dourado na área do coração, acho. Mas não sei se estou realmente vendo. Acho que talvez tenha um pouco de vermelho nas pernas, principalmente na perna direita. Mas não sei.
AJ:	E eu que pensei que você não conseguia ver auras.
Estudante:	Mas não consigo, pode acreditar. Só vejo de olhos fechados — quer dizer, é só minha imaginação, não é?
AJ:	Não sei. Por que você não confere primeiro? Pergunte à pessoa o que ela está sentindo — se as cores se encaixam. Pergunte para conferir.
Terceira pessoa:	Pois é, hoje eu estava correndo e tomando sol, coisa que adoro fazer, mas tropecei numa raiz e caí. Bati com o joelho e ele ainda está doendo. Acho que é relevante. (entrou em cena a validação!)
Estudante:	Caramba! Fiz mesmo alguma coisa! É isso, o vermelho estava em torno do seu joelho. [Depois, timidamente] Você também bateu com a cabeça?
Terceira pessoa:	Sim, na verdade, bati, mas não com tanta força.
AJ:	Como você soube disso?
Estudante:	Ora, realmente não vi, mas a cabeça parecia um pouco dolorida. Mas não havia cores — só uma sensação.
AJ:	Parecia dolorida, mas você não viu. Tudo bem. Agora olhe para aquela outra pessoa ali.

Estudante (de olhos semicerrados):	Bem, estou vendo a cor verde em torno da cabeça; azul na garganta — não muita coisa no estômago, mas muita luz nas mãos.
AJ:	E você ainda diz que não consegue enxergar a aura?

É irrelevante saber se um parapsicólogo consideraria esse tipo de visão um "acaso" ou uma fraude, porque essa conversa não aconteceu com um clarividente desenvolvido, e sim com um estudante novato que está aprendendo a ver. No começo do processo, você aprende a notar o que já viu. Isso se acentua com a validação das sutilezas. A melhor maneira de obter validação legítima é perguntar! Quanto mais testarmos as percepções, mais aprenderemos sobre nossas capacidades e mais poderemos confiar nos pontos fortes e fortalecer os pontos fracos. Num mundo tão sujeito ao bombardeio de estímulos visuais concretos e tão ignorante das imagens internas, a validação é crucial.

Na busca de validação, cabe entender que é permitido errar — pelo menos durante a aprendizagem. Os erros não significam que seja impossível, ou que você não tenha capacidade mediúnica. Use esse retorno para refinar a visão: volte a examinar o que acha que viu; procure o menor sinal de verdade; e veja se consegue encontrar correlação em sua visão mental com a informação objetiva que está recebendo. Com muita frequência, quando as pessoas erram ao "adivinhar", a reação delas é: "Droga! Essa resposta foi a primeira em que pensei, mas depois descartei!" Se você não estiver só atirando a esmo, em geral haverá algum resquício de verdade em todas as percepções honestas.

A clarividência, então, é uma questão de ver as relações internas das coisas — o encaixe de uma parte no conjunto. Para fazê-lo, buscam-se o ponto de interseção, o padrão de interferência entre nossas perguntas (o feixe-referência) e o dado que melhor se encaixa no espaço que criamos para ele. A potência da imagem que se enquadra no lugar faz com que ela se destaque de uma quantidade infinita de outras respostas possíveis. Por intermédio da meditação, da visualização e do treinamento, podemos aumentar nossa capacidade de perceber a sutil diferença entre a informação que pedimos e outras incontáveis possibilidades.

EXERCÍCIOS

Exercício ocular do ioga

Este é um exercício para fortalecer e centrar os olhos físicos; também indicado para tensão ocular, melhoria da visão e fadiga geral por excesso de trabalho burocrático ou leitura intensiva.

Sente-se numa posição de meditação, com a coluna reta. Feche os olhos e banhe-os na escuridão. Traga a percepção para o ponto entre os olhos, no centro da cabeça. Sinta a escuridão ali e deixe-se envolver por sua calma silenciosa.

Ao se sentir centrado, abra os olhos e olhe direto para frente. Aos poucos, vá levantando a vista, esticando os olhos na direção do céu, sem mover a cabeça. Então, percorra com os olhos uma linha reta descendente, olhando para baixo tanto quanto sua visão consiga alcançar, ainda sem mexer a cabeça. Repita o movimento para cima e depois para baixo, em seguida volte a centrar os olhos fechados, retornando à escuridão.

Abra os olhos novamente e torne a centrá-los. Depois repita os movimentos anteriores, dessa vez de um lado a outro, primeiro da direita superior à esquerda inferior, duas vezes; depois, da esquerda superior à direita inferior, também duas vezes. Volte à escuridão.

Repita os movimentos, movendo os olhos da extrema direita à extrema esquerda, voltando à escuridão depois de duas vezes. No movimento final, após centrar os olhos, descreva semicírculos, primeiro para cima, e depois para baixo, e termine girando os olhos 360°, esticando o olhar até o extremo, tanto no sentido horário quanto no anti-horário.

Feche os olhos novamente. Esfregue as mãos com vigor, até sentir as palmas aquecidas. Quando o calor for suficiente, coloque as palmas das mãos aquecidas sobre as pálpebras fechadas e deixe os olhos desfrutarem o calor e a escuridão. (Ver Figura 7.3.) Quando o calor se dissipar, alise as pálpebras devagar, massageando a testa e o rosto. Daí você pode prosseguir para a meditação profunda, ou voltar ao mundo exterior.

Meditação cromática

Esta é uma simples visualização para curar e depurar os chacras, além de desenvolver a capacidade da visão interna de criar e perceber a cor.

Comece em postura de meditação, de preferência sentado. Aterre e centre a energia.

Depois de você se ancorar o suficiente, imagine, flutuando diretamente acima de sua cabeça, um disco brilhante de luz branca, do qual pode retirar cada cor.

Seja o vermelho a primeira cor, que você puxará para baixo através do chacra coronário, e daí em diante, pela coluna vertebral inteira, para preencher o primeiro chacra de vibrante cor vermelha. Mantenha essa cor em seu primeiro chacra por alguns momentos. Observe como seu corpo sente essa cor. Ele gosta dela? Ele se sente energizado ou desconfortável?

Em seguida, retorne à área acima do chacra coronário e puxe de dentro do disco branco a luz laranja. Faça-a percorrer seu corpo, observando o efeito dessa cor sobre você. Traga-a para baixo até o segundo chacra, e encha de cor laranja vibrante o abdômen.

Volte ao coronário e encontre uma luz amarelo-ouro para puxar através do corpo até o terceiro chacra. Imagine um cálido fulgor dourado saindo de seu corpo no plexo solar, com os raios se derramando através de cada parte de seu corpo, enchendo-o e aquecendo-o. Como o terceiro chacra se relaciona com a distribuição de energia pelo corpo todo, esses raios são importantes para espalhar a sensação de fogo interior.

Agora chegamos ao coração, e à cor verde. Sinta essa cor se derramar sobre você, trazendo com ela um sentido de amor e afinidade em relação ao mundo a seu redor. Enxergue a cor como um cálido fulgor esmeralda em torno do coração.

Em seguida, vamos buscar em nosso disco branco a cor azul, puxando-a para baixo e para dentro do chacra laríngeo. Suavize a garganta, e também relaxe braços e ombros. Sinta os raios azuis envolverem sua garganta inteira, comunicando-se com tudo que o cerca.

Agora chegamos à terceira visão em si, vista em geral como um intenso azul índigo. Sinta a frialdade dessa cor, enquanto ela está banhando sua terceira visão. Permita-lhe remover todas as imagens espúrias, limpando e acalmando sua tela interna.

Por fim, o chacra coronário é visto como uma cor violeta intensa e vibrante. Sinta derramar-se em seu chacra coronário essa luz roxa, energizando e equilibrando cada um dos chacras.

FIGURA 7.3
Empalmar os olhos.

Confira se cada chacra está retendo sua cor. Observe seu corpo inteiro e veja se consegue "enxergá-lo" como um arco-íris contínuo. Ao conferir o corpo, observe que cores são mais fortes e brilhantes. Perceba a sensação dada pelas diversas cores — quais as mais nutritivas ou energizantes. As cores que lhe pareceram mais bem aceitas provavelmente representam energias de que você precisa neste momento. As cores que dão a impressão de serem menos bem-vindas representam áreas que você costuma evitar, ou nas quais pode ter problemas. Cores pálidas ou desbotadas representam áreas fracas; cores fortes, lugares de força e solidez. Brinque internamente com as cores até lhe deem a ideia de equilibradas. Isso também ajuda a equilibrar a aura.

Piscada de foto

Esse exercício é uma forma simples de captar uma impressão da aura de alguém, se você normalmente não vê auras. Também pode contribuir para melhorar sua observação visual.

Coloque-se frente a frente com a pessoa que você deseja olhar, cerca de 2 ou 3 metros de distância. Feche os olhos e esvazie a tela mental. Espere até se sentir ancorado e centrado, e sem pensamentos ou imagens específicas percorrendo a mente.

Abra os olhos e torne a fechá-los bem depressa — o oposto de uma piscada — para reter só uma visão fugaz da pessoa diante de si, captando uma espécie de imagem "fotográfica" congelada e impressa na mente. Segure a imagem mentalmente para examiná-la. Que características consegue notar? Você vê uma imagem residual ou uma fulguração em torno do corpo? Certas cores ou posições corporais se destacam? Enquanto se desvanece a imagem, volte a abrir e fechar os olhos rapidamente, para fortalecê-la. Veja quantos detalhes você consegue decifrar nessa imagem residual. Que partes se apagam primeiro, e que características persistem? Todas essas coisas informam sobre os pontos fortes e fracos da aura da pessoa.

Meditação

O exercício mais proveitoso para fortalecer a terceira visão é a simples meditação, focalizando a atenção no centro da cabeça ou no ponto entre as sobrancelhas. Visualizações de cores ou formas podem ser acrescentadas, ou você pode só se concentrar em esvaziar a tela mental, deixando-a limpa e em branco.

Com a tela em branco, as visualizações podem ser apresentadas como respostas às perguntas que você faça. Se quiser saber da saúde de alguém, por exemplo, visualize uma imagem da forma do corpo da pessoa e deixe que o preto ou o branco mostrem as áreas de saúde e doença. Use criatividade para encontrar uma metáfora visual de sua pergunta. Os limites de sistema são apenas os de sua própria imaginação, e quanto mais abrirmos esse centro, mais expandiremos nossa imaginação!

Outra forma de perceber os próprios sentimentos em relação à decisão certa é formular a pergunta para aceitar resposta "sim" ou "não". Então faça uma visualização para representar cada resposta — positiva, num lado da tela, e negativa, no oposto. Imagine um calibrador cuja agulha aponta direto para cima; conte até três e deixe a agulha apontar a melhor resposta. Não controle a agulha — deixe-a ir onde desejar. Você pode ter uma surpresa!

A capacidade de visualizar com sucesso depende do uso constante, como no condicionamento muscular. Adquira o hábito de imaginar um rosto antes de atender ao telefone; recorde, como se observasse de fora, todas as etapas de sua trajetória para o trabalho pela manhã; reconstrua lembranças de seu quarto na infância, de colegas de brincadeiras ou do/a primeiro/a namorado/a. Antes de começar uma tarefa, visualize-a completada e descubra se isso torna mais fácil a execução; visualize quantias maiores em seu saldo bancário; visualize fazer uma nova amizade.

A visualização é o sonho ativo. Quanto mais você praticá-la, mais intensas e poderosas serão as criações de sua mente. As oportunidades de prática são infinitas. Depois de transformada em um hábito, ela se desenvolve naturalmente.

NOTAS

1. Leadbeater postula 96 pétalas para o chacra frontal, o que é duas vezes a soma de todas as pétalas inferiores ou 2 x (4 + 6 +10+ 12+16) = 96. C. W. Leadbeater, *The Chacras*, p. 14.
2. *Encyclopedia Americana*, s.v., "glândula pineal".
3. Jacob Lieberman, *Light, Medicine of the Future* (Santa Fe, NM: Bear & Co., 1991), p. 32.
4. Ibid. Ele evita o amadurecimento prematuro das características sexuais.
5. Arthur C., Guyton, *Textbook of Medical Physiology*, p. 884.
6. Jacob Lieberman, *Light, Medicine of the Future* (Santa Fe, NM: Bear & Co., 1991), p. 32.
7. Alan E. Lewis, e Dallas Clouatre, Ph.D. *Melatonin and Biological Clock*, pp. 7-8.
8. Ibid., p. 16.
9. John N. Ott, *Health and Light*.
10. Alan E. Lewis e Dallas Clouatre, Ph.D. *Melatonin and the Biological Clock*, p. 23.
11. Stephanie Sonnleitner, Ph.D., conversa pessoal.
12. Existem partículas subatômicas hipotéticas chamadas táquions, que, segundo acredita-se, viajam acima da velocidade da luz, mas são incapazes de desacelerar até a mesma.
13. Pablo Picasso, "Conversations avec Picasso", in *Cahiers d'Art*, v. 10, nº 10, Paris, 1935. Traduzido em *Picasso, Fifty Years of his Art* por Alfred H. Barr Jr., 1946.
14. John N. Ott, "Color and light: their effects on plants, animals, and people", *Journal of Biosocial Research* 7, parte 1, 1985.

15. John N. Ott, *Health and Light*, pp. 70 e seguintes.
16. K. Martinek e I.V. Berezin, "Artificial light-sensitive enzymatic systems as chemical amplifiers of weak light signals", *Photochemistry and Biology* 29 (March 1979), pp. 637-650 (citado por Jacob Lieberman, *Light, Medicine of the Future*, p. 9).
17. Kate W. Baldwin, M.D., F.A.C.S., "The Atlantic Medical Journal", abril de 1927, citado em *The Ancient Art of Color Therapy*, por Linda Clark, pp. 18-19.
18. Edward W. Babbitt, *The Principles of Light and Color*, p. 40.
19. Linda Clark, *The Ancient Art of Color Therapy*, p. 112.
20. Valerie Hunt, Ph.D., "A study of structural integration from neuromuscular, energy field, and emotional approaches". Agora publicado em *Wheels of Light: A Study of the Chacras*, Rosalyn Bruyere (Sierra Madre, CA: Bon Productions, 1989), pp. 197 e seguintes.
21. Jacob Liebermam O.D., Ph.D., *Light, Medicine of the Future* (Santa Fe, NM: Bear & Co., 1991), p. 189.
22. Valerie Hunt, op. cit., pp. 197 e seguintes.
23. Como citado em *The Holographic Paradigm and Other Paradoxes*, Ken Wilbur (org.), p. 25. [*O paradigma holográfico e outros paradoxos*, Cultrix, 1991.]
24. Karl Pribram, entrevista a Omni Magazine, outubro de 1982, p. 170.
25. Ibid., p. 172.
26. "The enfolding-unfolding universe: a conversation with David Bohm", conduzida por Renee Weber em *The Holographic Paradigm and Other Paradoxes*, Ken Wilbur (org.), pp. 44-104.
27. Ibid., p. 139. Isso também se assemelha à teoria dos campos morfogenéticos de Rupert Sheldrake.
28. Michael Samuels, *Seeing with the Mind's Eye*, p. xviii.
29. Ibid., pp. 57-59.
30. Satprem, *Sri Aurobindo, or the Adventures of Consciousness*.
31. Marion Zimmer Bradley, conversa pessoal.

LEITURA COMPLEMENTAR

Clark, Linda. *The Ancient Art of Color Therapy*. Nova York: Pocket Books, 1975.

Friedlander, John e Gloria Hemsher. *Basic Psychic Development*. York Beach, ME: Samuel Weiser, Inc., 1998.

Gawain, Shakti. *Creative Visualization*. CA: Whatever Publishing, 1978.

Lieberman, Jacob, O.D., Ph.D. *Light, Medicine of the Future*. Santa Fe, NM: Bear & Co., 1991.

Samuels, Michael. *Seeing With the Mind's Eye*. Nova York: Random House, 1976.

Wallace, Amy; Henkin, Bill. *The Psychic Healing Book*. Wingbow Press, 1981.

Wilber, Ken (org.). *The Holographic Paradigm and Other Paradoxes*. Boston, MA: Shambhala, 1982.

CHACRA SETE

Consciência

Pensamento

Informação

Saber

Compreensão

Transcendência

Imanência

Meditação

Capítulo 8

CHACRA SETE: PENSAMENTO

MEDITAÇÃO DE ABERTURA

Você partiu numa viagem.

Você tocou, saboreou, viu, escutou.

Você amou e perdeu, e tornou a amar.

Você aprendeu. Você cresceu.

Você chegou intacto a seu destino.

E agora, finda a jornada, está quase em casa.

Falta apenas um passo — o maior e o menor de todos.

Maior, porque nos leva mais longe.

Menor, porque já estamos lá.

Há mais uma porta a ser aberta — e contém a chave para tudo o que existe além.

Você tem essa chave, mas não consegue vê-la. Ela não é um objeto, ela não é um caminho.

Ela é um mistério.

Permita-se rever os lugares onde andou...

Recordando o toque da carne na Terra, o fluxo do movimento e do poder, a canção do amor em seu coração, as lembranças gravadas na mente...

Quem recorda?

Quem fez a viagem?

Foi o seu corpo? Então, quem o guiou? O que foi que cresceu? O que você atravessou?

Quem iria agora segurar aquela chave que não pode ser vista, a chave que não tranca?

A resposta a isso é a própria chave.

Toda a sabedoria está dentro de você. Nada está além de você. O reino está à sua frente, dentro e em torno de você. Ele está na sua mente, que não passa de uma mente num mar de muitas mentes: conectadas, contidas, inteligentes, divinas.

Ela é o assento dos deuses, o padrão da criação, a imensidade do infinito, o desabrochar sem-fim das pétalas do lótus, florescendo plenamente e ligadas à Terra de todas as formas.

Nós a encontramos em nossos pensamentos.

Para além da forma, do som, da luz, do espaço, do tempo,

Nossos pensamentos fluem.

Embaixo, atrás, acima, em torno e através fluem nossos pensamentos.

Dentro, fora, antes e depois, fluem nossos pensamentos.

Gotas no mar sem-fim, a canção da mente é infinita.

Completamos o círculo e o padrão está completo.

Somos os pensamentos que formam o padrão,

Somos o padrão que forma os pensamentos.

De onde vêm nossos pensamentos?

Para onde vão quando em repouso?

E quem é aquele que os percebe?

Em nosso íntimo encontramos um lugar para despertar a mente.

Escalando sempre o céu estrelado, desatando os fios sólidos da matéria.

Para além do véu do céu distante, o Pai rege a trilha estrelada.

Em padrões brilhantes, percebidos pela visão, nossos pensamentos operam dia e noite,

Pela reflexão sempre ligando, fiando, tecendo as teias do saber,

Padrões milenares, fluxos e refluxos.

Auspicioso Shiva, Senhor do Sono, suas meditações nos levam

Ao ancestral saber dentro de nós, local sagrado onde começamos

E terminamos, aqui retornaremos; religados aprendemos

A conhecer a divindade interior e a manifestá-la com honrado orgulho.

Em nossa mente detemos a chave de mistérios que revelaremos;

Portão de acesso aos mundos de além,

Em sagrado espaço e paz criamos laços.

SÍMBOLOS E CORRESPONDÊNCIAS

Nome em sânscrito:	Sahasrara
Significado:	Multiplicado por mil
Localização:	Alto da cabeça
Elemento:	Pensamento
Manifestação:	Informação
Função pessoal:	Compreensão
Estado psicológico:	Bem-aventurança
Glândulas:	Hipófise
Outras partes do corpo:	Córtex cerebral, sistema nervoso central
Disfunção:	Depressão, alienação, confusão, tédio, apatia, deficiência de aprendizagem
Cor:	Violeta ou branco
Som-semente:	Nenhum
Som vocálico:	Ngngng, como em "engano" (não é, de fato, vogal)
Pétalas:	Alguns dizem 960; outros, 1.000. Para os indianos, os números que têm 1 e 0, como 100, 1.000 ou 10.000 indicam uma infinidade. Portanto, as mil pétalas são

uma metáfora de infinito, ao passo que 960 é o equivalente matemático à soma dos cinco primeiros chacras (4 + 6 + 10 + 12 + 16) multiplicada pelas duas pétalas do sexto chacra, e o resultado multiplicado por 10.

Sephira:	Keter
Planeta:	Urano
Metal:	Ouro
Alimento:	Nenhum, jejum
Verbo correspondente:	Saber
Caminho da ioga:	Jnana, ou meditação
Ervas para o incenso:	Lótus, centelha-asiática (*gotu kola*)
Guna:	*Sattva*
Minerais:	Ametista, diamante
Símbolos do lótus:	Dentro do Sahasrara está a lua cheia, sem a imagem da lebre, resplandecente como num céu limpo. Ela irradia uma profusão de raios e é úmida e fria como o néctar. Dentro dela, brilhando sem cessar como o relâmpago, está o triângulo e dentro deste brilha novamente o Grande Vazio, secretamente servido por todos os Suras.[1] Alguns afirmam que as pétalas se voltam para cima, em direção aos céus. Segundo textos antigos, elas se voltam para baixo, abraçando o crânio. Acredita-se que as pétalas são brancas e lustrosas.
Divindades indianas:	Shiva, Ama-kala (Shakti em ascensão), Varuna
Outros panteões:	Zeus, Alá, Nut, Enki, Inanna, Odin, Mimir, Ennoia

O LÓTUS DE MIL PÉTALAS

*O universo é exatamente como pensamos que ele
seja — e essa é a razão.*

John Woods[2]

Finalmente chegamos ao ponto culminante dessa viagem de sete etapas, subindo para o lótus de mil pétalas desabrochado no alto da cabeça. Aqui encontramos a sede infinitamente misteriosa da consciência cósmica, conhecida como sétimo chacra ou chacra coronário. Ele nos conecta com a inteligência divina e fonte de toda manifestação. Ele é o meio pelo qual chegamos ao entendimento e alcançamos o significado. Na qualidade de meta final de nossa corrente libertadora, é o local da suprema libertação.

Como um rei cuja coroa simboliza a ordem no reino, o chacra coronário representa o princípio que governa a vida — o local em que, afinal são percebidos a ordem e o significado subjacentes a todas as coisas. Ele é a consciência onipresente que pensa, raciocina e dá forma e foco às nossas atividades. É a verdadeira essência do ser, como a percepção que vive em nós. No inconsciente, é a sabedoria do corpo; na mente consciente, o intelecto e o sistema de crenças; no nível superconsciente, a percepção do divino.

Em sânscrito, o chacra coronário tem o nome de *sahasrara*, que significa "composto de mil partes", uma referência às infinitas pétalas desabrochadas do lótus. Os breves lampejos desse chacra, que por um privilégio vislumbrei, revelam um padrão quase avassalador em magnitude, complexidade e beleza. Suas pétalas se abrem em padrões dentro de padrões, como fractais, embutidas infinitamente umas nas outras, inclinadas para baixo como um girassol para verter o néctar do entendimento na percepção do ser. Cada pétala perfeita é uma mônada de inteligência. Juntas, elas formam a configuração de uma inteligência divina que abrange tudo — sensível, consciente, receptiva e infinita. Seu campo é delicado: o mais leve pensamento se propaga pelas pétalas como vento em capinzal. As pedras cintilantes encravadas no lótus só brilham no estado de suprema quietude. Testemunhar esse milagre é abismante.

Quando chegamos a esse nível, a semente da alma brotou de suas raízes na terra e cresceu através dos elementos da água, do fogo, do ar, do som e da luz, chegando agora à fonte de tudo, a consciência em si, experimentada por meio do elemento do pensamento. Cada nível traz novos graus de liberdade e compreensão. Agora o chacra coronário floresce com infinita percepção, suas mil pétalas como antenas, sondando dimensões mais altas.

Na filosofia do ioga esse chacra foi considerado a sede da Iluminação. Seu supremo estado de consciência está além da razão, dos sentidos e dos limites do mundo a nosso redor. A prática do ioga aconselha a retirar-se dos sentidos (*pratyahara*) a fim de alcançar a tranquilidade mental necessária a perceber esse estado supremo. A filosofia tântrica, por outro lado, vê os sentidos como a entrada para o despertar da consciência. A teoria dos chacras nos diz que ambos procedem: uma estimulação da inteligência para nos dar informação e um recuo para o interior, no qual a informação se transforma em conhecimento supremo. Para se manter florido, nosso lótus de mil pétalas precisa manter as raízes na terra.

O elemento do sétimo chacra é o *pensamento*, entidade fundamentalmente distinta e imensurável, a primeira e mais despojada manifestação do vasto campo da consciência em torno de nós. Por conseguinte, a função do Sahasrara é *saber* — assim como os outros chacras estão relacionados com ver, falar, amar, fazer, sentir e ter. É por meio do chacra coronário que sondamos o corpo infinito de informação e a levamos através dos outros chacras para dar-lhe reconhecimento e manifestação.

O sétimo chacra está relacionado àquilo que experimentamos como a mente, em especial a percepção que faz uso dela. A mente é um palco para a encenação da consciência e pode nos apresentar comédia ou tragédia, exaltação ou tédio. Somos a plateia privilegiada que assiste à peça, embora em certas ocasiões nos identifiquemos por completo com os personagens no palco (nossos pensamentos), esquecendo de que é apenas teatro.

Ao observar esse teatro dos pensamentos, nossa mente incorpora a experiência ao significado e constrói o próprio sistema de crenças. Essas crenças são os programas principais que empregamos para a construção da realidade. (Assim, o coronário é o chacra principal e se relaciona com a hipófise, glândula principal do sistema endócrino.)

Em termos de fisiologia, o chacra coronário está relacionado com o cérebro, principalmente com o córtex cerebral ou cérebro superior. O maravilhoso cérebro humano contém em torno de 13 bilhões de células nervosas interligadas, capazes de fazer entre si mais conexões que o número de estrelas do universo inteiro.[3] Eis uma afirmativa notável. Como instrumentos de percepção, nossos cérebros são praticamente ilimitados. Contudo, existem cem milhões de receptores sensoriais *dentro do corpo* e dez trilhões de sinapses no sistema nervoso, tornando a mente cem mil vezes mais sensível a seu ambiente interno que ao externo.[4] Portanto, na verdade, recebemos e assimilamos a maior parte de nosso conhecimento de algum lugar *interno*.

Temos acesso dentro de nós a uma dimensão não localizada no tempo e espaço. Se postularmos que cada chacra representa uma dimensão de vibração menor e mais rápida, hipoteticamente teremos no chacra coronário um plano em que haverá uma onda de velocidade infinita e de comprimento de onda nulo, capaz de estar em todos os lugares ao mesmo tempo. Dessa forma, os estados supremos de consciência são descritos como onipresentes — ao reduzir o mundo a um sistema de padrões que não ocupa uma dimensão física, teremos uma capacidade infinita de armazenamento para seus símbolos. Em outras palavras, *carregamos o mundo inteiro dentro da cabeça.*

Esse local interior é a sede da consciência e a origem de nossa corrente manifestada. Todos os atos de criação começam pela concepção. Precisamos primeiro conceber uma ideia, antes de poder realizá-la. Isso começa na mente e depois desce através dos chacras até a manifestação. A concepção nos dá o padrão e a manifestação preenche o padrão com substância, dando-lhe forma. Um padrão implica ordem. Para os indianos, a ordem é a realidade universal subjacente. De fato, se olharmos a natureza e o universo celestial, a inteligência perceptível de sua ordem extremamente refinada é espantosa.

A palavra "padrão" se deriva de *pater*, o pai. O pai fornece a semente (o DNA), a informação ou o padrão que estimula a criação da forma. A concepção começa quando um padrão é adequadamente recebido. A partir daí o aspecto maternal atribui substância ao padrão (além de metade do DNA). "Mãe" vem de *mater*, da qual também vem a palavra matéria. Para que algo adquira significado, é preciso que se materialize, manifeste, seja "maternalizado". Assim, Shiva provê a forma ou padrão, enquanto Shakti, a mãe do universo, provê a energia bruta que materializa a forma.

Pode-se pensar que a consciência é invisível, mas só é preciso olhar em torno — para a estrutura das cidades, o mobiliário das casas, o conteúdo de nossas estantes — para ver a incrível versatilidade da consciência na forma manifestada. Se quisermos saber que aparência ela tem, nosso mundo — o natural *e* o construído — é a expressão dela. A consciência é o campo de padrões do qual emerge a manifestação.

Assim, o que é a consciência "superior"? É a percepção de uma ordem maior ou mais completa, mais abrangente. Algumas vezes, a consciência superior é chamada de consciência cósmica e se refere à percepção de uma ordem cósmica ou celestial. Enquanto os chacras inferiores estão cheios de milhões de bites de informação sobre o mundo físico e seus ciclos de causa e efeito, a consciência cósmica se projeta nas galáxias e mais além, dando passagem à percepção de verdades unificadoras. Ela é a percepção dos padrões suprassegmentais, os princípios organizacionais que dominam nosso sistema ordenador cósmico. Deles, podemos descer novamente às ordens inferiores com a compreensão inata de sua estrutura e da função como subconjuntos desses padrões.

No Sahasrara estamos mais longe do mundo material e, portanto, das limitações espaciais e temporais. Nesse sentido, o sétimo chacra tem a máxima versatilidade e pode abranger o mais amplo escopo entre todos os chacras, daí o seu estado de libertação. Em pensamento, somos capazes de num instante saltar da Idade da Pedra para visões do futuro, imaginar que estamos no quintal de casa ou pensar numa galáxia distante. Podemos criar, destruir, aprender e crescer, tudo isso a partir de um lugar interior e sem precisar de qualquer movimento ou mudança exterior.

Alguns dizem que o Sahasrara é a sede da alma, uma testemunha eterna e sem dimensão que permanece conosco pelas existências. Outros afirmam ser o ponto pelo qual a centelha divina de Shiva entra no corpo e traz inteligência. Ele é o megaprocessador de toda a percepção, o portão para mundos fora e dentro de nós, a circunferência sem dimensão que abrange tudo o que existe. Qualquer que seja a forma escolhida para descrevê-lo, cumpre lembrar que seu escopo ultrapassa o que nossas palavras podem comunicar. Ele só pode ser experimentado.

A CONSCIÊNCIA

A Força Universal é uma Consciência universal. É isso que o buscador descobre. Quando ele contata em si próprio essa corrente de consciência, pode se transportar a qualquer plano da realidade universal, a qualquer ponto, e perceber, e compreender a consciência ali, ou até agir com base nela, pois em toda parte ela é a mesma corrente de consciência com modalidades vibratórias diferentes.

— Satprem, sobre Sri Aurobindo[5]

Cada um dos chacras é uma manifestação da consciência numa camada diferente da realidade, sendo a terra a mais densa e sendo o sétimo chacra, como seu oposto, a consciência pura imanifestada, conhecida na filosofia do ioga como *purusha*. No sétimo chacra devemos agora perguntar: em que consiste a chamada consciência? Qual o seu propósito? Como ter acesso a ela?

Decerto são perguntas decisivas, e vêm sendo feitas por homens e mulheres desde o início dos tempos. Porém, para entrar em nossa última dimensão — a da mente, da percepção, do pensamento, da inteligência e da informação —, precisamos começar a investigação, *porque a própria faculdade que faz as perguntas é a consciência — o objeto de nossa pesquisa.*

Diante da pergunta "Quem está cuidando da loja?", olhamos para dentro e notamos a consciência interior. De pouco serve se preocupar com o estoque da loja sem antes fazer essa pergunta. Se quisermos mudança, devemos nos dispor a propô-la ao gerente. Alguns chamam esse fenômeno de *a testemunha*, um ser consciente que está sempre presente no mistério do Ser. Testemunhar a própria percepção significa começar a entender a misteriosa posse da consciência.

Esse fenômeno é quase miraculoso. Uma faculdade que todos nós temos — mas não podemos ver, tocar, medir ou segurar — é a realidade indelével que nos torna vivos. Com sua enorme capacidade de regular o corpo, tocar música, falar muitas línguas, desenhar, recitar poesia, lembrar números de telefone, apreciar o pôr do sol, resolver quebra-cabeças, vivenciar prazer, amor, desejo, ação, visão, a faculdade da consciência é infinita em suas habilidades notáveis. Voltar a atenção efetivamente para esse milagre é como entrar nas incontáveis pétalas desabrochadas do lótus, a verdadeira fonte do Ser.

O Ser mantém um acervo de lembranças, um conjunto de sistemas de crenças e uma capacidade de absorver novos dados, ao mesmo tempo em que integra toda essa informação numa noção coerente de *sentido*. Essa busca de sentido é a força propulsora da consciência e a busca da unidade subjacente da experiência. Quando nossa própria vida tem sentido, torna-se parte de uma estrutura maior. Quando algo carece de sentido, não se encaixa em coisa alguma. O sentido é o padrão que conecta, que nos aproxima da unidade. Ele estabelece a ligação entre o individual e o universal, o verdadeiro significado do ioga. A meu ver, em toda experiência anterior a *samadhi* (em que o sentido fica óbvio), essa busca de sentido é a motivação básica do chacra coronário.

Do mundano ao místico, a produção de sentido está por trás da maioria das atividades mentais. Se a chefe dirige a você um ar sério, você talvez indague: Que significa isso? Ela está num dia ruim? Fiz alguma coisa errada? Ela está esperando demais de mim? Estou no emprego errado? Diante de acidentes, doenças ou coincidências felizes, as pessoas procuram um significado que ajude a integrar a experiência. Como terapeuta, ouço diariamente relatos de ocorrências da vida de meus clientes. O tempo todo eles perguntam: "O que isso quer dizer?"

Depois de discernir o significado de uma situação, ficamos mais seguros quanto à ação, ou à atuação, e capazes de fluir novamente com a situação. Isso nos fornece um sistema operacional básico que nos conecta a uma sensação abrangente de ordem, que pode então integrar num todo o resto de nossa experiência.

A consciência é uma força relacionada ao *guna sattva*, uma força de unidade, ordem e organização. Ela é o projeto, o padrão, a inteligência. Das formas ondulatórias que se entrecruzam no cérebro às estruturas de moléculas, edifícios e cidades, a consciência é o princípio organizador inerente a todas as coisas. A própria existência não é senão um vórtice da organização consciente.

A exploração desse grande campo da consciência o leva a descer, a se envolver em torno das estruturas existentes e se transformar em informação. São informações as linhas de ordem percebidas que compõem nosso sistema operacional pessoal. O próprio ato de pensar é o processo de seguir linhas de ordem. Como veículos da consciência, temos a inclinação natural de expressar essa manifestação, de utilizá-la e manifestá-la. A suprema expressão é a forma física, que, no entanto, é a mais limitada. Por causa dessa limitação, a consciência, após se manifestar, deseja se libertar da prisão do físico e voltar à fonte, ao não físico, em que pode brincar em

362 • Rodas da vida

sua diversidade infinita. Por conseguinte, a natureza da consciência é a manifestação e também a libertação, a eterna dança de Shiva e Shakti.

TIPOS DE CONSCIÊNCIA

Aquilo dentro de nós que procura saber e progredir não é a mente, mas algo por trás dela, que a utiliza.

— Sri Aurobindo[6]

A percepção implica atenção focalizada. Se você falar comigo enquanto estou dormindo, não tomarei conhecimento, pois minha atenção estará focalizada em outra coisa. As paisagens que passam por mim ao volante me escapam e eu talvez não as reconheça na próxima vez. Para abrir a percepção, é preciso observar aonde vai a atenção. Então poderemos expandi-la ou focalizá-la à vontade.

Em todo momento da vida nos rodeia grande quantidade de informação. Para usá-la, focalizamos a atenção em pequenas quantidades de cada vez. Para ler este livro, você está focalizando nele sua atenção e desviando-a de outras coisas, como o trânsito, o barulho das crianças e as conversas em torno.

A consciência do chacra coronário pode ser classificada em dois tipos, de acordo com a direção da atenção: uma consciência que desce e se transforma em informação concreta, útil para a manifestação no mundo, e uma que se expande e viaja para fora, em direção a planos mais abstratos. A primeira está voltada ao mundo dos objetos, dos relacionamentos e do eu concreto. É um produto da atenção limitada, a consciência que pensa ativamente, raciocina, aprende e armazena informação. É a nossa *Consciência Cognitiva*. Podemos considerá-la o ponto focal mais baixo do chacra coronário, que organiza detalhes finitos para formar estruturas cada vez maiores.

Ao segundo tipo de consciência, chamo *Consciência Transcendente*. Ela interage com um domínio situado além do mundo das coisas e dos relacionamentos. Ela é a consciência sem objeto, sem percepção ou referência ao eu individual, livre das grandes flutuações que ocorrem nos padrões de pensamento lógico e comparativo da Consciência Cognitiva. Pelo contrário, essa forma de consciência flutua numa metapercepção, abrangendo todas as coisas simultaneamente, mas sem se focalizar em qualquer objeto específico. Ela flutua porque não se prende aos "objetos de consciência" normais e assim se torna imponderável e livre.

A Consciência Cognitiva exige que a percepção se concentre no finito e no particular, classificados e reunidos em ordem lógica. A Consciência Transcendente requer uma percepção aberta para além da cognição. Perceber uma ordem mais elevada implica um distanciamento maior do diminuto e do específico. Paradoxalmente, essa abertura que transcende a cognição traz como resultado aumento no escopo da atenção focalizada. Ao esvaziarmos a mente, o que permanece fica mais destacado, como ao olharmos alguém isolado num campo nevado, em comparação com vê-lo numa rua cheia de gente.

INFORMAÇÃO

As coordenadas de espaço/tempo não são primárias
da realidade física, mas sim princípios organizadores
invocados pela consciência para colocar em
ordem sua informação.

— Robert Jahn[7]

Por meio das experiências, construímos dentro da mente uma matriz pessoal de informação. Desde a primeira visão do rosto materno até a tese de doutorado e mais além, passamos a vida tentando compor alguma noção de ordem extraída do que vemos a nosso redor. Cada informação recebida é incorporada à matriz, o que a torna cada vez mais complexa. Enquanto a complexidade aumenta, a matriz tende a se "reorganizar" periodicamente, encontrando níveis mais altos de ordem que lhe simplificam o sistema. A base é demolida, a reconstrução acontece e, com ela, o uso mais eficiente de energia. Esse é o famoso efeito "eureca!" — as pequenas iluminações que ocorrem quando alguma peça se encaixa, dando a perceber uma nova totalidade. A iluminação é uma compreensão progressiva de uma totalidade ainda maior. Em nosso paradigma holográfico, cada novo dado torna a imagem mais clara.

A criação de estruturas matriciais se baseia no significado que extraímos da experiência. Elas então se tornam os sistemas pessoais de crenças e os princípios organizadores de nossa vida. Somos parte dessa ordem, e tudo o que encontramos organizamos segundo essa matriz, preferindo manter coerentes as experiências internas e externas. Se meu sistema de crenças afirma que as mulheres são inferiores, vou manifestar essa convicção em todas as minhas ações, inclusive encontrando quem a corrobore. Se eu acreditar que hoje é meu dia de sorte, hoje terei mais probabilidade de manifestar coisas positivas em minha vida.

Nossos sistemas de crenças se compõem de vários significados que extraímos de nossa experiência. Se com frequência malogramos e repetimos para nós que somos idiotas, acabamos por acreditar em nossa própria idiotice. Desses sistemas de crenças se compõe a matriz pela qual todas as outras informações são filtradas. Se eu emitir um juízo, você vai comparar aquilo a seu conhecimento de mundo e acrescentá-lo a seu sistema de crenças. Talvez você diga: "Não consigo acertar uma" ou "Nunca consigo lhe agradar". São crenças ditadas pelo sentido que você derivou. Outro indivíduo, com outro sistema de crenças, pode extrair um significado totalmente distinto.

A relação entre significado e crença é tão forte que se algum dado não se encaixar em nossa matriz interna poderemos dizer "Não acredito em você" e descartar completamente a informação. Se eu declarar que vi um extraterrestre (o que não aconteceu), terei a descrença da maioria, que não dispõe de uma matriz para esse tipo de experiência. Se eu desse a mesma informação num congresso de ufologia, eles poderiam de fato acreditar ou atribuir um sentido inteiramente diverso à minha experiência.

Essa é uma das armadilhas da mente. Como poderemos absorver novas informações e expandir a consciência se rejeitarmos o que não se encaixa em nosso atual paradigma interno? E se não dermos atenção a essa matriz interna, como poderemos distinguir entre verdade e ficção, ou organizar a imensa quantidade de informação recebida por nós a todo instante?

A melhor resposta está na meditação, por ser uma prática que permite à mente analisar dados, descartar sistemas de crenças desatualizados e informações desnecessárias, e restaurar a unidade básica da matriz pessoal (a meditação é comparável à desfragmentação de um disco rígido — deixa mais espaço para operar e para gravar novas informações, sem provocar a queda do sistema). Ela permite ao chacra coronário ampliar a percepção sem ficar assoberbado ou se perder no infinito. Ela nos ajuda a reter nosso centro, a principal matriz organizadora do Ser.

Baixando informação

Certas qualidades da mente, conforme mostraram a pesquisa parapsicológica, a regressão a vidas passadas e outros estudos, existem sem depender do cérebro. Em alguns casos de regressão a vidas passadas, os indivíduos foram capazes de recordar fatos objetivamente comprováveis. Alguns descrevem com precisão uma casa que nunca viram, falam línguas estrangeiras ou descrevem ocorrências posteriormente documentadas por meio de diários, cartas ou livros. Evidentemente, como o corpo humano/hardware foi completamente remodelado, alguma informação existe fora do cérebro.

Todos esses dados indicam a existência de algum tipo de *campo de informação* independentemente de quem percebe, assim como as ondas de rádio existem de forma independente dos aparelhos receptores ou a internet existe quer você tenha ou não um computador. O corpo, com seu sistema nervoso e sua capacidade de reação espetaculares, é o receptor dessa informação, assim como o computador pode receber e baixar informação da internet.

Ainda que imaterial no mundo físico, esse campo é mesmo assim um fator muito real e causativo, assim como um campo magnético invisível obriga a limalha de metal a assumir certa forma de organização. É por essa razão que os planos superiores geralmente são chamados *planos causais*. Quando nos "sintonizamos", podemos sondar esse campo de informação e entrar no domínio da causalidade.

O biólogo Rupert Sheldrake cunhou o termo "campos morfogenéticos", de *morphe*, "forma" e *genesis*, "vir a ser", expressão que pelo menos em parte descreve o fenômeno. Segundo a teoria dos campos morfogenéticos, o universo funciona não tanto por leis imutáveis, quanto por "hábitos", padrões criados pela repetição de ocorrências ao longo do tempo. A repetição desses hábitos cria um campo numa dimensão "mais alta", fato que por sua vez aumenta a probabilidade de os acontecimentos seguirem aquele padrão. Os campos morfogenéticos são característicos de objetos e comportamentos, e podem explicar muito do que chamamos de instinto.

Para os coelhos, por exemplo, o campo morfogenético é criado pelas quantidades de coelhos que existem e já existiram no passado. Qualquer coisa gerada que se assemelhe a um coelho cairá na alta probabilidade de "coelhice" criada por esse campo. Se você entrar numa loja de ferragens e pedir algum objeto munido de um cabo e capaz de pregar pregos, muito provavelmente o vendedor indicará um "martelo", porque já existem muitos martelos. Agora que estão se difundindo os pinadores pneumáticos, um deles poderia também ser sugerido, fato menos provável há vinte anos, quando ainda não eram tão numerosos.

Os campos morfogenéticos dizem respeito à relação entre consciência e manifestação, pois formam uma ligação de mão dupla entre esses dois mundos. O campo é construído pelo que acontece no mundo tangível, por efeito da repetição e do hábito. Então, uma vez estabelecido, o

Chacra sete: pensamento • 367

campo dita as formas futuras no mundo material. Quanto maior a força do campo, maior a tendência a se ajustar a ele. Sheldrake declara:

> Não seria possível o estabelecimento de um novo campo na presença de uma influência dominante de um hábito preexistente. O que pode acontecer são campos de nível mais alto integrarem hábitos de nível mais baixo em sua nova síntese... A evolução avança não pela mudança de hábitos básicos, mas por adotar os hábitos básicos que lhe são dados e construir com eles padrões cada vez mais complexos.[8]

Um exemplo disso é o obeso que perde 25 quilos e tem um desejo insaciável de comer até recuperar o peso perdido. Você já observou como as pessoas gordas tendem a permanecer, na maior parte do tempo, com o mesmo peso aproximado apesar de dietas ou excessos? O campo morfogenético do corpo quer manter sua forma habitual. Na tentativa de alcançar um nível diferente, "pensar como magro" tem sido a forma mais eficaz de reduzir o peso, pois altera o campo que causa a forma do corpo.

Quando uma crença é mantida por um grande número de pessoas, esse campo fica mais forte, reduzindo a chance de sobrevivência de convicções contrárias. Um bom exemplo é o campo criado pela crença na supremacia masculina. Tendo sido instilado tão completamente em nossa cultura nos últimos milhares de anos, oferece aos homens mais vantagens, capacitando-os a conseguir ainda mais. Com mais mulheres se tornando poderosas graças ao feminismo, está sendo gerado um outro campo que faz mudar de forma o paradigma cultural. Mas para isso se necessita um longo tempo, além do envolvimento de muitas mulheres e muitos homens na construção de um novo campo. Com o passar do tempo e o fortalecimento do campo, ficará mais fácil para a próxima geração de homens e mulheres adotarem o novo sistema de crenças.

Os pensamentos, assim como os corpos e os edifícios, são estruturas. Os detalhes podem mudar com o passar do tempo, mas a matriz estrutural como um todo permanece mais ou menos a mesma durante certo período — principalmente quando mantida por um grande número de mentes. Se quisermos mudar nossa consciência, precisamos sondar os campos de onde ela brota e buscar dentro deles níveis mais elevados de ordem. De um nível transcendental, podemos acessar novos campos de ordem mais alta. Podemos então mudar nossa matriz e suas manifestações no mundo físico. Esse é o processo da revolução autoconsciente, que as viagens para dentro da consciência poderão viabilizar.

TRANSCENDÊNCIA E IMANÊNCIA

Quando a consciência se livra das milhares de vibrações mentais, vitais e físicas em que está enterrada, surge a alegria.

— Sri Aurobindo[9]

O chacra coronário é o ponto de encontro entre o finito e o infinito, o mortal e o divino, o temporal e o atemporal. É o portão através do qual nos expandimos para além do nosso ser pessoal, para fora dos limites do espaço e tempo, e experimentamos a unidade primordial e a bem-aventurança transcendente. Também é o ponto pelo qual a consciência divina entra no corpo e desce, trazendo percepção a todos os chacras e nos dando os meios de operar no mundo que nos rodeia.

Já descrevemos como essas duas correntes criam dois tipos de consciência: a cognitiva e a transcendente. Além disso, as duas correntes produzem dois estados espirituais diferentes, porém complementares: o *transcendente* e o *imanente*. Mais uma vez, a corrente ascendente traz liberação e a corrente descendente traz manifestação. Para ter uma história real de totalidade, precisamos cultivar as duas.

À medida que traçávamos nosso caminho pelos sete níveis de percepção relacionados a cada chacra, transcendemos progressivamente as limitações, a miopia, o imediatismo, a dor e o sofrimento. Essa é a direção mais enfatizada no pensamento oriental, no qual a prática e a filosofia da ioga compreendem a passagem essencial para a consciência universal. A dor e o sofrimento, acredita-se, decorrem de uma falsa identificação com os elementos do mundo finito que encobrem a realidade suprema do infinito. O apego à limitação gera os obstáculos para nosso crescimento espiritual; portanto, o apego é o maior inimigo do chacra coronário.

A qualidade mais característica da consciência transcendente é o vazio. Portanto, entramos nela pela renúncia ao apego. A transcendência nos transporta para além do trivial, para a grande expansão da unidade. O observador é participativo. Não há separação entre o eu e o mundo, e nem percepção do tempo. Assim como só se pode encher uma xícara vazia, o vazio da mente abre espaço para um canal desobstruído pelo qual experimentar a transcendência.

A transcendência nos livra das armadilhas da ilusão, de modo que possamos entrar no estado de bem-aventurança e liberdade. Em geral, o ego cria apego para manter seu sentimento de individualidade e segurança — mas esse é um eu menor, mais limitado, separado da unidade subjacente da consciência de que somos feitos.

A corrente descendente da consciência, tendo como origem a percepção do divino, traz *imanência*, a percepção do divino dentro de nós, ao passo que a transcendência é a percepção do divino fora de nós. A imanência nos dá inteligência, iluminação, inspiração, radiância, poder, conexão, e finalmente manifestação. O verdadeiro autoconhecimento é a compreensão de que a transcendência e a imanência são complementares e os mundos interno e externo são indelevelmente unos.

Enquanto a corrente libertadora nos traz liberação ou *mukti*, a descendente traz fruição, ou *bhukti*. Como declara Artur Avalon em *Serpent Power*, a tradução mais meticulosa dos textos tântricos sobre os chacras:

> Um dos princípios fundamentais do Sakti-Tantra é assegurar por meio de sua Sadhana tanto a Liberação quanto a Fruição. Isso é possível graças à identificação do eu, enquanto está desfrutando, com a alma do mundo.[10]

Assim como o chacra Muladhara é tanto o ponto de origem para a ascensão da Kundalini quanto o local para onde empurramos nossas raízes na direção das profundezas da terra, o Sahasrara é a origem de toda manifestação e a entrada para o além. A transcendência e a imanência não são mutuamente exclusivas. Elas representam as oscilações básicas da consciência, a inalação e a exalação do chacra coronário, os pontos de entrada e saída da vida humana.

MEDITAÇÃO: A CHAVE PARA O LÓTUS

Oh, Generoso, que seja Tua cabeça uma casca vazia na qual Tua mente brinque indefinidamente.

— Antigo provérbio sânscrito

Para desenvolver o sétimo chacra, não há prática melhor que a meditação. Ela é o próprio ato pelo qual a consciência toma conhecimento de si mesma, tão essencial para nutrir o espírito quanto a comida e o repouso são essenciais para nutrir o corpo.

Existem inúmeras técnicas de meditação. Pode-se controlar a respiração, entoar mantras, visualizar cores, formas ou divindades, deslocar energia através dos chacras, caminhar ou movimentar-se de forma consciente, ligar-se a um sintetizador de ondas cerebrais ou simplesmente olhar para diante sem focalizar. Para terem valor, todas essas formas precisam ter algo em comum: devem ampliar, acalmar e harmonizar os aspectos vibratórios do corpo e da mente, limpando esta de seu entulho habitual.

Para nós, é indiscutível a necessidade de tomar banho, de limpar a casa e de lavar nossas roupas. Se não o fizéssemos, sentiríamos desconforto, além de sermos alvo de crítica social. No entanto, talvez até mais do que nosso corpo, a mente e seus pensamentos necessitam de limpeza. A mente trabalha mais tempo, vai a dimensões mais amplas e ainda faz funcionar o sistema operacional de nossa vida!

Embora poucos fossem cogitar de comer hoje nos pratos sujos de ontem, achamos normal encarar um novo problema com a mente sobrecarregada do dia anterior. Não admira que nos sintamos cansados, confusos e ignorantes!

A meditação é um fim e também um meio. Podemos alcançar mais clareza mental, elevar o humor ou simplesmente melhorar a coordenação física, mas a mente, como o comandante inseparável de tudo, merece o melhor tratamento possível.

Como o sétimo chacra existe na dimensão da "interioridade", a meditação é a chave para esse mundo interno. Pela meditação podemos isolar sistematicamente o mundo exterior e cultivar a sensibilidade ao mundo interior. Por meio dessa sensibilidade, podemos entrar no ponto de singularidade que conecta tudo. Somos o vórtice de tudo o que experimentamos. No centro desse vórtice está o entendimento.

Pela harmonização do corpo, da respiração e dos pensamentos, podemos alinhar os chacras e perceber a essência unificadora de toda a criação. No entanto, isso é mais um alinhamento interno das energias arquetípicas, um alinhamento espiritual com a unidade subjacente presente em cada chacra, que um alinhamento da realidade física.

O que faz, exatamente, a meditação? Quais são os efeitos fisiológicos, estados psicológicos e benefícios resultantes? E por que é tão valiosa essa estranha prática de não fazer nada?

A prática generalizada da MT, ou Meditação Transcendental, como é ensinada por Maharishi Mahesh Yogi, permitiu um estudo sistemático dos efeitos físicos e mentais sobre uma grande variedade de indivíduos. A Meditação Transcendental, como ensinada pela Sociedade Internacional de Meditação, envolve a prática simples de passar vinte minutos, duas vezes ao dia, sentado tranquilamente, pronunciando interiormente um mantra, dado ao meditante por um instrutor. Não há posturas estranhas, padrões de respiração ou recomendações dietéticas, o que torna essa prática fácil de aprender e de estudar.

As descobertas mais notáveis desses estudos parecem ter surgido na medição dos padrões de ondas cerebrais por eletroencefalograma. Na consciência normal de vigília, as ondas cerebrais são aleatórias e caóticas, usualmente na frequência beta. Os dois hemisférios cerebrais podem gerar comprimentos de onda diferentes e pode haver diferenças ainda maiores entre a parte frontal e a posterior do cérebro.

A meditação traz uma drástica mudança a esse padrão. Desde o início da meditação, os praticantes apresentaram um aumento nas ondas alfa (ondas cerebrais características de um estado mental de relaxamento) que começava na parte posterior do cérebro e se propagava para frente. Após alguns minutos, as ondas alfa aumentavam de amplitude. As partes posterior e frontal do cérebro ficavam sincronizadas em fase, assim como os hemisférios esquerdo e direito. Essa ressonância continuava e em muitos casos apareciam ondas teta (um estado mais profundo do que alfa), principalmente nos praticantes mais experientes. Nos mais adiantados, observou-se uma ocorrência frequente, no estado normal de vigília, de ondas alfa com amplitudes maiores. Neles, as ondas teta eram mais frequentes durante a meditação e até apareciam em estados normais de vigília.[11]

A meditação também tem efeitos fisiológicos. O consumo de oxigênio diminuiu de 16 a 18%, o ritmo cardíaco diminuiu em 25% e a pressão arterial também baixou. Todas essas funções são controladas pelo sistema nervoso autônomo (o controlador dos processos involuntários).[12] Esses efeitos permitem ao corpo entrar em estado de repouso profundo — muito mais do que o observado durante o sono, e que acentua o estado de alerta na consciência de vigília.

É interessante observar que embora os meditadores entrem de fato no estado de repouso profundo, a atenção/percepção aumenta, ao invés de diminuir. Quando um não meditante era exposto a um som produzido periodicamente, seu padrão de ondas cerebrais apresentava uma habituação gradual ao ruído, ou seja, sua reação ia diminuindo até o som ser efetivamente "ignorado". Por outro lado, o meditante durante a prática reagia novamente ao som a cada apresentação.[13] Portanto, enquanto o corpo reduz todas as suas atividades, a mente fica essencialmente isenta das limitações do corpo, e mais livre para se expandir a novos horizontes.

Mostrou-se que a meditação desestimula o córtex cerebral e o sistema límbico e, por meio da ressonância de ondas cerebrais, neutraliza a separação entre o cérebro antigo e o novo.[14] Suspeita-se que essa divisão seja a causa de estados de alienação emocional e do comportamento esquizoide, dificuldades específicas dos humanos e essencialmente inexistentes nos animais. Uma coordenação melhor entre os dois hemisférios também pode aumentar a habilidade cognitiva e perceptual.

E os efeitos psicológicos? Além de uma sensação geral de relaxamento, paz interior e imenso bem-estar, os meditantes apresentaram melhoria no desempenho escolar, mais satisfação no trabalho e maior produtividade, redução no uso de drogas (tanto prescritas quanto recreativas) e tempos de reação mais rápidos.[15] Tudo isso ao simplesmente se sentar em silêncio e não fazer nada!

Diante dessas evidências, é difícil negar as grandes recompensas trazidas pela meditação. Quem não gostaria de ter mais saúde e bom humor, além de melhorar o desempenho? E tudo isso por uma prática que não custa nada, não requer qualquer equipamento e pode ser feita em qualquer lugar! No entanto, por que tão poucas são as pessoas que de fato reservam tempo para meditar, e, mesmo as que meditam, têm dificuldade em praticar com a frequência que gostaria?

Falamos de ritmos, ressonância e campos morfogenéticos, e de como os três tendem a se perpetuar exatamente como são. Em um mundo cujo nível vibratório se orienta em grande parte pelos três primeiros chacras, atribuindo mais valor à materialidade, é difícil encontrar tempo, validação e até mesmo desejo de entrar num comprimento de onda diferente, principalmente quando a recompensa é tão subjetiva. A ideia de que "deveríamos" meditar, somada aos milhares de outros "deveríamos" que nos martelam todo dia, pode tornar essa prática quase inconciliável.

No entanto, a verdadeira meditação é um estado mental, e não um esforço. Depois de alcançado algumas vezes, esse estado começa a criar os próprios ritmos que se perpetuam, o próprio campo morfogenético e o próprio efeito nas vibrações em nosso entorno. Ele então se torna parte integrante da vida, permanecendo conosco durante a consciência de vigília, o sono e todas as outras atividades. A essa altura, a meditação se converte em alegria, e não em disciplina. Mas, até que isso ocorra, só podemos descrever os efeitos e esperar que bastem para atiçar a curiosidade da vontade. Pelo menos o preço é bom!

Técnicas de meditação

Então, chegamos agora ao nível da prática. E descobrimos que a meditação tem tantas técnicas quanto seu número de praticantes. Vale a pena em algum momento tentar cada uma delas e, pela experiência, adaptar uma que se ajuste exatamente a você. Então permaneça com ela por um tempo, pois só dentro de um prazo sua prática mostra os melhores resultados.

É importante encontrar um ambiente calmo e confortável no qual você não seja interrompido. Procure não usar roupas incômodas, não sentir muito calor ou muito frio e reduzir ao mínimo os ruídos importunos. Em geral, o processo é mais agradável se o estômago estiver ligeiramente vazio, embora a fome intensa também constitua uma distração.

Pratica-se a maioria das meditações sentando-se confortavelmente com a coluna reta, mas sem tensão. Pode-se sentar numa cadeira ou no chão, com as pernas em lótus ou meio-lótus (Ver Figura 8.1.) ou simplesmente cruzadas. A razão é que o corpo precisa ficar em posição fácil de manter, que lhe permita relaxar, mas sem excesso de conforto que leve ao sono. Além disso, a coluna reta permite o alinhamento de todos os chacras e melhor transmissão de energia para cima e para baixo do Sushumna.

Na postura de meio-lótus é possível fazer muitas coisas: acompanhar a respiração, para dentro e para fora, sintonizando-se com seu ritmo; contemplar uma mandala, a chama de uma vela ou algum outro estímulo visual adequado; ou simplesmente observar os pensamentos à medida que passam, sem acompanhá-los, nem retê-los, tampouco julgá-los. A separação do eu e dos pensamentos ajuda a atingir o estado transcendente.

Como na técnica da MT, você pode pronunciar internamente um mantra e focalizar a mente em suas vibrações que passam através de você. Como já vimos, isso harmoniza os estados vibratórios. Você pode observar seus estados emocionais e alcançar o desapego em relação a eles, visualizar diferentes cores passando por seus chacras ou passar o tempo perguntando quem está meditando. Uma prática zen muito comum consiste em se concentrar num tipo de

Figura 8.1
Postura de meio-lótus.

declaração paradoxal chamada *koan*, que por sua falta de lógica faz a mente desligar o intelecto. Um *koan* típico é: "Qual é o som de uma mão batendo palmas?". Outro é: "Qual era o rosto que você usava antes de nascer?" A ideia não é buscar uma resposta, mas sim deixar a pergunta jogar por terra as barreiras do seu modo de pensar normal, lógico, permitindo a percepção de algo maior.

O que todas essas formas distintas têm em comum é envolverem a concentração da mente em uma coisa. Na consciência normal de vigília, a mente fica o tempo todo saltando de uma coisa para outra. O objeto da meditação é a própria focalização da mente. Cada uma dessas técnicas — seja um som, um objeto, ou um *koan* — é planejada como instrumento de focalização da mente, que a desvia de sua corrente normal e extremamente rotineira de consciência caótica.

É muito difícil comparar um método com outro e emitir um juízo de valor. As diversas meditações afetam as pessoas de formas diversas. A ênfase não recai sobre a técnica utilizada, mas sim sobre sua facilidade de uso. Independentemente da técnica, com o passar do tempo a repetição e a concentração tornam carregado o ato de meditar. É uma disciplina que, como qualquer outra, vai se tornando mais fácil com a prática.

ILUMINAÇÃO — ESTAR ENFIM EM CASA

O nirvana em minha consciência liberada revelou-se o início da minha Iluminação, o primeiro passo na direção da coisa completa, e não a única verdadeira conquista possível ou mesmo um final culminante.

— Sri Aurobindo [16]

A Iluminação não é uma coisa, mas um processo. Uma coisa é algo que se adquire; um processo é algo a ser. Se a Iluminação fosse uma

Chacra sete: pensamento • 377

coisa, seria uma espécie de contradição tê-la "encontrado", pois ela é inseparável do ser que está procurando. Ao vivenciá-la, descobrimos que ela nunca esteve perdida!

Assim como o amor é um conceito de difícil descrição, ainda que seja parte intrínseca de um estado natural e saudável, a Iluminação também pode ser vista como um estado natural e igualmente difícil de descrever. Dessa forma, a Iluminação seria alcançada por um processo de desfazer, ao invés de fazer. Nossos próprios bloqueios mentais nos impedem de atingir a iluminação, tal como um telhado bloqueia o sol, impedindo-o de brilhar sobre nós.

Mas dizer que já temos a Iluminação não quer dizer que não se ganhe nada ao cultivá-la. Só porque existe dentro de nós, ela nem sempre está intacta, pois sempre há estados mais profundos, lugares mais altos e mais elementos a explorar no além. E, quando podemos fazer isso de onde já estamos, teremos realmente conquistado algo!

Enquanto a maioria pensa na Iluminação como um estado no qual se têm todas as respostas, poderíamos também pensar nela como um estado em que se chega finalmente às perguntas certas. Experimentar o além só pode nos deixar uma impressão de surpresa e encantamento. As respostas podem ser coisas, mas as perguntas são o processo.

Em termos dos chacras, a Iluminação ocorre quando o caminho através deles se completa. É mais do que a simples abertura do chacra coronário ou qualquer outro chacra no Sushumna. É uma experiência de unidade entre todas as coisas e a integração dessa experiência com o Eu superior, o que só pode acontecer se este estiver conectado. É um processo de se tornar.

E assim chegamos finalmente ao término e descobrimos que ele é apenas um novo começo. Mas os fins existem para que outro objetivo?

EXERCÍCIOS

Seguir os pensamentos

Deite-se ou sente-se numa posição confortável para meditar. Deixe a mente ficar relativamente calma e tranquila, usando a técnica mais eficaz para você.

Aos poucos, permita-se prestar atenção nos pensamentos que passam por sua mente. Escolha um e pergunte-se de onde ele veio, que pensamentos o precederam. Então siga o pensamento até sua origem. Pode ser algo que tenha acontecido há anos ou que esteja pressionando você agora mesmo. Então, mais uma vez, siga esse pensamento até a fonte, e prossiga até a origem de cada um. Em algum momento, vamos chegar a uma espécie de fonte infinita sem origem objetiva.

Retorne e escolha outro pensamento que esteja passando. Repita a mesma sequência, recuando cada vez mais. Observe quantos pensamentos emanam de uma fonte similar — uma questão que você esteja trabalhando em sua vida nesse momento, um professor do passado ou seu próprio local de conexão com o infinito.

Depois de seguir alguns pensamentos até a origem, comece a olhar os outros passarem sem tentar localizá-los. Simplesmente deixe-os passar, sem negá-los nem detê-los. Deixe-os voltar à fonte, até já passarem poucos ou nenhum, e você também ter retornado àquela fonte. Permaneça ali pelo tempo que pareça adequado e volte lentamente à consciência normal.

Viagem aos Registros Akásicos

Deve ser feita como meditação dirigida.

Deite-se confortavelmente no chão, de costas, com a cabeça e o pescoço relaxados e lentamente relaxe cada parte do corpo. Deixe que o chão sob você o apoie enquanto relaxa as pernas... as costas... o estômago... os braços e os ombros. Feche as mãos e torne a abri-las, flexionando cada dedo. Estique os pés em ponta e relaxe-os, balançando um pouco cada pé. Lentamente, focalize o ritmo de sua respiração... inspire... expire... inspire... expire... Deixe o corpo flutuar levemente sobre o chão, permitindo saírem as tensões de cada músculo.

Enquanto observa a respiração, fique atento aos pensamentos. Observe-os enquanto giram devagar pela mente, projetando sem esforço suas imagens nos olhos da mente. Enquanto observa os pensamentos, torne-se consciente de alguma informação que gostaria de ter, alguma questão enterrada no íntimo. Pode ser uma pergunta sobre uma pessoa amada, um dilema do presente ou uma vida passada. Concentre-se um momento na pergunta, para ter clareza do que deseja saber.

Quando a pergunta estiver clara, deixe-a sair da mente. Ela voltará no momento apropriado.

Deitado confortavelmente no chão, imagine que seu corpo se torna mais leve. A massa sólida da sua carne gradualmente diminui e você experimenta a sensação de girar, como se estivesse subindo convertido em neblina. Você voa para o alto, torcendo-se e girando dentro dessa neblina sem forma. Com o passar do tempo a neblina começa a tomar forma e você vê uma escada em espiral que leva para cima. Você segue pela escada, cada vez mais para cima, à medida que ela vai se tornando mais sólida. Cada degrau lhe faz sentir uma impressão do próprio destino, cada passo o leva mais para perto do que quer saber.

Logo os degraus se alargam e você chega a um grande edifício que se projeta para cima e para os lados até onde a vista alcança. Ele tem uma grande porta, pela qual você entra sem dificuldade. Você vê mais escadarias, longos corredores e muitos cômodos, e portas que levam a eles. Parado no saguão, faz sua pergunta, ouvindo-a ecoar por todo o edifício. A pergunta retorna a você.

Você começa a caminhar, ouvindo o eco da pergunta, seguindo para onde o som é mais alto e mais claro. Siga para onde seus passos o levarem, repetindo a pergunta enquanto caminha. Finalmente você vai se encontrar num cômodo. Observe o portal, o mobiliário. Alguma coisa está escrita no portal? De que cores são os móveis, de que época eles são?

Enquanto olha em torno, você vê uma grande estante com livros em profusão. Examine a biblioteca e veja se algum livro se destaca, chamando por você. Encontre um que tenha seu nome. Talvez não seja o nome que você usa nesta vida, mas o exemplar deve facilmente vir às suas mãos. Verbalize mais uma vez sua pergunta e abra o livro, numa página ao acaso. Leia o trecho aberto. Faça uma pausa e reflita sobre o significado dele, depois folheie as páginas seguintes. Abra a percepção para a informação a seu redor: o quarto cheio de livros, a sabedoria milenar enterrada no edifício inteiro; traga isso para seu coração. Não tente analisar, só deixe acontecer.

Quando tiver acabado, devolva o livro à prateleira, sabendo que poderá encontrá-lo novamente quando quiser. Volte-se devagar e saia do cômodo, caminhando de volta pelo corredor cheio de portas. Entre no saguão, atravesse a grande porta emoldurada de colunas e vá para fora, refletindo sobre a vista incrível que pode discernir dessa altura. Nesse lugar, avançam e recuam padrões e mais padrões girantes, com todas as cores, formas e ritmos imagináveis. Lentamente, seu corpo vai ficando mais pesado ao entrar na atmosfera. Lentamente, você vai baixando, voltando ao plano terrestre onde seu corpo está deitado confortavelmente no chão, naquele lugar, agora. Examine o que trouxe com você e, quando estiver pronto, volte ao quarto.

Nota: O verdadeiro significado da informação encontrada nem sempre é evidente. Você pode precisar de algum tempo para refletir sobre ela (talvez alguns dias) antes de compartilhá-la.

NOTAS

1. Verso 41 do Sat-Chacra-Nirupana, na tradução de Arthur Avalon, *Serpent Power*, p. 428.
2. John Woods, conversa pessoal, 1982.
3. Bloomfield, et al. *Transcendental Meditation: Discovering Inner Awareness and Overcoming Stress*, p. 39.
4. Michael Talbot, *Mysticism and the New Physics*, p. 54.
5. Satprem, *Sri Aurobindo or the Adventure of Consciousness*, p. 64.
6. Sri Aurobindo, *Sri Aurobindo or the Adventure of Consciousness*, p. 30.
7. Robert Jahn, extraído do boletim da "Foundation for mind-being research", *Reporter*. Agosto, 1982, Cupertino, CA, p. 5.
8. Rupert Sheldrake, "Morphogenetic fields: nature's habits", *ReVision*, outono de 1982, v. 5, nº 2, p. 34.
9. Ibid., p. 66.
10. Arthur Avalon, *Serpent Power*, p. 38.
11. Bloomfield, *Transcendental Meditation: Discovering Inner Awareness and Overcoming Stress*, p. 75.
12. Ibid., apêndice.
13. Ibid., p. 66.
14. Ibid., p. 78.
15. Ibid., apêndice.
16. Sri Aurobindo citado por Satprem, *Sri Aurobindo, or the Adventure of Consciousness*, p. 153.

LEITURA COMPLEMENTAR

Satprem, *Sri Aurobindo or The Adventure of Consciousness*. Nova York: Harper & Row, 1968.

Bloomfield, et al. *Transcendental Meditation: Discovering Inner Awarenessand Overcoming Stress*. Nova York; Delacorte Press, 1975.

Feuerstein, Georg. *Wholeness or Transcendence: Ancient Lessons for the Emerging Global Civilization*. Nova York: Larson Publications, 1992.

Kabat-Zinn, John. *Wherever You Go, There You Are*. Nova York: Hyperion, 1994. (Um livro sobre como manter a mente presente e focalizada.) [*A mente alerta: como viver intensamente cada momento de sua vida através da meditação*. Rio de Janeiro: Objetiva, 2001.]

Le Shan, Lawrence. *How to Meditate*. Nova York: Bantam 1974 (bom livro de introdução a muitas técnicas e de perguntas frequentes sobre meditação). [*Meditação transcendental*. Rio de Janeiro: Record, 1997.]

Suzuki, D. T. Shunryu. *Zen Mind, Beginner's Mind*. Nova York: Weatherhill, 1979. [*Mente zen, mente de principiante*. São Paulo: Palas Athena, 1996.]

Tart, Charles. *States of Consciousness*. Nova York: E. P. Dutton, 1975.

White, John, (org.) *Frontiers of Consciousness*. Nova York: Julian Press, 1974 (boa e variada coletânea de artigos sobre vários aspectos da pesquisa na consciência).

TERCEIRA PARTE

REUNINDO OS ELEMENTOS

Capítulo 9

A VIAGEM DE VOLTA

A Força Universal é uma consciência universal. É isso que o aspirante descobre. Quando ele houver contatado em si mesmo essa corrente da consciência, poderá situar-se em qualquer plano da realidade universal, em qualquer ponto, e perceber, compreender a consciência que se encontra ali, ou mesmo agir sobre ela, porque em toda parte está a mesma corrente de consciência com diferentes modalidades vibratórias.

— Satprem, sobre Sri Aurobindo[1]

JÁ FIZEMOS A ESCALADA COMPLETA pela coluna dos chacras. Completamos nossa corrente ascendente, mas não nossa viagem. Escalamos até o topo da montanha espiritual e ganhamos a visão que só é possível daquela perspectiva. Mas agora nosso desafio é tornar a descer, e aplicar a nova compreensão ao mundo em torno. Já que levamos energias dos chacras inferiores até a consciência, agora a tarefa é levar aquela consciência avançada de volta aos chacras inferiores. A consciência pura, que como *purusha* entra no indivíduo vinda do vasto campo do plano supramental, se condensa por meio dos chacras enquanto vai descendo ao plano da manifestação. Tendo escalado até o topo para abraçar Shiva, Shakti desce através dos chacras, entrando primeiro na mente e nos sentidos, e depois nos cinco elementos da matéria finita. Quando ela alcança o plano final da Terra, nada mais lhe resta a fazer, e ela descansa, transmutada na forma enrolada e latente da Kundalini-Shakti.[2]

Na viagem para cima, usamos os chacras como degraus para nossa liberação, cada passo nos garantindo mais liberdade das formas limitadas, dos hábitos repetitivos e dos apegos mundanos. Cada degrau nos expandiu a consciência e os horizontes. Na corrente descendente, os chacras se tornaram "condensadores" da força da consciência, organizando a energia desta para trocas nos vários planos associados a cada nível. Na descida da consciência, os chacras se comparam a poços que recolhem a água da chuva caída do céu que escorreu montanha abaixo para o mar. Onde houver uma cavidade, a água se junta em poços e pode ser usada. Como se fossem poços, os chacras são câmaras do corpo sutil que permitem à consciência divina ser coletada e condensada em planos de manifestação progressivamente mais densos. Se um chacra estiver bloqueado, ficará limitado na quantidade de energia que consegue juntar.

Essa analogia também descreve os distintos conceitos de unidade que podem ser entendidos nas duas pontas do espectro. Quando a chuva cai do céu numa nuvem de gotículas, ela é como um campo unificado de umidade. Quando cai na terra, ela se fragmenta em milhões de filetes, que se tornam maiores, porém menos numerosos, como milhares de pequenas correntes, e centenas de afluentes ainda maiores, e dezenas de rios imensos, até formar um grande e único oceano. As gotas de chuva descansam então num corpo aquoso unificado, até subirem novamente ao céu como gotículas de evaporação. Cada degrau que descemos cria algo coisa maior e mais grosseiro, e, no entanto, se move em direção à simplicidade e à singularidade.

Assim começamos nossa viagem para baixo partindo da consciência pura — um campo do não dimensional que, em seu estado mais alto, é completo e inamovível. A consciência transcendental se elevou, superando as oscilações da diferenciação, até se tornar extremamente nivelada, sem ondulações ou flutuações. Entretanto, no momento em que aquela consciência começa a descer, temos uma onda que se propaga para fora, um pequeno ponto de percepção que se destaca contra o vazio. Essa ondulação é o primeiro foco da consciência — o primeiro alvorecer de qualquer existência.

Quando concentramos a atenção, ondas de percepção emanam para fora, formando minúsculas flutuações no tecido do espaço-tempo. Estas não são ocorrências isoladas, mas estimulam a criação de outras ondas, que causam a propagação de mais ondas. Quando se cruzam, elas formam padrões de interferência e as emanações etéreas da consciência se tornam mais densas. O princípio holográfico discutido no chacra seis é um exemplo de tais padrões de interferência. A cada cruzamento das ondas forma-se um nódulo que atrai a percepção.

Este é o nível do chacra seis. A informação bruta começa a ter uma imagem — algo que a consciência pode reconhecer ou "re-conhecer". A consciência agora está buscando retorno em si própria. Ela percebe essa imagem, à qual reage, e que talvez altere. A informação está começando a se manifestar, mas nesse estágio é pouco mais que um pensamento bem formado.

À medida que a mente vai se concentrando nessas imagens construídas, envia mais ondulações, construindo mais padrões de interferência para a consciência reconhecer e aos quais reagir. Os campos se tornam mais densos. Nossas ondas, agora bastante numerosas, reagem umas às outras, gerando campos de percepção, de ondulações em frequências ou vibrações variáveis. Frequências semelhantes tendem a se harmonizar e entrar em ressonância, acentuando sua amplitude.

Agora estamos no chacra cinco, no qual a consciência se dobra sobre si mesma mais uma vez. As imagens repetidas recebem um nome, assim como assumem uma qualidade vibratória específica. Um nome é uma função de onda que transporta uma ideia de uma mente para outra. Ele pode distinguir e delinear diferenças em nosso campo de interferência, desenhando para as imagens um contorno que as torna nítidas e específicas.

Quando nomeamos uma coisa, nós a definimos dentro do mundo de relações. No chacra quatro vem a constatação de que percebemos a ordem entre as coisas nomeadas. Existem ondas, e existem referências. Existem coisas e as relações entre elas. Na relação, é preciso haver o equilíbrio para uma coisa continuar a se manifestar.

Chegamos agora ao chacra três e começamos a entrar na dimensão física do corpo. Nossas ondulações estão se tornando mais densas, mais ordenadas. Usamos a vontade para comandar a energia bruta segundo os contornos de nossa intenção. Isso cria um campo que está carregado de energia vital, um campo que pode dirigir e manter a forma de matérias-primas em consonância com uma visão ou intenção. A energia vital de nossa força vital mantém a coesão de nosso corpo; a energia vital de uma ideia desperta entusiasmo, o que acarreta o apoio de outros.

Agora estamos alcançando o nível de complexidade e organização que se aproxima da força gravitacional. Enquanto a energia e a vontade atraem e reúnem substâncias aleatórias, as energias discrepantes se tornam mais densas. Ao se adensarem, elas criam o próprio campo gravitacional. O restante acontece por si mesmo, enquanto a energia bruta é atraída ao longo de linhas de clivagem há muito estabelecidas pelos padrões de pensamento. A gravidade exerce uma atração sobre nosso campo organizado, curvando o tecido do espaço-tempo, aglutinando massas, causando o movimento que proporciona a mudança constante. Esse movimento busca equilibrar a diferença, devolver à unidade inicial as partes compostas de nosso campo.

E, finalmente, por meio dessa força gravitacional, nossas ondulações de interferência construtiva se condensam, criando massa. Chegamos ao mundo de objetos materiais, com peso e volume. Retornamos à Terra, uma das inumeráveis massas que flutuam num mar de estrelas.

Quando comparamos a corrente descendente com a ascendente, constatamos um fenômeno muito interessante: vemos que o padrão é praticamente o mesmo. Os dois extremos do espectro são notavelmente semelhantes.

Começamos do chacra um com uma unidade inicial, e nos movemos daquela unidade para a diferença. Da diferença, movemo-nos para a escolha e a volição, e destas para o mundo tridimensional do espaço e do tempo, repleto de relações precisamente organizadas.

Começamos do chacra sete com uma unidade inicial como consciência não diferenciada. No momento em que tal consciência teve uma mínima ondulação, a unidade foi destruída e a diferença foi criada. Na nomeação dos padrões de pensamento, foi exercida a volição, foi ativada a criatividade e esta começou a organizar seus elementos compostos em padrões relacionais exatos.

No extremo físico do espectro, temos substâncias compostas de moléculas e átomos. De seu exame minucioso aprendemos que os átomos são campos energéticos que contêm nódulos de energia concentrada com grande quantidade de espaço vazio entre eles. Ao examinar as partículas subatômicas, notamos que elas se comportam mais como ondas, como probabilidades entre variações conceituais de padrões de pensamento.

No extremo etéreo do espectro, temos a consciência. Em seu estado supremo ela é indiferenciada, mas na verdade é um campo fora do espaço-tempo com minúsculas ondulações de flutuação — que se apresentam mais como ondas, como possibilidades entre variações conceituais de padrões de pensamento.

Teremos confundido a Kundalini com o uróboro? Será que a serpente está mordendo a própria cauda?

Os hindus falam sobre a realidade suprema como sendo um estado de ordem. As coisas não são reais, as ações não são reais, só existe a ordem divina, cujas linhas delineiam toda a *maia* que experimentamos como o mundo fenomênico. Essa ordem é a força organizadora que age sobre a matéria. As escrituras tântricas descrevem como os "cabelos de Shiva" as linhas de força que permeiam todo o espaço e tempo. Esses cabelos são o princípio organizador do Akasha, o mundo do espírito imaterial. Como Shiva é o princípio masculino da consciência, os cabelos minúsculos de sua cabeça só podem representar as primeiras e mais reduzidas emanações de pensamento que surgem da consciência. A diferença inicial é Shakti, o outro, a mulher. Com ela, o mundo é feito. A dança está começada, mas nunca terminada.

E assim constatamos que o fim é o começo. A trajetória que percorremos se interpenetra, não é linear. Não há um destino, mas somente a viagem.

Agora que consideramos o aspecto teórico da corrente descendente, podemos aplicá-lo à nossa vida diária.

Começamos com a informação bruta. O aleatório zumbir dos pensamentos dentro do cérebro. Nossos pensamentos brincam no fundo da cabeça — reunindo outros pensamentos para ajudar a solidificá-los. Talvez meditemos para tornar mais coerentes nossos pensamentos. Na meditação, alguns pensamentos vão chamar nossa atenção, e talvez cheguem a se transformar em ideias. Enquanto nos concentramos em nossa ideia, formam-se imagens na visão mental. Podemos fantasiar, devanear ou imaginar vários aspectos de nossa ideia. Enquanto o fazemos, ela assume uma imagem mental dotada de forma, figura e cor. Nossos pensamentos aleatórios começaram a se consolidar, porém precisam percorrer um longo caminho antes de se manifestar.

Digamos que nossa ideia seja construir uma casa. Enquanto pensamos nisso, começamos a visualizar o tamanho, o feitio ou a cor do imóvel. Talvez nos imaginemos entrando pela porta da frente ou trabalhando na cozinha. Nossos pensamentos estão começando a se juntar no chacra seis, enquanto embelezamos nossa ideia com a imaginação. Quando a imagem se cristaliza, já conseguimos contar a alguém sobre nossa ideia. Nós nos comunicamos a respeito dela (chacra cinco). Agora podemos descrever o tamanho e a forma da casa, começar a traçar a planta baixa, concretizando ainda mais nossas imagens. Em seguida, precisamos estabelecer uma relação entre nossas ideias (chacra quatro). Não podemos simplesmente construir a casa em qualquer lugar; mas necessitamos comprar um terreno, situado numa comunidade que certamente terá suas normas. Precisamos ter condição de nos relacionar com arquitetos e construtores, comissões de planejamento urbano e agentes do sistema de empréstimos. Para manifestar algo, este precisa ter alguma relação com coisas já existentes.

Nosso projeto não vai acontecer por si, pela simples visualização e comunicação. Precisamos aplicar nossa vontade, do chacra três. Ela canaliza para determinado objetivo a energia bruta, seja dinheiro, material ou gente. Isso requer energia, sob a forma de ações repetidas e deliberadas, guiadas pela consciência, e alimentadas por processos metabólicos físicos. Graças ao investimento de energia, nosso projeto começa a assumir forma no plano físico. Mobilizamos coisas, como ferramentas e materiais de construção, e juntamos coisas (chacra dois) até finalmente termos manifestado um imóvel terminado que repousa sobre suas fundações na Terra (chacra um). A essa altura, estamos completos e, como Shakti, que repousa no primeiro chacra, precisamos descansar e desfrutar nossa manifestação.

Ao longo dessa descida, numerosos pensamentos sobre o desenho da casa evoluem aos poucos para chegar a um único edifício, feito de muitas imagens, conversas, relações, atividades, movimentos e materiais. A manifestação envolve a destilação de muitos em um só. No entanto, a casa é só uma de muitas outras que foram criadas pelo mesmo processo.

Manifestar implica permitir que nossos pensamentos se adensem, se solidifiquem. Quanto mais pensamos em algo, maior nossa probabilidade de manifestá-lo, mais conforme dissemos no chacra um, a manifestação exige que aceitemos a limitação, que requer certo grau de repetição. Consigo tocar uma música ao piano porque pratiquei muitas vezes. Conseguirei falar uma língua se tiver repetido o vocabulário muitas vezes para memorizá-lo. Tenho relações mais firmes com pessoas que vejo com mais frequência.

A corrente descendente é feita de padrões repetidos, que se adensam. *Se não pudermos aceitar a limitação ou a repetição, não iremos manifestar.* A corrente ascendente nos liberta do tédio dessa repetição, e nos permite vivenciar experiências novas.

A viagem ascendente nos amplia os horizontes, traz novas percepções intuitivas e compreensão. Shakti nos traz energia vital quando ela busca por Shiva, seu amante. Ela é ardente e impetuosa. A viagem descendente é marcada pela presença da graça, a ordem inteligente que é território de Shiva. A corrente ascendente nos traz transcendência; a descendente, imanência. São essas duas estradas que criam nossa Ponte do Arco-Íris — o elo entre o céu e a terra, entre o mortal e o divino. As duas correntes, passando velozes uma pela outra, criam os vórtices que formam os chacras.

E assim temos agora a dança da liberação e da manifestação, a da liberdade e da satisfação, que formam as polaridades básicas da experiência humana.

NOTAS

1. Satprem, *Sri Aurobindo, or the Adventure of Consciousness,* p. 64.
2. Arthur Avalon, *The Serpent Power,* p. 41.

Capítulo 10

COMO OS CHACRAS INTERAGEM

AGORA QUE EXAMINAMOS DETALHADAMENTE cada chacra, nosso sistema está completo. Podemos então examinar a nós mesmos como um todo, vendo o modo de interação das diversas partes, dentro de nós e com os demais. Este capítulo oferece uma visão geral de como os chacras operam juntos. Ele vai cobrir os mais frequentes padrões de interação entre eles: as forças e as fraquezas relativas entre os chacras, a interação deles nos relacionamentos pessoais e ainda os padrões desses centros na cultura. Essa informação ajuda a encaixar as peças do sistema, permitindo sua compreensão como um todo integrado que se interpenetra.

Como componentes de um abrangente sistema energético biopsíquico, os chacras não funcionam de forma independente, mas como rodas ou engrenagens de uma máquina maior, ou seja, do corpo/mente humanos. O propósito de estudar as engrenagens é saber de que forma elas se encaixam, qual o papel de cada uma, para assim poder reparar o que não funcionou corretamente.

Nunca é demais ressaltar que, para qualquer uso que se faça do Sistema de Chacras, seja para terapia, crescimento pessoal ou diagnóstico médico, ele deve ser considerado como um todo. Num autodiagnóstico, seria um erro localizar uma disfunção do terceiro chacra sem ter analisado o papel desempenhado por cada um na estrutura total da própria personalidade. Qualquer bloqueio que abale uma parte do sistema afetará outras. Aquilo seria comparável, numa peça teatral, a substituir a atriz principal quando a falha fosse do diretor.

A teoria fundamental do Sistema de Chacras, pelo menos neste livro, defende que os chacras precisam estar equilibrados entre si. Idealmente deveria haver um fluxo uniforme de energia que percorresse todos eles, sem favorecer nem evitar nenhum. Qualquer desarmonia numa ponta do sistema provavelmente irá criar um desequilíbrio na outra.

No entanto, as características de personalidade costumam de certo modo predominar em um chacra ou outro. Um artista plástico pode ser muito visual, ao passo que um cantor, talvez mais orientado ao quinto chacra. Dentro de limites razoáveis, essas discrepâncias são expressões naturais da individualidade e devem seguir seu curso, ou até mesmo receber estímulo, desde que a ênfase não prejudique qualquer outro nível da percepção.

Ao examinar qualquer conjunto específico de chacras, o primeiro aspecto a considerar é que cada indivíduo tem seu próprio sistema de energia com seu próprio sabor específico e sua "quantidade de fluxo". Um tubo de cobre de 0,5 polegada não pode conduzir tanta água quanto um cano de seis polegadas e nem deveríamos esperar que pudesse. Portanto, é melhor abandonar a ideia da existência de padrões, de que qualquer chacra "deveria" ser de determinada maneira, ou que se pode comparar pessoas com exatidão. Em minha opinião isso também inclui a ideia de que sabemos a direção em os chacras devem girar.

Só podemos comparar os chacras de alguém a outros chacras do mesmo indivíduo. Começamos, então, por procurar sentir o sabor e o fluxo específicos de uma determinada pessoa, perguntando-lhe sobre seus hábitos, desejos, sonhos e a abrangência de suas atividades. Por esse método, alguns padrões devem emergir. Um entrevistado talvez reprima sistematicamente as emoções; outro pode se exaurir sempre, por ter mais atividades do que sua energia pode comportar; outro ainda procura evitar tudo o que é físico e permanece compulsivamente no âmbito espiritual; outro, por fim, encara com ceticismo qualquer coisa que não se possa ver no mundo material.

Quando esses padrões emergem, certos bloqueios podem se tornar evidentes. Um pode ser causado por um chacra "fechado", isto é, incapaz ou temeroso de manipular energia naquele nível em particular; ou por um chacra aberto demais, o que coerentemente atrai para aquele nível toda a atenção e atividade, em detrimento dos demais.

O problema de Sandy, por exemplo, é falta de energia no terceiro chacra. Ela se intimida com facilidade, tem medo de muitas coisas e sofre de complexo de inferioridade. Por causa dessa barreira, ela é tímida demais para fazer amizades, tem um emprego de baixo salário e adoece com frequência. Dessa forma, o bloqueio no terceiro chacra afeta vários outros centros, como o quarto (amor e amizade) e o primeiro (sobrevivência). No entanto, o tratamento para esse problema pode consistir em que ela estabeleça um relacionamento melhor com seu corpo, melhorando a saúde e criando uma base mais firme a partir da qual fortalecer a autoestima e o poder pessoal.

Frank, por outro lado, também tem um bloqueio no terceiro chacra, porém na direção oposta. Frank é do tipo despótico, que necessita estar sempre no controle, ter novos estímulos e exercer poder sobre os demais. Sequioso de poder, ele tem dificuldade em se relacionar de igual para igual com outras pessoas: tem poucos amigos, enfrenta dificuldades no trabalho e bebe a ponto de prejudicar a saúde. Nos dois casos, o bloqueio afeta o mesmo chacra. Porém, o problema de Frank pode concentrar-se na esfera emocional (segundo chacra), exigindo uma cura nesse nível antes que outros possam receber tratamento eficaz. Sandy, por sua vez, precisa de aterramento. Não há regras rígidas; é preciso usar a intuição para avaliar a personalidade completa.

A melhor forma de começar uma análise dos chacras é por si próprio, examinando o próprio sistema de energia, as falhas e virtudes pessoais e o desejo de mudar. O conjunto de perguntas a seguir pode

398 • Rodas da vida

ajudar a determinar a própria distribuição. Responda honestamente ou peça o ponto de vista de um amigo.

TESTE DOS CHACRAS

Instruções: responda a cada pergunta o melhor que puder, com:

N = Nunca   I = Insuficiente
R = Raramente   M = Médio
F = Frequentemente   B = Bom
S = Sempre   E = Excelente

Contar um ponto para a primeira linha (N ou I), dois pontos para a segunda (R ou M), três pontos para a terceira (F ou B) e quatro pontos para a quarta (S ou E). Somar os pontos relativos a cada chacra e compará-los.

Chacra um: terra, sobrevivência, aterramento

	Resposta	Pontuação
Com que frequência você caminha em um bosque ou parque, ou tem outro tipo de contato com a natureza?	N R F S	
Com que frequência pratica exercícios intencionalmente? (Ginástica, ioga etc.)	N R F S	
Como você avalia sua saúde física?	I M B E	
Como é seu relacionamento com dinheiro e trabalho?	I M B E	
Você se considera bem aterrado?	N R F S	
Você ama seu corpo?	N R F S	
Você sente que tem o direito de estar aqui?	N R F S	
Total:		

Chacra dois: água, emoções, sexualidade

	Resposta	Pontuação
Como você avalia sua capacidade de sentir e expressar emoções?	I M B E	
Como avalia sua vida sexual?	I M B E	
Quanto tempo de sua vida você dedica aos prazeres simples?	N R F S	
Como pontua sua flexibilidade física?	I M B E	
Como pontua sua flexibilidade emocional?	I M B E	
Você cuida e se deixa cuidar de forma equilibrada?	N R F S	
Você sente culpa em relação a seus sentimentos ou sexualidade?	S F R N	
	Total:	

Chacra três: fogo, poder, vontade

	Resposta	Pontuação
Como você avalia seu nível de energia em geral?	I M B E	
Como avalia seu metabolismo/digestão?	I M B E	
Você realiza o que se propõe a fazer?	N R F S	
Você se sente confiante?	N R F S	
Você fica à vontade com ser diferente (se preciso) dos demais?	N R F S	
Os outros o intimidam?	S F R N	
Você é confiável?	N R F S	
	Total:	

Chacra quatro: ar, amor, relacionamentos

	Resposta	Pontuação
Você se ama?	N R F S	
Você teve relacionamentos longos bem-sucedidos?	N R F S	
Você é capaz de aceitar os outros como são?	N R F S	
Você se sente conectado com o mundo a seu redor?	N R F S	
Você tem muita mágoa no coração?	S F R N	
Você sente compaixão por quem tem falhas e problemas?	N R F S	
Você é capaz de perdoar ofensas passadas de terceiros?	N R F S	
Total:		

Chacra cinco: som, comunicação, criatividade

	Resposta	Pontuação
Você é um bom ouvinte?	N R F S	
Você é capaz de expressar ideias de modo que os outros entendam?	N R F S	
Você fala a verdade fielmente, usando franqueza quando necessário?	N R F S	
Você é criativo em sua vida? (Não restrito à atividade artística: pode-se ser criativo em qualquer coisa — pôr a mesa, escrever aos amigos etc.)	N R F S	

Você está envolvido com algum tipo de
arte? (Pintura, dança, canto etc.)   N R F S

Você tem uma voz potente?   N R F S

Você se sente "em sintonia" com a vida?   N R F S

Total:

Chacra seis: luz, intuição, visão

	Resposta	Pontuação
Você percebe detalhes visuais sutis em seu ambiente?	N R F S	
Você tem sonhos vívidos (e se lembra deles)?	N R F S	
Você tem experiências extrassensoriais? (Intuição precisa, visão de auras, pressentimento de acontecimentos futuros etc.)	N R F S	
Você consegue imaginar novas possibilidades como solução de problemas?	N R F S	
Você consegue enxergar os temas míticos (o contexto maior) de sua vida?	N R F S	
Como você pontuaria sua capacidade de visualizar?	I M B E	
Você tem uma visão pessoal que orienta sua vida?	N R F S	

Total:

Chacra sete: pensamento, percepção, sabedoria, inteligência

	Resposta	Pontuação
Você faz meditação?	N R F S	
Você sente uma forte conexão com algum tipo de poder mais elevado ou maior, Deus, deusa, espírito etc.?	N R F S	
Você é capaz de elaborar o apego e livrar-se dele com facilidade?	N R F S	
Você gosta de ler e absorver novas informações?	N R F S	
Você aprende rapidamente e com facilidade?	N R F S	
Sua vida tem algum sentido relevante, além da gratificação pessoal?	N R F S	
Você está aberto a outras formas de pensar ou de ser?	N R F S	
Total:		

Os totais de 22-28 indicam um chacra muito forte; de 6-12 indicam um chacra fraco. Os totais de 13-21 estão na faixa média, mas podem ser melhorados. No entanto, o importante é a *distribuição*. Compare o resultado entre as diversas partes. Além dos chacras mais forte e mais fraco, existe algum padrão de distribuição, como totais mais altos nos chacras inferiores ou totais mais altos nos chacras superiores ou centrais? Esse padrão coincide com a visão que você tem de si mesmo?

Análise da distribuição

No Sistema de Chacras a energia flui em duas direções — verticalmente, quando vai para cima ou para baixo, ligando todos os chacras, ou horizontalmente, quando vai para dentro ou para fora de cada chacra, conectando cada centro com o mundo exterior. O canal vertical pode ser visto como a fonte básica, enquanto o fluxo horizontal é a expressão dessa fonte.

O canal vertical é o fluxo polarizado entre a terra e o céu — entre a matéria e a consciência. Para esse fluxo ser pleno, cada ponta do espectro deve estar aberta e conectada à própria fonte específica de energia bruta.

Se o primeiro chacra está fechado, o fluxo ascendente de energia libertadora fica bloqueado. A energia cósmica ainda pode entrar pelo chacra coronário, mas não sofre a atração da parte inferior do corpo para se mover em direção à manifestação. As ideias podem proliferar, a criatividade e a percepção talvez sejam expressivas, mas o indivíduo tem dificuldade de finalizar projetos ou dirigir a própria vida. A consciência pode constar de ideias vagas ou fantásticas, esquemas pouco práticos que nunca se concretizam.

Por outro lado, se o chacra coronário estiver fechado enquanto o primeiro chacra está aberto, o problema se inverte. A energia da terra não tem atração pela expressão — fica sentada em pleno baile, à espera de parceiro para dançar. O indivíduo pode ser muito prático, focalizado e confiante em termos de finanças, mas carecer de criatividade, esperanças e sonhos ou de percepção dos planos sutis. Muito esforço, mas nenhuma dança. É difícil mudar, as manias e os hábitos são arraigados. O indivíduo interrompeu a corrente libertadora. A incapacidade de manifestar algo de novo resulta em apego a qualquer vestígio de segurança já existente.

É claro que esses são casos extremos. A maioria das situações não é tão definida. Essas combinações resultam num tema dominante, de energia cósmica ou de energia terrena. Alguns indivíduos são perfeitamente equilibrados, mas essa é a exceção, e não a regra. O primeiro passo para analisar os bloqueios dos chacras é determinar o tema dominante.

Tanto a corrente ascendente quanto a descendente podem ser alteradas pelo desequilíbrio em qualquer um dos chacras. Se alguém tem um bloqueio no segundo chacra, por exemplo, mas com grande ênfase na energia cósmica, então a maioria deles ainda estará bem suprida, mas o primeiro sofrerá a maior privação. Abrir o primeiro chacra pode aliviar o problema, pois fará subir a energia da terra para encontrar e equilibrar a energia cósmica que tenta descer. Na verdade, se o primeiro estiver fechado, será muito difícil para a energia cósmica se infiltrar para baixo até o segundo chacra.

Se alguém com predominância de energia física sofrer de um bloqueio no segundo chacra, provavelmente estará em condição ainda pior. Os cinco principais chacras acima do segundo estarão isolados de sua fonte principal, o primeiro chacra. Para tratar essa pessoa, pode-se trabalhar para abrir o chacra (embora isso provavelmente seja difícil) ou trabalhar diretamente sobre o segundo chacra para permitir a subida da energia da terra. Esse exemplo ilustra por que o sexo costuma ser tão importante para pessoas fisicamente orientadas. Além da estimulação física, ele permite a passagem de energia para o restante do corpo, que, sem isso, ficará subnutrido.

Da mesma forma, os chacras do meio podem ser analisados quanto à direção dos fluxos verticais. Um bloqueio do quinto chacra em pessoas cerebrais resulta na incapacidade de manifestar criatividade e comunicar ideias. Nos fisicamente orientados, esse bloqueio resulta em comunicação sem conteúdo ou sem o apoio do conhecimento ou da criatividade.

No caso de bloqueios do terceiro chacra, o tipo fisicamente orientado talvez tenha poder, mas sem ter controle sobre este, que pode ser intermitente ou insensível. O indivíduo intelectual pode ter muita força interior, mas ser incapaz de qualquer realização no mundo "real", por falta de confiança no trato com coisas tangíveis.

Quando o chacra cardíaco está bloqueado, a energia também fica retida nas duas pontas. A comunicação mente/corpo se interrompe e

Como os chacras interagem • 405

precisa ser restabelecida. Da mesma forma, se algum dos extremos estiver bloqueado, a energia vai se equilibrar em um dos outros chacras, dependendo da corrente dominante.

Cada chacra é uma combinação dinâmica de energia terrena e energia cósmica. A proporção entre essas duas energias determina o modo de expressão do chacra. Essa expressão compreende o canal horizontal que se ramifica esfericamente de cada centro. Cada canal retira da fonte energia cósmica e material que utiliza para interagir com o mundo exterior. Nessa interação também é absorvida energia do mundo e combinada com a fonte.

Se o quinto chacra estiver orientado para a terra, ele poderá se voltar para a escultura, a dança ou as artes cênicas. Um quinto chacra mais orientado para a mente tende para a produção de texto ou os idiomas. Um terceiro chacra orientado para a terra se interessa por ciência e tecnologia, enquanto sua contrapartida mais cerebral é atraída para as funções executivas.

Dessa forma, cada chacra perpetua seus padrões. As mulheres de profissão tecnológica conhecerão mais pessoas dessa área que da política. Os bailarinos são estimulados por outros bailarinos a manter a forma, e os escritores são estimulados por outros escritores a ler livros.

Entre o gênero e a distribuição de chacras superiores/inferiores quase não encontrei correspondência, cuja origem, segundo creio, é mais cultural que biológica. Os homens, tipicamente bloqueados no centro emocional (o chacra mais importante na esfera física), são empurrados para a esfera mental e afastados do corpo. As mulheres, tipicamente encarregadas das tarefas de manutenção física, ou seja, de cuidar da casa, cozinhar e cuidar dos filhos (além de gerá-los), são empurradas na direção dos chacras inferiores. Grande parte do desequilíbrio entre gêneros gira em torno do segundo chacra (emoções e sexualidade), o que resulta em grande ênfase nessa área quando a energia tenta se equilibrar. Os homens, impedidos de soltar a emoção, enfatizam o contato sexual como forma de assumir o corpo e restabelecer a conexão física. As mulheres, que com frequência se sentem oprimidas por esse fato, tendem a bloquear a sexualidade e a retaliar na esfera emocional.

O aumento da igualdade entre os sexos vem alterando esses padrões, tão pouco consolidados que tornam as exceções quase tão comuns quanto a regra. Há muitas mulheres que dedicam muito tempo ao plano mental, enquanto muitos homens trabalham no mundo físico. Por exemplo, muitas costumam se interessar mais por atividades espirituais, expressando-se de forma intuitiva, enquanto muitos perseguem metas mais concretas, preferindo falar só de coisas que se possam ver e ouvir efetivamente. Como dissemos antes, não há regras absolutas.

Na interação entre os chacras, há um padrão geral mais significativo: a espiral. Como mencionamos no capítulo sobre o chacra cardíaco, a totalidade do conjunto corpo/mente pode ser vista como uma espiral que se origina no chacra cardíaco ou que a ele retorna. Se o movimento inicial de exteriorização da espiral visar à comunicação, terminará no primeiro chacra, na manifestação. Se o movimento se dirigir inicialmente ao terceiro chacra, terminará no sétimo. Em ambos os casos, os chacras conectados pelos canais serão: o terceiro e o quinto; o segundo e o sexto; o primeiro e o sétimo.

Não é difícil perceber a relação entre essas combinações. A comunicação é facilitada pelo senso de poder pessoal e o poder é ampliado pela comunicação eficaz. As faculdades paranormais e intuitivas são promovidas por uma sintonização com as emoções, que por sua vez são fortemente afetadas pela informação subconsciente captada psiquicamente. O primeiro e o sétimo chacras estão conectados por sua polaridade básica. A interação deles cria todo o espectro.

Uma análise abrangente do indivíduo em termos de natureza espiritual, problemas físicos ou da personalidade em geral deve levar em conta todos esses aspectos. Ou seja, para você compreender e usar um sistema complexo, a regra geral é tomar o sistema como um todo e analisá-lo com as faculdades de todos os seus chacras.

Capítulo 11

CHACRAS E RELACIONAMENTOS

EM SUA INTERAÇÃO COM O MUNDO exterior, os chacras estão constantemente se relacionando com outros centros. Seja ao conhecermos alguém na rua ou nos envolvermos num relacionamento íntimo e duradouro, cada chacra reage aos padrões energéticos da outra pessoa. Para entender melhor nossos relacionamentos e interações com terceiros, cabe entender o que está acontecendo no nível dos chacras.

Dois princípios básicos governam a interação interpessoal. O primeiro estabelece que a energia costuma se equilibrar; em outras palavras, os opostos se atraem. No nível subconsciente, um indivíduo dominado pela esfera mental, ainda que conscientemente à procura de alguém do mesmo tipo, será atraído inconscientemente para outros dominados pela energia física. Em geral, por serem fundamentais, são as diferenças — e não as semelhanças — que asseguram a duração dos relacionamentos. Quantas vezes observamos cônjuges muito diferentes e nos perguntamos como conseguiram começar um relacionamento e, mais ainda, como conseguem mantê-lo?

O segundo princípio determina que os padrões energéticos costumam se perpetuar: a tendência das pessoas mentalmente orientadas é permanecer entre elas no âmbito mental, e as fisicamente orientadas se darão apoio mútuo em suas atividades físicas.

Portanto, temos dois tipos de interação: a de opostos que procuram o equilíbrio e a de iguais com tendência a se perpetuar. O dia-

408 • Rodas da vida

grama de duas pessoas num relacionamento pode assemelhar-se ao da Figura 11.1. Os círculos maiores representam chacras mais abertos e, os menores, chacras fechados. O indivíduo B é fortemente orientado na direção dos chacras superiores e tem o coração um pouco aberto, mas não a consciência de suas faculdades intuitivas, provavelmente por falta de aterramento ou de informação emocional do chacra dois. A pessoa A é bem aterrada, sexual e emocionalmente aberta, muito intuitiva, mas um pouco fechada em outros níveis, faltando-lhe autoconfiança e autoestima. Na verdade, essas duas pessoas são bem equilibradas. A proximidade dos três chacras abertos no topo indica um alto grau de comunicação intelectual e de aprendizagem: a pessoa A receberá estímulo de informação e comunicação para expressar seus dons de paranormalidade e talvez despertar no parceiro essas qualidades. Ela também seria elevada de seu forte aterramento pela ênfase do parceiro nos chacras superiores. Ele seria trazido para o âmbito do físico pela ênfase da parceira nas energias telúricas e pelo contato sexual. O resultado é um equilíbrio no chacra cardíaco, despertando os dois nesse nível.

Se esse casal tiver problemas, será no domínio do terceiro chacra, no qual nenhum dos dois é muito aberto. Contudo, o cruzamento de energias indica um alto nível de atividade nesse centro. As diferenças de polaridade entre os parceiros poderão tornar as disputas de poder muito alienantes, caso elas se tornem o foco, em vez do equilíbrio das energias no chacra cardíaco.

Outro exemplo aparece na Figura 11.2. Aqui, os dois envolvidos são quase iguais. Ambos são abertos nos chacras superiores e no coração, mas são fechados no plano físico. Provavelmente terão um alto grau de comunicação extrassensorial, muito conhecimento compartilhado e uma forte conexão via coração. Infelizmente, terão muita dificuldade para concretizar esse relacionamento, já que nenhum dos dois está suficientemente aterrado para trazê-lo ao mundo real. Embora ela deseje o contato sexual para concretizar o

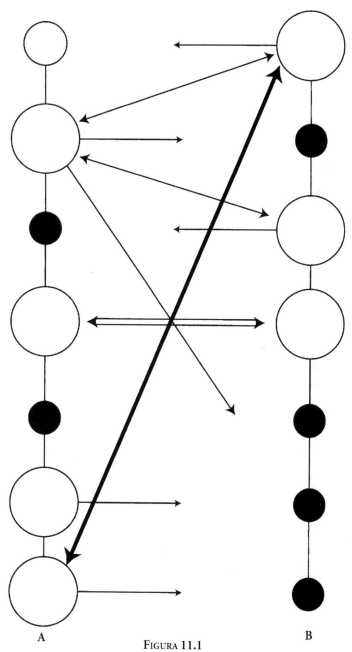

FIGURA 11.1
Chacras de duas pessoas com tendências opostas.

relacionamento, ele tem um senso de poder que não permite isso. Nenhum dos dois tem a atração magnética dos chacras inferiores suficientemente forte para superar a inércia dos padrões estabelecidos. O casal terá provavelmente uma relação platônica muito forte e amorosa.

Os chacras se relacionam principalmente por meio da ressonância nos níveis de mesma vibração. Portanto, se uma pessoa tem um quarto chacra muito aberto e seu parceiro tem o mesmo centro fechado, a abertura dela pode servir para abrir o chacra dele. Também pode ocorrer o inverso, embora isso seja mais improvável. Um chacra aberto que não encontra uma contrapartida mais próxima geralmente encontrará uma saída em outro lugar. Contudo, uma forte ênfase descendente no sistema de um poderá retirar energia dos chacras superiores do outro, resultando no que pode dar a sensação de fechamento daqueles centros.

Também é possível a um chacra aberto dominar o chacra fechado de outra pessoa, se estiver no mesmo nível. John, com um quinto chacra aberto, é parceiro de Paul, que é fechado. Portanto, John é sempre quem fala, enquanto Paul se refugia num silêncio cada vez maior. Vejamos ainda o exemplo de Bill e Maria. O terceiro chacra aberto de Bill mantém Maria, que é fraca nessa área, em constante desvantagem, aumentando-lhe o sentimento de impotência. Se ele tiver sensibilidade nessa questão, ela poderá aprender com ele e o casal se equilibrará aos poucos. Estar consciente da dinâmica envolvida torna mais fácil evitar as armadilhas.

Para as pessoas numa relação, o número de combinações existentes é infinito. Se quisermos examinar um relacionamento, talvez seja proveitoso traçar um diagrama representando em que lugar cada pessoa, em sua opinião, é mais aberta ou mais fechada. A observação cuidadosa pode evidenciar a maior parte da informação. Então os chacras se transformam em metáfora para explicar aquelas observações.

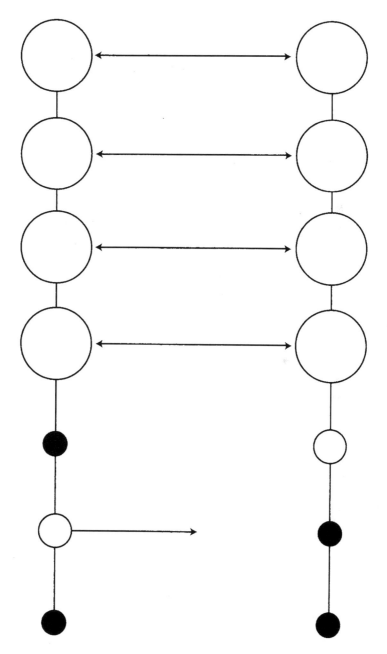

Figura 11.2
Chacras de um casal com energias semelhantes.

CULTURA — OS RELACIONAMENTOS DE MUITOS

Se no relacionamento entre duas pessoas pode haver tantos padrões, o que acontece ao considerarmos nossa cultura como um todo? Não somos todos influenciados em nossos chacras pela cultura em geral?

A resposta é um clamoroso *sim*. Se alguém pode estimular ou reprimir a energia de outra pessoa em níveis específicos, muitas pessoas podem fazer ainda mais. Por essa razão, a cultura desempenha um papel importante, tanto positivo quanto negativo, no estado de nossos chacras.

Em nossos dias a cultura ocidental parece estar fortemente orientada na direção dos três chacras inferiores, com o foco predominante em dinheiro, sexo e poder. É grande a tentação de interpretar o fato como uma necessidade de não enfatizar esses centros, tornando-se mais "espiritual". Na verdade, porém, já vigora a negação dos três primeiros chacras, o que promove uma fixação em seus aspectos de sombra.

Quando ocorre uma fixação indevida em certo nível, algum aspecto básico não está sendo atendido.

Quando se nega a sacralidade de nossa conexão com a terra, ela é substituída pelo materialismo. Os impérios monetários se tornam o recurso para alcançar segurança: ter uma casa maior, um carro melhor ou um salário mais alto. Esse apego se perpetua, já que polui o planeta e nos afasta ainda mais de nossa fonte. Tal como os alimentos pouco nutritivos, o materialismo não satisfaz o primeiro chacra e gera uma fome ainda maior. Da mesma forma, se não cuidarmos do corpo, acabaremos doentes e preocupados com problemas de saúde. Uma ênfase excessiva no primeiro chacra é causada pela falta de aterramento energético e de respeito pela natureza. O materialismo ocidental pode ser visto como uma compensação cultural para a perda da deusa como Mãe Natureza.

No segundo chacra, nega-se publicamente o caráter sagrado da sexualidade enquanto esta é usada na maior parte da publicidade e são orçadas em bilhões as vendas anuais de produtos para nos deixarem "mais sensuais". O que nos prometem é a satisfação pela exclusiva atratividade sexual, e não pelo ato sexual em si, ou pelo relacionamento estável. O lado sombrio da negação da sexualidade é o estupro, a pedofilia, o assédio sexual, a pornografia, a dependência sexual e o fascínio público por escândalos sexuais na política. Nossa fixação nesse nível reflete falta de realização na vida.

No terceiro chacra, questões ligadas ao poder e à energia afetam a vida de todos. O poder é conferido a poucos, e a vitimização e a impotência se tornam o grito de muitos. Vê-se o poder como algo existente fora do indivíduo e passível de ser aumentado se formos mais ricos, mais atraentes sexualmente ou obedientes às regras até recebermos de alguém na alta cúpula o poder de criar regras. Como dissemos no Capítulo 4, o poder costuma ser modelado nos termos de "poder sobre" e não de "poder com". Na maioria das situações, o conformismo é premiado e a individuação é desestimulada. Nosso maior investimento público é nas forças armadas, sistema cujo único propósito é o exercício do poder e do controle, recorrendo, quando necessário, à violência e à intimidação.

Na questão do amor há menos conflito cultural, pois praticamente todo mundo concorda que ele é um dos elementos mais importantes da vida. Contudo, a prática do amor geralmente não é a ideal. Enquanto nas ruas da cidade os desabrigados dormem ao relento, despeja-se dinheiro na compra de novos aviões de bombardeio. O racismo, o sexismo, o preconceito de idade, a intolerância religiosa e todos os outros tipos de preconceito corroem a prática do amor e da compaixão, o verdadeiro território do coração. O amor é reduzido a rápidas ligações românticas entre adultos heterossexuais, e mesmo isso é carregado de dor e frustração, com corações partidos, taxas crescentes de divórcio e lares desfeitos.

O quinto chacra está passando por uma grande abertura no nível cultural. Todo tipo de comunicação de massa nos conecta à matriz cultural e nos fornece informação instantânea a cada momento. Entretanto, como dissemos anteriormente, os meios de comunicação poluem nosso pensamento com violência e sensacionalismo. Em nossa vida diária, atinge-nos a poluição acústica de telefones, do trânsito e até de aviões e indústrias. Não damos a esse chacra a atenção necessária e não estamos atentos àquilo que transmitimos pelo ar, e com que alimentamos o sistema nervoso cultural.

As esferas espirituais dos sexto e sétimo chacras estão apenas começando a despertar. Os livros espiritualistas nunca tiveram tanto mercado. As pessoas estão aprendendo a usar a intuição e buscando orientação de médiuns. Cada vez mais gente está explorando na prática pessoal a diversidade religiosa, incorporando técnicas orientais e ocidentais, antigas e modernas. A informação está mais acessível e abundante do que nunca.

No entanto, falta-nos percorrer um longo caminho até que seja culturalmente sancionada a entrada nos chacras superiores. Há muito mais gente envolvida no comércio do que praticando meditação. A paranormalidade é vista como charlatanismo. A espiritualidade geralmente é recebida com ceticismo ou condenação pelos que consideram diabólicas as práticas não cristãs. Tamanha é a ênfase nos chacras inferiores que o próprio ritmo da cultura dificulta meditar ou encontrar tempo para atividades criativas. É parco o vocabulário para descrever fenômenos extrassensoriais, e a pessoa de "tipo espiritual" provavelmente será mal-entendida. Nossa cultura parece sofrer de indigência espiritual.

Culturas distintas têm diferentes ênfases nos chacras. A Índia, por exemplo, dá mais força às atividades espirituais enquanto minimiza o desenvolvimento de poder pessoal e o materialismo. Sendo a região conhecida por sua orientação nos "chacras superiores", muitas pessoas viajam para lá com o intuito de absorver ensinamentos espirituais.

No entanto, a pobreza material abjeta existente na região choca os norte-americanos.

Diante do papel tão importante que desempenha a ênfase cultural, os que desejam se abrir em novas áreas precisarão encontrar pessoas de temperamento semelhante que lhes deem forças e apoio na empreitada, enquanto eles aprendem e crescem nessas novas áreas.

Embora sejamos todos forçosamente influenciados pela cultura à nossa volta, também precisamos entender que nosso próprio estado mental pode afetar o ambiente. Quando elevamos ou expandimos nossa consciência, estamos dando uma contribuição cultural. Cada vez que encontramos pessoas de mesma mentalidade, fortalecemos essa contribuição. Todas as conversas concorrem para o quadro geral.

Para entender a relação de nossos próprios chacras com o fluxo geral da cultura que nos cerca, convém explorar as tendências evolutivas da consciência ao longo da história. Quando aprendemos sobre os antecedentes, conseguimos projetar melhor as possibilidades que o futuro pode trazer. Então se torna claro nosso papel dentro dele.

Capítulo 12

UMA PERSPECTIVA DA EVOLUÇÃO

DE TODAS AS IMPLICAÇÕES DECORRENTES do Sistema de Chacras, talvez a mais sensacional seja a perspectiva da evolução. Como os chacras representam a organização de princípios universais, não causa surpresa saber que essa abrangente fórmula para a totalidade pode ser aplicada à progressão cultural, assim como à individual. Num reflexo perfeito de nosso desenvolvimento psicológico, a história sociocultural ocidental mostra a progressão dos chacras da base ao topo.[1] Usando essa fórmula como lente para observar a presente transformação do milênio, vemos o que Sistema de Chacras mais uma vez fornece um mapa refinado para a viagem coletiva, lançando mais luz sobre as eternas perguntas: *Onde estamos? Como chegamos aqui? Para onde estamos indo?*

A melhor resposta à primeira pergunta — onde estamos? — trata-se de uma metáfora. Entre todos os que se mantêm em dia com os acontecimentos, existe o consenso de que estamos num estado de expressiva transformação global. Essa transformação pode ser comparada a um ritual coletivo de "maioridade" — muito parecido com os rituais de passagem tribais que levam um adolescente da infância à vida adulta. Sob a perspectiva do Sistema de Chacras, os desafios que enfrentamos hoje podem ser vistos como resultado da passagem pelo centro mais associado com a transformação, o fogoso terceiro chacra. Estamos queimando o combustível do passado para iluminar o caminho do futuro. O terceiro chacra representa os valores que predominam hoje — poder e vontade, energia e agressividade, ego e autonomia — a serem incorporados, resolvidos e transcendidos em nossa jornada para o próximo nível, o quarto chacra, o território do coração, com seus atributos de paz, equilíbrio, compaixão e amor. Podemos ver essa passagem como um ritual coletivo de "maioridade do coração".

Para você não achar tudo isso uma fantasia utópica e requentada dos anos 1960, deixe-me analisar a questão sob a ótica da cronologia da evolução, que remonta a trinta mil anos da história da humanidade. Isso então dará conta da segunda pergunta — Como chegamos aqui? —, que por sua vez contém pistas para a terceira e mais importante: Para onde estamos indo? Porque desta última emerge uma nova visão global desesperadamente necessária no momento.

Como chegamos aqui?

Chacra um: terra e sobrevivência

No primeiro chacra, o elemento "terra" e os instintos de "sobrevivência" estão unidos para formar as fundações de todo o Sistema de Chacras. No nível individual, precisamos garantir nossa sobrevivência antes de evoluir para qualquer outro nível. Assim como a sobrevivência pessoal depende de nossa conexão com a Terra, o mesmo acontece com a sobrevivência coletiva — especificamente, a saúde da biosfera, que bem faríamos em considerar a base de todo o desenvolvimento futuro. Assim como reivindicamos pessoalmente a sacralidade do corpo físico, a Terra se torna o corpo sagrado da civilização planetária, nosso primeiro chacra coletivo.

O nome sânscrito do primeiro chacra, Muladhara, significa "raiz". Nossas raízes se encontram no passado, a *religio*, ou religação, que nos leva de volta aos princípios fundamentais, à simplicidade e à unidade. Nossos ancestrais paleolíticos viviam mais perto da Terra, cuja rede viva os envolvia como base da existência. Eles caçavam animais silvestres, coletavam plantas e viviam em cavernas, às vezes viajando como nômades pela superfície do terreno, altamente vulneráveis aos caprichos e às marés do ambiente.

A Terra, como um útero, era nossa origem, a mãe que nos deu à luz — nosso início, nossa fundação. Em seu estado natural, numinoso, ela era a principal influência religiosa das sociedades paleolíticas, adorada por nossos ancestrais como uma Deusa viva. A Terra como aquela que dá e que tira a vida, e a Mãe Terra que gera e regenera eram sinônimos da própria sobrevivência. A natureza foi o molde primordial da origem da vida, a base sobre qual a ela se formou, a própria raiz de nossa existência.

Ao adotar valores culturais que degradam o corpo e a Terra, ao mesmo tempo em que negamos o passado, *nós literalmente nos isolamos de nossas raízes*. Com isso estamos prejudicando a própria sobrevivência e a capacidade de ir além desse nível. Embora a evolução da consciência pareça dirigir-se para o alto por meio dos chacras, nós — como plantas vivas — só podemos crescer se mergulharmos nossas raízes no solo. Nosso crescimento precisa se mover simultaneamente nas duas direções — para cima, em direção à complexidade do futuro, e para baixo, ancorando nossas raízes na simplicidade do passado.

Não podemos negar as raízes do passado, a conexão com a Terra, e ainda assim termos um futuro como espécie. Não surpreende ver tantos movimentos que recuperam essa antiga conexão espiritual com a Terra, com as deusas mães paleolíticas e com as práticas primais que nos ligam direta e simplesmente a esse nível básico da consciência mítica. Essa "re-ligação" com a Terra como centro espiritual pode ser uma influência estabilizadora nas mudanças expressivas que certamente ocorrerão. Ela não retarda nosso desenvolvimento, e sim o assegura. Como afirmou Marion Woodman: "Se não recuperarmos a sacralidade da matéria, esse planeta estará condenado."[2]

Um bebê depende da mãe para sobreviver. Seu campo de atuação pode ser visto como um círculo do qual ela é o centro. Ele não pode ir além de certa distância do centro e, ainda assim, sobreviver. Gareth Hill, escritor junguiano, caracteriza esse estágio como *Estático Feminino*, um dos quatro estados na dialética dos princípios estático e dinâmico, masculino e feminino.[3] O símbolo do estado Estático Feminino é um círculo com um ponto no centro, lembrando o seio que amamenta o bebê. O círculo é o limite da possibilidade de nos afastarmos do centro e ainda sobreviver. À medida que crescemos, esse limite se expande.

Assim como o bebê depende da mãe, nossa cultura, em sua primeira infância, estava totalmente presa aos parâmetros da Mãe Natureza. Ela era o centro todo-poderoso e comandava nossa experiência. Como filhos da Terra, éramos controlados por seus ritmos de luz e escuridão, calor e frio, chuvas e secas. Ela era todo-poderosa como a boa mãe ou a mãe perversa que nos dava abundância ou destruição. Nossas raízes espirituais são encontradas no resgate da sacralidade intrínseca a esse planeta fenomenal em que vivemos.

Chacra dois: água e sexualidade

Após garantir a sobrevivência, um organismo se volta para o prazer e a sexualidade. O chacra dois, associado com o elemento água, representa o impulso pelo prazer, a expansão do próprio mundo pela exploração das sensações, a esfera das emoções e o jogo de opostos que se dá por meio da sexualidade.

O início do estágio cultural do segundo chacra foi marcado pela mudança climática ocorrida no final da última grande Era Glacial (10.000-8.000 a.C.). Essa primavera global coincidiu com o início da agricultura, da navegação marítima e, por fim, do desenvolvimento de tecnologias de irrigação — todos eles aspectos do elemento água. Astrologicamente, foi o alvorecer da era de Câncer, um importante signo de água. O tema subjacente da fertilidade, dominante no período Neolítico, também se enquadra no aspecto de procriação, associado à água. Durante os sete mil anos de estabilidade do período, as estimativas revelam um crescimento da população que passou de cinco milhões a cem milhões de habitantes.[4] Esse grande aumento criou os próprios desafios, estimulando ainda mais o crescimento da consciência e da cultura.

O desenvolvimento da agricultura aliviou um pouco da pressão da sobrevivência, permitindo que populações maiores se sustentassem com relativa estabilidade. Isso criou um imenso florescimento cultural na arte, na religião, no comércio, na arquitetura e em formas primitivas de escrita. Como o arquétipo da Grande Mãe ainda era o princípio predominante durante o período Neolítico, esse estágio ainda se caracteriza pelo estado Estático Feminino, apesar de alguns elementos novos começarem a surgir.

O culto da fertilidade acarreta o culto do nascimento. Com o aumento das populações dos dois gêneros, ambos passam a ser venerados. Na mitologia da Grande Mãe emergiu aos poucos uma contrapartida mítica, o Filho/Amante. Em razão da proeminência adquirida por esse arquétipo, as desigualdades no prestígio mítico dos sexos, como mãe e filho, se tornariam mais aparentes. O papel do macho, que no Paleolítico recebia honras sagradas como caçador, teria sido muito reduzido numa sociedade agrícola cuja ênfase recai sobre a fertilidade. Há muita especulação sobre a política de gêneros durante esse período e sobre seu posterior declínio. Quer se tratasse de uma sociedade equilibrada entre parceiros, como propôs Riane Eisler,[5] ou de uma idade de ouro do matriarcado, como supõem algumas esperançosas feministas, a pesquisa arqueológica mostra a total ausência de fortificações e implementos bélicos, revelando em lugar disso um crescimento de comunidades pacíficas, prósperas e profundamente religiosas.[6]

Contudo, as desigualdades não podem permanecer indefinidamente estáveis e, seja por invasões violentas de tribos patriarcais vindas das estepes setentrionais, como propôs Marija Gimbutas,[7] seja por uma transformação interna e gradual da cultura, o Filho/Amante mítico e a Grande Mãe foram brutalmente substituídos como princípios dirigentes da natureza por um Deus Pai guerreiro, o que levou à substituição das culturas da Deusa por um patriarcado autoritário e agressivo.

Essa mudança violenta e desordenada abriu o caminho para a era atual — o alvorecer do terceiro chacra.

Chacra três: fogo e vontade

O terceiro chacra está relacionado ao elemento fogo e assinala o surgimento do poder que brota quando a consciência desperta para a autonomia individual e o crescimento da vontade pessoal. O livre-arbítrio é um elemento relativamente novo, só recentemente introduzido no mix evolutivo. Nenhum outro animal tem o fogo e pode transformar a si próprio e ao ambiente num grau comparável ao dos humanos. O livre-arbítrio nos permite romper com os hábitos passivos ditados pelo passado e criar uma nova direção. Ele é essencial à abertura de novas frentes, à inovação precursora de toda mudança, e, portanto, da própria evolução cultural.

No desenvolvimento infantil, esse estágio se caracteriza pelo início do controle dos impulsos, quando a criança aprende a limitar seus impulsos instintivos em favor de um comportamento socialmente mais aceitável. Essa habilidade também desperta o potencial para a autonomia individual e a simultânea necessidade de determinar a própria realidade, o que se dá, embora canhestramente, durante a fase temperamental da "criança terrível" de 2 anos.

Numa cultura, esse estágio se caracteriza por uma civilização menos presa aos ciclos naturais, mas que, graças a tecnologias cada vez mais complexas, ultrapassou as limitações impostas pela Natureza. Não se sabe ao certo até que ponto, durante o Neolítico, os indivíduos tinham uma percepção da própria autonomia, independentemente das imposições da comunidade. Quem tiver vivido a vida de um produtor rural sabe como essa atividade é dominada pelos ciclos e caprichos da natureza. Minha suposição é de que a crescente capacitação tecnológica permitiu a possibilidade de se divergir da natureza, o que por sua vez despertou o potencial para o livre-arbítrio. Infelizmente, alguns indivíduos ou tribos chegaram a essa compreensão antes de outros, o que lhes permitiu usar essa vontade recém-descoberta para controlar e dominar outros mais fracos ou cuja vontade ainda não tinha despertado.

Nos diversos milênios seguintes, forças masculinas em ascensão fizeram frente à energia dominante da Deusa Mãe, gerando um período de civilização agressivo que perdura até nossos dias. A força que terá sido necessária para suplantar os símbolos religiosos fundamentais existentes desde o início dos tempos conscientes deve ter sido realmente considerável. O que poderia igualar-se aos poderes miraculosos de doar vida, característicos da deusa?

O único poder comparável à capacidade de criar vida é a morte. Daí o medo da morte ter se tornado um dos principais motivadores da cultura e do comportamento. O milagre do nascimento, que só pode ser fruto do feminino, transformou-se na *geração espontânea* do deus masculino. Assim, o futuro nasceu da cabeça, e não do corpo, do medo, e não da confiança. O arquétipo masculino, para ganhar ascendência, foi obrigado a provar ter um poder equivalente por meio de constantes demonstrações de dominação, guerra e atividade heroica.

A transição das culturas matriarcais pacíficas do Neolítico para a cultura agressiva dos adoradores do sol começou com a invasão dos povos cavaleiros que desceram das estepes setentrionais na altura de 4.300 a.C.[8] Após uma série de invasões e subsequentes insurreições que duraram os 3 mil anos seguintes, o período se consolidou na Idade do Ferro (cerca de 1.500 a.C.) e as culturas matriarcais foram enviadas para o submundo das civilizações perdidas, sendo substituídas por uma era cujas características foram o poder, a dominação e a guerra. A Idade do Ferro coincide com a era astrológica de Áries, um importante signo de fogo, que é o elemento do terceiro chacra. Essa transição foi viabilizada pelo uso do fogo para forjar metais com que eram fabricadas ferramentas e armas. As ferramentas de metal ofereciam uma vantagem na luta pela sobrevivência e na superioridade sobre outros povos, além de estimularem o pensamento estratégico. A habilidade de fazer mais com menos aumentou o tipo de produção que exigia maior coordenação e governança da parte das estruturas teocráticas de poder, como o armazenamento e distribuição de grãos, o comércio de bens e a gestão dos recursos hídricos. As armas permitiram a uma cultura dominar outra.

O terceiro chacra assinalou o nascimento do individualismo, cujo tema mítico era a Missão do Herói — que tinha por meta matar os dragões dos costumes antigos (derrotar a inconsciência do passado) e encontrar o próprio poder individual. Esse despertar do individualismo se deu por meio dos atos heroicos, da liberdade transcendente trazida pela tecnologia e do uso da agressão como modo básico de sobrevivência. Prometeu, que roubou o fogo dos deuses, é uma importante figura mítica da época.

O mais importante a entender sobre esse chacra e sobre o período correspondente é que, para o que der e vier, *ele geralmente é alcançado por meio da rejeição inicial dos valores associados aos dois níveis precedentes* — a terra e a água. De fato, o fogo não arde se houver excesso de algum desses elementos. Essa negação de nossa fundação subjacente não é uma maneira saudável de crescer. Ela reflete uma imatura tentativa inicial de afastar das habituais tendências passivas dos chacras inferiores a rota da consciência coletiva, dando a esta uma nova direção.

Para o sistema patriarcal emergente, isso significou a rejeição e flagrante dominação dos valores primários da cultura neolítica anterior, valores dos dois primeiros chacras — o caráter sagrado da Terra, da sexualidade, da emoção, da mulher, da comunidade e da cooperação — essencialmente substituindo-os por seus opostos. Assim, as pacíficas deusas da Terra foram trocadas pelos tempestuosos deuses do Céu, o milagre do nascimento foi suplantado pelo temor da morte, a sacralidade da sexualidade foi reprimida e a parceria cooperativa foi substituída pelo controle hierárquico. Essa mudança causou a ruptura da ordem básica da vida como conhecida desde os primórdios da consciência humana e talvez até mesmo durante centenas de milhares de anos.

Na mitologia indiana isso pode ser comparado à abordagem ascensionista, exemplificada pelos Ioga Sutras de Patanjali, cujo objetivo é alcançar a libertação separando a consciência da matéria. A exemplo da maioria das religiões patriarcais, enfatizava-se a direção ascendente, promovendo o céu e desvalorizando a Terra. De fato, essa ênfase poderá ter sido necessária na época para desviar a atenção das preocupações cotidianas e dar a perceber a existência de outros níveis da realidade. O despertar para outra polaridade na dança cósmica expande nossos horizontes e escolhas. Essa polaridade então permite a interação dinâmica de forças, necessária para criar o poder.

O terceiro chacra se caracteriza pelo estado *Dinâmico Masculino*, cujo símbolo — um círculo com uma flecha — representa tanto o masculino quanto o planeta Marte, denotativo da energia agressiva. A flecha se projeta linearmente para fora da circularidade estática do feminino, indicando uma nova direção. Contudo, antes que se possa estabelecer nova direção, quase sempre se destroem os hábitos e os costumes da direção antiga, que foram as estruturas da consciência em vigor.

Da dominação patriarcal da Idade do Ferro, passando pelas incipientes revoluções científica e industrial, por duas guerras mundiais, por outras incontáveis escaramuças violentas, até a criação atual de artefatos espaciais e da tecnologia de computação, as características de agressividade, tecnologia e poder político do terceiro chacra ainda hoje nos perseguem. Nos acontecimentos diários são cruciais as questões de poder e energia, de excessivo controle e dominação dos outros. O uso dos recursos mundiais para atender à nossa incessante demanda de produção de energia é uma das principais preocupações ecológicas. Questões ligadas à recuperação da vontade pessoal dominada pelos pais, pela escola, pelos patrões e pelo governo são temas de destaque em muitos dos grupos de apoio que trazem lenitivo às vítimas de nosso atual paradigma dominante. Na psicologia de hoje, a palavra da moda é "empoderamento", para contrabalançar "vitimização", tema central no movimento de recuperação contemporâneo.

A agressão e a violência dominam os jornais, o entretenimento e a política. A possibilidade de nos exterminarmos no holocausto de uma guerra atômica, embora diminuída desde o recuo da Guerra Fria, ainda representa uma ameaça potencial. Contudo, o fogo de nosso tempo também está inflamando novas tecnologias, novos canais de consciência, aquecendo na sopa planetária o movimento caótico de indivíduos deslocados, movendo-os cada vez mais depressa à convergência em direção a uma gigantesca transformação para o próximo nível.

O desenvolvimento do individualismo, da vontade, da tecnologia e do empoderamento são passos essenciais na criação da consciência global. O individualismo nos trouxe a diversidade, a possibilidade de mais inovação e o sentimento de isolamento que desperta a vontade individual, necessários para nos tornarmos cocriadores ativos da evolução, ao invés de receptores passivos. Enquanto a Terra e a água fluem para baixo, seguindo passivamente a gravidade, o fogo redireciona o movimento para cima, permitindo-nos alcançar os chacras superiores, movendo-nos coletivamente na direção de uma consciência global expandida. Talvez o controle sobre o fogo tenha sido o que inicialmente moveu a consciência humana para o despertar, há meio milhão de anos. Agora o fogo das modernas tecnologias é o fator capaz de despertar — ou dizimar — a consciência global. Nessa transformação milenar, tais são as incertezas que enfrentamos. Porém, antes de entrarmos de todo na atual realidade, cabe examinar outra era: a cristã, primeira tentativa da humanidade de chegar ao coração.

Chacra quatro: amor e equilíbrio

Nos diagramas tântricos originais, representa-se o quarto chacra como a interseção de dois triângulos: o que aponta para baixo é o espírito se tornando matéria, e o que aponta para cima é a dissolução da matéria no espírito. No nível do chacra cardíaco essas polaridades estão perfeitamente equilibradas e, na verdade, o equilíbrio é um dos principais atributos desse chacra.

Apesar de ainda estarmos nos debatendo com as questões de poder e dominação do terceiro chacra, acredito que o advento do cristianismo foi inicialmente uma tentativa de chegar ao chacra cardíaco. Sua ênfase filosófica (mesmo tendo frequentemente falhado na prática) era o amor, a unidade, o perdão e a rendição da vontade pessoal a um poder "superior": um Deus Pai ainda dotado de alguns atributos dos irados e trovejantes deuses patriarcais, mas também possuidor de um lado mais suave, mais amoroso. O nascimento do Cristo, reputado filho de Deus, simbolizou a mescla do divino com o mortal, característica da posição medial representada pelo quarto chacra.

O azar do cristianismo foi que, surgido numa época de forte regime patriarcal, não conseguiu de fato refletir uma religião de equilíbrio. Emergiu quando o paradigma dominante ainda se fundava na negação dos chacras inferiores e, consequentemente, na negação dos valores sagrados atribuídos ao feminino, ao selvagem, à terra, à sexualidade e à responsabilidade pessoal. Contudo, o cristianismo estabilizou o Dinâmico Masculino predominante, cuja rejeição inicial das maneiras antigas havia produzido uma espécie de caos social, com muitas facções divergentes guerreando-se e competindo entre si.

Essa estabilização transformou o Dinâmico Masculino no *Masculino Estático*, cujo símbolo é a cruz e a ênfase recai sobre a estabilidade por meio da lei e da ordem. Dessa forma, foi controlada a rejeição inicial à nossa natureza básica — não é mais uma reação, e sim a supervalorização permanente de uma parte em detrimento da outra: a luz é boa, a escuridão é má; o macho é poderoso, a fêmea é fraca; a terra é transiente e dispensável, o céu é eterno e perfeito. Embora dê a ilusão de estabilidade, isso custa uma intensa repressão que aflora no ponto em que houver uma fraqueza no sistema. Dessa forma, a prática do amor, do equilíbrio e do perdão fracassou miseravelmente nas Cruzadas, na Inquisição, na caça às bruxas e, mesmo hoje, na malévola demonização das diferenças culturais, presente em algumas das formas mais extremadas de cristianismo. A repressão da sexualidade criou seu lado-sombra sob a forma de estupro e incesto. A repressão da sacralidade da terra criou um materialismo-sombra, resultando em furiosa destruição ecológica.

Apesar de tudo, com sua estabilidade relativa, a era cristã permitiu ainda uma proliferação da cultura, sob forma de tecnologia e crescimento da consciência. Durante esse tempo produzimos a imprensa, o telefone, o rádio, a televisão e o computador, que abriram as possibilidades de comunicação indispensáveis para qualquer tipo de unidade global que venha a existir. De fato, a revolução industrial, ao tirar de casa o macho dominante e levá-lo diariamente para o trabalho, permitiu a primeira ressurgência do feminismo — as mulheres, livres do tacão masculino por momentos, tiveram tempo de trocar ideias e começar a se dar conta da própria identidade. No espaço de algumas gerações, por fim se produziram nos anos 1960 grupos de conscientização de donas de casa, e também oportunidades de educação e de trabalho necessárias para haver alguma igualdade entre os sexos.

Para realmente alcançar equilíbrio no coração, é preciso misturar em partes iguais a pura energia da libido que sobe dos chacras inferiores e a percepção consciente originária dos chacras superiores. Em outras palavras, a integridade requer consciência mais elevada, visão e comunicação *equilibradas* e *integradas* com a vontade pessoal, a emoção e os instintos primais. Acredito que o verdadeiro despertar no coração não poderia ter acontecido durante a era cristã, pois ainda não havíamos alcançado proficiência nos chacras superiores. Esse fato, combinado com a negação dos chacras inferiores, criou um sistema muito desequilibrado.

De posse dessas informações, vamos examinar as conquistas decorrentes do desenvolvimento dos chacras superiores e que possibilitam finalmente tecer, em equilíbrio e inteireza, uma verdadeira cultura do coração.

Chacra cinco: som e comunicação

O quinto chacra constitui uma representação simbólica do sentido, conhecida como comunicação — veículo essencial para a expansão da consciência. A comunicação pode ser vista como a cola da evolução, continuamente crescendo em complexidade a partir da linguagem reprodutiva do DNA, passando pelos primeiros chamados de acasalamento dos animais, até o aparecimento da fala humana, o advento da escrita, da imprensa, do rádio e da televisão e agora da internet. Cada um desses saltos quânticos na comunicação pode ser visto como um salto evolutivo na consciência. Cada um representa um aumento na velocidade de transmissão da informação. Cada salto é um passo na construção da consciência global.

Adotando a comunicação em todos os seus aspectos, continuamos a avançar em direção à consciência maior à medida que aprendemos, mudamos, nos adaptamos e criamos. Graças à comunicação, está tomando forma a rede global de consciência denominada noosfera por Pierre Teilhard de Chardin, há cinquenta anos,[9] que hoje se chama comumente de cérebro global. A noosfera pode ser vista como um órgão de consciência comparável a um córtex *cerebral global*, atualmente em vias de crescimento no corpo do planeta — Gaia. A internet é a mais clara indicação desse cérebro global, mas toda a rede de comunicações está envolvida. Trata-se concretamente de um salto evolutivo tão decisivo para o crescimento da consciência global quanto foi a imprensa para a expansão da consciência individual.

Chacra seis: luz e intuição

Uma imagem vale mais que mil palavras. No sexto chacra, nosso método de representar informação salta da apresentação linear de palavras numa página ou de sons ao longo do tempo para uma apresentação holística de imagens no espaço. Minhas palavras só podem chegar a você de forma sequencial, uma de cada vez, mas uma imagem entra pelos olhos holisticamente, toda ao mesmo tempo. Graças à tecnologia de computação, as equações matemáticas agora podem se expressar como figuras em movimento, revelando a dinâmica de processos que anteriormente se ocultavam em pilhas de equações escritas no papel. Isso possibilita uma compreensão mais abrangente do caos, da complexidade e do comportamento dos sistemas. Além de palavras, as páginas da internet já podem incluir elementos gráficos e de animação. Os livros estão dividindo o mercado com vídeos e CD-ROMs, que fornecem meios de absorção da informação mais rápidos e de maior abrangência cerebral. O noticiário da televisão nos chega em imagens explosivas, revelando-nos mais diretamente a realidade dos acontecimentos no espaço e no tempo — no momento mesmo em que ocorrem os fatos. Nos comerciais de televisão, a imagem é a mensagem, visto que os criadores estão se adaptando à capacidade do público de usar a função "mudo" do controle remoto e desligar o som.

No domínio da espiritualidade, a clarividência está voltando à cena. As feiras esotéricas estão cheias de cabines de praticantes de leitura paranormal que se propõem a intuir os padrões ocultos na vida dos consulentes e a aconselhá-los. Milhares de pessoas estão empregando a visualização criativa para manifestar a consciência, e em algumas áreas se está aceitando a intuição como fator na pesquisa científica. A prática espiritual popular consiste em partir em "busca da visão", sem a qual, como dirigir o curso de nossa vida?

A habilidade de transmitir imagens é realmente um salto quântico à frente da comunicação verbal, equivalente aos avanços anteriores na tecnologia de comunicação. Com imagens, é possível comunicar mais em menos tempo, em geral com menos ambiguidade. O pensamento por imagens, uma função do hemisfério direito do cérebro, está trazendo certo equilíbrio com relação ao processo cognitivo da lógica do hemisfério esquerdo que dominou a consciência coletiva nos últimos séculos.

Chacra sete: pensamento e consciência

No nível cultural, o sétimo chacra representa nada menos que a criação e o funcionamento de toda a noosfera, a organização da informação e da própria consciência no nível planetário. E esse cérebro global, com sua rede infinitamente vasta de informação e percepção, não será uma metáfora para o lótus de mil pétalas coletivo, cada pétala um ponto fractal de conexão com uma matriz maior?

No nível racional, o sétimo chacra é caracterizado pela proliferação do conhecimento e da informação; no mítico, ele é caracterizado pelo crescente interesse na espiritualidade e na expansão da consciência. A popularidade do ioga e da meditação, da pesquisa parapsicológica, dos compostos químicos que alteram a mente e da pesquisa na consciência está rapidamente revelando a consciência como a próxima fronteira. As máquinas mentais projetadas para alterar a frequência de ressonância das ondas cerebrais e deflagrar estados meditativos estão se tornando mais sofisticadas e populares. A criação de uma supervia de informação permite-nos deslocar a consciência por todo o globo com a velocidade da luz. Computadores, os primeiros instrumentos a operar como extensões da mente, e não só do corpo, agora podem fazer a consciência ir além do humanamente possível, permitindo grandes expansões no armazenamento de lembranças, na capacidade computacional e na criatividade. Como indicou Al Gore em *Earth in the Balance* [*A Terra em balanço*],[10] hoje há tanta informação que já temos "exformação" — pilhas de dados armazenados em discos de computadores e nunca examinados por uma mente humana. Ao entrar no novo milênio, estamos assoberbados pela imensa abundância de informação e de potencial de entendimento consciente.

Contudo, é essencial ancorar no corpo e na Terra nossa consciência em desenvolvimento, para que ela tenha raízes na realidade biológica. A consciência comporta nossa estrutura mística, nossos valores e direções, e molda as interpretações de tudo o que vemos e os padrões de tudo o que fazemos. A sabedoria dessa consciência é da mais alta importância nesse momento. Que tipo de sistema operacional desejamos? Nossa consciência precisa evoluir ainda mais, antes de podermos responder a essa pergunta?

Conforme a consciência evolui, certamente assim mudará a estrutura de nossos paradigmas. A informação enviada por nós pela rede global pode inspirar uma mudança global, ou pode incitar violência e agressão, como fazem os filmes violentos e a mídia sensacionalista, que poluem nossas redes de comunicações. Essa informação deve estar baseada no fato *e* na visão, no sentimento e na compreensão, incorporando o equilíbrio, característica do quarto chacra. Nossa nova mitologia precisa ser um paradigma de integridade, capaz de englobar e integrar *cada um* dos níveis que vimos. Agora podemos fazer a pergunta final:

Para onde estamos indo?

"Emancipar-se no coração" é apaixonar-se de novo pelo mundo. É operar com base no amor e não na culpa, na devoção e não no dever, é interagir com o mundo a partir do coração, e não do plexo solar. Despertar para a era do coração exige que todo o impulso da nossa era emergente vise a equilibrar polaridades e integrar a diversidade.

Nunca houve uma mitologia dominante em que os arquétipos dos dois gêneros se relacionassem a partir de uma posição de igual maturidade e força. Agora que experimentamos a maternal deusa

Terra com seu diminutivo Filho/Amante e a elevação complementar do Deus Pai com sua submissa Filha/Esposa, estamos finalmente prontos para manter cada um desses componentes arquetípicos numa espécie de equilíbrio integrado. Agora podemos acolher os elementos *maduros* do masculino e do feminino, permitindo a essas formas dançar juntas com igual poder, removendo finalmente o incesto arquetípico e permitindo à geração dos filhos incorporar o desdobramento natural do futuro, seu direito de nascimento. Desse Casamento Sagrado emerge o arquétipo da Criança Divina, que pode perfeitamente ser o futuro.

Mas esses não são os únicos elementos que imploram por equilíbrio nessa era emergente. A mente e o corpo, o individual e o coletivo, a liberdade e a responsabilidade, a luz e a sombra, o progresso e a conservação, o trabalho e o prazer estão lutando por reconhecimento como qualidades equivalentes num paradigma de totalidade. Enquanto valorizarmos um membro do par em detrimento do outro, seremos uma cultura sem equilíbrio.

O período que começa caracteriza-se pelo *Dinâmico Feminino*, a última peça da quaternidade formada pelos aspectos estático e dinâmico, feminino e masculino. O Dinâmico Feminino é simbolizado por uma espiral que parte do centro da cruz do Estático Masculino, projetando-se para fora *sem* limites, reintegrando os opostos divididos da esquerda pela direita, do superior pelo inferior, e de volta em direção ao círculo unificador. O Dinâmico Feminino se caracteriza pela criatividade, o caos e a paixão. Ao permitir que o espírito nos leve ao êxtase, em vez de usar a cabeça para definir o espírito, ele nos traz a religião extática no lugar da religião dogmática. Ele conecta, ao invés de dividir. Ao se transformar de espiral em círculo, ele conecta o interno e o externo, o individual e o coletivo, o alto e o baixo, o esquerdo e o direito, a mente e o corpo num todo inseparável e dinâmico.

É preciso enfatizar que nos sistemas pessoais ou coletivos, ao passar de um chacra para o outro, não é preciso renegar os níveis anteriores, e sim incorporá-los. Quando resgatamos nosso corpo como templo individual, a Terra como uma manifestação da divindade viva, e o feminino como um arquétipo divino igualmente importante, sem negar o divino masculino, estamos começando a lidar com os desequilíbrios que foram impostos pelo Deus Pai celestial nos últimos três a cinco mil anos. Quando lidarmos com os desequilíbrios sociais entre raças e gêneros, entre trabalho e lazer, entre sagrado e secular, entre progresso e conservação, entre individual e coletivo, nos aproximaremos das características equilibradas do quarto chacra. O equilíbrio não requer a negação de nada, e sim uma integração de tudo, até mesmo da luz e da sombra.

Na teoria junguiana, o quatro completa a quaternidade, o estabilizante gerador de equilíbrio, a reintegração com o "uno" primal. No chacra quatro, a Missão do Herói da era do terceiro chacra avança agora em direção a seu próximo estágio importante — a Volta ao Lar. Aqui reintegramos nossa habilidade tecnológica com as necessidades da Terra, trazendo conosco os frutos da atividade heroica do terceiro chacra, para beneficiar a cultura planetária que estamos lutando por criar. Agora entramos no domínio da consciência reflexiva, tornando-nos conscientes de nós mesmos e de nosso processo.

O alvorecer da era de Aquário, um signo fixo de ar, marca a verdadeira chegada da Era do Chacra Cardíaco, de ênfase no humanitarismo, na compaixão, na reflexão, na integração e na cura. É a paz que emerge dentro e fora quando foi alcançado o equilíbrio essencial.

Em 1969, com a tecnologia espacial avançando para fora dos limites da Terra, fomos capazes de ter uma visão rápida de nosso planeta isolado, azul, como se ele fosse uma unidade política. Quando os astronautas e suas câmeras *voltaram para casa* com a imagem do globo obtida em sua *jornada heroica*, pudemos dizer que por meio dos olhos humanos Gaia teve a primeira visão de si mesma. Aquele momento, durante o período de expansão de consciência dos anos 1960, marcou uma virada na evolução. Era o início da Volta ao Lar, o alvorecer de uma consciência global, a primeira percepção coletiva de nós mesmos como elementos de uma entidade global.

Em paralelo com essa pálida alvorada da compreensão planetária veio a popularidade da investigação psicológica, com um aumento acentuado no número de pessoas em terapia, um intenso processo de autorreflexão. Na mesma década, James Lovelock formulou a Hipótese Gaia (a ideia da Terra como um colossal ser vivo), as drogas psicodélicas abriram a percepção dos indivíduos para a natureza interdependente de toda a vida, e as novas ciências da física quântica, da teoria do caos e das estruturas dissipativas começaram a cair no conhecimento do público e a solapar os velhos paradigmas científicos reducionistas e determinísticos. Nos anos 1960 as disciplinas orientadas para a consciência, como a ioga, se popularizaram no Ocidente; as pessoas entraram em sintonia, se ligaram e escaparam do sistema, para mais tarde emergir com os princípios básicos de um novo paradigma: os princípios sagrados do amor, da paz e do equilíbrio.

A era de Aquário começou nos anos 1960, mas é agora, no novo milênio, que precisamos ancorá-la nas realidades de nossos parâmetros planetários. É hora de nos tornarmos agentes conscientes no despertar da consciência planetária. É o momento de nos percebermos como parte de uma Terra viva e de oferecermos nossas heroicas realizações como retribuição ao próprio planeta. Porque o resultado de um ritual de "maioridade" é a formação de uma nova identidade.

Nossa nova ordem evolutiva precisa abarcar e combinar os planos e estágios de todos os níveis de consciência. Podemos assumir Gaia como um conceito mitológico que nos oferece uma nova identidade de participantes globais. Benjamin Franklin declarou que sua maior invenção foi o termo "americano", numa época em que o território era habitado por franceses, ingleses, alemães, holandeses, índios e outros. O termo "americano" uniu essa diversidade num único conceito — todos unidos pela terra em que viviam. A palavra *gaiano* agora nos dá uma nova identidade que inclui todos os seres vivos — não só raças e gêneros diferentes, mas espécies, plantas e animais diferentes podem compartilhar essa identidade global.

A colossal quantidade de informação gerada por nossa observação do mundo natural pode nos dirigir para um relacionamento mais harmonioso com Gaia, usando nossa crescente tecnologia em harmonia e em equilíbrio com o meio ambiente. A retomada do corpo e de sua esfera de sentimentos é importante para a saúde física e para o poder pessoal, assim como o resgate da vontade que foi desautorizada por valores culturais autoritários também é. Mas a aplicação dessa vontade em direção a um novo estágio de amor, compaixão e equilíbrio, em lugar de heroísmo e dominação, é necessária para nos trazer ao estágio inicial do Chacra Cardíaco e à paz e à cura que esperamos para o futuro. A comunicação global, as redes de informação, a integração dos valores espirituais na vida diária e a visão de um futuro sustentável são atributos dos chacras superiores que precisamos trazer "para baixo", para o ponto central do coração, de modo que promova essas mudanças.

Esse é um momento empolgante, de grandes mudanças e possibilidades ilimitadas. Diante da incerteza do futuro, é essencial pesquisar, visualizar e se comunicar, pois no drama da evolução agora somos simultaneamente parte da plateia, parte do elenco e autores do próprio drama. Somos cocriadores do futuro da evolução.

NOTAS

1. Para mais informações sobre os chacras e o desenvolvimento individual na infância, ver meu livro: *Eastern Body, Western Mind*.
2. Marion Woodman, *Rolling Away the Stone* (audio), (Boulder, Co: Sounds True Recordings, 1989).
3. Os termos estático feminino, dinâmico masculino, estático masculino e dinâmico feminino, utilizados neste ensaio, são provenientes do trabalho de Gareth Hill, analista junguiano e professor de Berkeley, em seu livro: *Masculine and Feminine: The Natural Flow of Elements in the Psyche* (Boston, MA: Shambhala, 1982).
4. Erich Jantsch, *Self-Organizing Universe* (NY: Pergamon Press, 1980), p. 137.
5. Riane Eisler, *The Chalice and the Blade: Our History, Our Future* (San Francisco, CA: Harper & Row, 1987). [*O cálice e a espada*. Rio de Janeiro: Imago, 1989.]
6. Marija Gimbutas, *The Civilization of the Goddess* (CA: Harper San Francisco, 1991).
7. Ibid.
8. Riane Eisler, *The Chalice and the Blade: Our History, Our Future* (San Francisco, CA: Harper & Row, 1987), pp. 44-. [*O cálice e a espada*. Rio de Janeiro: Imago, 1989.]
9. Pierre Teilhard de Chardin, *The Phenomenon of Man* (NY: Harper & Brothers, 1959), pp. 200-. [*O fenômeno humano*. São Paulo: Cultrix, 1988.]
10. Al Gore, *Earth in the Balance: Ecology and the Human Spirit* (NY: Houghton Mifflin, 1992), p. 201. [*A terra em balanço: ecologia e o espírito humano*, São Paulo: Augustus, 1994.]

Capítulo 13

COMO FOMENTAR CHACRAS SAUDÁVEIS NAS CRIANÇAS

A ESPERANÇA DE UM FUTURO melhor depende de educarmos crianças livres dos traumas e agressões que atormentam tantas pessoas em tratamento nos dias atuais. Esses maus-tratos frequentemente foram praticados por pais bem-intencionados, mas ignorantes, muitos dos quais agiam em reação às próprias feridas não cicatrizadas, causadas pelas gerações anteriores e talvez repassadas pela família e pela cultura durante muitas gerações. Como os adultos de hoje passam pela difícil tarefa de curar essas feridas, é compreensível que desejem evitar a todo custo infligir aos filhos dificuldades semelhantes.

As crianças de hoje precisam de uma orientação inteligente que lhes apoie o crescimento e a integração no corpo, na mente e no espírito. Pode ser difícil encontrar modelos espirituais aplicáveis a crianças — modelos que lidem com seu desenvolvimento de forma que lhes respeite os diversos estágios da vida. As escolas educam a mente, mas reprimem a necessidade natural do corpo de correr e brincar. Em seu bem-sucedido livro *Inteligência emocional*, Daniel Goleman mostra a necessidade de educar e amadurecer as emoções antes do intelecto. Algumas crianças cresceram totalmente refratárias à religião por terem sido obrigadas a se sentar em duros bancos de igreja ou a ler livros intelectuais acima de sua compreensão; assim, com a idade, perderam o interesse pelas questões espirituais. Outras foram criadas ignorando completamente o corpo e, como resultado, têm problemas de saúde. Outras ainda evitam a universidade e outras empreitadas intelectualmente exigentes por terem sido convencidas de que não possuem a inteligência necessária, quase sempre porque na infância receberam tarefas excessivas para sua idade.

O Sistema de Chacras, baseado nos sete centros energéticos giratórios do corpo, espelha com rigor os estágios do desenvolvimento infantil. Esse sistema mostra como os chacras se desenvolvem sequencialmente, de baixo para cima, à medida que a criança amadurece, desde o nascimento até a vida adulta. Em meus seminários para crescimento pessoal em que ensino esse modelo como forma de curar os traumas passados e as dificuldades presentes de adultos, os pais na plateia constantemente perguntam: "Tenho um filho que está agora nesse estágio. O que devo fazer para apoiar o desenvolvimento dele?"

Não se trata apenas de evitar abusos — significa criar seres humanos excelentes. Isso é possível se as crianças receberem apoio em todas as dimensões de sua experiência — física, emocional, mental e espiritual. Um apoio adequado ao nível de desenvolvimento em que elas se encontrem.

A seguir, apresento uma breve introdução aos chacras e seus estágios correspondentes no desenvolvimento da criança, com conselhos simples para os pais sobre como apoiar essas áreas importantes da vida infantil.

CHACRA UM: DO ÚTERO AO PRIMEIRO ANO

Promova a consciência do corpo

O mais importante a ser feito nesse estágio é ajudar a criança a assumir completamente o corpo. Ter contato físico frequente, abraçar, carregar no colo, acariciar e atender às suas necessidades físicas nunca é demais. O toque da mãe reafirma a fisicidade da criança.

Ao abraçá-las, você as ensina a se amparar. Brincar com seu bebê ajuda-o a desenvolver a coordenação motora. Brincar com os pés e as mãos, dar-lhe brinquedos que ele possa segurar, brincar com ele no banho, tudo isso ajuda a estimular o desenvolvimento motor. Um ambiente adequado, seguro e confortável, com brinquedos próprios da idade, ajuda a criança a se relacionar de forma positiva com o mundo exterior.

Estabeleça a confiança permitindo a formação de laços afetivos

A única fonte de segurança da criança é a ligação com o principal cuidador. É importante que durante o primeiro ano a mãe (ou o pai, se for ele quem cuida) esteja presente de forma tão constante quanto possível, como uma base para a criança. Isso significa pegá-la no colo se ela chorar; abraçá-la e acariciá-la frequentemente, falar com ela, protegê-la de ruídos altos, fome, frio ou desconforto; e alimentá-la quando tiver fome, e não em obediência a um horário. Alguns pais têm dificuldade em permitir que se forme essa ligação porque sentem como uma exigência excessiva a carência natural da criança. Permitir o surgimento dessa ligação ajuda a criança a ser mais independente no futuro.

A presença constante durante a primeira infância ajuda o bebê a solucionar o dilema de confiar ou não, de forma que gere esperança e segurança. A certeza da presença do genitor permite à criança relaxar e obter o progresso que precisa ocorrer, em vez de ficar tensa e excessivamente vigilante.

A creche adequada

Se a mãe precisar trabalhar durante o primeiro ano e não puder ficar com o bebê, deixará a criança em desvantagem. Infelizmente, a condição financeira por vezes torna essa a única opção. O melhor que os pais podem fazer é providenciar a creche mais saudável possível, agindo como defensores para garantir que a criança receba os cuidados necessários. Na escolha da creche, são fatores a cuidar: que a criança seja tocada com frequência e da forma certa, seja alimentada quando sentir fome e atendida por adultos competentes num ambiente próprio para a idade dela. Também é bom passar algum tempo no local, acompanhando a criança até que ela se habitue. Se a criança ficar numa creche informal ou com uma babá em casa, é mais provável garantir continuidade e homogeneidade de conduta. Além disso, a mãe precisa entender que, quando ela voltar para casa à noite, a criança talvez precise de mais atenção, contato físico e vinculação mãe-filho. Isso é especialmente cansativo para as mães sem parceiro ou que trabalham fora, geralmente exaustas no final do dia. Entretanto, o tempo despendido em cuidados no primeiro ano rende dividendos no longo prazo, por formar uma criança mais tranquila e saudável, que faz menos exigências mais tarde.

Um ambiente seguro gera um sentimento de segurança. É essencial haver paz no lar e proteção contra barulho forte, objetos cortantes, quedas, frio e violência de adultos ou irmãos. Lembre-se: para os bebês, o ambiente é o próprio eu. A maior influência definidora de quem eles são é aquilo que os cerca.

Quando a criança está num ambiente desconhecido, como uma loja, um parque, um consultório médico ou a casa de amigos, a mãe é uma ilha de segurança. Entenda que seu filho sentirá mais insegurança e que precisará recorrer a você vezes seguidas, em busca de reconforto.

Alimentação saudável

A alimentação em horas certas, embora conveniente para os pais, não permite à criança estabelecer os próprios ritmos, nem lhe ensina que o mundo reagirá às necessidades dela. A amamentação se provou emocional e fisicamente mais saudável, pois o leite materno contém anticorpos importantes e a experiência da amamentação promove a ligação mãe-filho, graças à proximidade física. Porém, estudos mostraram que o estado emocional da mãe ao amamentar importa mais do que a origem do leite, se do peito ou da mamadeira. Uma mamadeira dada com amor é melhor que o peito dado com ressentimento. Para a criança formar um corpo sadio, é também essencial que a alimentação da mãe seja saudável, evitando substâncias prejudiciais que passem para o leite, como drogas e álcool. Igualmente, quando a criança começar a receber alimentos, que estes sejam saudáveis.

Se você administrar com sucesso esse estágio, terá dado a seu filho uma base sólida sobre a qual encarar os muitos desafios trazidos pela vida. Ele terá uma percepção do próprio corpo e vivacidade, além do sentimento de esperança e otimismo de que o mundo pode e vai atender às suas necessidades.

CHACRA DOIS: 6 A 18 MESES

Permita a separação e o apego

Seu bebê agora estará numa fase de eclosão, começando a se separar dos pais à medida que o desenvolvimento do corpo lhe permitir se movimentar cada vez mais. Como isso o assusta, ele vai e volta, distanciando-se e voltando para ver se está tudo bem. Em alguns aspectos, ele parecerá ainda mais apegado e isso é natural. É importante apoiar os dois movimentos — encorajar a separação, oferecendo-lhe oportunidades seguras de exploração, e ser calorosa e carinhosa quando ele precisar de reafirmação.

Forneça um ambiente sensorial

Sua criança estará explorando o mundo por meio dos sentidos. Nesse momento, essa é sua principal forma de experimentar. É importante fornecer-lhe cores e sons, brinquedos interessantes, contato físico e prazer por meio de brincadeiras e um ambiente seguro para explorar. A voz e a atenção da mãe são o principal aspecto da experiência sensorial.

Apoie a exploração por meio do movimento

A criança agora deseja se mover. Não é hora de deixá-la no cercadinho, e se você tiver de usá-lo, que seja só por períodos curtos. Em vez disso, encontre lugares em que ele possa engatinhar e andar com segurança, uma pracinha para correr ou um pátio para brincar e aprender a usar o corpo na sua recém-descoberta alegria do movimento.

Espelhe as emoções

A criança está aprendendo a linguagem emocional. Se você deseja alfabetizá-la emocionalmente, é importante espelhar os sentimentos dela. Seja compreensiva aos gritos e expressões de raiva, medo, carência ou confusão. Não a rejeite ou castigue por suas emoções — ela não pode evitar senti-las. Responda com palavras para mostrar que você compreende: "Que carinha triste você fez agora!", "Você está com medo? Quer que a mamãe segure sua mão?" Embora ainda não possa falar muito bem, ela está começando a compreender as palavras que ouve. Entenderá que aquele sentimento tem um nome e que mesmo sem linguagem ela pode comunicar a alguém o que precisa ou deseja.

Esteja atenta às suas próprias necessidades e estados emocionais, assim como ao "campo" emocional da casa. As crianças captam nossa raiva e medo, ansiedade e alegria. Cuide de suas necessidades tanto quanto possível para não projetar sobre a criança inocente suas emoções mal resolvidas. Crie um ambiente positivo.

CHACRA TRÊS: 18 MESES A 3 ANOS

Apoie a autonomia e a vontade própria

Quando a criança começar a se individualizar, festeje sua independência. Tente apoiá-la em sua espontaneidade, por mais difícil que pareça, oferecendo escolhas sempre que possível. Em vez de ficar exasperada com o diálogo: "Você quer biscoitos?", "Não!", "Você quer flocos de milho?", "Não!", "Você quer aveia?", "Não!", pergunte: "Você quer biscoitos, flocos de milho ou aveia?". Você também pode selecionar dois conjuntos de roupas aceitáveis e dar-lhe a oportunidade de escolher. Dê a seu filho oportunidades de ter vontade própria de forma segura e adequada.

Estimule a autoestima

Como o ego está em formação nesse estágio, cuide para apreciar as realizações da criança e fazê-la sentir-se aprovada. Apoie a independência dela sem rejeitá-la. Se você der à sua filha tarefas que possa executar com sucesso, ela irá adquirir autoconfiança. Quebra-cabeças e brinquedos próprios para a idade, pequenas tarefas na casa como guardar os brinquedos em uma caixa ou recolher os bichinhos de pelúcia podem ajudar a promover um sentimento básico de autoconfiança. Se ela insistir em realizar uma tarefa acima da própria capacidade, como amarrar os sapatos, ajude-a a completá-la. De forma alguma seja crítica ou sinta-se excessivamente frustrada com as tentativas desajeitadas dela para realizar coisas simples. Tenha paciência. No longo prazo, vai valer a pena.

Treinamento para usar o banheiro

Quando estiver pronto para aprender a usar o banheiro, seu filho lhe dará o sinal. Talvez mostre curiosidade pelo vaso sanitário e pelas atividades dos adultos no banheiro. Talvez avise quando estiver molhado ou se rebele quando você lhe puser fraldas. Ele vai permanecer seco por períodos mais longos. Antes dos 18 meses até 2 anos a criança não tem controle sobre os músculos do esfíncter. Pode ser que só ela consiga dormir a noite toda sem fralda depois dos 3 anos. Se você esperar pelo momento certo, ela se orgulhará desse novo comportamento adulto, em vez de entrar num infrutífero choque de vontades.

Recompensar um bom comportamento é mais produtivo que punir os erros, o que só gera humilhação. Invente prêmios que possam ser dados como reforço, acompanhados de abraços, aplausos e elogios verbais.

Disciplina adequada

Ao apoiar a autonomia e a vontade de seu filho, evidentemente você não pode abrir mão de todo o controle. É preciso que haja limites apropriados, firmemente estabelecidos. Seu filho pode não entender uma argumentação sofisticada, mas pode compreender simples declarações de causa e efeito como: "O cachorro morde! Não pegue nele!" Punições severas, além de humilhantes, ensinam um comportamento agressivo. Negar seu amor prejudica o terceiro e o quarto chacras e estimula na criança sentimentos de insegurança e necessidade de aprovação.

Em vez disso, tente levar a atenção da criança para algo mais adequado. Se você lhe tirar da boca o controle remoto, não grite quando ela chorar. Dê-lhe outro objeto para segurar. Retire-a de situações perigosas. Limites estabelecidos com firmeza e coerência durante curtos períodos (como o isolamento no próprio quarto por alguns minutos) podem ser mais eficazes que manifestações de raiva ou de frieza. Nessa fase, as crianças são muito sensíveis à aprovação dos pais. Quando necessário, critique o comportamento, e não a criança.

CHACRA QUATRO: 4 A 7 ANOS

Preste atenção ao criar um modelo de relacionamento

Nessa idade, as crianças estão aprendendo regras sociais por identificação e imitação. A identificação com o papel paternal permite que as crianças sintam que os pais estão presentes mesmo quando fisicamente distantes. Isso significa que seu filho internalizará o comportamento dos pais como parte de si mesmo. Se você for irritada e agressiva, irá ensinar-lhe a ser irritado e agressivo no relacionamento com você mesmo e com os demais. Quando ele for se tornando mais ciente das relações em torno, mostre-lhe modelos equilibrados e amorosos para observar e dos quais participar.

Mostre empatia e comportamento moral

A identificação com os pais no papel deles também dará à criança um critério de comportamento moral. Explique-lhe por que você age ou deixa de agir de determinada forma: "Vamos levar uns biscoitos para a Sra. Smith porque ela está sozinha e vai ficar mais alegre", "Está vendo como o nenê gosta, quando você ri para ele?", "Não coma doce antes do jantar, porque assim não sobra espaço para a comida que faz a gente ficar forte."

Além disso, saiba que também está modelando o comportamento de gênero. Tenha cuidado para não apoiar visões excessivamente sexistas ou limitadas sobre a conduta de homens e mulheres. Trate filhos e filhas com a mesma afeição, responsabilidade e respeito. Mostre a eles uma ampla faixa de comportamentos aceitáveis. Deixe sua filha observar modelos de mulheres fortes. Deixe seu filho saber que não perderá a masculinidade se mostrar sentimentos mais suaves.

Explique as relações

A criança está tentando compreender de que modo suas descobertas se encaixam com todo o resto. Quanto mais você puder explicar essas relações, mais segura ela se sentirá. "Vamos guardar o quebra-cabeça para não perder as peças." "Colocamos gasolina no carro para ele nos levar aonde queremos ir, do mesmo jeito que a comida nos dá energia para fazer as coisas." "A mamãe precisa trabalhar para ganhar dinheiro e comprar comida."

A rotina pode ser muito importante e, se houver alguma quebra, explique o motivo: "Hoje não podemos ir à pracinha porque a tia Mary vem nos visitar."

Apoie a relação com os colegas

Agora seu filho pode se relacionar com crianças de mesma idade, sob supervisão. Procure reuni-lo com outras crianças se ele ainda não estiver na escola. Se estiver, pergunte sobre as crianças com que ele interage. Encontre oportunidades para promover as amizades fora da escola.

CHACRA CINCO: 7 A 12 ANOS

Apoie a comunicação

Agora que a criança já tem domínio da linguagem, ajude-a a usá-la. Tenha com ela longas discussões sobre a natureza do mundo. Estimule-a a fazer perguntas e dedique tempo às respostas. Faça perguntas sobre assuntos de que ela possa falar: ela mesma, seus sentimentos e seus amigos. Seja uma ouvinte atenta.

Nesse período, é enorme a aprendizagem cognitiva. A escola é o principal espaço de aprendizagem e aumento da autoconfiança. Mostre interesse pelos estudos de seus filhos. Ajude-os com o dever de casa. Faça perguntas, forneça informações adicionais, partilhe com eles o que você sabe. Envolva-se com os projetos da escola, dê exemplo de bons hábitos de estudo e recompense o bom desempenho.

Estimule a criatividade

O sucesso é o maior motivador do desenvolvimento da competência. Dê a seus filhos oportunidades de expressão criativas e laboriosa: materiais de desenho e pintura, instrumentos musicais, trabalhos manuais, aulas de dança. Dê exemplo do processo de pensamento criativo procurando novas formas de fazer coisas, mesmo em algo tão prosaico quanto servir a mesa. Ensine o uso das ferramentas. Estimule a criatividade com livros e filmes, concertos e peças teatrais.

Quando sua filha lhe apresentar alguma criação, ainda que não seja um borrão, mostre seu apreço. Isso ensinará a ela o valor daquilo que criou, fortalecendo-lhe a identidade criativa. Mostre o desenho aos demais; exponha na porta da geladeira; convide a vovó para assistir à peça da escola.

Amplie o mundo da criança

Leve seus filhos a lugares novos. Uma visita ao museu, às feiras de rua ou ao jardim zoológico, uma viagem de férias, um acampamento nas montanhas. Deixe que se exponham às distintas maneiras de viver, promovendo a expansão de seus horizontes.

CHACRA SEIS: ADOLESCÊNCIA

Apoie a formação da identidade

Seu adolescente agora está buscando a própria identidade. Não é o momento para controlar detalhes que não causam prejuízo direto: os cabelos, as roupas ou atividades inócuas como ouvir música. Respeite-lhe as expressões de individualidade. Estimule-o a pensar por iniciativa própria e faça perguntas, de preferência incentive-o a dar respostas. Em vez de lhe dizer o que você fazia na idade dele, pergunte-lhe o que ele diria ao filho, se o tivesse.

Antes de fixar a identidade adulta, ele passará por muitas mudanças de papéis. Não se preocupe com os que lhe desagradam — a oposição firme só reforça a probabilidade de maior duração dos papéis.

Apoie a independência

Deixe seus filhos terem mais das próprias vidas. Estimule neles modos de ganhar o próprio dinheiro e assumir responsabilidade sobre mais aspectos pessoais, como comprar roupas, ter o próprio meio de transporte, criar atividades. Deixe que cometam alguns erros. Se sentirem que são dignos de crédito, provavelmente terão um comportamento mais responsável.

Estabeleça limites definidos

Os adolescentes devem, porém, ter uma percepção clara e congruente dos limites. Agora que eles têm idade para raciocinar de forma sofisticada, é importante informá-los da lógica por trás desses limites, até mesmo deixando que sugiram alternativas. Meu filho, por exemplo, teve uma nota muito baixa em inglês quando estava no primeiro ano do ensino médio. Imediatamente perdeu os privilégios de televisão e computador até a prova seguinte. Seis semanas depois, a quatro semanas da chegada do novo boletim, perguntou se poderia recuperar alguns privilégios caso trouxesse um bilhete do professor de inglês confirmando a melhora do desempenho. Ele tomou a iniciativa e me trouxe uma declaração de desempenho nota dez. Premiei seu esforço devolvendo alguns privilégios, em caráter condicional.

CHACRA SETE: INÍCIO DA VIDA ADULTA E ALÉM

O sétimo chacra na verdade é moldado durante a infância. Quando realmente chegarem ao estágio do sétimo chacra, seus filhos estarão por conta própria, e será mínima a influência dos pais sobre eles. Mas eis alguns princípios gerais para colocar em prática preventivamente:

Estimule o questionamento

Pergunte, não informe. Se sua casa for lugar seguro para questionar e discutir valores, a criança aprenderá a pensar por si. Se aprender a elaborar os próprios problemas, com ajuda, sabendo que há várias respostas para uma situação, terá uma mentalidade mais aberta. Envolvê-la em discussões intelectuais e pedir-lhe opinião vai fazê-la sentir que seus processos mentais são valorizados.

Ofereça variedade espiritual

A espiritualidade não deve ser imposta à criança. Você poderá instituí-la melhor adotando uma conduta consciente e compartilhando o que puder quando houver interesse. Além de expor a criança à sua religião, você pode tornar a espiritualidade dela ainda mais sólida se lhe der alguma noção de outras religiões. Explique por que a família escolheu a religião que você pratica. Deixe a criança pesquisar outras culturas e estilos de prática religiosa. Se a dos pais for a melhor para ela, voltará por conta própria, com um envolvimento mais sólido porque teve escolha. Se optar por outra que considere mais satisfatória, será por uma escolha consciente, e não por um ato de rebelião.

Forneça oportunidades de instrução

Aprender é o modo de alimentar o sétimo chacra e atualizar nosso sistema operacional. Apoie a aprendizagem de todas as formas que puder, seja numa universidade pública, em cursos de fim de semana, numa viagem ao Himalaia ou numa atividade de estudo autodidata. Ensine seu filho a descobrir lições na experiência. Pergunte-lhe o que está aprendendo com diferentes atividades.

Solte seus filhos

Quando chegar a hora de seu jovem adulto sair de casa, apoie e festeje a independência dele. Não é bom se agarrar aos filhos nem empurrá-los porta afora. Quando os pais abrem mão do controle e do apego, o jovem naturalmente gravita em direção ao próprio mundo.

CONCLUSÃO

Enquanto as crianças evoluem de um chacra para o próximo, não superam de imediato as necessidades do chacra anterior. Pela vida inteira os filhos precisam de afeto físico, e não só nas fases do primeiro e segundo chacras. Para efeito de autoestima, elas precisam de aprovação contínua. Precisam que você fale com elas, se ocupe delas e as inclua nas decisões e atividades da família.

Nada justifica os pais infligirem aos filhos atividade sexual, dor física ou críticas humilhantes. Se isso ocorrer, procure ajuda imediata para si, por intermédio de grupos de apoio aos pais ou terapia. Quebre esse ciclo e não propague o abuso.

As crianças precisam de amor e atenção, de tempo e aprovação. Necessitam de encorajamento e não de desestímulo. Devem fazer parte da sociedade adulta e precisam da própria individualidade para reformar a sociedade, para torná-la mais harmoniosa em relação ao corpo, à alma e ao espírito. As crianças são os seres sagrados do futuro, são a esperança da humanidade.

Para mais informações sobre os estágios de desenvolvimento na infância, ver *Eastern Body, Western Mind*, de Anodea Judith.

GLOSSÁRIO

Aditi: A deusa védica do espaço.

Agni: O deus do fogo entre os hindus.

Ahimsa: A prática da não violência.

Airavata: O elefante branco, de quatro presas, que emergiu do turbilhão do oceano. O animal do chacra Muladhara e do chacra Vishuddha, Airavata retira água do mundo subterrâneo para com ela regar as nuvens.

Ajna: Conhecer, perceber e comandar. O nome do sexto chacra.

Akasha: Éter, espaço, vácuo; onde permanecem os vestígios de toda existência e todos os acontecimentos.

Anahata: Som produzido sem o auxílio do atrito de dois objetos; o nome do quarto chacra ou chacra cardíaco.

Anandakanda lótus: lótus minúsculo, de oito pétalas, localizado no Sushumna entre o terceiro e o quarto chacras. Contém um altar e uma Árvore Celestial dos Desejos. Afirma-se que meditar nesse lótus traz liberação (*moksa*).

Asana: Posição ou postura mantida sem esforço; o termo se refere às várias posições do Hatha Ioga.

Atman: Alma, eu, princípio eterno.

Avidya: Ignorância, falta de compreensão ou conhecimento.

Bhakti Ioga: O ioga da devoção e do serviço ao próximo, normalmente um mestre.

Bhukti: Satisfação. O que acontece quando a consciência superior desce para os chacras inferiores.

454 • Rodas da vida

Bindu: (1) pontinho colocado sobre certas letras para representar o som ìmmmî; (2) partícula básica mítica, mônada, sem dimensão, da qual é construída a matéria; (3) uma gota de sêmen.

Brahma: Deus criador, parceiro de Sarasvati. Promove o equilíbrio das forças centrípeta e centrífuga.

Carma, Karman: Ação, o ciclo contínuo de causa e efeito em que o indivíduo fica retido pelo efeito de ações passadas e presentes.

Carma-Ioga: O caminho da ioga que advoga libertação pela ação correta.

Chacra Brahma: (1) a roda de Brahma, isto é, o Universo (2) o nome de um círculo mágico específico (p. 49, Stutley).

Chacra: (1) um centro para recepção, assimilação e expressão de energias da força vital; (2) qualquer um dos sete centros energéticos do corpo; (3) um vórtice energético em forma de disco, formado pela interseção de diferentes planos; (4) roda, como numa carruagem; (5) o disco, a arma favorita de Vishnu; (6) a roda giratória dos deuses; (7) a roda do tempo; (8) a roda da lei e da ordem celestial; (9) círculo ritual tântrico de pessoas, em que se alternam homens e mulheres.

Chacrasana: Pose da roda (flexão dorsal). Uma postura intermediária de ioga, que abre simultaneamente a frente de todos os chacras.

Chacravala: As nove cordilheiras míticas que rodeiam o mundo, no centro das quais se encontra o monte Meru.

Chacravartin (Cakravartin): Governante, rei, super-homem. Dos tempos védicos iniciais e pré-védicos, pré-arianos; o monarca todo-poderoso que alegadamente foi precedido em sua marcha por uma aparição luminosa na forma de um disco solar. O Chacravartin se considera o mobilizador e o eixo da grande roda do Carma, o regente do centro do Universo. O chacra foi um dos sete símbolos que ele deveria receber quando chegasse o momento de finalmente cumprir sua missão (ver Heinrich Zimmer, p. 130 e seguintes).

Chacresvara: Senhor do disco, epíteto de Vishnu.

Dakini: Uma das quatro Shatis elementais, associada à terra no chacra Muladhara.

Deva: Termo genérico para o deus; também poder celestial.

Devi: Termo genérico para deusa.

Dharma: (1) ordem cósmica divina; (2) dever moral e religioso, costume social, princípio ético; (3) o ato de cumprir o dever religioso.

Glossário • 455

Dhyana: Meditação, contemplação.

Ganesha (ou Ganapati): Deus com cabeça de elefante, removedor de obstáculos. De índole bonachona, ele é associado à prosperidade e à paz.

Gauri: "A dourada, a brilhante" — o nome de uma deusa, retratada no chacra Vishuddha (quinto), que é a consorte de Shiva ou Varuna. Por vezes é uma deusa da fertilidade, por outras, relacionada às águas primordiais (*apah*), e em ainda outras, ao rebanho de vacas sagradas. As Gauris formam uma classe de deusas que inclui Uma, Parvati, Rambha, Totala e Tripura.

Gunas: Qualidades. *Tamas, rajas* e *sattva*, os três fios que reúnem numa só trama as qualidades encontradas em todas as coisas.

Guru: Um mestre religioso, especialmente aquele que dá iniciação.

Hakini: A Sahkti do chacra Ajna (sexto chacra).

Ham: O som-semente do chacra Vishuddha (quinto chacra).

Hanuman: Deus astuto em forma de macaco.

Hatha Ioga: O ioga, pelo caminho do treinamento do corpo.

Ida: Um dos três nadis centrais, ele representa a energia lunar e feminina de uma pessoa. Também está associado ao Ganges e sua cor é o amarelo.

Indra: Um dos principais deuses celestes do banco de um panteão indiano. Deus da cura e da chuva, normalmente é representado montado um touro.

Ioga: Literalmente, "jugo"; sistema filosófico e técnicas destinadas a ligar a mente ao corpo, o eu individual ao eu universal, ou eu divino. Existem muitas formas e práticas da ioga; ver Bhakti, Hatha, Jnana, Carma, Tantra, Mantra, Yantra, Pranayama.

Ishvara: Deus do chacra cardíaco, que representa a unidade. Literalmente, Senhor, ele é o mais próximo de um deus monista, mas não pela importância.

Jainismo: Um dos sistemas heterodoxos pós-védicos da Índia, focalizado principalmente no ascetismo e na proteção a todas as coisas vivas (*ahimsa*), para se livrar do carma. A essência de sua filosofia era os três ideais: fé, conhecimento correto e conduta correta.

Jiva: Alma ou psique do indivíduo, encarnada como força vital, em oposição a atman, o sentido mais universal e espiritual de alma.

Jnana Ioga: O ioga para obter libertação por meio do conhecimento.

Kakini: A Shakti do chacra Anahata (quarto chacra).

Kali: Deusa sibila, mãe terrível, destruidora onipotente, consorte de Shiva. Também simboliza o tempo eterno. Normalmente representada com a pele muito

456 • Rodas da vida

escura (a noite eterna), a boca aberta, a língua para fora, quatro braços, brandindo uma arma e segurando uma cabeça cortada. É a destruidora da ignorância e do excesso.

Kalpataru: Árvore celestial dos desejos, localizada no lótus Anandakanda, abaixo do chacra cardíaco.

Kama: (1) amor, desejo, luxúria — o principal mobilizador da existência; (2) o deus da luxúria e do amor, Kama tentou distrair Shiva de suas meditações e foi reduzido pela ira deste a uma entidade sem corpo; (3), razão pela qual ele paira sobre os amantes, quando envolvidos na atividade sexual.

Kundala: Enrolado(a).

Kundalini: (1) deusa serpente que em repouso fica enrolada três vezes e meia ao redor do chacra Muladhara. Quando ela acorda, sobe pela coluna Sushumna e perfura cada chacra; (2) a energia ativadora que conecta e ativa os chacras; (3) um tipo de despertar, tipificado por correntes ascendentes de energia psíquica.

Lakini: A Shakti do chacra Manipura (terceiro chacra).

Lakshmi: Deusa mãe de prosperidade e beleza, consorte de Vishnu, permeador e protetor.

Lam: O som-semente do chacra Muladhara.

Lingam: Símbolo fálico, normalmente associado a Shiva. Signo de poder, muito embora se acredite que em suas atividades sexuais Shiva jamais ejaculava. Símbolo do potencial masculino.

Mahashakti: Literalmente, "poder materno". O grande campo energético primordial de forças em constante vibração.

Maia: Ilusão, personificada como uma deusa. Magia, poder sobrenatural, grande habilidade.

Mandala: Desenho geométrico circular, usado como recurso auxiliar na meditação.

Manipura: Literalmente "gema resplandecente", é o nome do chacra situado no plexo solar (terceiro chacra).

Mantra bija: Som-semente; representado por uma letra simbólica no centro de cada chacra; acredita-se que o som dê ao indivíduo acesso à essência daquele chacra ou o controle sobre ela.

Mantra: Literalmente, "ferramenta de pensar"; denota uma palavra, expressão ou som de teor sagrado, repetida interna ou externamente como ferramenta na meditação e no ritual.

Moksa (também Mukti): soltura, liberação. Aquilo que se obtém ao abrir mão do apego, e também ao fazer um pedido a Kalpataru.

Mudra: Sinal feito pelo posicionamento específico das mãos, e por vezes usado na meditação.

Muladhara: Chacra um, base da coluna, elemento terra. Significa "apoio da base".

Nadis: Canais de energia psíquica no corpo sutil. O radical da palavra, *nad*, significa movimento ou fluxo.

Ojas: Néctar de felicidade. Aquilo que é destilado do *bindu*.

Padma: Lótus; às vezes usado como nome alternativo para os chacras.

Para sabda: Som silencioso, forma-pensamento que precede o som audível.

Pingala: Um dos três nadis principais, que representa a energia masculina ou solar. De cor vermelha, relaciona-se ao rio Yamuna.

Prakriti: Matéria primordial natural, tanto ativa quanto passiva. A substância básica da qual está feita a manifestação, contraparte feminina de purusha.

Prana: O sopro da vida, primeira unidade, os cinco ventos vitais (os pranas), a força que move o universo.

Pranayama: A prática de controlar ou exercitar a respiração com o objetivo de purificação e iluminação espiritual.

Puja: Veneração sob a forma de homenagem ou ritual de oferendas a uma divindade.

Purusha: O princípio masculino, criativo, ativo, mental. Consciência que corresponde a Prakriti. Juntos, os dois princípios criam o mundo.

Rajas: Guna associado com a energia bruta, o mobilizador, o transformador, o guna ígneo.

Rakini: A forma de Shakti no chacra Svadhishtana (segundo chacra).

Ram: O som-semente no chacra Manipura (terceiro chacra).

Rudra: Nome alternativo de Shiva, um dos mais escuros deuses do fogo, associado com o trovão e o relâmpago, as tempestades, o gado e a fertilidade.

Sahasrara: Literalmente, multiplicado por mil, o nome do sétimo chacra ou chacra coronário.

Sakti (também Shakti): Potência ou energia divina, deidade feminina, contraparte de Shiva. Ela é o princípio ativo de todas as coisas, em constante mutação. Shakti é representada de muitas formas e sob diversos nomes: nos chacras inferiores — Dakini, Rakini, Lakini, Kakini.

458 • Rodas da vida

Samadhi: Um estado de iluminação ou bem-aventurança.

Samsara: O fluxo e o ciclo de nascimento e morte.

Sarasvati: Literalmente, "deusa fluvial"; a padroeira das 64 artes, a mãe da fala e da escrita, epítome de pureza e consorte de Brahma.

Sattva: O mais leve dos gunas, associado ao pensamento, ao espírito e ao equilíbrio.

Shiva: Uma das principais deidades masculinas da Índia, associada aos aspectos abstratos e sem forma do pensamento e do espírito. O nome significa "auspicioso". Visualizado como uma candente luz branca, como um raio, como um lingam, como o senhor do sono, como o destruidor (pois destrói a forma e os apegos), como consorte de Shakti e de Kali.

Siddhis: Poderes mágicos que se acredita poderem ser obtidos em certos estágios da prática do ioga e/ou do despertar da Kundalini.

Sushumna: O nadi vertical central que conecta todos os chacras. Para um pleno despertar da Kundalini, a energia deve deslocar-se pelo Sushumna acima.

Svadhisthana: Nome do segundo chacra, localizado no baixo-ventre e na região genital. A princípio o nome significava "beber da doçura", do radical *svadha*, deliciar-se, ou adoçar. Interpretações posteriores atribuem-no ao radical *svad*, que significa do próprio, dando a esse chacra o nome de o lugar próprio de alguém. Ambos são pertinentes para descrever o segundo chacra.

Tamas: O guna que representa matéria, inércia em repouso, resistência a forças opostas. É o mais pesado e mais limitado dos três gunas.

Tantra: (1) literalmente, tecelagem ou tear; (2) referente a um imenso corpo de ensinamentos urdido com os numerosos fios da filosofia indiana, escritura que se tornou popular por volta de 600-700 d.C.; (3) a prática de alcançar a libertação por meio dos sentidos e da união com outro.

Tantras: Doutrinas referentes à filosofia e à prática do Tantra.

Tapas: Força calórica que se acredita seja gerada pela prática ascética, considerada a medida de poder pessoal e de espiritualidade adiantada.

Tejas: Energia ígnea, poder vital, autoridade da majestade. O chacra de Vishnu foi feito com *tejas* proveniente do sol (p. 302, Stutley).

Trikona: Triângulo que aparece em diversos chacras e em outros yantras. Quando aponta para baixo, representa Shakti; quando aponta para cima, Shiva. No chacra cardíaco, os dois aparecem entrelaçados, representando o sagrado matrimônio.

Glossário • 459

Upanishads: Conjunto de ensinos doutrinários que sucederam aos Vedas, e que supostamente foram escritos entre 700 e 300 a.C.

Vaikhari: Som audível.

Vam: O som-semente do chacra Svadhisthana (segundo chacra).

Varuna: Um dos primeiros deuses celestiais védicos; pai de muitos dos deuses posteriores, associado à lei e à ordem divina; está associado ao garanhão (dos sacrifícios primevos) e à *makara*, como regente das águas primordiais.

Vayu: (1) vento, e deus do vento, reputado possuidor de poderes purificadores; (2) referente a uma das cinco correntes de *prana* no corpo: *udana, prana, smana, apana* e *vyana*.

Vedanta: Uma filosofia pós-védica que acentua o senso de divindade dentro do eu — "tu és aquilo".

Vedas: Literalmente, "conhecimentos", o mais antigo conjunto de doutrinas escritas, na maioria hinos sagrados e descrições de rituais; originalmente cobiçados pelo alto clero ariano.

Vishnu: Principal divindade masculina indiana, uma das principais trindades (Brahma, Vishnu, Shiva), conhecido como o Permeador e parceiro de Lakshmi.

Vishuddha: Literalmente, purificação; o nome do quinto chacra, situado na garganta.

Yam: O som-semente do quarto chacra.

Yama: Deus da morte.

Yantra: Semelhante à mandala, uma figura usada para meditar (não precisa ser sempre circular). Também um sistema de ioga que se baseia em meditação com símbolos visuais.

Yoni: Órgãos genitais femininos; por vezes representados ou venerados sob a forma de cálice; contraparte da adoração do lingam.

BIBLIOGRAFIA

Acharya, Pundit. *Breath, Sleep, the Heart and Life*. Clearlake, CA: Dawn Horse Press, 1975. Um livro interessante sobre as vantagens de se levar a vida com calma.

Arguelles, Jose e Miriam. *Mandala*. Boston, MA: Shambhala, 1972. Uma boa introdução não esotérica ao misticismo. Um livro fascinante.

Asimov, Isaac. *The Human Brain: Its Capacities and Functions*. Nova York: Mentor Books, 1964. [*O cérebro humano: suas capacidades e funções*. São Paulo: Hemus, 2002.]

Assagioli, Roberto, M.D. *The Act of Will*. Nova York: Penguin Books, 1974. [*O ato da vontade*. São Paulo: Cultrix, 1999.] Muito bom, sobre o desenvolvimento da vontade do terceiro chacra.

Avalon, Arthur. *The Serpent Power*. Nova York: Dover Publications, 1974. Um clássico sobre os chacras, tradução dos principais textos tântricos; erudito, com muito sânscrito e informação abundante.

Babbitt, Edward D. *The Principles of Light and Color*. 1878. Reprint, Nova York: Citadel Press, 1980. Muita informação interessante, em estilo semiarcaico.

Baker, Douglas. *Anthropogeny*, vol. VI, *The Seven Pillars of Ancient Wisdom* "Little Elephant". Essendon, England, 1975. Tratado teosófico sobre os sete raios e a evolução.

_____. *The Opening of the Third Eye*. York Beach, ME: Weiser, 1977. [*A abertura da terceira visão*. Rio de Janeiro: Record, 1993.] Abordagem teosófica à clarividência.

462 • Rodas da vida

Ballentine, Rudolph, M.D. *Diet and Nutrition*. Honesdale, PA: Himalayan International Institute, 1978.

Bandler, Richard e John Grinder. *Tranceformations*. Moab, UT: Real People Press, 1981. Programação neurolinguística.

Barrie e Rockliffe. *The Sufi Message*, vol. 2, Londres, 1972.

Bentov, Itzhak. *Stalking the Wild Pendulum*. Nova York: Bantam Edition, 1979. [*À espreita do pêndulo cósmico*. São Paulo: Cultrix: Pensamento, 1997.] Um livro delicioso sobre os mecanismos da consciência.

Blair, Lawrence. *Rhythms of Vision*. Nova York: Schocken Books, 1976. Uma fascinante viagem pela física e pela metafísica.

Blawyn e Jones. *Chakra Workout for Body, Mind, and Spirit*. St. Paul: Llewellyn, 1996. Uma série completa de exercícios para rejuvenescer as energias sutis. Porém, não especialmente ligado aos chacras.

Blofeld, John. *Mantras: Sacred Words of Power*. Nova York: E. P. Dutton, 1977. [*Mantras: palavras sagradas de poder*. São Paulo: Cultrix, 2002.] Mantras, por um estudioso do budismo.

Bloomfield, et al. *Transcendental Meditation. Discovering Inner Awareness and Overcoming Stress*. Nova York: Delacorte Press, 1975. [*MT: meditação transcendental: a descoberta da energia interior e domínio da tensão*. Rio de Janeiro: Nova Fronteira, 1988.] Uma boa introdução à meditação e a seus benefícios.

Buck, William (trad.). *Mahabharata*. Berkeley: University of California Press, 1973. Um dos mitos clássicos da mitologia indiana.

Burton, Sir Richard F. (trad.). *The Kama Sutra of Vatsyayana*. Nova York: E.P. Dutton, 1962. O texto detalhado dos rituais sexuais tântricos.

Brughjoy, William, M.D. *Joy's Way*. Los Angeles, CA: J.P. Tarcher, 1979. A história do desenvolvimento da sensibilidade espiritual e da capacidade de curar, contada por um médico; a descoberta e a descrição dos chacras.

Bruyere, Rosalyn. *Wheels of Light: Chacras, Auras, and the Healing Energy of the Body*, vol. 1. Arcadia, CA: Bon Productions, 1994. Interessante miscelânea de informações científicas e filosóficas sobre os chacras.

Capra, Fritjof. *The Tao of Physics*. Nova York: Bantam Books, 1975. [*O Tao da física: um paralelo entre a física moderna e o misticismo oriental*. São Paulo: Cultrix, 1998.] Um clássico da física e da metafísica oriental.

Carlyn, Richard. *A Guide to the Gods*. Nova York: Quill, 1982. Agradável obra de referência sobre os panteões de diversas culturas.

Cecil. *Textbook of Medicine*. Filadélfia: W.B. Saunders Co., 1979.

Clark, Linda. *The Ancient Art of Color Therapy*. Nova York: Pocket Books, 1975. Uma das obras clássicas sobre cromoterapia.

Collier's Encyclopedia. Nova York: MacMillan, 1981.

Crenshaw, Theresa L., M.D. *The Alchemy of Love and Lust*. Nova York: Pocket Books, 1996. [*A alquimia do amor e do tesão*. Rio de Janeiro: Record, 1998.] Uma excelente e divertida visão da sopa de hormônios que controla nossa vida e nossa sexualidade.

Crowley, Aleister. *The Book of the Law*. O. T. O. Grand Lodge, 1978.

_____. *Eight Lectures on Yoga*. York Beach, ME: Weiser, 1974.

_____. *Magick in Theory and Practice*. Nova York: Dover Publications,1976.

_____. *Magick Without Tears*. St. Paul, MN: Llewellyn, 1976. Evito comentar Crowley, autor de que a maioria gosta ou não. Se você gosta, há muito a aprender.

Cunningham, Scott. *Crystal, Gem, and Metal Magic*. St. Paul, MN: Llewellyn, 1987. [*Enciclopédia de cristais, pedras preciosas e metais*. São Paulo: Gaia, 2001.]

_____. *Incense, Oils, and Brews*. St. Paul, MN: Llewellyn, 1997. [*Livro completo de incensos, óleos e infusões*. Global Editora, 2005.]

_____. *Cunningham's Encyclopedia of Magical Herbs*. St. Paul, MN: Llewellyn, 1985. Os livros de Scott foram extremamente valiosos para associar plantas e pedras aos elementos e chacras.

Danielou, Alain. *The Gods of India*. Rochester, VT: Inner Traditions, 1985. Um livro instrutivo sobre o panteão indiano, apesar da pouca informação sobre deusas.

Davis, Mikol e Earle Lane. *Rainbows of Life*. Nova York: Harper Colophon Books, 1978. Um livro sobre a kirliangrafia e a aura dos seres vivos.

Dass, Ram. *The Only Dance There Is*. Nova York: Anchor Press, 1974. O primeiro livro em que encontrei a palavra *chacra*, e que me iniciou nisso tudo.

DeBono, Edward. *Lateral Thinking*. Harper and Row, 1970. [*O pensamento lateral*. Rio de Janeiro: Nova Era, 1995.] Um excelente livro que ensina a soltar a criatividade pela mudança na forma de pensar.

464 • Rodas da vida

Delangre, Jacques. *Do-in: The Ancient Art of Rejuvenation Through Self Massage*. Magalia, CA: Happiness Press, 1970. Uma forma simples de cuidar do corpo.

Douglas, Nik e Penny Slinger. *Sexual Secrets*. Nova York: Destiny Books, 1979. Um livro bem escrito e ilustrado de introdução às práticas tântricas, para ocidentais.

Dychtwald, Ken. *BodyMind*. Nova York: Jove Publications, 1977. [*Corpomente*. Summus, 1984.] Um livro bem escrito, que coordena corpo e mente com boas seções sobre os chacras.

Embree, Ainslie T. *The Hindu Tradition*. Nova York: Vintage Books, 1972. Instrutivo e erudito, bem escrito.

Evans, John. *Mind, Body and Electromagnetism*. Shaftesbury, Dorset: Element Books, 1986. A psicofisiologia da aura humana, conceitos de energia, consciência, vibração, campos morfogenéticos etc.

Evola, Julius. *The Yoga of Power: Tantra, Shakti, and the Secret Way*, U.S. org. Rochester, VT: Inner Traditions, 1992. Um olhar erudito sobre a filosofia e a prática tântrica esotérica.

Ferguson, Marilyn. *The Aquarian Conspiracy*. Los Angeles, CA: J. P. Tarcher, 1980. [*A conspiração aquariana*. Rio de Janeiro: Nova Era, 2003.] Um excelente livro para sua época, sobre a mudança de tendências do pensamento cultural.

Feuerstein, Georg. *Tantra: The Path of Ecstasy*. Boston, MA: Shambhala, 1998. [*Tantra: sexualidade e espiritualidade*. Rio de Janeiro: Nova Era, 2004.] Um competente guia da filosofia tântrica indiana.

_____. *The Shambhala Encyclopedia of Yoga*. Boston: Shambhala, 1997. Uma boa fonte sobre terminologia e ideias do Ioga.

Fortune, Dion. *The Cosmic Doctrine*. York Beach, ME: Weiser Publications, 1976. [*A doutrina cósmica*. São Paulo: Pensamento, 1994.] Repleto de sabedoria e filosofia metafísica, muita matéria de reflexão.

_____. *The Mystical Qabalah*. 1935. Reprint, Nova York: Alta Gaia Books, 1979. [*A cabala mística*. São Paulo: Pensamento, 1984.] Uma apresentação legível da cabala.

Frawley, David. *Tantra Yoga and the Wisdom Goddesses*. Salt Lake City: Passage Press, 1994. O tantra tradicional e moderno, com ênfase nas deusas indianas.

Gach, Michael Reed. *Acu-Yoga*. Briarcliff Manor, NK Japan Publications, 1981. Livro de exercícios que estimulam os chacras e os meridianos da acupuntura, para promover a saúde.

Gardner, Joy. *Color and Crystals: A Journey through the Chacras*. Freedom, CA: The Crossing Press, 1988. Um manual proveitoso para quem trabalha com cristais.

Gawain, Shakti. *Creative Visualization*. San Rafael, CA: Whatever Publishing, 1978. [*Visualização criativa*. São Paulo: Pensamento, 2003.] Um clássico sobre o uso de visualização para criar o que se deseja.

Gerber, Richard, M.D. *Vibrational Medicine: New Choices for Healing Ourselves*. Santa Fe, NM: Bear and Co., 1988. [*Medicina vibracional*. São Paulo: Cultrix, 1997.] Uma visão do corpo sutil e de como usar energias vibratórias sutis para a cura.

Greenwell, Bonnie, Ph.D. *Energies of Transformation: A Guide to the Kundalini Process*. Saratoga, CA: Shakti River Press, 1990. Um guia sensato para entender o despertar da Kundalini. Altamente recomendável para indivíduos com despertar espontâneo ou para os terapeutas que trabalham com eles.

Goldberg, B.Z. *The Sacred Fire*. Nova York: Citadel Press, 1974. Um documento bem escrito sobre a história do sexo nos rituais, na religião e no comportamento humano.

Guyton, Arthur C., M.D. *Textbook of Medical Physiology*. Filadélfia: W.B. Saunders Co., 1971. [*Tratado de fisiologia médica*. Rio de Janeiro: Elsevier, 2006.]

Halpern, Steven. *Tuning the Human Instrument*. Belmonte, CA: Spectrum Research Institute, 1978. Investigação de música e consciência.

Hamel, Michael Peter. *Through Music to the Self*. Boston, MA: Shambhala 1976. Mais um livro sobre música e consciência, mais erudito que o de Halpern.

Hampden-Turner, Charles. *Maps of the Mind*. Nova York: Collier Books, 1981. Um livro encantador, com ensaios curtos e ilustrações, sobre os diversos modelos de funcionamento da mente.

Hills, Christopher. *Energy, Matter, and Form*. Boulder Creek, CA: University of the Trees Press, 1977. Explora algumas das contrapartidas físicas dos fenômenos paranormais.

466 • Rodas da vida

_____. *Nuclear Evolution*. Boulder Creek, CA: University of the Trees Press, 1977. Uma obra alentada, mas interessante, com as teorias de Hills sobre chacras, evolução e metafísica.

Hubbard, Barbara Marx. *The Evolutionary Journey*. San Francisco, CA: Evolutionary Press, 1982. Um livro pioneiro de uma futurista deliciosamente inspirada.

Hunt, Roland. *The Seven Keys to Color Healing*. Londres: C. W. Danieln Company, Ltd., Londres, 1971. Uma boa introdução à cromoterapia.

Jahn, Robert. "Foundation for mind-being research newsletter", *Reporter*, August 1982. Cupertino, CA.

Jarow, Rick. *Creating the Work You Love: Courage, Commitment and Career*. Rochester, VT: Destiny Books, 1995. Orientação profissional do ponto de vista dos chacras ou como ser feliz na profissão em cada chacra.

Jenny, Hans. *Cymatics*. Nova York: Schocken Books, 1975. O livro está esgotado, mas o seguinte vídeo mostra o trabalho do doutor Jenny: *Cymatics: The Healing Nature of Sound*. Jeff Volk, produtor da série. MACROmedia, PO. Box 279, Epping, NH 03042.1986.

Johnston, Charles. *The Yoga Sutras of Patanjali*. Albuquerque: Brotherhood of Life, 1983. [*Yoga Sutras de Patanjali*. Martin Claret.] Um clássico sobre a doutrina do ioga.

Judith, Anodea. *Eastern Body Western Mind: Psychology and the Chacra System as a Path to the Self*. Berkeley, CA: Celestial Arts, 1996. Psicologia ocidental e filosofia dos chacras.

_____. Vega, Selene. *The Sevenfold Journey: Reclaiming Mind, Body, and Spirit through the Chacras*. Freedom, CA: The Crossing Press, 1993. [*Jornadas de cura: o desenvolvimento da mente, do corpo e do espírito através dos chacras*. São Paulo: Pensamento, 1997.] O livro de exercícios, rituais e práticas para o despertar dos chacras, derivado dos cursos Nine Month Chacra Intensive.

Jung, Carl Gustav. *The Psychology of Kundalini Yoga*. Sonu Shamdasani, ed. Princeton, NJ: Princeton University Press, 1996. As palestras de Jung sobre a psicologia oriental e os chacras.

Kahn, Sufi Inayat. *The Development of Spiritual Healing*. Geneva, Suíça: Sufi Publishing Company, 1961. Um livrinho agradável sobre a essência por trás da cura.

Keyes, Ken. *Handbook to Higher Consciousness*. Mary, KY: Living Love Center, 1975. Uma visão extremamente simplificada, mas relativamente correta dos níveis de consciência nos chacras.

Keyes, Laurel Elizabeth. *Toning: The Creative Power of the Voice*. Marina del Rey, CA: Devorss and Company, 1978. Os benefícios espirituais de cantar ou entoar sons.

Khalsa, Dharma Singh, M.D. *Brain Longevity*. Nova York: Warner Books, 1997. [*Longevidade do cérebro*. Rio de Janeiro: Objetiva, 1997.] Sobre os compostos químicos que afetam o cérebro e como preservá-lo.

King, Frances. *Tantra for Westerners*. Rochester, VT: Destiny Books, 1986. Um pequeno livro vigoroso sobre tantra, que associa a prática ocidental com as tradições mágicas orientais.

Kramer, Joel e Diana Alstad. *The Guru Papers: Masks of Authoritarian Power*. Berkeley, CA: Frog, Ltd., 1993.

Krishna, Gopi. *Kundalini, The Evolutionary Energy in Man*. Boston: Shambhala, 1971. [*Kundalini*. Rio de Janeiro: Nova Era, 2004.] Uma obra clássica sobre a batalha de um iogue contra os desafios e as recompensas do despertar da Kundalini.

Leadbeater, C.W. *The Chakras*. 1927. Reimpresssão, Wheaton, IL: Quest, 1974. [*Os chacras*. São Paulo: Pensamento, 1995.] O grande clássico ocidental sobre chacras. Por muito tempo, foi o único livro ocidental sobre o assunto.

_____. *Man, Visible and Invisible*. Wheaton, IL: Quest, 1971. [*O homem visível e invisível: as auras de diferentes tipos de indivíduos, segundo as observações de um hábil clarividente*. São Paulo: Pensamento, 2002] Um livro sobre a aura humana.

Leonard, George. *The Silent Pulse*. Nova York: E. P. Dutton, 1978. Um livro maravilhoso sobre a ressonância e a teoria do quinto chacra.

Lewis, Alan E. e Dallas Clouatre. *Melatonin and the Biological Clock*. Nova Canaan, CT: Keats Publishing, Inc., 1996.

Love, Jeff. *The Quantum Gods*. York Beach, ME: Weiser, 1976. Uma apresentação deliciosa e original da Cabala.

Lowen, Alexander, M.D. *The Betrayal of the Body*. Nova York: Collier Books, 1967. Um bom livro sobre a relação entre mente e corpo, principalmente no aspecto da gratificação natural pelo prazer.

468 • Rodas da vida

_____. *Bioenergetics*. Nova York: Penguin Books, 1975. Uma boa introdução à terapia bioenergética.

_____. Leslie. *The Way to Vibrant Health*. Nova York: Harper Colophon, 1977. Um manual de exercícios de bioenergética para o leigo. Recomendável para quem deseja trabalhar com os chacras inferiores, embora não mencione os chacras como tal (esgotado no momento).

MacDonnell, Arthur Anthony. *A Practical Sanskrit Dictionary*. Nova York: Oxford University Press, 1954.

Macy, Joanna Rogers. *Despair and Personal Power in the Nuclear Age*. Filadélfia: New Society Publishers, 1983. Bem escrito, com diversos exercícios e meditações relacionados com a atual situação mundial, para uso de grupos e indivíduos.

McLuhan, Marshall. *Understanding Media*. Nova York: Mentor Book, 1964. [*Os meios de comunicação como extensões do homem*. São Paulo: Cultrix, 1996.] Um clássico de sua época.

Merrill-Wolfe, Franklin. *The Philosophy of Consciousness without an Object*. Nova York: Julian Press, 1973. O título diz tudo. As páginas são supérfluas.

Mishlove, Jeffrey. *The Roots of Consciousness*. Nova York: Random House, 1975. Excelente obra sobre o estudo da consciência, da antiguidade aos tempos modernos.

Monier-Williams, Sir Monier. *Sanskrit-English Dictionary*. Nova Delhi: Munshiram Manoharlal Publishers, 1976.

Montagu, Ashley. *Touching*. Nova York: Harper and Row, 1971. [*Tocar: o significado humano da pele*. São Paulo: Summus, 1988.] Um livro maravilhoso para legitimar o uso e a necessidade do contato físico humano.

Mookerjee, Ajit. *Kundalini, the Arousal of Inner Energy*. Rochester, VT: Destiny Books, 1982. Um bonito livro sobre a Kundalini contendo teoria, ilustrações, gráficos e diagramas. Uma boa introdução.

_____. *The Tantric Way*. Boston, MA: New York Graphic Society, 1977. Um livro bem montado, sobre arte, ciência e ritual da filosofia tântrica.

Motoyama, Hiroshi. *Theories of the Chacras*. Wheaton, lL: Theosophical Publishing House, 1981. Os chacras, do ponto de vista de uma asceta. Inclui traduções de textos tântricos sobre chacras.

Muktananda, Swami. *Play of Consciousness*. São Francisco, CA: Harper and Row, 1978. A história de um guru sobre sua experiência do despertar da Kundalini.

Muller, F. Max, trad. *The Upanishads*. Nova York: Dover Publications, 1962.

Mumford, Jonn. *A Chacra and Kundalini Workbook*. St. Paul, MN: Llewellyn, 1994. Técnicas psicofisiológicas para mover o prana através dos chacras.

Myss, Caroline. *Anatomy of the Spirit: The Seven Stages of Power and Healing*. Nova York: Harmony Books, 1996. [*Anatomia do espírito*. Rio de Janeiro: Rocco, 2000.] Compara cabala, sacramentos cristãos e chacras.

Oki, Masahiro. *Healing Yourself-Through Okido Yoga*. Briarcliff Manor, NY: Japan Publications, 1977. Um livro de exercícios para diferentes enfermidades, com foco nas diferentes partes da coluna, portanto útil para trabalhar as costas ou os chacras.

Organ, Troy Wilson. *Hinduism*. Nova York: Barron Educational Series, 1974. Um livro lúcido sobre hinduísmo.

Ott, John. *Health and Light*. Nova York: Pocket Books, 1973. Vale a pena ler — história da descoberta e da autocura de um homem por meio dos efeitos da luz sobre plantas e animais.

Ozaniec, Naomi. *The Elements of the Chacras*. Shaftesbury, Dorset: Element Books, 1990. Uma breve introdução aos chacras.

Paulson, Genevieve Lewis. *Kundalini and the Chacras: A Practical Manual*. St. Paul, MN: Llewellyn, 1991. Um manual de técnicas para trabalhar com os chacras.

Peitsch, Paul. *Shufflebrain*. Boston, MA: Houghton Mifflin, 1981. Um livro que corrobora a teoria holográfica por meio de experimentos de transplante de cérebro em animais inferiores.

Pierrakos, John. *Core Energetics*. Mendocino, CA: Life Rhythm Publication, 1987. [*Energética da essência*. São Paulo: Pensamento, 1994.] Teoria bioenergética, armadura corporal e chacras.

Prescott, James. "Body pleasure and the origins of violence". *The Futurist* IX, nº 2 (abril, 1975): 64-75. A relação entre permissividade sexual e redução da violência.

Pribram, Karl. "Interview", *Omni Magazine*, outubro, 1982.

Radha, Swami Sivananda. *Kundalini Yoga For the West*. Palo Alto, CA: Timeless Books, 1996. Questões e aspectos a considerar relacionados aos chacras. Bons mapas e diagramas.

Radhakrishnan, Sarvepalli e Charles A. Moore. *A Sourcebook in Indian Philosophy*. Princeton, NJ: Princeton University Press, 1957. Tradução e comentários de importantes textos indianos.

470 • Rodas da vida

Rajneesh, Bhagwan Shree. *Meditation: The Art of Ecstasy*. Nova York: Harper and Row, 1976. [*Meditação: a arte do êxtase*. São Paulo: Cultrix, 2005.] Um livro de grande sensibilidade sobre o assunto, escrito por um guru indiano radical.

Swami Rama, Rudolph Ballentine, M.D.; e Man Hymes, M.D. *Science of Breath: a Practical Guide*. Honesdale, PA: Himalayan International Institute, 1979. Informações da medicina e do ioga sobre respiração.

Rama, Swami; Rudolph Ballantine, M.D. e Swami Ajaya, M.D. *Yoga and Psychotherapy: The Evolution of Consciousness*. Hinsdale. PA: Himalayan International Institute, 1976. Uma grande obra introdutória sobre o encontro das psicologias ocidental e oriental.

Raymond, Lizelle. Shakti — A Spiritual Experience. Nova York: A. E. Knopf, 1974. Um livro comovente sobre a essencial deusa Shakti.

Reich, Wilhelm. *The Function of the Orgasm*. Nova York: World Publications, 1942. [*A função do orgasmo*. São Paulo: Brasiliense, 1995.] Um dos livros mais lidos de Reich, um clássico no estudo da teoria reichiana.

Rele, Vasant G. *The Mysterious Kundalini*. Bombaim: Taraporevala Sons and Company, 1970. Uma obra sucinta sobre a Kundalini, ioga e anatomia paranormal.

Rendel, Peter. *Introduction to the Chacras*. Londres: Aquarian Press, 1979. [*Os chacras*. Rio de Janeiro: Ediouro, 1987.] Com poucas páginas, é um excelente livro sobre os chacras.

Restak, Richard M., M.D. *The Brain, The Last Frontier*. Nova York: Warner Books, 1979. Um médico escreve sobre as surpreendentes habilidades do cérebro.

Samples, Bob. *The Metaphoric Mind*. Boston: Addison-Wesley, 1976. Lindas imagens, ótimo para o lado direito do cérebro.

Samuels, Mike. *Seeing with the Mind's Eye*. Nova York: Random House, 1976. Um ótimo livro para explorar técnicas de visualização.

Sanella, Lee, M.D. *The Kundalini Experience*. Lower Lake, CA: Integral Publishing, 1987. Um médico analisa experiências da Kundalini.

_____. *Kundalini, Psychosis or Transcendence?* São Francisco, CA: H. S. Dakin Company, 1978. Examina teorias não clássicas da Kundalini.

Satprem. *Sri Aurobindo, or the Adventure of Consciousness*. Nova York: Harper and Row, 1968. Um excelente livro, com os ensinamentos de Aurobindo.

Scott, Mary. *Kundalini in the Physical World*. Londres: Routledge and Kegan Paul, 1983. Bem escrito e pesquisado, sobre a Kundalini como força telúrica.

Selby, John. *Kundalini Awakening: A Gentle Guide to Chacra Activation and Spiritual Growth*. Nova York: Bantam Books, 1992. Um guia razoável sobre chacras. Retirou muita coisa este *Rodas da vida*.

Sheldrake, Rupert. *A New Science of Life*. Los Angeles, CA: J. P. Tarcher, 1981. A teoria dos campos morfogenéticos, pelo homem que a concebeu. Escrito para biólogos, não descreve a teoria para os leigos tão bem quanto artigos mais populares. (Ver *ReVision Journal*, vol. 5, nº 2, outono 1982.)

Sherwood, Keith. *Chacra Therapy*. St. Paul, MN: Llewellyn, 1988. Guia fácil para principiantes, sobre a combinação de psicologia e metafísica.

Silburn, Lillian. *Kundalini: Energy of the Depths*. Albany, NK Suny Press, 1988. Práticas esotéricas da Kundalini e traduções das escrituras.

Slater, Wallace. *Raja Yoga*. Wheaton, IL: Quest Book, 1975. Lições de ioga.

Starhawk. *Dreaming the Dark*. Boston: Beacon Press, 1982. Um excelente livro sobre o resgate do nosso poder de mudar o mundo. Esse livro foi uma inspiração para mim.

_____. *The Spiral Dance*. São Francisco, CA: Harper and Row, 1979. Uma maravilhosa introdução aos elementos de mágica e da religião da deusa.

Steiner, Claude. *Scripts People Live*. Nova York: Grove Press, 1975. Um texto de psicologia com algumas teorias úteis.

Stutley, Margaret e James. *Harper's Dictionary of Hinduism*. Nova York: Harper and Row, 1977. Longos e interessantes verbetes sobre diversos temas, com definições de quase todos os principais conceitos do hinduísmo.

Talbot, Michael. *Mysticism and the New Physics*. Nova York: Bantam Books, 1980. Um dos livros mais esclarecedores e interessantes que li sobre o assunto. Com mais informação que *O tao da física*, mas igualmente fácil para o leigo.

Tansley, David V. *Chacras, Rays and Radionics*. Londres: C. W. Daniel Company, 1984. [*Chacras, raios e radiônica*. São Paulo: Pensamento, 1991.]

Tart, Charles. *States of Consciousness*. Nova York: E. P. Dutton, 1975. Um bom documento científico sobre estados alterados de consciência.

Teilhard de Chardin, Pierre. *Let Me Explain*. Nova York: Harper and Row, 1970. Um livro inspirador sobre a evolução humana.

472 • Rodas da vida

Teish, Luisah. *Jambalaya*. San Francisco, CA: Harper and Row, 1985. Um livro informativo sobre a religião Iorubá, por uma sacerdotisa dinâmica.

Tulku, Tarthang. *Kum Nye Relaxation*. Berkeley, CA: Dharma Publishing, 1978. [*Kum Nye técnicas de relaxamento*. São Paulo: Pensamento, 1992.] Recomendado para quem não aprecia ioga, mas deseja obter os mesmos benefícios de relaxamento.

_____. *Time, Space and Knowledge*. Berkeley CA: Dharma Publishing, 1977. [*Conhecimento de tempo e espaço*. Dharma, 1990.] Um pensamento estimulante sobre os três mundos do título.

Varenne, Jean. *Yoga and the Hindu Tradition*. Chicago: University of Chicago Press. 1976. Um livro extremamente lúcido e bem escrito sobre a filosofia do ioga e a metafísica indiana.

Vishnudevananda, Swami. *The Complete Illustrated Book of Yoga*. Nova York: Pocket Books, 1960. Um bom texto, com ilustrações de várias posturas de ioga.

Von Franz, Marie-Louise. *Time, Rhythm and Repose*. Nova York: Thames and Hudson, 1978. Um livro adorável.

Walsh, Roger, M.D. *Staying Alive*. Boston, MA: New Science Library, 1984. Um livro realmente bem escrito e desafiador sobre a situação atual do mundo. Um dos poucos que sugerem alguma ação sobre o tema da evolução cultural.

Watson, Lyall. *Lifetide*. Nova York: Bantam Books, 1977. Fascinante viagem por vários aspectos da vida, vistos pela mente de um biólogo.

Wauters, Ambika. *Chacras and their Archetypes*. Freedom, CA: Crossing Press, 1997. Boa introdução aos arquétipos, que apresenta, para cada chacra, um arquétipo negativo e um positivo.

Welwood, John. *Challenge of the Heart*. Boston, MA: Shambhala, 1985. Artigos de diversos autores sobre o amor. Alguns merecem ser lidos.

White, John (org.). *The Highest State of consciousness*. Nova York: Anchor Books, 1972. [*O mais elevado estado de consciência*. São Paulo: Pensamento.] Mais artigos sobre psicologia transpessoal e religião mística.

_____. *Kundalini, Evolution and Enlightenment*. Nova York: Anchor Books, 1979. Uma excelente seleção de artigos sobre a teoria da Kundalini (sem ênfase na prática).

White, Ruth. *Working with your Chacras: A Physical, Emotional, and Spiritual Approach*. York Beach, ME; Weiser, 1993. [*Trabalhando com seus chacras*.

São Paulo: Pensamento, 1996.] A versão de uma médium inglesa sobre os chacras.

Wilbur, Ken. *The Atman Project: A Transpersonal View of Human Development.* Wheaton, IL: Quest Books, 1980. Uma visão do desenvolvimento humano por meio de modelos transpessoais, inclusive os chacras.

Wilbur, Ken (org.). *The Holographic Paradigm and Other Paradoxes.* Boston: Shambhala, 1982. Excelente obra sobre a teoria holográfica da mente.

Wilhelm-Baynes (trad.). *I Ching.* Princeton: Princeton University Press, 1950. [*I Ching: o livro das mutações.* São Paulo: Pensamento.]

Wolfe, W. Tomas. *And the Sun Is Up: Kundalini Rises in the West.* Red Hook, NY: Academy Hill Press, 1978. O interessante relato de um homem que despertou a Kundalini brincando com uma máquina de biofeedback.

Wooldridge, Dean E. *The Machinery of the Brain.* Nova York: McGraw-Hill, 1963. Um pouco datado, mas de fácil leitura, sobre o cérebro.

Yeats, W.B. (trad.). *The Ten Principle Upanishads*, 1937. Reimpressão, Nova York: MacMillan, 1965.

Young, Arthur. *The Reflexive Universe.* Nova York: Delacorte Press, 1976. Mais modelos da consciência e da realidade.

Zimmer, Heinrich. *The Philosophies of India.* Princeton, NJ: Princeton University Press, 1974. [*Filosofias da Índia.* Palas Athena, 2003.] Excelente resumo das diversas correntes que contribuíram para a cultura indiana.

Este livro foi impresso no
Sistema Digital Instant Duplex da Divisão Gráfica da
DISTRIBUIDORA RECORD DE SERVIÇOS DE IMPRENSA S.A.
Rua Argentina, 171 - Rio de Janeiro/RJ - Tel.: 2585-2000